Tom Crepon · Leberecht von Blücher

Leberecht von Blücher

Leben und Kämpfe
Biografie
von Tom Crepon

Verlag Neues Leben Berlin

Frontispiz: Porträtzeichnung von Adolph von Menzel

ISBN 3-355-00624-6

 · Lizenz Nr. 303 (305/9/88) · LSV 7001 · Gesamtgestaltung: Gerhard Christian Schulz · Schrift: 11p Timeless · Gesamtherstellung: Offizin Andersen Nexö, Graphischer Großbetrieb, Leipzig III/18/38 · Bestell-Nr. 6444192 · 01680

1. Kapitel

Der Held wird nicht als Held geboren

Herkunft und Voraussetzungen 1742–1759

Soll den zahllosen Heldendarstellungen nicht nur eine weitere hinzugefügt werden, will man den Generalfeldmarschall der Preußen aus dem Zwielicht von Wahrheit und Dichtung rücken, so muß das Lebensbild vom Staubfilm subjektiver, willkürlicher Deutungen gereinigt und sorgfältig restauriert werden.

Wer war Leberecht von Blücher? Das „Musterbild eines Soldaten“ (Engels 1844), die im Weltgeschichtsdrama „fest und wuchtig, unauslöschlich und unverrückbar dastehende Figur, mit einem olympischen Abglanz auf der schöngebildeten Stirn, mit echtem Seelenfeuer in den dunklen Augen“ (Unger 1907), dessen Name in einer Reihe „glänzt neben dem eines Alexander, Cäsar, Herrmann, Friedrich und Napoleon“ (Rauschenick 1836)?

Hoch ist der Sockel, auf den ihn seine Zeitgenossen und die Nachfahren gehoben haben, abweisend und unangreifbar erscheint das Material, aus welchem das überlebensgroße Standbild gegossen ward. Noch zu Lebzeiten Blüchers haben daran keine Geringeren als der Geheimrat von Goethe und der Akademie-Direktor Schadow kräftig mitgewirkt.

Sie setzen dem Generalfeldmarschall in seinem Geburtsort Rostock ein Denkmal, im wörtlichen Sinne. Als der „Befreier des Vaterlands“ im Alter von siebenundsiebzig Jahren die

Augen schließt, hält ihm Seine Majestät, König Friedrich Wilhelm III., höchstpersönlich die Hand, und durch das offene Fenster des Sterbezimmers dringt Kanonendonner eines nahen Herbstmanövers herein – selbst wenn es nicht wahr gewesen wäre, hätte es so und nicht anders erfunden werden müssen, um den Punkt aufs i des Heldenlebens zu setzen.

Blücher zu Ehren werden militärische Orden vergeben, mit Edelsteinen besetzte Degen geschmiedet, Gedenkmünzen geprägt, Straßen, Plätze, Schiffe nach ihm benannt. Man trinkt nach 1815 „zum Gedenken an Blücher" aus Tassen mit seinem Porträt, bestellt Blücher-Torte und raucht – natürlich – die Blücher-Pfeife. Es entstehen – noch zu Lebzeiten Blüchers – unzählige Legenden, die sich um jede Station seines Weges ranken. Die Biografen erfinden unermüdlich neue Varianten bereits bekannter Heldentaten. Verständlicherweise treten mit der Menge des Gezeichneten die Farben auf dem Bild nicht kräftiger und deutlicher hervor. Sie laufen ineinander und verschwimmen auf dem Hintergrund von Dichtung und Wahrheit, Interpretation und Spekulation.

Da das Heldenbild meist von seinem Ende her, dem siegreichen Kampf Leberechts gegen Napoleon, gelesen wird, bleibt die Vorgeschichte – Kindheit, Jugend, Erziehung, Alltagsleben, Familie – weitgehend unbelichtet. Blücher selbst hat zur Aufhellung dieser Punkte seiner Biografie wenig beigetragen. Er hat sich – auch in späteren Jahren – ausgeschwiegen, hat milde gelächelt, wenn sich verschiedene Autoren um die Urheberschaft von Anekdoten stritten, wohl wissend, daß eine Aufklärung nur den Schleier der Verklärung zerreißen würde, unter welchem die oft schlichte oder schreckliche Wahrheit hervorsieht.

So ist munter erfunden und erlogen worden: für die deutsche Schuljugend, für die „reifere Jugend", für die „vaterländische Jugend", für die Kameraden im Felde, für „die Heimat", für verflossene und für kommende Soldatengenerationen. Je nach dieser Ausrichtung haben die Biografen ent-

Gegenstände mit Blücher-Bildnissen

weder ein makelloses Blücher-Bild gemalt, auf dem der weißhaarige Recke in tadelloser Husaren-Uniform auf seinem Schimmel hoch über Tote und Lebende des Schlachtfeldes hinwegreitet. Für die alten Kameraden haben sie dieses Abbild mit deftigen Zoten und Anekdoten verziert, in denen Wein, Weib, Gesang, Karten und Glücksspiel die Hauptrollen spielen. Der Mißbrauch der Blücher-Legende für nationalistische, chauvinistische und nationalsozialistische Zwecke zeitigt eine Flut von wissenschaftlichen und journalistischen Fehlleistungen.

„Es ist wahrlich hohe Zeit, daß Deutschland alle Sentimen-

Gebh. Lebr. v. Blücher's
Königlich-Preußischen
General-Feldmarschalls,
Ritters des schwarzen und rothen Adlerordens, Großkreuz vom eisernen Kreuze, Ritters des Verdienstordens, des Alexander-Newsky-, St. Georgen- und St. Annen-, wie auch des Maria Theresien-Ordens
Heldenthaten
nebst
einer biographischen Skizze
von
Johann Daniel Friedrich Rumpf,
Königl. Preuß. expedir. Secretär in Berlin.

Mit dem Bildniß des Helden.

Berlin, 1814.
Neue Societäts-Verlags-Buchhandlung.

Titelseite einer frühen Blücher-Biografie

talität verlernt", ruft einer der Blücher-Verehrer nach der Gründung des Völkerbundes, nach Versailler „Diktat" und Novemberrevolution, „daß es endlich wieder einmal kräftig durchgreift und, sobald es irgend möglich ist, unerschütterliche Sicherheiten für die Zukunft schafft. Fort mit aller schädlichen Weichlichkeit ... Es wäre des Verfassers schönster Lohn, wenn das vorliegende Lebensbild in diesem Sinne ebenfalls Wirkung übte." (Herold 1921)

Blücher wird in Zeiten der militärischen und moralischen

Aufrüstung als Kronzeuge gegen die Friedensliebe und „Verbrüderungssucht“ der Menschen genommen und zum Propagandisten einer „allzeit starken Wehrkraft“ des Volkes gemacht. Wie nur ist es möglich, daß Kriegsteufel *und* Friedensengel, Vaterlandsverräter *und* Patrioten Blücher gleichermaßen als den Ihren beanspruchen?

Mit wahrer Gier haben sich die Episoden- und Legendendichter auf solche Eckpunkte in Blüchers Leben gestürzt, die sich besonders zum Beleg protagonistischer, apologetischer, militanter Ansichten eignen: auf Herkunft und Geburt, den Übertritt zu Preußen, den Rückzug nach Lübeck, die Begegnung mit Napoleon, Waterloo ...

Hier werden Übermalungen und Verzeichnungen mit kräftigem Spachtel abzutragen sein.

Freilich kann das Ergebnis wiederum nur ein subjektives Bild von dem Menschen Blücher und von seiner Zeit sein – das Dilemma des Geschichtenschreibers und seine Chance.

Deutschland in der Zeit, als Blücher lebte, das ist eine Fiktion, ein Abstraktum.

Das vereinigte „Heilige Römische Reich Deutscher Nation“ besteht in der ersten Hälfte des 18. Jahrhunderts aus einer Vielzahl uneiniger Gebiete. Der Inhalt der „reichsten Farbenschachtel der Welt“ würde, wie Scherr (1865) schreibt, nicht ausreichen, eine Vorstellung von der Buntheit der Reichskarte zu geben: „An 300 souveräne Territorien, – geistliche und weltliche Kurfürstenthümer, Herzogthümer, Fürstenthümer, Mark- und Landgrafschaften, Bisthümer, Propsteien, Abteien, Reichsgrafschaften, Reichsfreiherrschaften, Reichsstädte, Reichsstädtchen, Reichsdörfer... Die Reichseinheit ein romantischer Traum, die Reichsverfassung eine Lüge, der Kaiser ein Popanz, welcher nur noch kleinste und feigste Diebe schreckt, der Reichstag eine Schwatz- und Klatschstube voll steifleinerner Langeweile, die Reichskasse ein Vacuum, das Reichsgericht die erste Verschleppungsanstalt auf Erden, die Reichsarmee der Spott der Welt. Überall, wohin wir blicken, auf allen Gebieten des Reichslebens unsägliche Verkommenheit. Alles verknöchert, versteinert, durchfault. Deutsches Reich, dein Name war Verwirrung und dein Kaiser nur ein Oberkonfusionsrath." Mit diesen harten Worten charakterisiert Scherr das Herrschaftsgebiet des Hauses Habsburg.

Wer gezwungen ist, kreuz oder quer durchs Land zu reisen, muß viele Grenzen überwinden, braucht Pässe, zahlt viele Male Zoll, setzt sich regional unterschiedlicher Gesetzgebung aus. Was also ist innerhalb dieses Reichsgespenstes – um eine Gedichtzeile von Ernst Moritz Arndt zu variieren – des Blüchers Vaterland, ist's Mecklenburg, ist's Pommernstrand, ist's Schlesien oder Preußenland?

Der Zufall historischer und persönlicher Umstände verschlägt den Vater, Rittmeister a. D. Christian Friedrich von Blücher (1696–1761), und die Mutter, Dorothea Marie, geborene von Zülow (1702–1769), nach Rostock in Mecklenburg, wo das jüngste von neun Kindern, der Sohn Gebhard Lebrecht, am 16. Dezember 1742 zur Welt kommt. Blücher hat darum Mecklenburg doch nicht sein Vaterland genannt, allenfalls sein „Jugendland". Es ist ihm Geburtsort, Stätte kindlicher Spiele und verklärter Jugenderinnerungen. Ein Fleck Erde, dem er zeitlebens eine sentimentale Anhänglichkeit bewahrt hat. Soviel und nicht mehr.

Die Universitäts- und Hansestadt Rostock hat Mitte des 18. Jahrhunderts viel von ihrem alten Glanz eingebüßt, der vom Reichtum der Hanse auf die Stadt an der Warnow abfiel. Einst im Schnittpunkt wichtiger Handelsstraßen zwischen Nord und Süd, Ost und West gelegen, Tor zur Welt, machen Handel und Wandel nun einen Bogen um die Stadt, führen über Hamburg oder Stettin. Rostock versinkt in einen Dornröschenschlaf, aus dem es erst durch die revolutionären Un-

Rostock um 1740. Stich von Peter Wolf-Seel

ruhen von 1848 geweckt wird. Auch die ehrwürdige Universität, an der im 17. Jahrhundert Professoren aus Flandern und Brabant lehrten, die einst für den gesamten Norden Hort der Wissenschaften und Kultur gewesen ist, fristet nur noch ein Schattendasein.

Zwei Jahre vor Blüchers Geburt hat der Soldatenkönig Friedrich Wilhelm I. die Augen geschlossen. Er hat sein Land unter die Offiziersfuchtel gebracht; seine zopf- und gamaschenbewehrten „langen Kerls“ sind in die Geschichte eingegangen. Er hat den Soldatenrock hoffähig gemacht und ist der erste Monarch gewesen, der ständig Uniform trug. Friedrich Wilhelm I. ist bis zuletzt bemüht, seinem Sohn, den man später „den Großen“ nennt, das Versprechen abzuringen, im Lande alles beim alten zu lassen. Friedrich II., der 1740 den Thron besteigt, denkt nicht daran. Schon im Jahr seines Regierungsantritts schreibt er, mit Blick auf den Tod des Kaisers Karl VI. am 20. Oktober 1740, an Voltaire: „Der Tod des Kaisers zerstört alle meine Friedensgedanken. Die Zeit ist gekommen, wo das alte politische System eine gänzliche Veränderung erfahren kann.“

Der neue Preußenkönig sieht es als Ziel seiner Politik an, durch „fortschreitende Vergrößerung“ des Staates einen Platz unter den Großmächten Europas zu erkämpfen. Das aber bedeutet Krieg. Die Bedingungen für einen Raubzug sind günstig: Die Thronfolge in Österreich löst jahrelangen Streit aus; Friedrichs Vorgänger hat einen preußischen Staatsschatz von 10 Millionen Talern angehäuft und ein großes, gutgedrilltes Heer hinterlassen. Preußen besitzt das viertgrößte Heer in Europa, obwohl es – der Fläche nach – nur an zehnter, nach der Bevölkerungsstärke gar an dreizehnter Stelle liegt.

Vor allem auf Schlesien, das zur Habsburg-Monarchie gehört, hat es Preußens König abgesehen, um ein „geschlossenes Staatsgebilde“ errichten zu können. Er nutzt die Gunst der Stunde und fällt 1740 mit seinem Heer in Schlesien ein. Es gelingt ihm, ohne großen Widerstand innerhalb weniger Monate 641 Quadratmeilen in seinen Besitz zu bringen; das ist fast ein Drittel seines bisherigen Herrschaftsgebietes.

Man hätte wohl erwarten dürfen, daß dieser freche Landraub einen Sturm der Entrüstung in ganz Europa auslösen und den Widerstand der Großmächte auf den Plan rufen würde. Doch Räubereien im Großen sind an der Tagesordnung. Der Erfolg gibt dem Erfolgreichen recht. Nach Gesetz und Moral fragt nur der Unterlegene. Frankreich, Österreich und Rußland sind zwar nicht gewillt, Preußen als Vierten im Bunde der Großmächte gleichberechtigt zu dulden, aber ihre Rüstungsvorbereitungen sind noch nicht abgeschlossen. So schließen sie Mitte 1742 einen zweifelhaften Frieden. Preußen bekommt Ober- und Niederschlesien sowie die Grafschaft Glatz. Einer verspricht dem anderen, keine weiteren Gebietsforderungen zu stellen und Frieden zu halten. Bis zum nächsten Mal.

In die kurze Friedenszeit hinein wird Leberecht von Blücher geboren.

Die Legende beginnt mit der Herkunft des Helden. Je nach politischer Farbe haben die Autoren seine Abstammung von alteingesessenem Adel oder seine Ankunft aus dem Nichts betont. Selbst das Geburtshaus in der Rostocker Altbettelmönchstraße 23 (ab 1864: Blücher-Straße, ab 1947: Rungestraße) macht auf den noch vorhandenen Fotografien einen widersprüchlichen Eindruck: Aus der Froschperspektive wirkt das zweigeschossige Haus geräumig und vornehm, fast wie ein Schloß, von höherem Standort sieht es „eher bescheiden" aus.

Zu Zeiten restaurativer monarchistischer und feudaler Stimmungen haben die Biografen die Blaublütigkeit der Blüchers entdeckt: „Auf seinem Erbgute zu Großen-Rensow in Mecklenburg lebte der schloßgesessene Christian Friedrich von Blücher, ehedem Rittmeister in Diensten des Landgrafen von Hessen-Kassel, einer von jenem gesunden, kernigen und hanebüchenen Schlage, der dem Lande Mecklenburg eigen ist." (Köppen 1889) So fangen alle Märchen an, denen die vaterländische Jugend ausgangs des Jahrhunderts andächtig lauschen soll. Andere legen Wert auf die Feststellung, daß Blücher „aus dem Nichts" gekommen, ohne das Privileg von Stand und Geld etwas Ordentliches geworden sei: „Nicht Geburt, nicht Standesverhältnisse erschlossen ihm die glänzende

Das Geburtshaus

Laufbahn, auf welcher er seinen unvergänglichen Ruhm und den Namen eines Völkerbefreiers errang." (Rauschenick 1836) Das sollte bei jungen Leuten den Nachahmeffekt bewirken: vom Knecht zum Herrn, vom Soldaten zum Marschall.

Die neuere Geschichte läßt den Blücher-Vater zunehmend auf plebejisches Niveau herabsinken: „Aus Hessen bezog er keine Pension, und das Vermögen seiner Frau scheint gering gewesen zu sein; mit dem Jahresgehalt von 200 Talern ... kam er bei seiner großen Kinderschar nicht weit. Seine verschiedenen Versuche, im mecklenburgischen Militär oder Forstfach angestellt zu werden, schlugen fehl." (Unger 1907) Und in dem Roman DER BEFREIER von Miethke (1956) klagt Christian Blücher: „Ich bin mit meinen sechsunddreißig Jahren nichts und habe nichts. Meine Pension reicht kaum für mich. Und die Rente meiner Frau ist so knapp bemessen, daß wir mit Mühe und Not unsere sieben Kinder ernähren können."

Wer war dieser Christian Friedrich, Blüchers Vater, wirklich: ein mit allen Privilegien der Schloßgesessenheit ausgestatteter Junker oder ein Tauge- und Habenichts? Die Wahrheit liegt irgendwo zwischen den Extremen.

Das Geschlecht der Blüchers findet bereits im 13. Jahrhundert erste urkundliche Erwähnung, das Stammgut der Familie liegt zwischen Bralstorf und Boizenburg, am rechten Ufer der Schale, die über die Sude in die Elbe fließt. Der Familienname leitet sich, den Überlieferungen zufolge, von *Bleudiger*, Blutiger, her. Eine Sage weiß zu berichten, daß Heinrich der Löwe nach seiner Rückkehr vom Kreuzzug dem Stammvater der Familie Blücher den mit dem Blut von tapferen Dorfbewohnern getränkten Schlüssel der Wehrkirche mit der Aufforderung übergeben hat, sie allzeit vor jedem Angriff zu schützen. (Wigger 1870)

Auch hier ist der Hang zur Legendenbildung unverkennbar: Die Vorsehung, das allmächtige Schicksal, die unentrinnbare Verhaftung in Tradition, Blutsbanden und Familiengeschichte prädestinieren, so meint man, den jüngsten Sohn des Christian Friedrich von Blücher geradezu zum Gralshüter und Vaterlandsbefreier.

Die Krone des Blücherschen Familienstammbaums ist weit verzweigt, zahlreiche Zweige und Äste und Nebenäste – über Generationen lebendige und bald wieder abgestorbene – dehnen sich über Mecklenburgs, Pommerns und Schlesiens Erde. Unter Blüchers Vorfahren sind Knappen und Ritter, Priester und Bischöfe, kleine Landwirte und wohlhabende Gutsbesitzer. Eins ist allen diesen Blücher-Ahnen gemeinsam: Da Grund und Boden der wertvollste Besitz der Familie sind, so erbt ihn der Erstgeborene, und die oft zahlreichen Nächst- und Letztgeborenen haben das Nachsehen, werden auf Rentenbasis abgefunden, was in der Regel Auszug aus dem Elternhaus und Suche nach dem Glück in der Fremde bedeutet. So wählen viele den Weg zum Militär. Sie füllen die Unteroffiziers- und Offiziersränge in den Söldnerheeren des Dreißigjährigen Krieges, der Schlesischen Kriege und all der anderen Erbfolge- und Landraubkriege jener Jahrhunderte.

Einige der Blüchers bringen es auf diesem Wege tatsächlich zu Ruhm und Ehre, wie es dann stets in den Familienannalen heißt und wohl bedeutet, daß sie zu etwas Geld und Gut gekommen sind. Reich sind sie dabei nicht geworden, jedenfalls nicht so wohlhabend, daß den zahlreichen Kindern ein ungehindertes Fortkommen bei friedlicher Arbeit sicher gewesen wäre.

Blüchers Vater tritt 1716 in das Reiterregiment des Herzogs Karl Leopold von Mecklenburg-Schwerin ein. 1719 entläßt der Herzog, da er gerade keine Streitfälle zu klären und keine Landraubpläne hat, seine Offiziere. Er läßt ihnen bestellen, sie möchten ihr Glück „bis auf bessere Zeiten anderweitig" suchen. Christian Blücher wird Werbeoffizier für den hessenkasselschen Fürsten, heuert für dessen Reiterarmee Soldaten an – in Mecklenburg. Ein keineswegs außergewöhnlicher Umstand. Sowohl der Verkauf von „überzähligen" Landeskindern an fremde Kriegsherren wie auch das zusätzliche Anwerben von Soldaten im gerade nicht kriegführenden Ausland gehören Mitte des 18. Jahrhunderts zum gewöhnlichen Alltag.

Nach 1700 reicht die „freiwillige Werbung" längst nicht mehr aus, eine ausreichende Zahl von Kriegsdienstwilligen zu erhalten. Daher werden ab 1720 in verschiedenen deutschen Ländern Verzeichnisse der kriegspflichtigen Kinder angelegt. Die Söhne der höheren Stände sind vom Waffendienst befreit, soweit sie es nicht selbst vorziehen, freiwillig die Offizierslaufbahn einzuschlagen. Ab 1733 gilt in Preußen das sogenannte Kantonsystem: Das ganze Land wird unter die Regimenter verteilt, wodurch einerseits der alljährliche Bedarf an Mannschaft durch Aushebungen gedeckt und andererseits der Zusammenhalt von Heer und Bevölkerung gestärkt werden soll. Doch durch Aushebungen allein ist das ewig hungrige Maul des Molochs Krieg nicht zu stopfen. Daher etablieren sich in allen größeren Städten Werbebüros, und Werbeoffiziere aller Herren Länder durchstreifen aller Herren Länder, um geeignetes Menschenmaterial aufzuspüren und ihrem jeweiligen Kriegsherrn zuzuführen.

Zur Zeit Friedrich Wilhelms I., der einen Tick für die „langen Kerls" hat, haben es die Werber vor allem auf große, kräftige junge Männer abgesehen. Jeder Mann über fünf Fuß Länge (ein Fuß = 31,4 Zentimeter) ist dabei besonders stark gefährdet.

Gustav Freytag hat in seinen BILDERN AUS DER DEUTSCHEN VERGANGENHEIT 1898 eine eindrucksvolle Vorstellung von den Methoden und Praktiken dieser Werber vermittelt: „Die Werbungen im Inland wurden mit jeder Art von Gewaltthat geübt. Trat in Kriegszeiten Mangel an Mannschaft ein, dann hörte jede Rücksicht auf das Gesetz auf. Dann wurde eine förmliche Jagd angestellt, die Stadtthore mit Wachen besetzt und jeder Aus- und Eingehende einer furchtbaren Untersuchung unterworfen, wer groß und stark war festgenommen, selbst in Häuser gebrochen, vom Keller bis zum Bodenraum nach Rekruten gesucht ... Unter Bedeckung und Drohungen wurden die Gefangenen zur Fahne geschleppt und durch barbarische Strafmittel zum Eide gezwungen. Fast noch schlimmer waren die Ungesetzlichkeiten, wenn die Werber im Ausland nach Leuten suchten ... Nächst dem Trunk wurde jede andere Verführung angewendet: Spiel, Dirnen, Lüge und Betrug. Die einzelnen begehrungswerthen Burschen wurden Tage lang durch Spione beobachtet. Von den Werbeoffizieren, welche für solchen Dienst angestellt waren, wurde verlangt, daß sie besondere Gewandtheit im Überlisten hatten; Beförderung und Geldgeschenke hingen daran, ob sie viele Leute einzufangen wußten."

Neben den Braunschweiger und Württemberger Landesherren ist der Landgraf Friedrich von Hessen-Kassel ein besonders gefürchteter Makler für Menschenware. Er unterhält Werbeagenturen in allen Gegenden Deutschlands; Mecklenburg ist sein bevorzugtes Jagdgebiet auf junge Männer, die der Graf gegen sehr hohen Gewinn über England nach Amerika verkauft oder verleiht. Über die Praxis dieses Landgrafen und seiner Werber schreibt Scherr: „Für jedes ‚Stück' Hessen erhielt der Angestammte 30 Kronen Werbegeld, sonst auch ‚Blutgeld' geheißen; sodann für jeden in Amerika dienenden Soldaten 37 Kronen jährlicher ‚Subsidien', endlich 20 Kronen für jeden Verkauften, welcher ‚blieb'. Ah, der Mann verstand seinen Handel! Er hat darum auch aller seiner Verschwendungen ungeachtet ... ein Barvermögen von nahezu 60 Millionen Thalern hinterlassen ... In Summa haben die Landesväter von Braunschweig, Hessen-Kassel, Hessen-Hanau, Hannover, Waldeck, Anspach und Anhalt-Zerbst 29.166 liebe Landeskinder nach Amerika verkauft und dafür von England in runder Summe 7 Millionen Pfund Sterling erhalten."

So einem also dient der Blücher-Vater als Rekrutendieb in Mecklenburg. Allerdings soll er kein besonders engagierter und scharfer Werber gewesen sein, wofür auch die Tatsache spricht, daß er es nur bis zum Rittmeister bringt und die Kopfprämien kaum zum Lebensunterhalt der großen Familie ausreichen.

In der Nähe von Rostock, auf dem Gute Toitenwinkel, lernte Christian Blücher die Gutspächter-Tochter Dorothea

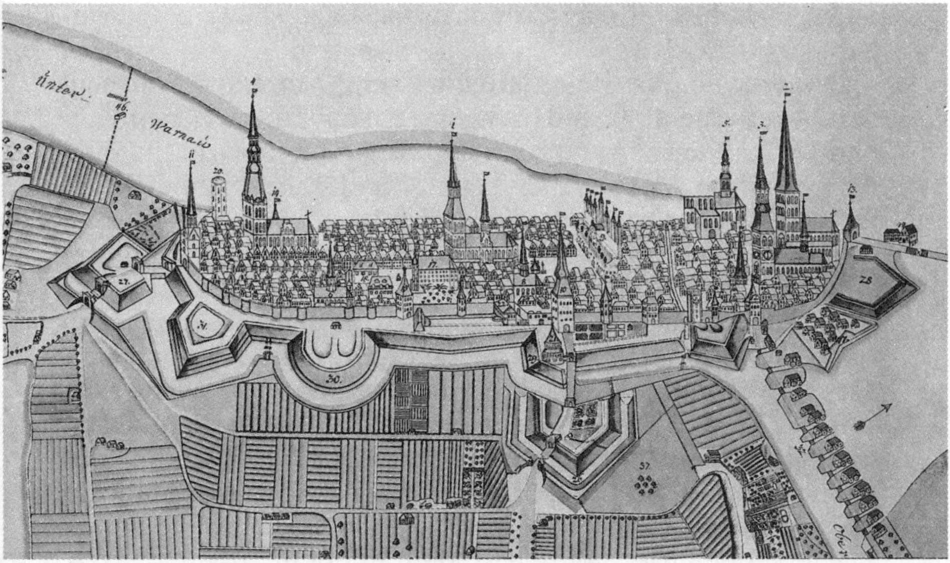

Plan Rostocks von 1737. Stich von Zacharias Voigt

Marie von Zülow kennen und heiratete sie 1731. Ende 1737 nahm Christian Blücher überraschend und überstürzt seinen Abschied von Hessen-Kassel und ist nun ganz ohne Anstellung in Rostock. Über die Gründe für diesen Entschluß gibt es keine Sicherheit: Hat ein Duell stattgefunden, in das Blüchers Vater verwickelt gewesen ist? Hat er die berechtigte Aussicht gehabt, wieder beim Mecklenburger Herzog Anstellung zu finden?

Die Hoffnung Blüchers, von Karl Leopold wieder als Offizier beschäftigt zu werden, erfüllt sich nicht. Der Rittmeister bleibt a. D. „Er verlebt nun in Rostock eine lange Reihe von Jahren in unerwünschter Unthätigkeit und zu Zeiten unter ziemlich drückenden Sorgen.“ (Wigger 1878)

Er ist nicht groß und nicht jung genug für Friedrichs oder eines anderen Potentaten Garden; er ist nicht bemittelt genug, ein hohes Offizierspatent durch Bestechung zu gewinnen.

Die erzwungene Beschäftigungs- und Mittellosigkeit mag den Vater unleidlich und hart gemacht haben. Zwischen 1732 und 1742, innerhalb von zehn Jahren, kommen in der Familie neun Kinder zur Welt, zwei Töchter und sieben Söhne, die zu Essern heranwachsen und gekleidet und versorgt werden wollen. Christian Blücher, kaum über die Vierzig, fühlt sich immer noch jung und kräftig genug für eine Militärlaufbahn. Er richtet, zunächst an Karl Leopold, nach 1756, fünf Jahre vor seinem Tod, gar noch an Herzog Friedrich, Gesuche mit der Bitte um eine Anstellung im Heer oder – falls es dort keine Verwendung für ihn gibt – beim Forstwesen. Doch seine Petitionen haben keinen Erfolg. In Friedenszeiten gibt es keine Arbeit für ausgediente Schlachtrosse. Wen wundert es, wenn sich Leute wie die Blüchers nach einem neuen Kriege sehnen wie andere nach dem Frieden.

Christian Blücher kann weder seinem Erstgeborenen Leberecht noch den folgenden Söhnen irdische Güter in die Wiege legen. Blüchers ältere Brüder Berthold Hans (geb. 1733), Burchard Hartwig (geb. 1739) und Hans Joachim (geb. 1741) sterben, kaum dreißigjährig, auf fernen Kriegsschauplätzen – nicht einmal die Daten und Orte ihrer Tode sind bekannt.

Der jüngste Blücher-Sohn Gebhard Leberecht, der in der Weihnachtskrippe des Jahres 1742 liegt, unterscheidet sich in den Voraussetzungen kaum von seinen Brüdern. Ihn hätte das gleiche Schicksal ereilen können, und nach seinem anonymen Soldatentod wären ihm keine Memorials und Heldenlieder gesungen worden. Allein die Tatsache, daß er alle seine Gefechte lebend übersteht und sich mit dem Mut eines Verzweifelten in immer neue Kriegshandlungen stürzt, macht ihn zur Legende. Der Weg vom Anonymus zum Feldmarschall und Fürsten ist lang und blutgetränkt, es braucht mehr als siebzig Jahre, ihn zu gehen.

Die Blüchers sind Hereingeschneite, Zugereiste, die nur wenig Kontakt zu den Nachbarn haben. Mutter Blücher hat mit dem Kinderkriegen und der Sättigung der vielen Mägen zu tun; Vater Blücher hängt seinem Kummer nach, nicht kriegsverwendungsfähig zu sein. Doch er erzieht seine Kinder zu Zucht und Anstand, zu Disziplin und Ordnung, zu Loyalität und Pflichtbewußtsein. Mit welchem Ziel, zu welchem Zweck?

Ist die Frage, da sie sich damals *so* kaum gestellt haben dürfte, nachträglich legitim? Wohl kaum.

Man gilt zu Zeiten Friedrich Wilhelms I. und Friedrichs II. als loyal, wenn man Gott vertraut und seinem irdischen Herrn dient, wie auch dessen Name lauten mag. Man geht entweder freiwillig zu den Soldaten, oder man wird zu ihnen geholt, ist dann also auch beim Militär. Das ist die ganze Alternative. Allenfalls besteht für einen jungen Habenichts noch die Chance, reich einzuheiraten und Landwirtschaft zu betreiben, als Pächter oder Verwalter.

Gebhard Leberecht Blücher wächst unter seinen Brüdern als wilder Schößling heran: Sein Spiel-Raum beginnt im Garten hinter dem Haus zwischen Stadtmauer und Kirche, und er endet auf dem Gut Toitenwinkel. Diesen Raum füllen die Blücher-Jungen mit ihren Kinderspielen. Sie sind Räuber und Gendarm, Seeräuber und blinder Passagier, und natürlich sind sie allesamt Husaren, die mit Haselstock-Säbeln um sich schlagen und imaginäre Pferde reiten.

Der Vater toleriert die kindlichen Kampfspiele nicht nur, sie scheinen ihm das richtige Mittel zu sein, die Söhne hart und unempfindlich gegen die Launen des Schicksals zu machen. Christian Blücher kann seinen Kindern keine höhere Schulbildung oder gar eine wissenschaftliche Ausbildung an der Universität zuteil werden lassen. Zwei der Söhne kann er an dem Schweriner Pageninstitut unterbringen, wo sie neben einer elementaren Schulbildung auf den Militärdienst vorbereitet werden. Für Gebhard Leberecht bleibt, wie für die anderen Blücher-Kinder, die große Stadtschule, wo Religion, die Anfangskenntnisse im Schreiben, Lesen und Rechnen sowie ein wenig Latein vermittelt werden.

Wie der Unterricht an einer Stadtschule nach 1750 etwa aussieht, hat Karl-Friedrich Klöden in seinen Erinnerungen anschaulich beschrieben. Der Tag beginnt nach einem Liedervers mit einer Stunde Bibellesen. Der Text wird abschnittweise von jeweils einem Schüler vorgelesen, es gibt keinerlei Interpretation dazu; das Wort Gottes allein soll durch seine Kraft und Schönheit auf die Zöglinge einwirken. Danach werden die biblischen Bücher abgefragt und das Einmaleins aufgesagt. Für Abwechslung und Unterhaltung sorgt der Lehrer mit dem Aufschlagen von Bibelstellen nach Zeit. Wer sie zuerst gefunden hat, darf die nächste Stelle ansagen. Es folgen Schreibstunden mit mechanischen Abschreibübungen; einzelne Buchstaben oder ganze Texte werden kopiert: Überschriften in verzierter Frakturschrift, die erste Zeile Kanzleischrift, die zweite Zeile Kursivschrift usw. Auf der Schiefertafel werden einfache Rechenexempel geübt. Mit dem Aufsagen des Katechismus einschließlich der Lutherschen Erklärungen und einem Gebet endet so ein Tag an der Stadtschule einer mittleren Stadt wie Rostock.

Die Blücher-Kinder bleiben weitgehend sich selbst überlassen. Selten erzählt der Vater von seinen – wenigen – Heldentaten. Noch seltener nimmt er den Jüngsten auf die Knie und singt mit ihm jenes Lied, das später noch der Feldmarschall kennt:

> Schacke, Schackerillchen,
> wir reiten auf dem Füllchen,
> und wenn wir größer werden,
> so reiten wir auf Pferden!

Blücher hat später die Erziehungsbemühungen seiner Eltern mit der Bemerkung zusammengefaßt, daß man seinerzeit mit den „Bälgern nicht viel Federlesen“ machte.

An dieser Stelle unternehmen die Blücher-Biografen gewöhnlich einen Exkurs, die Intelligenz des nachmaligen Feldmarschalls im allgemeinen und seine Behandlung der deutschen Sprache im besonderen betreffend.

Wir wollen dem Schema folgen, obwohl es von vornherein fragwürdig erscheint, die gesprochene und geschriebene Sprache zum Gradmesser der Intelligenz machen zu wollen in einer Zeit, da selbst deutsche Könige zwar fließend französisch schreiben und reden, ihre Muttersprache aber nur als ein stark verstümmeltes, grausam mißhandeltes Verbindungsstück zwischen sich und jenen einsetzen, die des Französischen nicht mächtig sind. (Die Randglossen Friedrichs II. auf Briefen und Petitionen im Stile eines zehnjährigen Kindes – „Ist nicht“, „Nichts da“ – wird Leberecht Blücher noch am eigenen Beispiel kennen- und hassenlernen.)

In Rostock sprechen selbst die sogenannten feinen Leute Platt; „mir“ und „mich“ vereinigen sich zum neutralen „mi“; „dir“, „dich“, „ihr“, „sie“, „Euch“ verschmelzen zum alltauglichen „ji“. Das ist nicht fein und nicht unfein, es ist so.

Übrigens: Blüchers Sprache ist präzis und schnörkellos. Er ist in der Lage, sich anschaulich, einprägsam, gar suggestiv auszudrücken und selbst komplizierteste Sachverhalte überschaubar und verständlich darzulegen. Er wird – was die Art der Befehlsübermittlung und Berichterstattung betrifft – zum ersten Reformer in der preußischen Armee. Lange, blumige Ergüsse, umständliche Schwafeleien, um fehlende Initiative und Mängel in der Kriegführung zu kaschieren, hat Blücher nicht nötig – seine Erfolge bedürfen keiner langen Kommentare; Niederlagen kann er ehrlich und ohne Umschweife eingestehen.

Blücher ist auf der Höhe seiner Karriere ein versierter Redner. Preußens Kriegsminister Boyen hebt hervor, nur wenige hätten wie er die Gabe besessen, „aus dem Stegreife zu sprechen und den Gang der Rede den Vorstellungen seiner Zuhörer anzupassen".

Womit es hapert, das ist die Schriftsprache, die Orthographie. Blücher schreibt, wie er spricht, wie es ihm sein einfacher, unkomplizierter Verstand eingibt. Alles wird dem jeweiligen Zweck untergeordnet.

Blüchers langjähriger Mitstreiter Karl von Müffling hat berichtet, daß Blücher nie einen Geistesschaffenden verspottet, die Macht des Wissens aber auch nicht überschätzt hat. „Er sprach ohne Rückhalt über die Vernachlässigung seiner Erziehung, aber er wußte auch recht gut, was er ohne diese Ausbildung leisten konnte." Nie fühlt er sich durch seine mangelhaften Sprachkenntnisse behindert oder gehemmt. Er beherrscht – in Wort und Schrift – komplizierte Fremdwörter wie placieren, retirieren, Chirurgus, Tractament, Corps, Ressourcen usw., bleibt aber in den Fallstricken deutscher Grammatik hängen: „Von Herzen danke ich Dich für Alles, was Du mich gutes sagst; glaube mich, der Beifall meiner Freunde und die Zuneigung so die Nation mich beweist tut mich woll." Konsequent bleibt Blücher nur darin, daß er fast durchgängig den Akkusativ setzt, alles andere fügt er sich so zurecht, wie es sich fügt.

Blüchers schriftliche Äußerungen – Briefe, Befehle, Berichte – sind von Adjutanten und Herausgebern nachträglich bearbeitet worden, wodurch sie viel an Atmosphäre und Unmittelbarkeit verloren haben.

Obwohl es mitunter nicht leicht sein dürfte, sogleich den Sinn zu erfassen, werden Blüchers Schriften hier, soweit sie in ursprünglicher Gestalt noch aufzufinden sind, im Original wiedergegeben.

Übrigens befindet sich Blücher, was den fehlerhaften Umgang mit der deutschen Schriftsprache betrifft, in bester Gesellschaft von Generals-Kollegen, Offizieren und Vorgesetz-

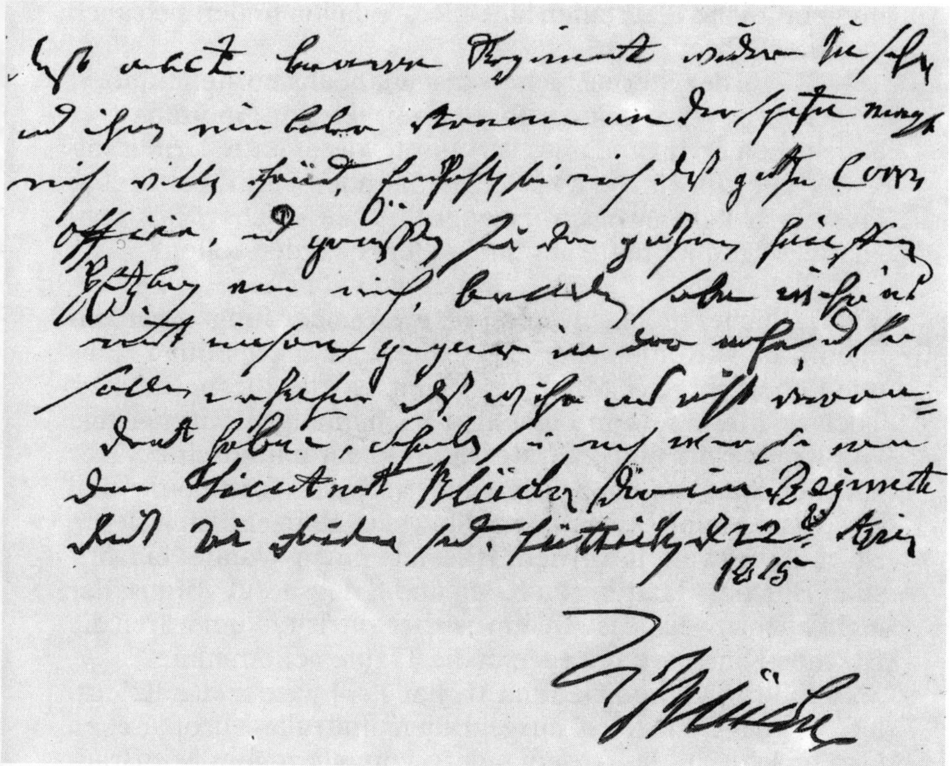

Handschrift-Probe

ten, bei denen meist ein Kauderwelsch aus Gassenjargon, Französisch und Berliner Mundart vorherrscht, das, wie ein Fetzen aus dem Bericht des Generals Schladen, so aussieht: „als ich tort an Kahm in der jegent der einen Schantze … fiehlen ihm die Franzosen auf den Halz und schossen ihm … Devilees – Retrette – en Egelon.“

Blücher, kein Kind armer Leute und kein Sohn reicher Eltern, wuchert mit dem Pfund, das er besitzt: seiner urwüchsigen, volkstümlichen Rede, die ihn im Umgang mit Soldaten ins gemütliche Platt fallen läßt – Reste davon finden sich auch in seiner Schreibweise.

1814, als der Stern Blüchers fast am höchsten steht, äußert er sich gegenüber seinem Freund und Helfer Gneisenau, er habe in seiner Jugend alles versäumt, was er hätte lernen sollen. Vielleicht wäre er sonst ein ganz anderer Kerl geworden. Das klingt keineswegs überzeugt und selbstsicher, fast resignativ. Was aber hätte aus ihm anderes werden sollen?

Vater Blücher möchte wenigstens zwei seiner Jungen zu tüchtigen Landwirten machen. Er schickt daher die Söhne Hans und Leberecht nach Venz auf Rügen, wo die älteste Blücher-Tochter Margarete in das Gut des ehemaligen Rittmeisters von Krackewitz eingeheiratet hat. Ob der enttäuschte Vater Blücher seine beiden Söhne damit auch vor Aushebung und Zwangswerbung beschützen will, wie es gelegentlich zu lesen ist, muß bezweifelt werden. Es setzte einen Wandel in Christian Blüchers Haltung zu Krieg und Kriegsberuf voraus, der nicht nachzuweisen ist. Wenn es aber zutrifft, dann wären die Blücher-Kinder vom Regen in die Traufe gekommen.

Preußens König Friedrich II. hat 1744 wieder das Kriegsbeil gegen Österreich ausgegraben und alle europäischen Großmächte in die Auseinandersetzung gezogen: Mit Brandenburg-Preußen im Bunde sind Großbritannien und die deutschen Kleinstaaten Hannover, Braunschweig und Hessen-Kassel. Auf österreichischer Seite stehen Frankreich, Rußland und Schweden sowie die meisten Reichsstaaten. Jede dieser Mächte verfolgt eigene, eigennützige Ziele: Preußen will den schlesischen Raub sichern, hat es außerdem auf das wohlhabende Sachsen abgesehen; England benutzt Preußen als verlängerten Arm im Kampf gegen Frankreich und Rußland; Österreich hofft auf die Rückgewinnung Schlesiens; Frankreich hat sein Auge auf die zu Österreich gehörenden Niederlande geworfen; das zaristische Rußland strebt Landgewinn in Ostpolen an... Die Gegensätze sind auf jeder

Seite der „Verbündeten" groß. Einig sind sich alle – so mächtig sie auch sein mögen – in ihrem Streben nach mehr Macht.

Die Insel Rügen gehört zu Schweden und erhält gerade zu der Zeit, da die Blücher-Jungen dort ankommen, schwedische Einquartierung. Die Schweden haben, beflügelt von der vagen Aussicht auf Kriegsbeute in Pommern, ihr Truppenkontingent auf der Insel verstärkt und rüsten gegen Preußen. Die Fremden richten in Bergen und Putbus Garnisonen ein. Der dreizehnjährige Leberecht und seine Freunde stehen am Wegrand, als die schmucken Reiter vorüberziehen; sie sind dabei, wenn diese durch die Städte und Dörfer paradieren oder auf den Feldern ihre Reiterkunststücke vorführen. All das übt eine große Faszination auf die Jungen aus. An Schule, etwa durch Privatunterricht, ist bei den unsicheren Verhältnissen nicht zu denken; alle Geschäfte, im großen wie im kleinen, haben sich dem Krieg und der Besatzung unterzuordnen.

Hans und Leberecht Blücher genießen den Freiraum, der sich ihnen so unerwartet bietet. Sie durchstreifen, allein oder mit gleichaltrigen Adelssöhnen aus der Nachbarschaft, das Land und finden vor allem Gefallen an den Ausritten zu Pferd, später auch an Jagden, Reiterspielen und Bootsfahrten zu den benachbarten Inseln und zum Festland. Es bleibt bei diesen Erkundungen nicht aus, daß sie Kontakte zu den Reitern des Regiments Graf Sparre aufnehmen, die durch ihr offenes, rücksichtsvolles Verhalten gegenüber der Rügener Bevölkerung junge Männer anwerben wollen, die – als Husaren in schwedischem Dienst – die Streitmacht gegen Friedrich II. verstärken sollen. Rügen und Vorpommern sind Brückenköpfen vergleichbar, über die Regiment auf Regiment aus dem Norden herangeschafft und bereitgestellt wird. Von hier aus setzen die Soldaten zum Festland über. Im Herbst 1756 richten die Schweden ihren Hauptstoß gegen die Schanze an der Peenemündung und die kleinen preußischen Besatzungen von Anklam und Demmin. An der Ücker kommt der Angriff zum Stehen, beide Seiten verfallen in den üblichen Winterschlaf. Die Schweden nutzen die Winterruhe, um für den Frühjahrsfeldzug 1758 zwei neue Husarenschwadronen zu je hundert Mann aufzustellen. Die Rügener Gutsherren von Putbus und von Platen werben Freiwillige an.

Leberecht Blücher und sein Bruder Siegfried, der aus Schwerin zu Besuch gekommen ist, sehen den neugeworbenen Reitern bei den ersten Ausritten und Übungen zu. Sie verspüren, da sie bereits versiert im Umgang mit Pferden sind, Lust mitzureiten. Und eines Tages stecken sie selbst in den blauen Uniformröcken mit gelben Verschnürungen. Leberecht, gerade fünfzehneinhalb Jahre alt, und sein kaum achtzehnjähriger Bruder treten freiwillig in schwedische Dienste, ohne den elterlichen Segen dazu einzuholen.

Wie kommen Deutsche in einem schwedischen Heer zurecht? Die Frage ist eher rhetorischer Art, 1758 scheint sie sich den Beteiligten kaum gestellt zu haben: Die meisten der Neugeworbenen sind Landsleute der Blüchers, Mecklenburger wie sie, die Kommandosprache ist Deutsch, das Reglement preußisch, der schwedische Oberkommandierende Sparre ist weit.

Blücher erlebt seinen ersten Kriegsalltag. Die Kriege des 18. Jahrhunderts sind noch keine Maschinenkriege; trotz Artillerie und Handfeuerwaffen entscheiden Menschen zu Fuß und zu Pferd die Kämpfe. Die Feldherren suchen den geeigneten Schauplatz für die Schlacht und führen ihre Bataillone vor. Sie werden – am besten bei Nacht und Nebel – zur Linie entfaltet. Am Ende einer kalten, durchwachten Nacht geben die Befehlshaber mit Pauken und Trompeten das Signal zum Angriff. Die Schlacht beginnt gewöhnlich im Morgengrauen, erreicht in den späten Vormittags- und frühen Nachmittagsstunden ihre Höhepunkte, und ehe noch das Licht des Tages verlischt, ist das Terrain mit Toten und Verwundeten übersät. Die Lebenden sammeln sich und ziehen sich in rückwärtige Stellungen zurück. So etwa verläuft der Kriegsalltag zwischen Frühjahr und Herbst.

Bei den Kämpfen haben nur die Männer hinter den Kanonen das Privileg, ihrem Gegner nicht Aug in Auge gegenüberzustehen, ihn nicht umfallen und sterben sehen zu müssen. Wenn die Infanterie mit ihren Handfeuerwaffen die gegnerischen Linien gelockert, das heißt Lücken in die Schlachtordnung des Feindes gerissen hat, kommt die Zeit der Berittenen: Dragoner auf leichten Pferden, die Kürassiere, langaufgeschossene Männer mit Brustpanzern und schweren Pallaschen, und die Husaren, eine bewegliche, leichte Reiterschar aus Freiwilligen auf zusammengesuchten, teils selbstgestellten Pferden, mit Säbeln und Pistolen.

Blücher ist nun bei den Husaren, denen er zeitlebens die Treue hält. Sein erster militärischer Lehrer, Rittmeister von Platen, der es später bis zum Feldmarschall bringt, ist durch seine Schrift DER HUSAR IM FELDE (1761) bekannt geworden. Aus dieser Abhandlung wird ersichtlich, daß es das wichtigste Ziel der Reiterei bei einem Angriff ist, den Feind nicht zu schonen, sondern „immer brav nach dem Kopf, Hals und Händen [zu] hauen und keinen Pardon [zu] geben, bis der Feind gänzlich auf der Flucht ist; er darf selbst nicht eher Pardon begehren, ehe er entweder schwer verwundet ist oder keine Hilfe mehr erwarten kann". (Unger 1907) Leberecht Blücher übt sich darin, „mit dem Säbel um sich zu hauen, mit dem Bajonett in Menschenleiber zu stechen und auf die linke Seite der Brust zu zielen".

So erlernt Blücher bereits als Halbwüchsiger das Waffenhandwerk, das heißt, er lernt, sich „wacker" zu schlagen und „brav" zu hauen. Von seinen Lehrmeistern wird er als „hurtig und keck" bezeichnet. Des weiteren sagt man von ihm, er sei „gewandt", von „gutem Aussehen und tadelfreier Aufführung".

Er scheint für eine Karriere bei den Soldaten wie geschaffen: Zu äußerlichen Vorzügen kommt der, den Kopf nicht mit übermäßiger Bildung belastet zu haben. Blücher beginnt diese Karriere in Landsknechtsmanier: in fremdem Sold. Zu seiner Ausrüstung gehören Abenteuerlust, Freude am Balgen und Raufen, am Fechten und Reiten. In seinem Felleisen fehlt jede andere Moral als die des Mietlings, der auf höhere Weisung handelt, unbekümmert um die Folgen und den Zweck seines Handelns.

Die ersten militärischen Sporen verdient sich Blücher auf heimatlichen Kriegsschauplätzen zwischen der Ostsee und dem Großen Landgraben, zwischen Peene und Ücker. Hier wird der frischgebackene Fahnenjunker irgendwann in den Frühsommertagen des Jahres 1758 auf seine ersten Gegner gestoßen sein: Vielleicht sind es Preußen der Besatzungen von Anklam oder Demmin gewesen oder mecklenburgische Landsleute, die bei Friedland oder Treptow in preußischem Dienst stehen. Hier wird er seine erste richtige Attacke geritten, die ersten Blessuren und Todesstöße versetzt haben. Hat er eine schlaflose Nacht darauf gehabt? Sind Tränen nach dem ersten Blut geflossen? Hat ihn der erste tote Kamerad, den er bestatten muß, nichts als Haß gegen die „Feinde“ fühlen lassen? Keine Frage nach dem Sinn solchen Sterbens? Die Chronik – und die Chronisten – schweigen dazu.

Blücher hat erst später eine Art Kriegstagebuch geführt, aber dort wird man vergebens nach Stimmungen, Gefühlsausbrüchen oder moralischen Bewertungen suchen. Sie spielen allenfalls eine Rolle, wenn nach Sieg oder Niederlage Durst, Hunger, Müdigkeit, Krankheit, Unzufriedenheit mit gezeigten (militärischen) Leistungen von Verbündeten usw. reflektiert werden.

Blücher verbringt den Rest seiner Jugendjahre im Sattel. Es scheint ihm von Anfang an gefallen zu haben: das Nomadenleben mit immer neuen Abenteuern, das Erlebnis von Kameradschaft und Bewährung in einer Gruppe von Gleichgesinnten, die äußeren Attribute eines scheinbar freien, ungebundenen Lebens: Uniformschmuck, Aussicht auf Kriegsbeute, Ruhm und Ehre.

Wenn die blauen Husaren durch die Städte reiten und das Abschiedslied des Kavalleristen singen, dann öffnen sich die Fenster, und schmucke Mädchen schauen ihnen nach.

Es wiehert das Roß,
den Boden scharrt es wild.
Es schüttelt die Mähne,
will hin ins Kampfgefild.
Ja, Schlachtkumpan, wir ziehen aus,
Nicht länger bleiben wir zu Haus,
in die Weite geht es durch Sturm und Regen,
dem Feind entgegen.

War müßiger Ruh
schon lange herzlich satt,
nur kämpfend und siegend,
der Reiter wohl sich hat.
Drum mir willkommen Schlachtenruf,
fort, Rappe, hebe schnell den Huf,
jage vorwärts, näher dem Siegerkranze
im Waffentanze.

Was lieb mir und wert,
das bleibt daheim zurück,
Gott wird es bewahren;
mich aber führt das Glück,
es zeigt sich nur im Pulverdampf,
erringen kann's nur mutiger Kampf:
Was dem Mächtigen dienet auf Erden,
mein kann es werden.

Eine vage Aussicht, die sich kaum jemand erfüllt. Aber dafür lebt fast jeder von Blüchers Art – solange er lebt.

2. Kapitel
Blücher wechselt die Fronten

Der Übertritt zu Preußen 1760–1770

Die ersten Kriegstaten des Fahnenjunkers von Blücher, des wackeren „Schweden“, bleiben in den Annalen und Kriegsberichten unerwähnt. Er erhält wenig Gelegenheit, sich auszuzeichnen: Zwar ist Schweden dem österreichisch-russischen Bündnisvertrag gegen Preußen am 1. April 1760 auch formell beigetreten und hat sich damit seinen Anspruch auf den Besitz von Pommern bestätigen lassen, aber die Schweden wollen den Preußenkönig, der mit dem schwedischen Königshaus verschwägert ist, nicht ernstlich bekriegen, so daß es zu scharfer Konfrontation und zu größeren Schlachten nicht kommt. Es genügt den Schweden, ihre ausgebauten Stellungen im Norden zu behaupten und gelegentlich ihre Stärke durch Streifzüge in Vorpommern vorzuführen.

Diese kleinen Plänkeleien sind so gar nicht nach dem Geschmack des jungen Heißsporns Blücher, der bei Pasewalk seine Feuertaufe besteht. Obwohl er bei den Kämpfen leicht am Fuß verletzt wird, brennt er vor Ehrgeiz, sich auszuzeichnen.

Mitte August stehen sich die feindlichen Schwadronen bei Friedland gegenüber und streiten um den Kavelpaß, der über Bohlen und Knüppel durch mooriges Gelände über den Großen Landgraben führt. Einmal sind die blauen Sparre-Husaren drüben auf der südlichen Seite, dann wieder treiben sie die schwarzen Husaren unter dem Kommando des preußischen Obersten Sebastian von Belling auf die andere Seite zurück.

Der Große Landgraben bildet die Grenze zwischen Schwedisch-Vorpommern, Mecklenburg und Preußisch-Vorpommern. Die reifen Felder sind der Tummelplatz heftigster Raufereien, die unschuldigen Bauern Mecklenburgs die eigentlichen Leidtragenden.

Leberecht von Blücher tut sich bei mancher Patrouille und Feldwache hervor. Am 27. August – immer noch bei dem Katz-und-Maus-Spiel am Kavelpaß – wagt er sich zu weit vor. Sein Pferd wird von einer preußischen Kugel getroffen. Blücher kann sich nicht rechtzeitig in Sicherheit bringen und wird von *einem* schwarzen Husaren gefangengenommen.

Soweit die nüchterne Tatsache. Doch was läßt sich aus ihr nicht alles machen? Der Phantasie – der Schreiber und der Leser – sind keine Grenzen gesetzt. Das liest sich dann so bei

Förster (1821):

„Einst lag der Junker Blücher mit 12 Husaren auf der Feldwacht bei Sucrow an der Ucker, er war mit weniger Mannschaft vorgeritten auf Kundschaft, – da fielen aus dem Walde preußische Husaren vom schwarzen Regiment, die Schweden wichen. Blüchers Pferd stürzte von einer Kugel getroffen; der Husar, Martin Krausse, nahm ihn vor sich auf sein Pferd und brachte ihn wohlbehalten dem preußischen Obersten von Belling."

Hein (1940):

„‚Holt mich doch, wenn ihr mich kriegt, ihr Hanswürste', schrie er den preußischen Vorposten zu, die kaum 50 Meter weit am Waldrande rasteten, ohne sich um das ‚Schwedenbüble' zu kümmern. Erst als der Grünschnabel auf hohem Roß mit ausgerupften Rüben nach den Preußen warf, war das dem Unteroffizier Pfennig von den Preußen zuviel. Er sprang jäh aufs Pferd, jagte zu dem schwedischen Junker hinüber, und,

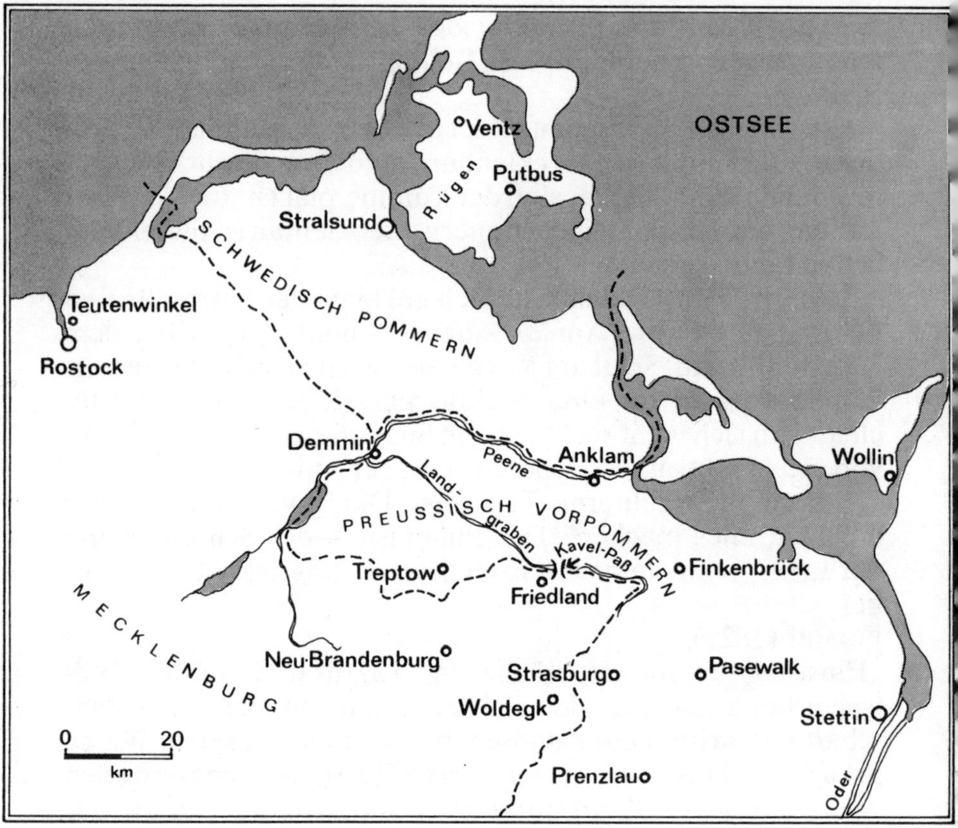

Feldzug 1759/1760 in Vorpommern

ehe der sich davonmachen konnte, hatte er ihn am Schlafittchen gepackt."

Köppen (1889):

„Als einer der letzten sprengte Blücher mit einigen Plänklern immer von neuem gegen die Preußen an, hohneckte, schalt und drohte und gebärdete sich äußerst herausfordernd. Darüber ärgerte sich drüben von den preußischen Husaren einer, ein langer und baumstarker Kerl, der wohl seiner Gestalt nach auch bei den Kürassieren hätte stehen können, namens Gottfried Landeck, und rief als geborener Österreicher in seiner Mundart dem Junker zu: ‚Wart nur, Bübel, i will di scho schlachte.'"

Rauschenick (1836):

„Blücher verteidigte sich zwar wacker und hielt dem Feinde selbst da noch stand, als seine Husaren schon zu weichen anfingen; da wurde aber sein Pferd durch eine Pistolenkugel verwundet, und als er sich nun auch davon machen wollte, ereilte ihn ein alter preußischer Husar, namens Pfennig, hob ihn aufs Pferd und brachte ihn gefangen zum Obersten Belling."

Görlitz (1940):

„Die Einzelheiten seiner Gefangennahme haben sich bis heute nie mehr eindeutig klären lassen, es scheint aber, daß sie nach einem Überfall im Biwak erfolgte unter Ausnutzung des Moments der Überraschung."

Miethke (1956):

Blücher „sieht sich plötzlich umringt. Sein Pferd bekommt einen Lanzenstich. Es bäumt sich auf. Bricht zusammen. Reißt den Reiter mit. Gebhard wird gar nicht bewußt, was geschieht. So schnell geht alles. Da hört er über sich eine Stimme: ‚Täuw min Jong, ick help di!'

Ein baumlanger Husar ist abgesprungen, greift den Liegenden und zerrt ihn unter dem um sich schlagenden Pferd hervor... Jetzt erst merkt Gebhard, was mit ihm gespielt wird. ‚Loslassen!' brüllt er und setzt sich zur Wehr. ‚Lat af, Jong', sagt gemütlich der Lange. ‚Wat Gottfried Landeck in sin Arm het, holt hei fast.'"

Das Ereignis findet am 27., 28. oder 29. August statt; Landeck ist, falls ihm das Verdienst der Gefangennahme überhaupt zuerkannt wird, abwechselnd Österreicher, Schlesier oder Mecklenburger.

Förster behauptet, das Ereignis habe sich bei Suckow an

der Ucker zugetragen, Binder (1903) führt zwei schwedische Urkunden an, wonach Blücher bei Daberkow gefangengenommen wird, Parkinson (1975) entscheidet sich für den Neubrandenburger Raum „zwischen den Dörfern Chemnitz und Zirzow". Die meisten Chronisten lassen den Kavelpaß gelten, jenes Schlupfloch im „Dreiländereck" zwischen Schwedisch-Pommern, Preußisch-Vorpommern und Mecklenburg, das den einzig gangbaren Weg über den Großen Landgraben bildet.

Wenn man heute mit modernen Pferdestärken diese Stelle an der F197 zwischen Friedland und Boldekow passiert, wird man kopfschüttelnd fragen, woran sich die Leidenschaften hier entzündet haben, was die Heere hier behindert hat, worin die strategische Bedeutung dieses „Passes" gelegen haben mag.

Blücher hat übrigens, um zum Ereignis selbst zurückzukehren, später die zahlreichen Versionen seiner Gefangennahme toleriert. Er scheint Gefallen daran gefunden zu haben, wenn sich verschiedene Husaren darüber erhitzten, wer von ihnen Preußen den späteren Feldmarschall in den Sattel gehoben hatte, und er hütete sich, den einzig richtigen zu nennen.

All dies geschieht jedoch erst nach dem Sieg über Napoleon, in späterer Verklärung.

Im August 1760 wird Blücher erstmalig im aktuellen Kriegsbericht erwähnt, wenn auch nicht namentlich. Der das Gefecht am Kavelpaß leitende General schreibt über die Ereignisse des 27. August an den König: „Es kam zum Scharmützel, wir verloren einen Leutnant und einige Husaren. Der Feind büßte weit mehr ein, und wir machten zehn Gefangene nebst dem französischen Leutnant Marnier und einem schwedischen Junker."

Der schwedische Fahnenjunker Leberecht von Blücher wird nach Galenbek zu Oberst Wilhelm Sebastian von Belling ins Hauptquartier gebracht, der in ihm einen fernen, aber nun in nächster Nähe vor ihm stehenden Verwandten erkennt; Belling hat in die Familie Krackewitz eingeheiratet. Dieser Umstand dürfte die wahre Ursache dafür sein, daß Blüchers Schicksal eine entscheidende Wende nimmt. Statt in die Gefangenschaft steckt Belling den achtzehnjährigen kräftigen Jungen in den Uniformrock der Preußen.

Belling ist im Begriff, ein zweites Husaren-Regiment aufzustellen, und schlägt Blücher vor, als Kornett einzutreten. Blücher sieht sich zunächst an seinen schwedischen Eid gebunden, stimmt aber zu, als sich Gelegenheit ergibt, ihn gegen einen gefangenen schwedischen Offizier freizukaufen: Der Schwede, der als desertierter ehemaliger Preuße erschossen werden soll, wird freigelassen; Blücher erhält dafür von Schweden den Abschied. Belling bittet den preußischen König um Beförderung des Antrags, ohne ihm ausdrücklich mitzuteilen, daß es sich bei dem neuen Offiziersanwärter um einen schwedischen Fahnenjunker handelt. Schon am 20. September 1760 trifft die Kabinettsordre ein, durch die Blücher preußischer Offizier wird.

Friedrich II. hat nichts gegen Verstärkung: In der Mitte des Siebenjährigen Krieges ist ihm bei den sächsischen Orten Kunersdorf und Maxen die Luft ausgegangen; er ringt um Atem. „Meine Arbeit ist schrecklich, der Krieg hat 5 Feldzüge gedauert,... und ich spanne den Bogen mit ganzer Kraft; aber eine Armee ist zusammengesetzt aus Armen *und* Köpfen. Arme fehlen uns nicht, aber Köpfe sind bei uns nicht mehr vorhanden“, schreibt er im November 1760.

Nun hat er einen Kopf mehr in seinen Reihen. Blücher wird – bei allen Diensten, die er dem König leistet – doch seinen Kopf für sich behalten.

Es sind gerade drei Wochen vergangen, seit Blücher in die Hände der Preußen gefallen ist. Kein monatelanges Schwanken zwischen Pflicht gegen Schweden und Neigung gegen Preußen, wie es Rumpff (1814) weiß. Und auch das ist frei fabuliert: „Blücher hat ein Jahr lang in der Kriegsgefangenschaft gelebt." (Rauschenick 1836) „Ein ganzes Jahr widerstand Blücher allen Versuchen, ihn für den preußischen Kriegsdienst zu gewinnen." (Wallenroth 1831) Selbst der sonst so zuverlässige Militärhistoriker Friedrich Engels geht dieser Version auf den Leim: „Blücher wurde nach einem Jahr Gefangenschaft und nach seiner Entlassung aus dem schwedischen Dienst überredet, in die preußische Armee einzutreten."

Nein, es hilft alles nichts. Die königliche Ordre macht Blücher am 20. September zum Preußen aus freien Stücken, und dabei bleibt es.

Blücher beginnt seine Karriere auch ganz glücklich und kommod: Er bekommt von einem bei Friedland gefallenen preußischen Leutnant die gesamte Ausrüstung – ein nicht zu unterschätzender Umstand, der ihm überhaupt erst den Zutritt zum Offiziersstand ermöglicht: die dafür benötigte Ausrüstung ist kostspielig und aufwendig.

Schon in Friedenszeiten hat ein Kavallerieoffizier zwei Pferde zu unterhalten, bei Feldzügen kommen ein drittes als Packpferd und ein Reitknecht hinzu, der das zweite Schlachtroß reitet und das Packpferd führt, auf welches das gesamte Offiziersgepäck verladen wird: Feldbett, Klappmöbel, Vorräte, Futtermittel. Dazu kommt die ganze Montur des Offiziers – Uniformstücke und Bewaffnung.

Die Belling-Husaren tragen schwarze Dolmane (pelzbesetzte Uniformjacken) mit goldenen Schnüren und Fransen, grüne Samtabzeichen, eine hohe Fellmütze mit einem schwarzen Tuchstreifen, „dessen Zipfel im Nacken herabhing und so gemeinsam mit dem Zopf das Genick gegen Hiebe schützen sollte, während seitlich mächtige gepuderte Locken aus der Mütze hervorguckten; vorn zeigte die Mütze ein Totengerippe mit Stundenglas und Hippe, und darunter die Inschrift VINCERE AUT MORT" (Siegen oder Tod). Die Bewaffnung des Husaren besteht aus einem gebogenen Säbel, einem kurzen Karabiner und zwei Pistolen. So besteigt der

Husar – Zeughaus und Arsenal in einem – sein erstes Reitpferd, während der Bursche hinten die Decke über das beladene Packpferd zieht, welche das Tier „einem Kamel oder Dromedar sehr ähnlich“ macht.

So bricht auch Blücher im Herbst 1760 als preußischer Kornett auf, mit Sack und Pack.

Sein erster Feldzug ist ein Rückzug bis hinter Prenzlau – kein gutes Omen. Aber der Stern des Obersten Belling und seiner Husaren geht gerade erst am preußischen Kriegshimmel auf. Wieder ziehen sie über den Kavelpaß, quer durch Mecklenburg. In und um Rostock werden die Winterquartiere aufgeschlagen. „Blücher sah sein engeres Vaterland als dessen Feind wieder und verletzte (es) sogar dadurch, daß er auf die Landsmannschaft bei der Ausführung seiner Aufträge keine Rücksicht nahm“, heißt es bei Wigger.

Welcherart diese Aufträge sind und was Wiggers Worte in ihrer ganzen Tragweite bedeuten, kann man ermessen, wenn man weiß, daß ein großer Teil der Verpflegung und der Fourage für die Pferde nicht durch Vorrats- und Depotwirtschaft, sondern durch sogenannte Beitreibungen beschafft werden muß. Dem Großherzog von Mecklenburg-Schwerin, in dessen Land sich die Bellingschen niederlassen, sind harte Naturalsteuern auferlegt zur Strafe dafür, daß er sich – widerwillig zwar – auf die Seite der halbherzigen Schweden gegen Preußen gestellt hat. Nun treiben die Husaren die ausstehenden Lieferungen ein – das tägliche Brot (und die tägliche Branntweinration) für die Soldaten: 760000 Taler, 2000 Pferde, 2000 Ochsen, 6000 Schafe, 6000 Wispel Mehl, 3000 Wispel Getreide, 32700 Zentner Heu.

Wenn sich die Offiziere dabei auch vorwiegend an die Stadtväter und Dorfschulzen halten, so bleibt ihnen doch nicht erspart, sich mit allzu Säumigen selbst auseinandersetzen zu müssen. Niemand in Mecklenburg hat etwas zu verschenken, das Land ist durch feudale Ausbeutung, marodierende Truppen, Seuchen, Kriege und Stadtbrände ausgezehrt. Mit Bitten und Betteln werden sich die schwarzen Husaren nicht lange aufgehalten haben; der Name „Beitreibungen“ weckt Assoziationen anderer Art: Drohungen, Haussuchungen, Plünderungen, Beschlagnahmen von Vieh, Saatgetreide und Futtermitteln, wohl auch Prügel und härtere Strafen für jene Landsleute, die nichts geben wollen oder können.

Wigger führt keinen Beleg zum Beweis dessen an, „daß Blücher bei der Ausführung seiner Aufträge keine Rücksicht nahm“ (nicht: „nehmen konnte“). Doch zutrauen kann man Blücher eine solche Haltung, denn 1771 gibt es im besetzten Polen ähnliche – beweisbare – Übergriffe, und selbst später noch – in Lübeck 1806 oder in Paris 1814 – hört man neben gerade entgegengesetzten Beispielen eines rücksichtsvollen, schonenden Benehmens gegen die Zivilbevölkerung immer auch von Zeugnissen für landsknechthaftes Beuteverhalten.

Wie auch sollte es anders sein, wenn Beitreibungen, Beschaffungen und Beutemachen nicht Ausnahmen und Extremfälle, sondern von dem preußischen Heeresreglement ausdrücklich vorgesehen sind. Über das Beutemachen und -verteilen: „Alle Beute, welche die Husaren auf Commando gemacht haben, soll zusammengebracht und des andern Tages um 11 Uhr im Hauptquartier öffentlich verkauft werden; das Geld soll nachgehends unter die Husaren dergestalt vertheilt werden, daß sie alle gleich viel bekommen; der Officier, welcher das Commando gehabt, bekommt den zehnten Theil davon und die anderen Officiere vom Commando nach Proportion.“ Und Platens Anleitung zum Handeln DER HUSAR IM FELDE läßt dem Beutegreifer ausdrücklich seinen Fang, „zum Exempel, wenn er einen Offizier bekommen oder beim Flankiren oder Einhauen seinen Mann koupiert, weil dieses gemeiniglich von der Bravour desjenigen, der ihn nimmt, abhängt“.

Es ist wohl unnötig, zu sagen, daß beim Raub von Wertgegenständen sich die Soldaten mit dem „Verkauf“ der Sachen kaum aufhalten, sondern sie in ihrem Gepäck verbergen. Der

Berufssoldat des 18. Jahrhunderts sieht im Erwerb von Beutegut eine legitime Chance, den Sold aufzubessern, seine Familie zu versorgen und – im Idealfall – eine Rücklage zu haben für beutelose Friedenszeiten.

Über eine andere, weitaus wichtigere Form der Kriegsbeute, von der die hohen Offiziere und Adligen profitieren, wird an anderer Stelle noch zu reden sein.

Die Bellingschen Husaren sehen sich nicht nur durch das Reglement, sondern auch durch die Nachsicht ihrer Vorgesetzten gedeckt. Unger kann die Religiosität und Moral Bellings nicht genug preisen; selbst manches Lob gibt unfreiwillig Aufschluß über das Fundament dieser Moral: „Seinem Lehrer Zieten folgte Belling auch darin, daß er außer Dienst seinen Leuten vieles nachsah; gegen die Klagen der Bewohner pflegte er sie, auch dem König gegenüber, nachdrücklich in Schutz zu nehmen."

Leberecht von Blücher begreift schnell, wie er am besten durchs fröhliche Soldatenleben kommt. Er zeigt sich in seiner neuen Uniform auf Rostocks Straßen und im elterlichen Haus. Eine Jugendliebe entflammt und verlischt namenlos. Manches Techtelmechtel folgt ebenso folgenlos. Wer morgen schon tot sein kann, genießt jede Stunde des Lebens, in Kriegs- und Friedenszeit. Das ist Soldatenart. Das lernt man schnell, oder man hat es im Blut.

Blücher gilt bei seinen Kameraden als gutartig und leutselig, obwohl er keinem Streit ausweicht und ihm der Säbel lokker in der Scheide sitzt. Eine solche Eigenart wird seinem Ruf als umgänglicher Charakter eher genutzt als im Wege gestanden haben.

Die Frage, wer wen überflügelt, ausschaltet, als Mitbewerber oder Gegner besiegt, wird schon auf dem Exerzierfeld, in der Garnison entschieden. Blücher zeigt sich in allem anstellig und gelehrig. Er kann ausgezeichnet mit Leuten und Pferden umgehen. Er unterweist Neugeworbene im Umgang mit den Tieren, reagiert geschickt bei Feindberührung und weiß dem Obersten manchen zusätzlichen Proviantwagen zuzuführen. Doch wird ihm dieses Leben in der Etappe, noch dazu in der Sichtweite der Eltern, kaum gefallen haben; die träge Ruhe mit Exerzitien und Wachdiensten währt fast ein Jahr. Am 18. Juni stirbt Blüchers Vater, Christian Friedrich von Blücher, ohne die Genugtuung erfahren zu haben, noch einmal den Waffenrock überstreifen zu können.

Vier Wochen später, im Juli 1761, geht es endlich los: Die Schweden rücken über Demmin vor; Belling und seine Husaren erwarten den Zusammenschluß mehrerer schwedischer Kolonnen in einem Hinterhalt an der Peene, nördlich des Kummerower Sees. Als die gegnerischen Schwadronen mitten in dem moorigen Schilfgelände sind, schneidet ihnen Belling den Weg ab, wechselt die Stellungen, taucht erneut auf und hält so die zahlenmäßige Übermacht des Feindes tagelang in Schach, oder, wie es im Bericht heißt: „Er tat diese Tage über verschiedene Märsche, welche den Feind so konfus machten, daß er niemals entdecken konnte, wo sich die Force des Obersten aufhielt." Ein Spiel so recht nach dem Geschmack Blüchers, dem höchstens noch die entscheidende Attacke und ein deutlicher Sieg gefehlt haben mögen.

Preußens Kriege richten sich nicht nur nach dem Licht des Tages, sondern auch nach dem Wetter und dem Gang des Jahres. Sie beleben sich nach dem Winterfrost mit der Frühlingssonne, kommen zur vollen Entfaltung in den warmen Sommertagen, reifen im Spätsommer und erstarren, wenn sie nicht zuvor in den Herbstnebeln verschwinden, in der ersten Novemberkälte. Winterfeldzüge sind unbeliebte Ausnahmen. Die Kriege sind anfällig gegen klimatische Schwankungen. Starke Regengüsse schaden ihnen ebenso wie dichter Nebel, denn das Heer ist ein Koloß aus vielen Einzelteilen, der sich schwerfällig und schneckengleich langsam übers Land bewegt, ein Ensemble aus kämpfenden Soldaten und Hilfstruppen, eine unendliche Pferde- und Wagenkolonne, die über staubige Wege rollt und im Morast versinkt.

Für den Troß – eine Wagenstadt mit Munitionskisten, mit Zelten, Werkstätten, Bergen von Offiziersgepäck, Verpflegung und Futter, einem Hilfskorps von Fourieren, Köchen, Schmieden, Marketendern, Frauen und Kindern – kann schon ein angeschwollener Flußlauf zum unüberwindlichen Hindernis werden. Ein vom Regen aufgeschwemmtes Moor diktiert dem Krieg einen anderen Verlauf: Die Menschen jenseits des Flusses oder des Moores atmen erleichtert auf, die Bauern diesseits haben das Nachsehen. Ein Hügel kann strategische Bedeutung erlangen; ein Hohlweg zum Hinterhalt, ein Waldstück zur gefährlichen Falle werden.

Wenn sich das Jahr seinem Ende zuneigt, senkt sich der Vorhang über dem heurigen Kriegstheater, bis zur nächsten Kampagne. Die Überlebenden kehren in die Garnison zurück oder erhalten Urlaub auf Zeit. Die Kriegsherren bekommen Gelegenheit, ihre Kriegsbuchhaltung in Ordnung zu bringen: Verlustlisten, Fouragepläne, Berichte, Kriegspläne ...

Die hohe Zeit der Generalstäbe beginnt. Sie entwerfen den Plan für die neue Saison. Sie beratschlagen, wie sie den Appetit ihrer Monarchen auf fremdes Land am besten stillen können, welches Land zurückgewonnen und welches neu erobert werden soll, wo die künftigen Kriegsschauplätze liegen werden. Sie revidieren schon an Sandkästen und auf Karten das Ergebnis des gerade geschlossenen Friedens durch den demnächst folgenden Feldzug.

Einmal im Jahr, im Mai, geben sie gar eine Revue vor dem König: drei Tage lang mit Einzel-, Spezial- und Generalrevue. Blücher, inzwischen Premierlieutenant und Adjutant bei Belling, darf ihnen über die Schulter sehen. Er lernt ihre Gedankenwelt verstehen. Er hört ihre Sprache, ein Kriegerlatein, das einem heute – aus Rapporten und Chroniken sprechend – unverständlich scheint: Wenn Menschen sterben, dann nennt man sie Gefallene; Verwundete sind Blessierte, das klingt neutraler. Kleine Gefechte heißen Scharmützel oder Geplänkel, größere sind Unternehmungen, Streifzüge, Kampagnen. Man zieht ins Feld, das heißt über die Felder der ohnehin geplagten Bauern, zur Schlacht, die allein ihren Namen zu Recht verdient.

In der Sprache der Generale zählt eine Schlacht nach Köpfen, Rohren und Säbeln, die aufeinandertreffen, nicht nach einzelnen Menschen. Sie reden von der Kriegskunst und meinen ihr Geschick beim Menschentöten.

Nur bei den direkt Betroffenen, den namenlosen Teilnehmern und Augenzeugen dieser Schlachten, hört sich all das anders an. So berichtet ein Leutnant über die Völkerschlacht bei Leipzig: „Ich sah Tote und Verwundete ..., auf allen Seiten bewegten sich Arme und Beine ... Ich befand mich in einem großen Kohlacker, die übriggebliebenen Strünke erschwerten das Gehen sehr, sie müssen das Liegen für die Verwundeten noch schwieriger gemacht haben.

An manchen Stellen sah ich tatsächlich Blut zwischen diesen Strünken fließen." Nach der Schlacht stehen die Verwundeten bei den Feldschern Schlange, um sich zerschossene und zerschlagene Glieder amputieren zu lassen; die abgetrennten Arme und Beine häufen sich in den Körben der Lazarettzelte.

Der Krieg hat viele Gesichter: Von der Höhe des Feldherrenhügels aus wirken die Schlachten „erhaben", „wohlgeordnet", „gewaltig"; aus der Perspektive des am Boden stehenden oder liegenden Soldaten, dem Angst um das nackte Leben sein Handeln diktiert, aber grausam, abstoßend, mörderisch.

Blücher lernt alle Gesichter des Krieges kennen: das strahlende des siegreichen Auf- und Vormarsches, die von Leidenschaft und Anstrengung verzerrte Grimasse des Zusammenstoßes mit dem Feind, die abstoßende Fratze der verlustreichen Niederschlagung, das traurige Gesicht des kläglichen, ruhmlosen Rückzugs.

Blücher, der das Handwerk von der Pike auf lernt, übt in Mecklenburg den Kleinkrieg – Erkundung, Streifzug, Geplänkel, Überfall aus dem Hinterhalt, das Überwältigen und Einbringen von Gefangenen. Bellings Kämpfe der Jahre 1761 bis 1763 haben viel Ähnlichkeit mit den handstreichartigen Unternehmungen von Partisanen. Zunächst spielt wieder der Kavelpaß bei Friedland die entscheidende Rolle als Mausefalle: „So marschierte er auf dem südlichen Tollense-Ufer an den schwedischen Posten recht auffällig entlang nach Westen, auf Demmin zu, brachte den Feind in Bewegung und ging, durch Posten gedeckt, heimlich wieder zurück. Eine schwedische Abteilung, die über den Kavelpaß vorkam, geriet in die zubereitete Falle und zog sich nach schweren Verlusten zurück. Aber auch dort wußte Belling dem Feinde beizukommen. Er ging den Schweden vor der Nase vorbei über den Kavelpaß und stöberte sie von dieser Seite auf, aus seinen Verstecken im Spantekower Holz eifrig eine Gelegenheit erspähend, wo er eine feindliche Abteilung mit Vorteil angreifen könnte. Aber die Schweden waren so vorsichtig, sich keine Blöße zu geben. Über den Kavelpaß zurückkehrend, fand Belling zwei Stettiner Freikompagnien und zwei pommersche Landschwadronen vor, die er sofort zu einer neuen Unternehmung ausnutzte. Er ging am 1. August mit seiner kleinen Macht von neuem durch den Kavelpaß nach Norden vor und legte sich in den dortigen Wäldern auf die Lauer." (Unger 1907) Und so weiter und so weiter; vor, zurück, hinüber und herüber.

Blücher sammelt in diesen Kämpfen, die allein von der Initiative des kommandierenden Offiziers, nicht von den detaillierten Befehlen des Königs abhängen, reiche Erfahrungen über taktisches Verhalten im Gelände. Er bewundert Belling, dessen nie versiegenden Einfallsreichtum, seinen unbändigen Ehrgeiz, sich auszuzeichnen. Bellings von Loyalität geprägter

Kampfeseifer wird auch „oben" bemerkt. „Die Beschreibung des pommerschen Feldzugs von 1761 ist auf preußischer Seite kaum etwas anderes als eine Lobrede auf den Obersten Belling", schreibt das Geschichtsbuch. Auch der König lobt den „unermüdlichen General", der sich überall schlug, sich aber „nirgends finden ließ", mit den Worten: „Er und seine Korps spielten auf dem kleinen Theater eine große Rolle."

Blücher ist Statist oder bestenfalls ein begabter Chargendarsteller in diesem mecklenburg-pommerschen Landstück.

Am 7. April 1762 beenden Schweden und Preußen ihre Feindseligkeiten mit dem Waffenstillstand zu Ribnitz. Preußen darf alle seine Gebiete im Norden behalten; die Schweden gehen leer aus. Mecklenburg wird, weil es sich gegen Preußen gestellt hat, zu einer hohen Kontribution – 2,1 Millionen Taler – verurteilt.

Der Friedensschluß am 22. Mai 1762 kommt durch Vermittlung Rußlands zustande. Hier hat Peter III. nach dem Tod der Zarin Elisabeth die Macht übernommen. Er, der ein Verehrer Friedrichs II. ist, bestimmt den Preußenkönig zum Frieden im Norden, um die Kräfte gegen das starke Österreich zu sammeln. Im Sommer 1762 bringt Friedrich Schlesien wieder unter seine Kontrolle. Nun steht die Rückgewinnung Sachsens auf der preußischen Kriegs-Tagesordnung.

Da die im Norden frei gewordenen Belling-Husaren an dem Feldzug teilnehmen sollen, hebt sich endlich auch für den jungen Blücher ein Zipfel vom Vorhang des größeren Kriegstheaters. Belling wird, als er „die Beziehungen zu Mecklenburg-Schwerins und des Königs Zufriedenheit geordnet hatte", gegen Österreich in Marsch gesetzt.

Nach dem Einsatz in den flachen, sumpfigen Landschaften Norddeutschlands sollen sich Mensch und Tier nun in den Bergen Sachsens und Böhmens – im Zusammenwirken mit größeren Verbänden – schlagen. Hier lernt Blücher, in fremden deutschen Landen, erstmals die widerstrebende, feindselige Haltung der Zivilbevölkerung gegenüber den eindringenden Preußen kennen. Viel ist darüber, da sie ja der Normalfall ist, in der Literatur nicht zu erfahren; man ist auf Andeutungen und Nebensätze verwiesen; Bemerkungen wie diese im Zusammenhang mit dem Kampf um die böhmische Festung Eger, an der Blücher teilnimmt: „Nun schloß Belling die Festung ein und bewarf sie mit Granaten. Als aber alles wirkungslos blieb, ging Belling erst einige Märsche auf Prag vor, ließ seine Husaren in allen Richtungen streifen, brandschatzte das Land und kehrte Anfang September über das Erzgebirge nach Sachsen zurück.“ (Unger 1907)

Die Arbeit ist getan; die Helden kehren in ihre Ausgangsstellung zurück. Hinter ihnen bleiben ausgeplünderte Dörfer und obdachlose Menschen zurück. Von moralischen Skrupeln des jungen Blücher wird nichts berichtet. Er hat sich bei seiner zweiten großen Bewährungsprobe, der Schlacht bei Freiberg in Sachsen, am Bein verletzt: Ein Granateinschlag zersplittert Kanonenholme, die weggeschleuderten Splitter dringen ins Bein. Er wird zur Behandlung nach Leipzig gebracht. Dort holt ihn die Nachricht ein, die der preußische Berufsoffizier am meisten fürchtet, jenes Wort, das im Kriegerlatein ganz weit hinten steht: Frieden; Ende des von 1756 bis 1763 währenden Raubkrieges durch Friedensschluß zu Hubertusburg, einem Ort zwischen Riesa und Wurzen.

Mit dem Siebenjährigen Krieg, der den schlesischen Landraub besiegelt, hat sich Friedrich II. bei seinesgleichen Respekt verschafft. Preußen gilt als „fünfte Großmacht“ (Mehring) neben Rußland, Frankreich, England und Österreich. Die Kavallerie hat erheblichen Anteil an diesem Ergebnis.

Die andere Seite dieses Krieges: Er hat Preußen jährlich etwa 25 Millionen Reichstaler gekostet, die durch erhöhte Steuern, Kontributionen, Abgaben, Subsidien und Münzverschlechterungen aufgebracht werden mußten. In den Kämpfen des Krieges haben hundertachtzigtausend Menschen auf seiten Brandenburg-Preußens ihr Leben verloren. Millionen kehren als Krüppel und Invaliden in ihre verwüstete Heimat zurück. An den Folgen des Krieges tragen die betroffenen Länder noch lange.

Leberecht von Blücher hat zu seinem Leidwesen keine Gelegenheit gehabt, dem König persönlich zu begegnen und ihm vorgestellt zu werden. Er hat – außer bei Freiberg – an keiner kriegswichtigen Schlacht teilgenommen. Die Behauptung Varnhagen von Enses, Meichners und Rauschenicks, Blücher „wohnte der mörderischen Schlacht von Kunersdorf bei“, ist schon deshalb falsch, weil Blücher zu diesem Zeitpunkt – 12. August 1759 – noch in schwedischen Diensten am Kavelpaß stand. Trotzdem ist Blücher auf der militärischen Treppenleiter ein gutes Stück hinaufgekommen. Er ist in diesen Jahren zum Mann gereift. Seine Vorgesetzten haben ihn bemerkt in der Menge gleichaltriger oder älterer Anwärter, und sie haben „seiner Erwähnung getan“.

Blücher hat in General Belling seinen „zweiten Vater“ gefunden, und auch Belling schätzt den jungen Draufgänger sehr. „Mein Adjutant wird einmal die Zierde der preußischen Armee werden“, soll Belling prophezeit haben; „wenn seine natürlichen Eigenschaften und Talente mit einer wohlverdienten Grundlage der militärischen Taktik gemischt sind.“

Belling hat viel dazu beigetragen, den Husarenschwadronen ein Ansehen in der preußischen „Kriegs-Kunst“ und beim König zu geben, das sie bis dahin nicht hatten. Was dem „Soldatenkönig“ seine baumlangen Zinnsoldaten waren, sind dem zweiten Friedrich seine „armierte Reuterey“ und die leichte Kavallerie, zu denen auch die schwarzen Husaren des inzwischen zum General beförderten Sebastian von Belling gehören.

Zu Beginn des Krieges erst geschaffen, eigentlich nur für Patrouillen und Überfälle eingerichtet, übernehmen sie zunehmend strategische Aufgaben und sind bald aus der modernen Kriegführung nicht mehr wegzudenken. Hatten Blüchers Eltern 1756 noch ärgste Bedenken gehegt, den Jungen wegen der „schwachen Manneszucht“ zu den Husaren zu lassen, so ist es am Ende dieser sieben Kriegsjahre eine angesehene, disziplinierte Waffengattung, die sich des Zulaufs vor allem junger Adelssöhne kaum erwehren kann. Bei den Husaren stehen Mut zum Risiko, Selbständigkeit, Abenteuerlust und Draufgängertum hoch im Kurs. Auf dem Rücken seines Pferdes fühlt sich der Husar frei und sicher, als vermeintlicher Herr über Leben und Tod, Eroberer und Beschützer zugleich.

Eine verlogene, verzeichnende Romantik von den heldenhaften Blücher-Husaren nimmt hier ihren Anfang. Traditionen bilden sich heraus, die lange nachwirken.

Joseph von Eichendorff, Sohn eines preußischen Offiziers und Adliger, dichtet noch 1808:

Lieber alles
Soldat sein ist gefährlich,
Studieren sehr beschwerlich,
Das Dichten süß und zierlich,
Der Dichter gar possierlich
In diesen wilden Zeiten.
Ich möcht' am liebsten reiten,
Ein gutes Schwert zur Seiten,
Die Laute in der Rechten,
Studentenherz zum Fechten.
Ein wildes Roß ist's Leben,
Die Hufe Funken geben,
Wer's ehrlich wagt, bezwingt es,
Und wo es tritt, da klingt es!

Der Frieden schont auch die Belling-Husaren nicht. Noch auf dem langen Marsch in die Winterquartiere in Pommern muß

Belling die Zahl seiner Offiziere um ein Drittel verringern. Dabei hat er Glück, daß das Regiment überhaupt bestehenbleibt. Der König hat Befehl erlassen, daß alle „Kriegsbildungen“ wieder aufgelöst werden – Einheiten wie die Bellingsche, die für den Krieg zusätzliche Schwadronen geworben haben, müssen auf Friedensstärke reduziert werden.

Belling kann die Gefahr der völligen Auflösung seines Regiments nur abwenden, indem er zustimmt, an die Stelle eines anderen, 1759 bei Maxen, nahe Pirna, aufgeriebenen Regiments zu rücken. Das bedeutet, in Garnisonsräume in Hinterpommern einzuziehen und die Uniform zu wechseln. Letzteres scheinen Kommandeur und Soldaten als besonders schmerzlich empfunden zu haben: Aus den schwarzen Husaren mit dem Totengerippe an der Mütze werden nun rote Husaren. Sie tragen fortan dunkelrote Dolmane mit weißer Verschnürung, schwarzen Kragen und Aufschlägen; das Todeszeichen fehlt künftig. Auf dem Weg in die Garnisonsstädte werden jene Soldaten verabschiedet, die zu „Urlaub auf Zeit“ verurteilt sind, um einem anderen Broterwerb nachzugehen.

„Den geworbenen Leuten wurde es oft schwer, ein auskömmliches Unterkommen zu finden“, schreibt Unger. „Aber selbst unter den Ausgehobenen zeigte sich nicht überall Neigung, das Schwert mit dem Pflug oder einem Handwerkszeug zu vertauschen.“

Wen wundert es, daß das tägliche Abendgebet des Generals Belling (und wohl das manchen anderen Offiziers) lautet: „Du siehst, lieber Vater im Himmel, die betrüblichen Umstände deines Knechtes Belling. Beschere ihm daher bald einen gelinden Krieg, damit er sie verbessern könne und deinen Namen ferner preise. Amen.“

Sieben Jahre vergehen, ehe sein Wunsch erhört wird. Sieben lange, triste Garnisonsjahre. Bellings Husaren haben sich auf kleine Ortschaften um Stolp herum verteilt: Schlawe, Bütow,

Als Belling-Husar

Lauenburg, Neustettin lauten einige der deutschen Namen dieser Kleinstädte im heutigen Polen.

Blücher hat wieder einmal Glück. Er wird nicht entlassen. Er bleibt in der Umgebung Bellings, der in dem jungen Offizier wohl immer mehr seinen künftigen Nachfolger sieht, und zieht nach Stolp, eine dreitausend Einwohner zählende Stadt nahe der Ostseeküste.

Was machen die Husaren im Frieden? Sie tun das, was alle Soldaten zu allen Zeiten tun: Sie üben für den Krieg. Hauptbestandteile des täglichen Dienstplans sind Exerzieren und Wachestehen. Das eine ist so unbeliebt wie das andere. Höhepunkt der Exerzitien ist die abendliche Parade vor dem Rittmeister. Wer dabei aus der Reihe tanzt, muß nachexerzieren oder wird anders bestraft.

Gerade eben hat der König seine Friedensmuße benutzt, eine neue Exerzier-Ordnung für Kavallerie-Regimenter zu erfinden, in der es heißt: „Wenn ein Kerl im Exerzieren etwas versieht, so muß er aufgeschrieben werden und nachexerzieren; tut er es aber aus Caprice [Absicht], so muß man ihn brav zerprügeln lassen."

Ein ganzer Katalog für Prügelstrafen wird 1763 noch einmal in Gang gesetzt: Zehn Stockschläge sind die Mindeststrafe für kleinere Vergehen, das mehrmalige Spießrutenlaufen, häufig mit Todesfolge, ist die gefürchtetste Form des erlaubten Prügelns in Preußens Garnisonen. Geschlagen wird mit frischen Weidenruten, die der Profos (Feldrichter) schneiden läßt, der auch die Ausführung der Strafe überwacht.

Nicht selten kommen jene Kameraden, die nicht hart genug zuschlagen, anschließend selber unter die Fuchtel. Darüber hinaus trägt jeder Unteroffizier beim Exerzieren seinen Stock und prügelt – ohne höheren Befehl, ohne Urteil und ohne Vorwarnung – bei nachlässiger Kleiderordnung, fehlerhafter Haltung oder zu anderen nichtigen Anlässen. Das hat seit den Tagen Friedrich Wilhelms seine Tradition im Heer.

Wen wundert es noch, wenn sich die Soldaten nach den „freieren“ Umgangsformen im Felde sehnen, wo man stärker aufeinander angewiesen ist und sich Prügel kaum leisten kann.

Der Leutnant Blücher bildet unter den schreienden, um sich schlagenden Kommandeuren eine rühmliche Ausnahme. Sein Vorbild ist der Kavallerie-General Joachim von Zieten, der in seinem Regiment als erster ohne Stock auskam und dadurch eine geradezu unglaubliche Popularität bei seinen Soldaten erlangte. Man erzählt es von einer Generation zur anderen weiter: So einer wie der Zieten, mit dem läßt sich's leben.

Nun beginnt man, dasselbe dem jungen Blücher nachzusagen, der seinen Unteroffizieren das Prügeln verbietet. Es darf nicht unterstellt werden, daß Blücher dies aus reiner Popularitätssucht tut – freilich auch nicht aus reiner Humanität. Er wird – wie bald auch viele andere preußische Offiziere – zu der Erkenntnis gelangt sein, daß die menschlichere Behandlung der Soldaten einen größeren Gewinn für das Zusammenwirken im Kriege bringen kann. An die Stelle des Zwanges, des Drills, der Dressur treten Elemente der Kameradschaft, der Kooperation zwischen Vorgesetzten und Untergebenen. Darunter leidet keinesfalls die Loyalität des Offiziers. Im Gegenteil, Blücher glaubt, so seinem König desto besser dienen zu können.

Die Nichtanwendung der Prügelstrafe in der Umgebung Blüchers lange vor ihrer allgemeinen Abschaffung ist einem frühen Bemühen um Modernisierung des Heeres, einem intuitiven Gefühl für die besseren Methoden zur Erreichung desselben Zieles zu danken. Ihr liegt keine Philosophie zugrunde, und Blücher macht keine Philosophie daraus. So entsteht aus der Nichtbefolgung einer königlichen Ordnung kein Konflikt mit dem König – da sie stillschweigend toleriert wird –, sondern eher ein Gewinn für die eigene militärische Karriere. –

Was macht ein Husar mit seiner freien Zeit im Frieden? Die wenigsten nutzen sie, um ihre durch Kriegszeit verkommene oder versäumte Bildung aufzuholen. Erfolgreiche preußische Offiziere und Generale brüsten sich – bis ins 19. Jahrhundert hinein – damit, keine unnütze Bildungslast auf sich geladen zu haben.

Franz Mehring nennt zahlreiche eklatante Beispiele für das Ausmaß an Unbildung und Unkultur um 1760; und ein Eingeweihter wie der preußische General Beerenhorst schildert in seinen BETRACHTUNGEN ÜBER DIE KRIEGSKUNST anschaulich, wie den höheren Offizieren „selbst die militärische Kunstsprache noch ein Rätsel mit sieben Siegeln war". „Die eigentlichen Müster der höheren Offiziere waren jener General Blanckensee, von dem der König behauptete, es werde nicht zu bemerken sein, wenn er seinen Geist aufgebe, oder der Feldmarschall Moritz von Dessau, den sein Vater, der Alte Dessauer, ohne allen Unterricht hatte aufwachsen lassen in gespannter Erwartung, was die reine Natur aus diesem seinem Lieblingssohn machen werde."

In einer Hierarchie, wo Karriere und Verdienste vom Grad des blauen Blutes, nicht von dem der Bildung und des Charakters diktiert werden, hat der gebildete Aufsteiger aus dem Bürgertum kaum eine Chance. Die bereits erwähnte königliche Instruktion vom 11. Mai 1763 gibt einen guten Einblick in das Niveau der theoretischen Kenntnisse, das Friedrich II. seinen Offizieren abverlangt. Veranlagte Husaren-Offiziere zum Beispiel sollen etwas vom Stalldienst – Striegeln, Füttern, Beschlagen usw. – verstehen, sich aber damit nicht allzu lange aufhalten, das sei Sache des Stallmeisters. Aufwärtsstrebende Junker und Offiziere sollten sich mit der Karte ihrer Provinz und „wo möglich" von ganz Deutschland bekannt machen. Sie müßten „mit dem Gelände auf 5 Meilen um den Standort herum vertraut" sein und sich befleißigen, etwas Französisch zu lernen, das als Weltsprache angesehen wird. Bei den jährlichen Revuen wolle sich der König danach erkundigen, „wer den wahren Ehrgeiz besitze, noch General zu werden, der habe sich von ihm Gnadenbezeigungen und Beförderungen zu versprechen".

Leberecht von Blücher macht, was die Haltung zur Bildung und Wissenschaft betrifft, unter seinesgleichen keine rühmliche Ausnahme. Er hat aus seiner Abneigung gegen das systematische, methodische Aneignen von Allgemeinbildung keinen Hehl gemacht und vielfach gegen die Stubenhocker und Bürogelehrten gewettert. Oft genug hat er deren geringe Praxiskenntnis und Wirklichkeitsnähe nicht zu Unrecht verurteilt.

Blücher geht in der Etappe anderen Beschäftigungen nach. Er wird ein gefürchteter Kartenspieler. Was ihm an großem Vermögen zum Spieleinsatz fehlt, ersetzt er durch Risikobereitschaft und Pfiffigkeit beim verbotenen Spiel. Verluste, selbst der ganzen kleinen Barschaft, scheinen ihn weder gebessert noch sonst beeindruckt zu haben.

Blücher frönt seiner Vorliebe für schöne Frauen und schöne Pferde. Er ist, wenn er in seiner neuen Uniform auf teuren Reitpferden durch die Parks der Kleinstadt reitet, eine attraktive Person; die Bürgertöchter drehen sich nach ihm um. Es gibt in diesen lustig-langweiligen Garnisonsjahren ausreichend Gelegenheit, die vermeintliche Husarenehre zu verteidigen und sie durch Duelle wiederherzustellen: Liebeshändel, Streitfälle beim Zechgelage oder beim Spiel. Eichendorff, der Husar auf dem Pegasus, dichtet:

Zu Roß, so schön und wüste,
ein hohes Weib fliegt her,
behelmt, entblößt die Brüste,
ihr Aug weckt wild Gelüste,
sie heißt Soldaten-Ehr.

Obwohl Duelle durch königliche Ordre eigentlich verboten sind und – bei tödlichem Ausgang – gar mit der Todesstrafe belegt werden können, gilt bei den Husaren eigenes Recht. Sie schießen sich nicht, sondern schlagen sich mit dem Säbel, in der Regel bis zur ersten Verwundung. Todesfälle sind überaus selten. Die Legende weiß zu erwähnen, daß Blücher selbst einem seiner Vorgesetzten Hiebe angeboten habe und darum eine Art Strafversetzung zu befolgen hat. Viel wird das nicht genutzt haben; die Zuneigung zu allen Soldatenlastern bleibt bis ins hohe Alter erkennbar.

Die Preußen haben Blücher in den Sattel gehoben. Er ist ein Kind Preußens. Er hat Preußen, Preußen hat ihn erst möglich gemacht. „In meiner Jugend hab ich mich um nichts gekümmert", gesteht er 1814 seinem Freund Gneisenau. „Anstatt zu studiren, hab ich gespielt, getrunken, mit den Weibsleuten mich abgegeben, gejagt, und sonst lustige Streiche verübt. Ja, sonst wär ich ein anderer Kerl geworden!"

Es klingt nicht glücklich und nicht unglücklich. Es ist eine Feststellung wie die, daß Blücher das „Muster eines Soldaten" (Engels) ist, auch im Hinblick auf seine Unbildung.

3. Kapitel

Der König versetzt seinen Mustersoldaten

Das bitter-süße Zivilleben 1770–1786

Nach sieben Friedensjahren geht im Winter 1770 der zermürbende Garnisonsdienst der Husaren zu Ende. Oder, um es aus Blüchers Sicht zu sagen: „Für Blücher eröffnete sich nun die erfreuliche Aussicht, sein Glück zu machen, denn es schien ein Krieg zum Ausbruch zu kommen." (Rauschenick 1836)

Seit Monaten schon verhandeln Preußen und Österreich über einen gemeinsamen Raubzug. Kaiser Joseph und König Friedrich treffen sich in Neiße, um den nächsten Krieg vorzubereiten. Diesmal richtet sich ihr gemeinsames Interesse auf Polen. Seine Eroberung und Aufteilung sollen rasch und unauffällig geschehen, um der russischen Zarin das gute Stück vor der Nase wegzuschnappen. Denn auch Katharina II. richtet das Hauptaugenmerk ihrer Außenpolitik auf ostpolnische Gebiete.

Im Oktober konzentriert Friedrich II. preußische Truppen an der polnischen Westgrenze. Um die russische Monarchin nicht vorzeitig argwöhnisch zu machen, wird die Aktion als eine Maßnahme zur Seuchenbekämpfung, als „Grenzkordon gegen die Pestilenz" und ihre weitere Ausbreitung nach Westen ausgegeben.

„Wer seine Pläne zu früh erkennen läßt, bringt sie zum Scheitern", hatte Friedrich schon in seinem POLITISCHEN TESTAMENT von 1752 verkündet, „denn er läßt seinen Feinden und Neidern Zeit, sich ihnen zu widersetzen. Wer zu schweigen versteht, dem kann es gelingen, gute Eroberung zu machen." Auch die Soldaten schweigen sich über Weg und Ziel ihres Marsches aus, falls sie sie überhaupt kennen. Ihnen kann es gleich sein, wohin sie ziehen, welchen Namen der Gegner hat, welche Sprache er spricht und wie das Land heißt, das er bewohnt. Hauptsache, es geht wieder los „für ein Gespenst von Ehre und oft für ein Gespenst von Pflicht".

Die deutschen Heere sind – was Täuschungsmanöver gegen ihre östlichen Nachbarn betrifft – von jeher überaus erfinderisch: Die Gefahr aus dem Osten hat viele Gesichter. Diesmal also das Gesicht der Pest, die in einigen Provinzen Polens grassiert und deren Ausbreitung nach Westen durch die Armee verhindert werden soll. Von der Weichsel bei Kulm bis zur Neumark bildet sie einen Wall aus Leibern. Auch die Bellingschen Husaren sind dabei.

Die Verhältnisse in Polen sind unübersichtlich und kommen dem Machthunger der Großmächte entgegen. Die offizielle rußlandfreundliche Politik König Stanislaus' findet bei der Geistlichkeit und großen Teilen des Adels keine Unterstützung. Sie bilden sogenannte konföderierte Truppen, die auch die heranziehenden Preußen und Österreicher bekämpfen.

Im November greifen in Deutsch-Krone bei Schneidemühl dreihundert Konföderierte Blüchers Schwadron an. Trotz deutlicher Unterzahl – Blücher verfügt nur über vierzig Reiter – zieht er sich nicht zurück, sondern „bestraft die Übeltäter", nimmt vier Rittmeister und achtzig Soldaten gefangen. Dieser kühne Handstreich bringt Blücher endlich die lang ersehnte Begegnung mit seinem König. Bei der nächsten Revue in Stargard läßt sich Friedrich Einzelheiten berichten und

Als junger Offizier

nennt Blücher „einen tüchtigen Offizier“. Was will man mehr? Blücher wird postwendend zum Stabsrittmeister erhoben. Leberecht von Blücher hat mit seinen achtundzwanzig Jahren bereits einen höheren Dienstrang als sein Vater am Ende der Karriere.

Die Belling-Husaren dringen weiter in Richtung Posen vor. Dann wird ihnen, ohne militärische Not, Halt geboten. Die Diplomaten übernehmen die Regie.

Rußland hat immer energischer seinen Anteil an Polen gefordert. In Petersburg wird – unter Ausschluß Polens – über die Teilung des Landes verhandelt. Rußland erhält das polnische Livland und einige weißrussische Provinzen, Österreich

Ostgalizien und Lodomirien. Preußen bekommt Westpreußen ohne Danzig und Thorn zugesprochen. Polen verliert ein Drittel seines Territoriums, ohne sich dagegen wehren zu können.

Friedrich macht eine Rundfahrt durch die neuen Gebiete und ist zufrieden: „Es ist eine ausgezeichnete und sehr vorteilhafte Erwerbung in politischer wie finanzieller Hinsicht, aber damit ich keinen Neid erwecke, erzähle ich den Leuten, daß ich nur Sand, Tannen, Heide und Juden gesehen habe."

Nun hat der König kein Interesse mehr an einer scharfen Konfrontation in Polen. Er will seinen Anteil an der Beute in Ruhe und „Frieden" genießen. Daher auch muß der draufgängerische Husarengeneral Belling dem gemäßigten General von Lossow weichen, der mit den aufsässigen Polen offenbar besser fertig wird. Doch je weiter die Preußen ins Land vorstoßen, desto hartnäckiger verteidigen Partisanen und Konföderierte ihre Heimat: Ulanenverbände wirken mit Bauerntrupps zusammen, die ihre Sensen zu geraden Hiebwaffen umgeschmiedet haben.

Anfang 1771 geraten auch einige Blücher-Husaren in Gefangenschaft und werden von Partisanen getötet. Der Postenführer Blücher entschließt sich zu einer Aktion, die der Söldnermoral „Auge um Auge, Zahn um Zahn" gemäß ist. Ihm kommt allem Anschein nach nicht einmal der Gedanke, daß er sich in einem fremden Land befindet, so sehr hat er Faustrecht und „Herr-im-Hause-Standpunkt" schon verinnerlicht.

Dennoch erscheint unbewiesen, was Hein weiß: „Mit den Aufständischen machte er kurzen Prozeß und stellte sie ohne viel Federlesen an die Wand."

Schwere Übergriffe gegen die Zivilbevölkerung unterlaufen ihm: Er läßt an einem gefangenen polnischen Geistlichen eine Scheinexekution vornehmen. Der Priester ist verdächtig, zu den Partisanen zu gehören. Man verurteilt ihn „zum Tode durch Pulver und Blei", hebt eine Grube aus, verbindet ihm die Augen und schießt Salven über seinen Kopf hinweg. Der Mann fällt in die Grube und erleidet einen schweren Schock. Sosehr man sich in Husarenkreisen über diesen Schreckschuß auch amüsiert haben mag, sosehr er Blüchers Popularität bei seinen Untergebenen auch genutzt haben wird, der Vorfall ist gegen des Königs politische Linie der Volksberuhigung gerichtet und erfordert einen Denkzettel für den Urheber. Das Regiment Bellings, das auch durch Diebstähle und Plünderungen auffällt, wird verwarnt. Als Belling dennoch die beiden Dörfer Powierce und Leznica „aus Ärger über die gegen ihn erhobenen Klagen besonders gründlich heimgesucht“ hat (Herold), wird er vom König als Oberkommandierender abgesetzt.

Auch Blücher erhält einen Denkzettel. Im Oktober, als die nächste planmäßige Beförderung ins Haus steht, wird ihm der Premierlieutenant von Jägersfeld vorgezogen. Blücher ist vor allem deshalb verärgert, weil er auf die Übernahme einer eigenen Eskadron und auf die Beförderung zum Major seine Hoffnung gesetzt hat, eine eigene Familie gründen zu können.

Pläne dafür gibt es, seit er auf dem Gut Pottlitz die jüngste Tochter des Freiherrn von Mehling, Karoline Amalie, kennengelernt hat, „die ihn durch Schönheit, Anmuth und lebhaftes Wesen bezauberte“. (Wigger 1878) Nun sind durch die Zurücksetzung die Pläne gefährdet. Blücher ist so verärgert, daß er an den König schreibt: „Der von Jägersfeld, der kein anderes Verdienst hat, als der Bankert des Markgrafen von Schwedt zu sein, ist mir vorgezogen; ich bitte Ew. Majestät um meinen Abschied.“

So redet man nicht mit seinem König, zumal der mit dem Schwedter Markgrafen in verwandtschaftlicher Beziehung steht; der Heißsporn Blücher beschmutzt das königliche Nest. Blücher hat in kurzer Zeit zwei Todsünden begangen: Ihm fehlte, als er den polnischen Priester scheinexekutieren ließ, das Gespür für die große Politik, und er stellte sich frech gegen eine vollzogene Entscheidung des Königs, der sich bekanntlich vorbehielt, die Beförderungen seiner Offiziere selbst durch Kabinettsbeschluß vorzunehmen. Widerspruch kann ein König nicht dulden. Er steckt Blücher in Arrest, vermutlich nur, damit dieser abkühlt und zur Besinnung kommt.

„Ist kein Husaren- sondern ein Zigeunerregiment und da meritieren [verdienen] diejenigen, so in der Masse beigestanden haben, kein Avancement [Beförderung]", schreibt Friedrich in seiner militärischen Kargheit auf den Briefrand.

Blücher kommt – seltsam genug – in monatelanger Arresthaft zu keinem anderen Ergebnis seines Nachdenkens. Er fühlt sich zurückgesetzt. Sein mitunter fast krankhafter Gerechtigkeitssinn, das heißt Sinn für das, was er für gerecht hält, spielt ihm einen ersten derben Streich: Blücher beharrt auf seinem Abschied vom Heer.

Am 13. Februar 1773 trägt der Kabinettssekretär dem König die Angelegenheit abschließend vor; dieser diktiert an den Regimentskommandeur: „Der Rittmeister Blücher kann sich zum Teufel scheren." Ins Militärdeutsch übertragen, bedeutet dies: Blücher erhält den „schlichten Abschied" ohne Uniform und Ehren, er wird auf preußisch-deutsch „wegen imputierter [zur Last gelegter] Exzesse [Ausschreitungen]" entlassen. Das ist eine böse Antwort auf eine unbesonnene Handlung. Eine bittere Pille für einen jungen Mann, der eine berufliche Existenz gründen will und nichts anderes gelernt hat als das Kriegshandwerk. Bei Blücher wiederholt sich auf fatale Weise das Schicksal seines Vaters, der auch, als er seine Schuldigkeit getan, mit dem billigen Hinweis abgetan ward, er solle „anderweitig" sein Glück versuchen.

Leberecht von Blücher hat allzeit auf seinen guten Stern und die Allmacht des Säbels vertraut. Wird ihn, da der Säbel in der Scheide bleiben muß, sein Glück nicht im Stich lassen? Als er im März 1773 Waffe und Uniform bei seinem Regiment zurücklassen muß und auf seinem Apfelschimmel zur Garnisonsstadt hinausreitet, scheint sich der Dreißigjährige um seine Zukunft keine Sorgen zu machen. Er lenkt das Pferd in Richtung Pottlitz, wo seine Braut auf ihn wartet. Haben sich die Voraussetzungen für eine Eheschließung mit der vermögenden Adligen zwar nun – durch den ruhmlosen Abschied des Bräutigams von den Soldaten – grundlegend verändert, so vertraut Blücher doch seinem Glück bei Tochter und Vater.

Die Familie von Mehling tritt von dem Ehekontrakt nicht zurück, nimmt Blücher in Gnaden auf, kann sich den mittellosen Schwiegersohn wohl leisten. Freiherr Friedrich Wilhelm von Mehling ist in Polen Generalpächter, er hatte es in der preußischen Armee bis zum Obersten gebracht, eine deutsch-polnische Adlige geheiratet und sein Hauptgut bei Flatow als Wohnsitz gewählt.

Hier zu Pottlitz heiratet Leberecht von Blücher die vierzehn Jahre jüngere Karoline Amalie am 21. Juni 1773. Am 30. April 1774 wird Blüchers erster Sohn Ernst geboren. Der ehemalige Husar nimmt von seinem Schwiegervater zwei benachbarte Vorwerke in Pacht und betreibt dort Landwirtschaft. Die Chronisten loben seinen Fleiß und sein Geschick bei der Bewirtschaftung der Ländereien. „Er verwaltet sie mit großer Sorgfalt; sein Schaffen hatte Gedeihen, sein Wohlstand stieg." (Wigger 1878) Blücher produziert für die preußische Polen-Besatzung Kartoffeln, Getreide, Rüben und – Söhne. Nach dem bereits erwähnten Erstgeborenen kommen die Drillinge Wilhelm, Friedrich und Franz am 8. Februar 1778 zur Welt, am 3. März 1780 noch der Sohn Georg. Von diesen fünf Söhnen sterben drei im Kindesalter. Nur Franz und Georg bleiben den Eltern. Sie erleben den Umzug nach dem zwischen Regenwalde und Labes in Hinterpommern gelegenen Rittergut Groß-Raddow mit, das Blücher der Familie von Kleist mit dem Vermögen seiner Frau für 14500 Reichstaler abgekauft hat.

Blücher verläßt also 1780 Polen und siedelt sich in Pommern an, der Lieblingsprovinz des Königs. „Die Pommern

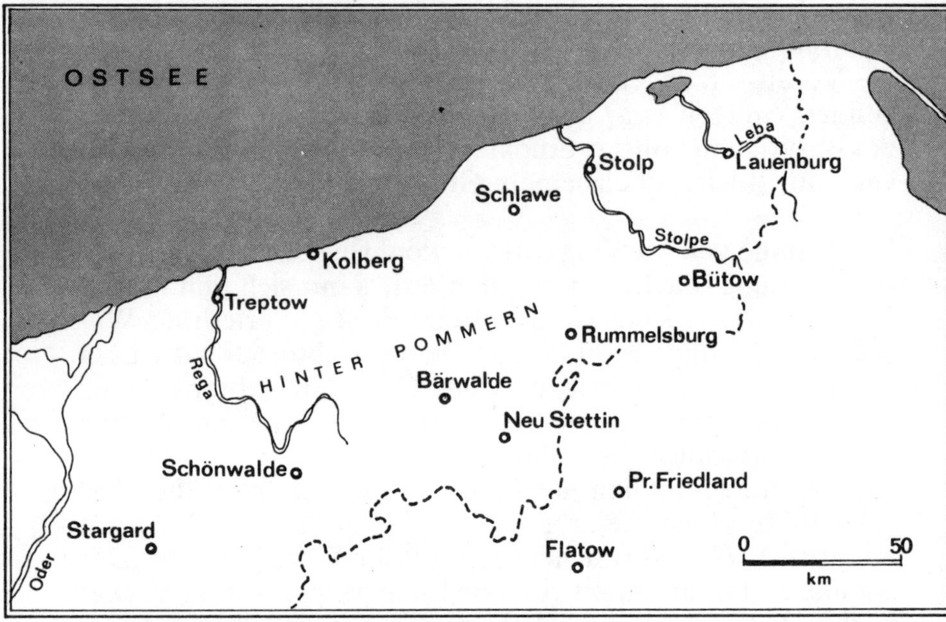

Garnisonsorte in Hinterpommern

haben einen geraden Sinn und besitzen Naivität. Pommern ist von allen Provinzen diejenige, die für den Kriegsdienst wie für die anderen Aufgaben die besten Untertanen hervorbringt", vertraute Friedrich II. in seiner generalisierenden Art seinem politischen Testament von 1752 an. Der König unterstützt Pläne zum Ausbau und zur Kultivierung der pommerschen Güter nicht nur moralisch, sondern auch mit handfesten finanziellen Zuwendungen, wovon auch Blücher profitiert.

Es hat den Anschein, als habe sich Blücher mit seiner neuen Existenz als Zivilist abgefunden. Er kann dank seines offenen, freundlichen Wesens die Achtung und Freundschaft der wohlhabenden Nachbarn gewinnen. Die pommerschen

Stände wählen ihn gar zum Ritterschaftsrat; Blücher mischt in der Kommunalpolitik kräftig mit. Die damit verbundenen Fahrten nach Flatow und Stargard nutzt er weidlich zum Zechen, Spielen und Flirten. In der Flatower APOTHEKENKNEIPE erfindet er mit anderen Honoratioren der Stadt ein eigenes Häufelspiel, das sogenannte „Blüchern", das noch Jahrzehnte später gern Fremden vorgeführt wird.

Blücher läßt sein Glück nicht im Stich. Der Vierzigjährige ist – wenn die Beschreibungen seiner Zeitgenossen nicht ganz und gar tendenziös sind – ein gutaussehender Mann von großer, schlanker, gutgewachsener und ebenmäßiger Gestalt, mit einem markanten Kopf, starker, „kühngebogener" Nase, ausdrucksvollen hellblauen Augen und einem stattlichen Schnauzbart. Der spätere Königsberater Bischof Eylert, der Blücher um diese Zeit zum erstenmal begegnet, sagt über ihn: „Seine Persönlichkeit umfloß etwas Eigenes; es ging von ihm etwas aus, das anzog und festhielt. Man konnte den Blick nicht von ihm wenden; man fühlte es, daß er ein heroischer, ungewöhnlicher Mensch war." Mindestens bei den letzten Sätzen des alles andere als unbestechlichen Höflings Eylert scheint kritische Vorsicht geboten. Sie sind allzusehr dem Wissen um den späteren Ruhm verpflichtet. Der schöne Schein ist ohnehin trügerisch. Blücher langweilt sich in seinem Landleben und wünscht nichts mehr als die Rückkehr zum Militär.

Eine lange Kette von Eingaben und Bittschriften geht auf den Weg von Pommern an den König nach Potsdam. Keine noch so sichtbaren Erfolge als Landwirt, weder die Freuden des bäuerlichen Lebens noch die eindringlichen Vorstellungen seiner Frau können ihn daran hindern, an Friedrich II. wegen seiner Reaktivierung zu appellieren.

Als sich der König 1778 – trotz vorgeblicher Kriegsmüdigkeit – in den sogenannten Kartoffelkrieg um Bayern einmischt, sieht Blücher seine Chance. Er schreibt einen langen

Brief: „Da ich nun nachhero, durch die eheliche Verbindung mit des Obersten v. Mehling Tochter, aus Westpreußen, in so glückliche Umstände versetzt worden, daß ich mich in Ew. Königlichen Majestät Land habe ankaufen können, so ist es nicht Sorge für meinen Unterhalt, sondern der feurigste Trieb, Ew. Majestät die männlichen Kräfte meiner besten Jahre in Allerhöchstem Dienst aufzuopfern, wenn ich allerunterthänigst bitte: Ew. Königliche Majestät wollen mich als Major bei der Cavallerie allergnädigst zu placieren geruhen. Ich darf mich auf das Zeugniß aller meiner Vorgesetzten und namentlich des General-Lieutenants v. Belling beziehen, daß ich meinen Degen zur Ehre des Königlichen Dienstes geführt und bei aller Gelegenheit meine Schuldigkeit gethan, daher ich nochmals um allergnädigste Erhörung allerunterthänigst bitte und in allertiefster Devotion [Ergebenheit] ersterbe. Ew. Königl. Majestät allerunterthänigst gehorsamster Knecht v. Blücher."

Alle Untertänigkeit nutzt nichts. Friedrich antwortet nicht einmal auf dieses Schreiben vom Juni 1778. Obwohl der sinnlose Bayerische Erbfolgekrieg, der Preußen 17 Millionen Taler kostet, bald wieder zu Ende ist, setzt Blücher seine Petitionen fort. Sie werden im Ton immer flehender, devoter. Blücher steckt seine Forderungen Stück um Stück zurück. Im Mai 1782 schreibt er: „Allergnädigster König! ich erkenne meinen Fehler, den ich dadurch begangen, daß ich Ew. Majestät 1773 um meinen Abschied allerunterthänigst gebeten. Gnade für Recht, Allergnädigster Monarch! Soll ich nicht ferner das Glück haben, Ew. Majestät zu dienen: so gewähren Ew. Königl. Majestät mir den Abschied als Major, damit ich nicht ferner von dem unglücklichen Gedanken gebeugt werde, einen ungnädigen König zu haben ... von Blücher, gewesener Rittmeister."

Was bezweckt Blücher mit diesem Brief? Spekuliert er darauf, daß Friedrich, durch den sklavischen Ton bewegt, mehr als den Abschied in Ehren gewährt? Denn mit dem Gefühl, einen „ungnädigen König“ zu haben, hat Blücher doch fünf Jahre lang – von 1773 bis 1778 – gut leben können.

Der große König hat kein Einsehen. Er erwidert auf den Juni-Brief: „Warum ist Er nicht im Dienst geblieben, das ist Seine Schuld.“ Friedrich straft das trotzige Landeskind. Schadet ihm gar nichts.

Blücher gibt nicht auf. Ein Vierteljahr später unternimmt er einen neuen Anlauf, stellt in seinem nächsten Brief die militärischen Leistungen der Blüchers unter Beweis: „In Gesellschaft zweier Brüder habe ich als Ausländer mich des Königlichen Allerhöchsten Dienstes gewidmet. Diese, meine Begleiter, haben ihr Leben als rüstige Offiziere auf dem Schlachtfelde verloren; ich bin der unglückliche Überrest dieses kleinen Haufens, der gut gedient hat, der aber das Loos seiner Brüder beneidet und nur durch das Vertrauen zu der Gnade und Gerechtigkeit seines Monarchen aufrecht erhalten wird. Erlauben Ew. Königliche Majestät, daß ich, gleich meinen Brüdern, meine Tage im Allerhöchsten Dienst beende; zu diesem Zwecke hatten wir uns, und zwar zur Zeit des Krieges, in Ew. Majestät Armee begeben. Wenn ich aber nur zur Zeit eines Krieges so glücklich sein soll, Ew. Majestät zu dienen, so gewähren Allerhöchst dieselben mir jetzt den Charakter als Major, welchen ich nach meiner Anciennetät [Dienstalter- und Rangfolge] seit drei Jahren im Regimente bekleiden würde, und erlauben, daß ich die Montirung der Cavallerie tragen darf, damit ich doch ein Gnadenzeichen für meine Dienste und meine Blessuren aufzuweisen habe.“

Aus der Sklavensprache ins Heute-Deutsch übertragen, bedeutet dies: Blücher möchte den Majorsrang haben und die Husarenuniform in der Reserve tragen und im Kriegsfalle, das heißt bei Kampfstärke der Einheiten, aktiv werden. Wieder wird er mit dem Eindruck seiner Haltung auf den König und mit mehr gerechnet haben. Doch Friedrich vermerkt nur auf dem Rand: „Das ist nichts!“

Ein gutes Dutzend solcher Briefe geht an den König, mit

unterschiedlichen Bitten: Einmal schlägt Blücher vor, ihm zu erlauben, in holländische Dienste treten zu dürfen. „Was bleibt mir übrig als fremde dienste zu suchen, wenn Sie mich ganz verwerfen. Der Gedanke, für sich und die Seinigen Nichts gethan zu haben, sich in Unthätigkeit zu begraben, ist einem EdelMann so martervoll wie beschähmend." Anmerkung des Königs auf dem Rand: „Keine Antwort!" Dann wieder bittet Blücher um eine Anstellung im Forstdienst. Das war auch einst Vater Blüchers letzter Rettungsversuch gewesen. Der König antwortet: „Das ist nichts!"

Der Landesvater straft sein reuiges, bettelndes Landeskind hart und lange. Aber Blücher ist aus anderem Holz als sein Vater. Auch hat er nicht sieben hungrige Mäuler zu stopfen, ist mit dem Geldpolster seiner Frau ganz bequem gebettet. Er wartet auf seine Gelegenheit, erbittet – gewissermaßen als Trostpflaster für seine Geduld – ein königliches Darlehen. Er bekommt aus der Königskasse einen Kredit von fast 10000 Reichstalern [Rthl.] zur Erweiterung seiner Landwirtschaft. Das Geld soll dazu dienen, sechshundert Morgen Ackerland und dreihundert Morgen Wiese urbar zu machen, den Viehbestand um hundert Kühe und fünfzig Jungrinder zu vermehren, zwei Scheunen, zwei Ställe und ein Pachthaus zu bauen. Der König verlangt ein Prozent Zinsen für „sein" Geld.

Die Briefe an den König, im Original wohl leider nicht mehr erhalten, sind durch die Herausgeber stark bearbeitet, möglicherweise auch vom Freiherrn von Mehling entworfen oder durchgesehen worden.

Wie die Blücher-Schreiben ansonsten abgefaßt sind, zeigt ein Brief von 1782 an den Landwirtschaftsdirektor von Stargard, der Blüchers Dank für einen weiteren Kredit von 1500 Rthl. ausdrückt: „Weill zu unvermögend Ew. Hochwohlgeb. gebührenden dank für alle mich Erzeigte Gütte darbringen zu könen will ich nichts weitter sagen als daß eine jede handlung guhter Ahrt ihren lohn bey sich führt, ein Ehd-

Friedrich II. in seinen letzten Tagen

ler man geizt auch nach keinen andern und in den ein Mahll eingeschlagenen Weg sich seinen Nemenmenschen zu verbinden lest er sich von vill und dringende Gescheffte nicht aufhalten."

Blüchers Landwirtschafts- und Landschaftsarbeit zahlt sich aus. Im März 1786 kann er sich das Gut Sassenhagen bei Stargard leisten, für 19000 Taler; er bewirtschaftet es nicht selbst, sondern setzt den tüchtigen Verwalter Häse ein. So ist Leberecht von Blücher, ganz im Sinne seiner verwandtschaftlichen Vorfahren, Nutznießer der Siedlungspolitik Friedrichs II. Das Siedlungskonzept des Königs ist dazu bestimmt, die Reproduktion der Adelskaste und der Machtstrukturen zu gewährleisten. So dürfen nur Adlige Neuland erwerben; das Bürgertum und andere soziale Klassen bleiben ausgeschlossen. Friedrich, der mehr als zwanzig Jahre seiner Regentschaft auf die Kraft des Schwertes gesetzt und sein Land durch Eroberungen extensiv erweitert hat, geht nach Schluß des Siebenjährigen Krieges dazu über, aus dem Eisen den Pflug zu schmieden. Er setzt auf das Trockenlegen von Sümpfen in den eroberten Provinzen, das Austrocknen von Seen, das Anlegen von Kanälen und Bewässerungsgräben sowie auf die Gewinnung von Neuland aus dem Meer. Allein in Pommern werden auf diese Weise hundertzwanzigtausend Hektar Nutzland gewonnen.

Friedrich II. hat Preußen in seiner endgültigen Gestalt geformt, hat sich durch rücksichtslose Waffengänge, deren dritter und sieben Jahre währender Krieg allein eine halbe Million Menschen das Leben kostete, Schlesien einverleibt und durch fuchsschlaue Diplomatie Teile Polens zu Westpreußen gemacht. Friedrich hinterläßt, als er 1786 nach sechsundvierzigjähriger Amtszeit stirbt, dem deutschen Volk solche Segnungen wie die schräge Schlachtenordnung und den eisernen Ladestock, mit dem man, statt – wie 1740 – nur viermal, nun fünf- bis sechsmal in der Minute laden und schießen kann. Es geht – so gesehen – immer schneller voran.

Während Friedrichs Regentschaft hat sich die Armee von achtzigtausend Mann im Jahre 1740 auf mehr als zweihunderttausend Mann im Jahre 1786 erhöht. Preußen gleicht einem einzigen Militärlager; es ist, wie der Adjutant des Königs, General Beerenhorst, feststellt, „nicht ein Land, das eine Armee, sondern eine Armee, die ein Land hat, in welchem sie gleichsam einquartiert steht".

Nur Blücher steht draußen, unplaciert, ausquartiert. Was mag diesen König, der in mancher Hinsicht ein Aufgeklärter und Großer war, dazu bewegt haben, seinem alleruntertänigsten, getreuen Knecht, dem aus guter Familie stammenden Adelssohn, dem im Feuer getauften Krieger den Stuhl vor die Tür zu stellen? Dieser Schritt läßt sich kaum mit einer Aversion gegen Blücher oder als Laune abtun. Einerseits ist wohl die lange Zwangspause vom Militär, die der König Blücher aufzwingt, nicht als eine persönliche Bestrafung anzusehen; sie hat gewissermaßen exemplarischen Charakter: Friedrich verweigerte seinen Offizieren grundsätzlich das Recht, über ihren Abschied selbst zu verfügen. Sie hatten zu gehen, wann es *ihm* gefiel, nicht dann, wenn es ihnen in den Sinn kam. Taten sie es dennoch, so hatten sie die Folgen zu tragen. Das sollte sich herumsprechen in Militärkreisen. Zum andern hat der König zumindest vermutet, daß Blücher zu jenen jungen Offizieren gehörte, die in Polen seinen – taktisch, nicht moralisch bedingten – Befehl mißachteten, sich gegen die Bevölkerung keine Übergriffe zu erlauben, worunter in erster Linie Plünderungen, Brandschatzungen, Diebstähle und Vergewaltigungen verstanden wurden. Wer aber einmal aufmuckt und wider die königliche Ordre handelt, ist eine ständige latente Gefahr.

Vermutlich hat Görlitz recht, wenn er schreibt: „In seinem Starrsinn witterte er [der König] in diesem Manne ein der wohlgeregelten, streng begrenzten Ordnung seines absolutistischen Staates wesensfremdes, ja vielleicht gefährliches, vulkanisches Element, das stärker als die überalterten Formen der Vergangenheit, das vom Hauche einer neuen Zeit umweht war und ihm daher Mißtrauen und Abneigung einflößte."

Falls der König in Blücher tatsächlich einen Unruhestifter oder gar ein vorrevolutionäres Element vermutet, so tut er diesem damit zuviel Ehre an. Allenfalls widerstreben Blücher starre, leere Disziplin und Kadavergehorsam, wo das Mitdenken und die Mitarbeit geeigneter sind, dasselbe Ziel zu erreichen.

Am 17. August stirbt der große Friedrich einsam und verlassen in Sanssouci. Es gibt viele Preußen, die seinen Tod beklagen: die Nutznießer seiner Militär- und Kolonialpolitik, die Offiziere und Junker, auch die anderen gehobenen Stände. Es gibt mehr, die ihm keine Träne nachweinen. Toten soll man nichts Schlechtes nachreden, sagt man im Volk. Aber dieser König – Gott hab ihn selig! – ist ungerecht und exzentrisch gewesen. Er hat sich mit einzelnen Geistesgrößen umgeben und geschmückt, aber die Masse, die ihn umgab, verachtet.

Friedrich Wilhelm I. hatte es dank einer bescheideneren Hofhaltung und eines raffinierten Steuersystems verstanden, die Staatsfinanzen so in Ordnung zu bringen, daß sein Sohn, Friedrich II., ein zahlenmäßig großes, gutgedrilltes Heer vorfand und einsetzen konnte.

Als Friedrich das Land im Alter von achtundzwanzig Jahren von seinem Vater übernommen hatte, war es wirtschaftlich zurückgeblieben und mit 2,2 Millionen Einwohnern sehr dünn besiedelt. Leute wie Blücher haben mit Schwert und Pflugschar eine doppelte Kolonisation bewirkt: Die extensive Erweiterung des Territoriums erfolgt durch großangelegte Kultur- und Meliorationsvorhaben ebenso wie durch frechen Landraub. Auf solche Art hat Friedrich Preußen groß gemacht. Preußen ist in den sechsundvierzig Regierungsjahren des großen Königs zu einem mächtigen Staatsgebilde angewachsen. Noch im vorletzten Lebensjahr hat Friedrich mit der Bildung des DEUTSCHEN FÜRSTENBUNDES einen wichtigen Schritt getan, sich aus der Isolierung zu Frankreich und Rußland herauszuwinden. Die Hauptziele seiner erklärten Außenpolitik, die Vergrößerung des Territoriums und die Errichtung eines geschlossenen Herrschaftsbereiches, haben sich erfüllt. Preußen ist um das Doppelte angewachsen. Das Herzogtum Preußen, die Neumark und das Markgrafentum Brandenburg sind durch die Erwerbung Pommerns und Westpreußens zu einem einheitlichen Territorium verschmolzen. Im Südosten ist mit Schlesien ein riesiges Reservoir an Menschen und Mitteln dazugewonnen.

Der Weg zu einem einheitlichen deutschen Nationalstaat wird, das ist jetzt absehbar, den Umweg über die Verpreußung Deutschlands nehmen müssen. Das Wohl und Wehe seiner Bewohner wird auch davon abhängen, wie Friedrichs Nachfolger dieses Erbe des aufgeklärten Monarchen verwalten werden.

Blüchers Trauer beim Ableben Seiner Königlichen Majestät wird nicht von langer Dauer gewesen sein. Bereits die Nachricht von Friedrichs Erkrankung hat ihn in „außerordentliche Unruhe“ versetzt: „Er sprach oft davon, daß nun der Augenblick heranrücke, der ihn wieder ins Heer zurückführen werde. Kaum war dann auch die Kunde nach Pommern gelangt, daß der Herrscher... gestorben sei, als er sich an den Nachfolger mit dem Gesuch wandte, ihn einer ‚martervollen Unthätigkeit von 13 Jahren [zu] entreißen‘ und nach seinem früheren Dienstalter wieder anzustellen.“ (Blasendorff 1887)

Blücher beweist nun diplomatisches, taktisches Geschick. In Begleitung des Beileidsschreibens an den Nachfolger, Friedrich Wilhelm II., befindet sich ein knapp gehaltenes, sachliches Schreiben mit der Bitte um Prüfung seines Falles. Doch verläßt er sich diesmal nicht allein darauf, sondern wird selbst aktiv, sucht in den einflußreichen Generalen Göckingk und Bischoffwerder Fürsprecher seines Antrages.

Es heißt, der neue König wolle übertriebene Härten seines Onkels beseitigen und begangene Fehler rückgängig machen. Blücher zäumt und sattelt sein Schlachtroß. Ungeachtet der Vorhaltungen seines Weibes sitzt er auf und prescht vor – zunächst nach Berlin, um seiner Angelegenheit an Ort und Stelle Nachdruck zu verleihen. Blücher ist wieder aktiv.

4. Kapitel

Das neue Amt im Krieg

Der Wiedereintritt ins Heer 1787–1794

Blücher erhält von seinem Gönner Bischoffwerder genaue Hinweise über den Ablauf der Truppenbesichtigung, die der neue König im März 1787 im pommerschen Stargard vornehmen will. Er ergreift die Gelegenheit beim Schopfe und reitet so lange vor dem König und seinem Gefolge einher, bis dieser schließlich auf den schneidigen Reiter in der mit goldenen Tressen besetzten grünen Landschaftsuniform aufmerksam wird und sich nach ihm erkundigt. Darauf eben hat Blücher gesetzt. Bischoffwerder, in Begleitung Friedrich Wilhelms II., versorgt den König mit notwendigen Informationen, und als der Zug in Stargard ankommt und Blücher bereits in greifbarer Nähe steht, darf er sein Anliegen vortragen. Er bekommt diesmal mehr als Absagen oder Versprechungen. Blücher darf im Majorsrang zu seinem alten Husarenregiment zurückkehren. Mehr noch: Der König datiert die Ernennung von 1787 auf das Jahr 1779 zurück, so daß Blücher die Genugtuung hat, in der Rangfolge wieder vor seinem Konkurrenten von Jägersfeld zu rangieren.

Blücher erhält eine eigene Schwadron bei seinen roten Husaren. Was dem an politischen Erwägungen uninteressierten Blücher wie ein persönlicher Freundschaftsdienst des neuen Regenten erscheint, ist in Wahrheit Teil eines umfassenden Plans, den Friedrich Wilhelm II. seit seinem Amtsantritt zur

Verstärkung des Heeres ausführt. In einem aus dem Jahre 1790 stammenden Bericht über den ZUSTAND DER KÖNIGLICHEN PREUSSISCHEN ARMEE IM JAHRE 1788 heißt es dazu: „Ansehnlich war die Truppen-Vermehrung, die... Koenig Friedrich Wilhelm im ersten Jahr seiner Regierung vornahm... Das politische Augenmerk dieses Königs war, sich durch innere Einrichtungen und durch die Unterhaltung einer zahlreichen Armee seinen Nachbarn furchtbar zu machen... das Beispiel Friedrichs, dessen Truppen mehr seinen Bundesgenossen, die sie bezahlten, als ihm gehörten, hatte ihn gelehrt, daß ein Monarch nur in so weit geehrt wird, als seine Macht fürchterlich ist."

Friedrich Wilhelm II. verstärkt die Armee um 28 Bataillone Infanterie, 56 Grenadier-Kompanien, 10 Artillerie-Kompanien, 3 Kavallerie-Regimenter.

Er setzt unnütze oder hinderliche Verordnungen seines Vorgängers außer Kraft, wie zum Beispiel jene, die bürgerlichen Söhnen den Zutritt zum Offizierskorps der Kavallerie versperrt. Nun gestattet er den Husaren-Regimentern, „gute bürgerliche Subjekte" zu Unteroffizieren zu befördern, um sie später als Offiziere vorzuschlagen. Natürlich werden nur jene Söhne von Fabrikanten, Gewerbetreibenden, Kaufleuten und Handwerkern für wert befunden, Wilhelms Offizierskorps zu verstärken, die über ein Vermögen von 6000 Talern verfügen.

Dieser Friedrich Wilhelm der Zweite ist das krasse Gegenteil zu seinem aufgeklärten Onkel. Er ist bei ähnlicher militanter Haltung ein halbgebildeter, liederlicher, verkommener, sinnengieriger Mensch, der bald unter den verhängnisvollen Einfluß frömmelnder Spiritisten gerät, die ihn für ihre eigennützigen Zwecke benutzen. Zu diesen Günstlingen bei Hofe gehört auch der Flügeladjutant des Königs, General Bischoffwerder, ebenjener Mann, der maßgeblich Blüchers Wiedereinstellung betrieben hat.

Immerhin: Blücher hat ein neues Amt beim Kriege, und er

beginnt seine zweite Laufbahn bei den Preußen. Fünfundvierzig Jahre alt, bleibt ihm nach seiner mehr als dreizehnjährigen Zwangspause kaum Zeit zum Nachdenken über neue machtpolitische Konstellationen. Im März wird er reaktiviert und geht in die Garnison Rummelsburg, Anfang Juni will der König auch seine Schwadron bei der Revue zu Stargard besichtigen. Zum erstenmal jedenfalls kann Leberecht von Blücher verantwortlicher handeln, auf eine größere Gruppe von Menschen seinen Willen, seine Ideen und Erfahrungen übertragen. Blücher stürzt sich mit Eifer in die Aufgabe, aus den neu eingezogenen und frisch angeworbenen Husaren eine einheitliche Truppe zu machen; sie im Reiten und im Gebrauch des Säbels zu unterweisen. Dann geht es in einem Elftagemarsch nach Stargard zur Truppenparade, bei der Blücher zeigt, was er kann. Unmittelbar danach marschiert die Schwadron, da immer noch Frieden herrscht, zurück in die Garnisonsstadt. Ein Teil der Soldaten, bis zur halben Stärke der Schwadron, wird auf Zeit in Urlaub geschickt, doch bleibt der Entlassene auch weiterhin Soldat. Er muß, wenn er auf dem Felde arbeitet, „Kamisol, Hosen und Mütze anhaben“, wenn er sonntags in die Kirche will, soll er „in voller Mundierung [Ausrüstung] mit Seitengewehr“ gehen.

Naturgemäß ist bei diesem Verfahren die Gefahr der Desertion groß. So werden alle paar Jahre – 1723, 1724, 1726, 1749, 1762 – neue Gesetze zur Verfolgung und Bestrafung von Deserteuren erlassen, die die Fluchtmöglichkeiten immer weiter einschränken sollen. Auch Friedrich Wilhelm II. erläßt am 8. Januar 1788 ein „Edict wegen Anhaltung und Verfolgung der Deserteure, auch wie die Meilen-Gelder für die zum Nachsetzen erforderten Reit-Pferde und die Douceurs [Geldgeschenke] für die eingebrachten Deserteurs bezahlet werden sollen“. Das Ganze ist ein System aus Nötigungen, Fallenstellen und Strafen, in das nicht nur Militärangehörige, sondern praktisch alle Untertanen einbezogen sind, da sie in ihrer Gesamtheit der Heeresverfassung und dem

Der Enrollirte des von Borck Infanterie Regiments, Nahmens Johan Daniel Schmukle, gebürtig aus der Stadt Demin in Pommern, 22 Jahr alt, 5 Fuß 1 3/4 Zoll groß, und seines Handwerks ein [illegible], erhält hiedurch die Erlaubniß drey Jahre in den Königlichen Preußischen Landen auf die Wanderschaft zu gehen. Sämtliche Obrigkeiten vom Militair- und Civil-Stande werden daher ersucht, ihn auf Vorzeigung dieses Wanderpaßes, ungehindert paßiren zu laßen.

Demin den [illegible] November 1799

Sr. Königl. Majestät von Preussen
bey obgedachtem Regiment Allerhöchst
bestalter Capitaine
von Vagelsang
Otto

Von der Militärbehörde ausgestellter Wanderpaß

Kantonreglement unterstehen. Jedermann hat das Recht, jedermann, der ihm verdächtig erscheint, anzuhalten und nach seinem Paß zu befragen.

„Wenn ein Soldat von seinem Regiment oder Compagnie wirklich desertiret ist, und solches ... durch Steckbriefe, Kanonenschüsse etc. auf dem Lande und in den Städten kund gemacht, und darüber Lärm wird; so sollen Bürger und Bauren sofort aufsitzen, die Sturm-Glocke eine Viertelstunde lang läuten, die Pässe besetzen", heißt es in dem Edict von 1788. Nachstellende Offiziere können beliebig Pferde von Bauern beschlagnahmen und benutzen. „Wenn von solchen nachgeschickten Officiren und Unterofficiren die erhaltenen Pferde zu Tode gejaget oder zu Schaden geritten werden, müssen selbige nach einer billigen Taxe denen Eigenthümern ohne die geringste Weitläufigkeit bezahlet werden."

Natürlich fehlt auch der Judaslohn für das Einbringen eines Deserteurs nicht. Die preußische Militär-Bürokratie macht dabei feine Unterschiede: Für einen Kürassier oder Dragoner werden 12 Reichstaler, für einen Husaren, Artilleristen, Füsilier oder Fußjäger nur 6 Reichstaler gezahlt aus der Akzisekasse, das heißt aus Steuergroschen der Bürger.

In Blüchers Schwadron gibt es in den folgenden Jahren nur wenig Gelegenheit, die Lärmkanone abzufeuern und die Sturmglocke „unordentlich mit dem Klöppel auf der einen Seite anzuschlagen" zum Zeichen für eine Fahnenflucht. Insgesamt sind es nur sechs Fälle, zwei „von Urlaub ab". Vielleicht ist dies ein Anzeichen dafür, daß Blücher seinen menschenfreundlichen, kameradschaftlichen Umgangston beibehalten und an seine Unterführer weitergegeben hat.

Der erste Feldzug in Blüchers zweiter Karriere ist ein Scheinkrieg. Der neue König möchte seine militärische Leistungsfähigkeit so bald als möglich unter Beweis stellen, sich seinen Nachbarn „fürchterlich machen"; ein rechter Gegenstand findet sich nicht. Daher schickt er seine Armee nach Holland. Dort regiert seine Schwester an der Seite Wilhelms V. Sie fühlt sich durch aufständische Kräfte bedroht und von patriotischen Beamten beleidigt; sie ruft ihren Bruder zu Hilfe. Ein Expeditionskorps wird zusammengestellt, fünfundzwanzig Bataillone, ebenso viele Schwadronen; das Blüchersche ist dabei. Am 10. August 1787 verläßt er mit seiner Schwadron Rummelsburg. Der Marschbefehl kommt so überraschend, daß ihm keine Zeit bleibt, noch einmal auf seinen Gütern nach dem Rechten zu sehen. Er sendet seinem Verwalter Häse durch einen Unteroffizier von unterwegs eine detaillierte Anweisung, wie während seiner Abwesenheit zu verfahren ist. An Blücher soll alles Geld gehen, „was sie künftig ein bekomen, und nicht zum wirtschaftligen gebrauch benötiget“. Außerdem soll Häse mitteilen, „wie daß Korn steht, und wo sie den Roggen ein haben, und wo Reich sie geworden, auch waß meine Schäfferey macht. sollten welche von die lieutte ungehorßam sein, so zeigen sie mich solche namentlich an, und ist es ein knecht, so übergeben sie ihm diesen Unterofficir auf ein wagen, der ihm zu mich nach Nührenberg bringen soll.“ Blücher wird einen solchen rebellischen Knecht in seiner Nähe, beim Militär, belassen und als Reit- oder Packknecht „auf Vordermann“ gebracht haben – notfalls auch mit der Reitgerte, denn was er im Umgang mit den Soldaten verboten hat, gilt nicht für ihn selbst im Verkehr mit seinen Tagelöhnern und Landarbeitern.

Siebenunddreißig Tagesmärsche benötigen die Reiter von Rummelsburg in Hinterpommern bis zu den Nordprovinzen Hollands; der Weg führt über Schwedt, Prenzlau, Magdeburg, Wolfenbüttel und Minden. Die Preußen stoßen kaum auf Widerstand. Wo sie auftauchen, gehen ihnen die holländischen Patrioten aus dem Weg. Militärischer Lorbeer wächst hier nicht. Blücher erhält den Sonderauftrag, in der Provinz Ober-Yssel einen Anführer der Volkspartei in Schach zu halten und – wenn nötig – matt zu setzen. Er löst das Problem auf seine Art: Er schließt mit dem Todfeind Brüderschaft und trinkt ihn unter den Tisch – sagt die Fama. Solche Geschichten machen die Runde und begründen den Ruf, Blücher sei ein geschickter Taktiker, ein guter Menschenkenner und ein humaner Soldat.

Anfang Dezember ist alles beruhigt und befriedet; die Volkspartei hat sich dem Willen der Besatzung gefügt, die Preußen kehren heim. Am 1. Februar 1788, nach fünf Monaten Abwesenheit, langt die Schwadron wieder vollzählig in Rummelsburg an. Blücher meldet, daß alle Leute gesund sind und „wohl aussehen“. Nur ein Stabsrittmeister Müller hat sich am Fuß verletzt, weil er „ungeschickt abgesessen“ ist.

Vier Pferde sind bei dem langen Wintermarsch auf der Strecke geblieben, sieben sind „leicht gedrückt“, werden sich aber erholen. Das ist die Bilanz des kurzen holländischen Operetten-Krieges.

Halt, nicht ganz. Jeder Schwadronchef erhält für seine Mühe als „Douceur“ ein Handgeld von 500 Talern, jeder Unteroffizier 10, jeder Mann ganze 3 Taler, die als Kriegslohn von der holländischen Regierung gezahlt werden. Blücher steigt zum Oberstleutnant auf und erhält den Orden POUR LE MÉRITE, er wird – um die Belohnungen gleich vollständig aufzuzählen – bereits ein Jahr später zum Obersten befördert.

Blücher hat seine Familie oder das, was noch von ihr übriggeblieben ist, zu sich nach Rummelsburg genommen. Dort ist im Dezember 1787 der jüngste Sohn Gebhard Leberecht geboren worden. Seit dessen Geburt kränkelt die Frau, erholt sich nicht mehr. Im Juni 1788 stirbt der acht Jahre alte Sohn Georg. Die Blüchers haben von den sieben geborenen Kindern noch drei: die Tochter Friederike, den Sohn Franz und den eben geborenen Säugling Gebhard. Auch von den zahlreichen Geschwistern Blüchers leben nur noch zwei Brüder; Kriege, Seuchen und andere Krankheiten haben die Familie stark dezimiert.

Nun folgen wiederum einförmige Garnisonsjahre: 1788, 1789, 1790 ... Da die Geschichtenschreiber über diese Jahre im Leben Blüchers kaum etwas erfahren haben, rechnen sie die Häuser der kleinen Stadt Rummelsburg zusammen (sie kommen auf hundertachtzig), sie zählen die Einwohnerschaft (tausenddreihundert) und wollen nicht eingestehen, daß Blücher aus dem pommerschen Landregen in die Traufe des langweiligen Garnisonsalltags zurückgekehrt ist. In den Jahren seiner Abwesenheit vom Militär haben sich der sture Kasernenhofdrill, die hohle Paragraphen-Reiterei, das geistlose Training von Gewehrgriffen und Exerzierschritten immer mehr vorgedrängt. Die pommerschen Regimenter leben für die jährliche Generalrevue im Juni, dann für die Herbstmanöver, dann wieder bereiten sie sich auf die nächste Parade vor, so fort, Jahr um Jahr.

Für die Landwirtschaft bleibt keine Zeit. Blücher, inzwischen Bataillonskommandeur, kann sich nicht auf längere Zeit von der Einheit entfernen. So verliert er die Gutsverwaltung von Groß-Raddow und Sassenhagen mehr und mehr aus den Augen, entschließt sich 1790 zum Verkauf – mit Gewinn.

Blücher sucht sich ganz und gar dem Leben in der kleinen Garnisonsstadt anzupassen. Um es erträglich zu gestalten, ist ein gutes Verhältnis zur Zivilbevölkerung und zu den Stadtvätern unerläßlich. Bei den verschiedenen Geschäften sind sie aufeinander angewiesen: Die Soldaten übernehmen die Stadtwache, die Bürger stellen die Privatquartiere für Mannschaften und Offiziere. Die Soldaten versuchen, ihren Sold durch eine zusätzliche Arbeit in Handwerk und Gewerbe aufzubessern. Die Pferde werden im Sommer auf die Husarenwiese zur Grasung getrieben und von der Stadt verpflegt. Kasernen und Ställe im späteren oder heutigen Sinne gibt es zu dieser Zeit nicht. Die Pferde werden bei Ackerbürgern eingestallt, Heu und Stroh bei den Bauern aufgekauft.

In den darauffolgenden Jahren wird das Rummelsburger Regiment, das nun der Oberst von der Goltz führt, mehrmals in Marsch gesetzt, um im Auftrag des Königs eine drohende Haltung einzunehmen und sich gegenüber den Nachbarn „fürchterlich“ zu zeigen: zunächst gegen Österreich, das durch die Besetzung noch nicht preußischer Gebiete Schlesiens zum Kriegsende mit den Türken gepreßt werden soll. Friedrich Wilhelm selbst will den Feldzug führen. Doch es fällt kein Schuß, und der preußische König bietet Österreich Frieden an.

Die beiden Gegner werden Partner gegen den mächtigsten, gefürchtetsten Feind dieser Jahre – die Revolution. Einmal in Trab gesetzt, marschieren die Goltz-Husaren durch Westpreußen nach Danzig. Auch dieser Zug hat reinen Demonstrationscharakter. Wieder einmal soll Polen eingeschüchtert werden.

Blüchers militärisch geregeltes Nomadenleben erfährt eine derbe Erschütterung durch die Nachricht vom Tod seiner Frau am 17. Juni 1791. Sie stirbt, fünfunddreißig Jahre alt, an innerer Auszehrung und Entkräftung. Sieben Kinder hat sie geboren; nun ist ihre Lebenskraft erloschen. Mit ihrem Flehen und Bitten hat sie die Rückkehr des Mannes zu den Soldaten nicht verhindern können. Blücher wird in den Büchern als liebevoller Gatte und treusorgender Familienvater geführt. Er wird weder das eine noch das andere ganz gewesen sein, da seine einzige Liebe dem Husarendasein gehört. Solange er dem Landleben frönte, war ihm Karoline Amalie eine unentbehrliche Frau in der Gesellschaft, eine gute Mutter seiner Kinder und eine – nicht minder genehme – Begründerin seines materiellen Wohlstandes. Für den nach oben strebenden Offizier sind Weib und Kinder eher Ballast als Vorteil. Hat sich die Einstellung des neuen Königs zu Frauen – eigenen und fremden – auch grundlegend gegenüber der seines Onkels liberalisiert, so bleibt doch ungeschrieben gültig: Ein strebsamer Offizier sollte unverheiratet, zu jeder Zeit und nach jeder Richtung hin verschiebbar sein. Selbst 1790 sind in Blüchers Regiment nur sieben verheiratete Stabsrittmeister und Leutnants zu finden.

Blücher gibt seine beiden jüngsten Kinder, den Sohn Lebrecht und die Tochter, zu einer befreundeten Familie in Pflege. Der vierzehnjährige Sohn Franz tritt, da Einwände der Mutter nicht mehr befürchtet werden müssen, in Blüchers Fußtapfen – im wahrsten Sinne des Wortes: Er kommt als Junker in das Regiment seines Vaters und wird später dessen Adjutant.

Mit großer Verspätung gelangen Nachrichten von jenem Ereignis nach Pommern, das künftig die Welt bewegt: die Französische Revolution. Mit dem Sturm auf die Bastille, der Bildung eines Nationalkonvents und der Proklamation der Menschenrechte betritt das Bürgertum die politische – und bald auch die militärische – Szene. Der Sturm der Französischen Revolution fegt auch nach Osten. Auf dem Weg über das in Mächte-Sphären zerrissene Deutschland schwächt er sich ab. Die feudalen Zustände, das Fehlen eines zentralen Staates, die politischen und ökonomischen Verhältnisse verhindern weitgehend die allgemeine Erhebung. Doch vor allem in den angrenzenden Rheinstaaten wird der Hauch der Französischen Revolution deutlich spürbar. In Baden und in der Pfalz verweigern Bauern Frondienste und Steuern. Auch in einigen Städten, wie Trier und Köln, brechen Unruhen aus. Was ein Sturm werden sollte, ist unter deutschen Umständen nicht mehr als ein scharfes Lüftchen. Es versetzt dennoch die feudale Herrschaft in höchste Erregung.

Aus der Sicht des pommerschen Landadels wird sich das Ereignis, das die Welt des 18. Jahrhunderts erschüttert, so dargestellt haben: In Frankreich ist der Teufel los, hört man; die monarchische Ordnung ist aus den Fugen. Das Volk soll den König aus seinem geliebten Lustschloß zu Versailles, welches er eigens zur Abschottung vom Pöbel bauen ließ, nach Paris in seine Mitte geholt haben. Ein Doktor Guillotin hat in der Nationalversammlung seine neue Hinrichtungsmaschine vorgestellt. Die Rede geht von Freiheit, Gleichheit und Brüderlichkeit. Wie, so fragt man sich nicht nur in Pommern, soll Freiheit sein, wenn der eigene König, Ludwig XVI., wie ein Gefangener gehalten wird? Gleichheit etwa auch zwischen Volk und Monarchen? Brüderlichkeit vielleicht gar zwischen allen Menschen der Welt? Wohin soll das führen?

Viele deutsche Intellektuelle – die Künstler, Dichter und Philosophen – begrüßen enthusiastisch die Ereignisse in Frankreich. Gottfried August Bürger, Christoph Martin Wieland, Johann Gottfried Herder stellen sich mit ihren Waffen an die Seite der Revolutionäre. Friedrich Gottlieb Klopstock sieht in der Revolution den „Herold der Freiheit" und fragt: „Frankreich schuf sich frei... und wir? Ach, ich frag umsonst; ihr verstummet, Deutsche!"

Johann Heinrich Voß, der jahrzehntelang unter der Borniertheit des Mecklenburger Adels gelitten hat, ruft aus Göttingen: „Jetzt oder niemals muß die große Angelegenheit Europas... verhandelt werden." Er besorgt die erste deutsche Nachdichtung jenes begeisternden Liedes, das man bald – allen Verboten zum Trotz – an allen deutschen Universitäten singt: „Mit Waffen in den Kampf, für Freiheit und Gesetz" – die MARSEILLAISE.

Allein Geheimrat Goethe zu Weimar zeigt die kalte Schulter: „Die Ereignisse der amerikanischen und französischen Revolution berühren mich nur insofern, als sie die größere Gesellschaft interessieren. Mir selbst und meinem engeren Kreis ist nur darum zu thun, den Menschen kennen zu lernen, die Menschheit überhaupt lassen wir gerne gewähren."

Goethe hat, das muß der ganzen Wahrheit zuliebe gesagt werden, aus dem Abstand des Jahres 1796 in HERMANN UND DOROTHEA ein großartiges Bild der Stimmung in deutschen Landen zu Beginn der Französischen Revolution gezeichnet: „Wer leugnet es wohl, daß hoch sich das Herz ihm erhoben, ihm die freiere Brust mit reineren Pulsen geschlagen, als sich der erste Glanz der neuen Sonne heranhob, als man hörte vom Rechte der Menschen, das allen gemein sei, von der begeisternden Freiheit und von der löblichen Gleichheit. Damals hoffte jeder, sich selbst zu leben; es schien sich aufzulösen das Band, das viele Länder umstrickte, das der Müßiggang und der Eigennutz in der Hand hielt."

Einige Literaten wie Karl Friedrich Reinhard, Johann Georg Kerner, Friedrich Christoph Cotta wandern nach Frankreich aus und werden französische Staatsbürger. In Koblenz hat sich unterdessen eine konterrevolutionäre Exilregierung gebildet, die von den Brüdern Ludwigs XVI. geführt wird. Sie scharen Emigranten um sich, die auf den bewaffneten Kampf mit der Revolution vorbereitet werden. Auch der französische König selbst versucht, ins Ausland zu fliehen, um von dort aus die Konterrevolution zu leiten, er wird jedoch gefangengenommen und nach Paris zurückgebracht.

Kaiser Leopold II. von Österreich, Schwager des französischen Königs, richtet einen Appell an alle europäischen Fürsten, sich gegen die neue Gefahr zusammenzuschließen, alles Trennende beiseite zu lassen und eine gemeinsame Interventionsarmee zu bilden. Im August 1791 treffen sich der österreichische Kaiser und der preußische König in Pillnitz. Die Gefahr aus dem Westen macht aus Hund und Katz wieder ein Paar. Die Woge der Revolution schlägt längst an deutsche Gestade: Unruhen sächsischer Bauern, Aufstand Hamburger Gesellen. Wer weiß, wo sie demnächst angestammtes Junkerland hinwegspülen wird.

Das Ergebnis des Pillnitzer Treffens ist gemeinsames Rüsten gegen Frankreich. Das liberale Bürgertum in Frankreich, die Girondisten, erklärt im April 1792 seinerseits den Krieg gegen Österreich. Die „idealistisch-schwärmerischen Girondisten" wollen, wie Scherr es nennt, „das neue Evangelium der Freiheit und Gleichheit auch den Nachbarvölkern bringen". Vor allem aber wollen sie sich ihrer Haut wehren und sich rechtzeitig zur Verteidigung der Revolution gegen den Angriff von außen wappnen.

Vergebens versucht Maximilien Robespierre, der Führer der Volkspartei, den Krieg hinauszuzögern, bis die Revolution ihre Feinde im eigenen Land besiegt hat. „Welcherart wird der vorauszusehende Krieg sein", so fragt er in seiner REDE ÜBER DEN KRIEG den Nationalkonvent. „Ist es der Krieg einer Nation gegen andere Nationen oder eines Königs gegen andere Könige? Nein. Es ist der Krieg der Feinde der Französischen Revolution gegen die Französische Revolution. Sind die meisten, die gefährlichsten dieser Feinde in Koblenz? Nein, sie sind mitten unter uns." Seine Warnungen werden noch nicht ernst genommen. Das Unwetter zieht sich am Rhein zusammen. Die Fürsten des „Heiligen Römischen Reiches Deutscher Nation“, der neue österreichische Kaiser Franz II., Friedrich Wilhelm II. von Preußen treffen sich in Mainz, um den Fehdehandschuh bereitwillig aufzuheben und das noch schwache Kriegsfeuer zu schüren.

„Es war das letzte Mal, daß das arme alte Reichsgespenst so zu sagen in Gala spukte“, sagt Scherr, „auch die Chefs der französischen Emigranten, dieses Ungeziefer, kam herbei.“ Man wird sich einig zu einem „Spaziergang nach Paris“, mit einem Korps, das aus Preußen, Österreichern und einer Bande von rachsüchtigen, mordgierigen Emigranten besteht.

Dies sind die Ereignisse im Zeitraffer bis zu jenem Punkt im Jahre 1792, da sie Blücher betreffen, das heißt *nicht* betreffen. Preußen wird mobil, aber die Rösser der Husaren bleiben auf der Weide. Das Goltzsche Regiment erhält keinen Marschbefehl. Blücher beschwert sich beim König über diese Zurücksetzung. Er fordert, wenigstens ihn persönlich von den Truppen, die zur bevorstehenden Kampagne eingesetzt werden, nicht auszuschließen. Er sei gesund, und der Gedanke, untätig zu bleiben, während andere sich für ihren König aufopferten, könnte ihn töten. Er verspricht, daß ihn kaum jemand an „Eifer und Treue für die geheiligte Person des Königs übertreffen“ werde.

Blücher ist, was die Fehlleitung und Verblendung der Gefühle betrifft, durchaus kein Einzelfall. So erzählt Karl Friedrich Klöden in seinen Erinnerungen, daß es die Standesehre eines Offiziers erforderte, dabeizusein, wenn zum Kriege getrommelt und zum Sammeln geblasen wird, nicht am warmen Ofen, bei Frau und Kindern zu hocken, selbst wenn man keinen Gestellungsbefehl hatte. „Die wilde Lust des Krieges“ erfaßte auch Klödens Vater 1792 „mit verführerischer Gewalt“.

Blüchers Gesuch erleidet das Schicksal der meisten von ihm nach 1773 geschriebenen: Es bleibt ohne Antwort. Er muß von fern dem Treiben zusehen. Viel wäre für ihn bei dem Feldzug von 1792 ohnehin nicht zu holen gewesen.

Mit dem Vorsatz, Paris dem Erdboden gleichzumachen und das revolutionäre Übel mit Stumpf und Stiel auszureißen, ziehen die Preußen siegessicher los, angeführt vom erzreaktionären Herzog Ferdinand von Braunschweig, der ein Manifest an die Franzosen erläßt, das die Zerschlagung der „unrechtmäßigen" Revolution und die Wiedereinsetzung des Königs zu Kriegszielen erhebt. In den Argonner Wäldern treffen die preußischen Soldaten zum ersten- und vorläufig letztenmal auf die Revolutionsarmee. Bei Valmy erschrecken zweiundfünfzig Kanonenrohre der Franzosen die Preußen so sehr, daß sie umkehren und fluchtartig das Land verlassen. Zum erstenmal in der Geschichte hat der Ruf: „Das Vaterland ist in Gefahr, zu den Waffen!" eine Volksarmee auf die Beine gebracht, die sich gegen das sorgsam gedrillte Koalitionsheer unter Führung der Preußen behauptet. Die französischen Soldaten besitzen eine gegenüber jeder Söldnerarmee übermächtige Motivation zum Kampf: Sie verteidigen das Vaterland und die Revolution, mobilisieren bislang unbekannte moralische und militärische Kräfte. Nicht Herkunft und Besitz entscheiden über die Stellung im Heer, sondern Neigung, Mut und Opferbereitschaft. Der Bürger kämpft unter einem Offizier, der eben noch Arbeiter war; und der Adlige ordnet sich dort ein, wo ihm seine Tapferkeit und sein Kampfwille den Platz zuweisen.

Das sind, wie Scherr vortrefflich formuliert, „Talente, Kräfte und Einrichtungen, gegen welche unsere zwei alten armen gichtbrüchigen österreichisch-preußischen Herren, Herr Schlendrian von Kostbeutel und Herr Fuchtel von Kamaschenheim, trotz ihrer zweifellosen Tapferkeit in die Länge nicht standzuhalten vermochten". Zwei Welten prallen aufeinander.

„Für wen, du gutes deutsches Volk / behängt man dich mit Waffen", fragt Gottfried August Bürger 1792, und er gibt die

Antwort: „Für Fürsten und für Adelsbrut / und fürs Geschmeiß der Pfaffen."

Goethe, der sich nun doch entschlossen hat, die Französische Revolution nicht als eine ferne Episode zu nehmen, reist an, um sich selbst ein Bild zu machen. Von den erschütterten Soldaten aufgefordert, etwas Bedeutsames zu sagen, spricht er nach der Kanonade von Valmy am 20. September 1792 die gewichtigen Worte: „Von hier und heute geht eine neue Epoche der Weltgeschichte aus, und ihr könnt sagen, ihr seid dabeigewesen."

Nur Blücher ist – wieder einmal – nicht dabei. Vielleicht hat sich, das ist nur eine Vermutung, mit seiner Ohnmacht auch der Haß gegen die Franzosen „an sich" vermehrt, hat er sie als Ursache seiner mißlichen Lage verkannt. Von Differenzierungen, von Parteien oder von verschiedenen Phasen der Revolution weiß Blüchers simples Weltbild nichts; es sind „die" Franzosen, ein in seinen Augen liederliches und unzuverlässiges Volk, das man zur Ordnung bringen muß, zur alten, versteht sich.

Während des Winters, den Blücher tatenlos im ungeliebten Rummelsburg zubringen muß, kommen aus dem fernen Frankreich neue Schreckensnachrichten. Am 21. Januar 1793 wird König Ludwig XVI. „schmerzfrei" hingerichtet, mit der Maschine des Doktor Guillotin. Die Revolution ist in ihre jakobinische Phase getreten. Die Emigrantenbande macht aus jedem Schlag des Fallbeils einen Fall für die Welt. Das Kriegsfeuer bekommt neue Nahrung. Im Februar endlich rücken die Husaren ins Feld. Sie marschieren über Berlin an den Niederrhein, wo sie den verbündeten Truppen Österreichs und Preußens unterstellt werden. Durch Belgien und Holland gelangen sie ohne große Bewährungsproben ins französische Flandern. Dort wird es Ernst, es riecht nach Pulverdampf. Die roten Husaren werden hauptsächlich zur Aufklärung, für Vorpostengefechte und zur Deckung von größeren Truppenbewegungen eingesetzt.

Blücher führt sein Bataillon mit dem erklärten Ziel, „so

viel wie möglich, die jungen Officirs mit ihren Handwerk bekannt zu machen". Er legt mit seinen Männern Hinterhalte, plant überraschende Attacken, überwindet Hindernisse, macht Gefangene. Blücher begibt sich, ohne zu zögern, tagtäglich in Lebensgefahr. Regimentskommandeur von der Goltz wird bei diesen Kämpfen tödlich verwundet, und Blücher übernimmt sein Kommando. Er beweist sich nicht nur als draufgängerischer, todesverachtender Haudegen, sondern kann Situationen rasch und umsichtig einschätzen, auch auf die Gelegenheit zu einem Angriff verzichten, wenn dieser sinnlos ist oder zu viele Opfer fordert.

Die Husaren auf ihren kleinen, wendigen, aus Polen und Rußland stammenden leichten Pferden sind bald die einzige Waffengattung, die der französischen Revolutionsarmee noch gefährlich werden kann. Sie spielen in den Gemetzeln dieser Monate eine Hauptrolle, da sie nicht in jeder Einzelaktion dem Gesamtbefehl der altmodischen, schwerfälligen Führung unterstellt sind, sondern aus eigener Initiative handeln können. Sie sind daher am ehesten in der Lage, auf die neue Taktik der Franzosen zu reagieren, die ihre starren Infanterie-Linien längst aufgelöst haben und Scharfschützen-Linien, sogenannte Tirailleure, einsetzen, die aus guter Dekkung heraus gezielt feuern und die preußischen Infanteriereihen in heilloses Durcheinander bringen.

Friedrich Engels hat in seinen militärpolitischen Studien die Vorzüge der leichten Reiterei gegenüber der schweren Kavallerie, wie sie gerade in der Rheinkampagne von 1793 und 1794 in Erscheinung treten, hervorgehoben: „Mit flinkeren Männern und schnelleren Pferden hat (sie) durch ihre Schnelligkeit und Allgegenwart zu wirken. Was ihr an Gewicht fehlt, muß durch Schnelligkeit und Aktivität wettgemacht werden... Ihre Führer brauchen einen schnelleren Blick und größere Geistesgegenwart als die der schweren Reiterei... Außer schnellen Flanken- und Rückenangriffen, Überfällen und Verfolgungen muß die leichte Kavallerie den

Großteil des Vorposten- und Patrouillendienstes für die ganze Armee leisten. Befähigung zum Einzelkampf, dessen Grundlage gute Reitkunst ist, gehört daher zu ihren Hauptvoraussetzungen."

Blücher verfügt über alle diese Voraussetzungen. Und er ist entschlossen, sie rigoros zu nutzen. Seine Husaren, bald nur noch die „roten Teufel" genannt, sind überall. Manch anerkennendes Wort kommt über die Lippen der Vorgesetzten; auf Auszeichnungslisten häufen sich hinter seinem Namen die Kreuze. Die größte Ehre, die Blücher zu dieser Zeit widerfährt, ist der Ruf, ein zweiter Zieten zu sein. Der Vergleich mit dem legendären Reitergeneral Preußens schmeichelt Blücher besonders. „Die schneidige Tollkühnheit, die behende List, die unermüdliche Ausdauer des alten Zieten lebten wieder auf in dem neuen König der Husaren", schreibt Treitschke in seiner DEUTSCHEN GESCHICHTE, und auch die Franzosen nennen ihren Gegner respektvoll „le roi rouge", den roten König. Im Kriegsjournal des Oberkommandos wird für Blücher notiert: „Rastlos tätig, solange noch etwas zu tun übrig ist." Gegen Ende des Feldzugs, bei den Kämpfen gegen die französische Saar-Armee, macht sich die Unbeweglichkeit der preußischen Kriegführung, die mangelnde Flexibilität immer mehr bemerkbar.

Je näher Blücher beim Oberkommando steht, desto stärker nimmt auch ihn die Militär-Bürokratie wieder an die Kandare. Es ist dem gutwilligsten Leser kaum zuzumuten, längere Kostproben dieser Bürokratie hinzunehmen; ein Beispiel von den Kämpfen um die Straße zwischen Neustadt und Kaiserslautern mag genügen. Blücher, der die Lage gut übersieht und seine Dispositionen in Gedanken bereits getroffen hat, erhält ein zwölf Seiten starkes Papier des Generalstabs, für dessen Studium er mehrere wertvolle Stunden braucht. Das, was ihm vorher noch als eine gewöhnliche Vorpostenaufgabe erschienen war, sieht er nach der Lektüre, wie er selbst sagt, als ein „schwieriges Gebirgsunternehmen" an. In

Blücher. Lithografie von Carl Lange

Länge und Breite wird in der Instruktion der Weg vorgegeben. Er soll mit Einbruch der Nacht aufbrechen, den nach Kaiserslautern führenden Weg bis „eine kleine Stunde“ vor Alsenborn verfolgen, dort auf dem Schorleberg „Posto fassen, sich in den Gebüschen versteckt und geschlossen zusammenhalten“, um nicht zu früh entdeckt zu werden, seine Posten nur ganz nahe um seine Stellung aussetzen... „Den zweiten Tag rückt das unter dem Oberst v. Blücher auf dem Schorleberg postirte Korps gegen die nach Kaiserslautern führende gr. Str. vor um die Kommunikation zw. Neustadt und Kais. abzuschneiden. Zu dem Ende werden zwei Bataillone, zwei Jäger-Kompagnien und drei Eskadrone Husaren, in den Weg, der über das Heidefeld nach der sogenannten Steige führet, bis über die Dürkheimer Str. vorposstirt, von wo aus man sowohl nach Frankenstein hinab, als auch durch Waldwege nach Weidental und Neidenfels in die von Neustadt kommende Chaussee gelangen, alle feindlichen Bewegungen, so daselbst geschehen können, beobachten, und nach Gutbefinden ihm auf den Hals fallen kann... Da der Feind auf dem, vorhin angeführten Punkt, so die Steige auch Haun-Steige heißt, einen Posten etabliret, auch Frankenstein besetzt haben soll; so ist es zureichend, daß der Oberst v. Blücher diesen Posten so lange en eches [in Schach] hält, bis die andern Kolonnen vorgedrungen sind, worauf denn der Feind gewiß eilen wird sich abzuziehen, um nicht abgeschnitten zu werden und wobei der Oberst v. Blücher die beste Gelegenheit bekommt, den Feind zu drängen, und ihm eine derbe Schlappe anzuhängen.“ Es folgen noch viele Seiten über den weiteren Verlauf und den Abschluß der Expedition.

Wenn man bedenkt, daß sich das Hauptquartier bei seiner Befehlsausgabe auf die Erkundungen Blüchers stützt, die per Melder zum Generalstab nach Hohenspeyer gelangen, dort ausgewertet und beantwortet, dann als Befehlsantwort ausgefertigt und durch andere Melder an das Regiment zurückgegeben werden, dann kann man sich den Zeit- und Informationsverlust vorstellen, auch ausmalen, wie ein Reiterführer „an der Basis“ darauf reagiert haben wird. Dennoch bleibt Befehl Befehl, und Blücher ist stets entschlossen, das „Beste“ daraus zu machen. Und wenn es nur die Beherzigung des Schlußsatzes ist, dem Feind „eine derbe Schlappe anzuhängen“.

Leberecht von Blücher hat unmittelbar nach Kriegsende begonnen, über seine Kriegstaten Buch zu führen, und so ist auch die Ausführung des umständlichen, teils schon von den Ereignissen überholten Befehls überliefert. Blücher paßt sein Handeln den realen Gegebenheiten an und erreicht eine für ihn günstige Ausgangsposition zum offenen Kampf. „Nun war der entscheidende Augenblick da; ich eröffnete meinem wackern Freunde, dem Oberstleutnant von Müffling, dessen Bravour und Sachkenntnis ich im Laufe der Kampagne so manches zu danken habe, daß uns jetzt nichts anders übrig bliebe, als dem Feind mit gefälltem Bajonett entgegen zu gehen und unsre äußersten Kräfte anzustrengen. Edle Begierde dieses auszuführen strahlte aus seinem Auge; meinen Husaren, die rechts auf einem kleinen Terrain aufmarschirt standen, hatte ich den Befehl gegeben alles, was etwa vom Feinde auf meiner rechten Flanke aus dem Walde hervordränge, ohne Rücksicht auf die Stärke desselben, anzugreifen und niederzuhauen... Der Feind machte ein äußerst heftiges Feuer durch welches ich gleich im ersten Augenblick mehrere Leute, 1 Kapitän, 1 Offizier und 2 Oberjäger verlor, aber unsere braven Husaren ließen sich demungeachtet nicht decontaciren [aus der Ordnung bringen]; sie blieben geschlossen und da wir auf 30 Schritt an den Feind waren, stürzten sich alle mit frohlockendem Geschrei auf denselben los; er wurde mit dem Bajonett übern Haufen geworfen und völlig en deroute gebracht [in die Flucht geschlagen]. Der Feind ließ eine ansehnliche Menge Todte auf dem Platz; wir erbeuteten die beiden Kanonen und machten viele Gefangene... Ich blieb

Meister vom Terrain und der Zweck meiner Expedition war ganz erreicht."

Am Tag darauf wird Blücher nach Hohenspeyer ins Hauptquartier gerufen, wo ihn der Kommandierende General „mit ausgezeichneter Gnade empfing" und ihm aufträgt, „den seiner Führung anvertrauten Truppen seinen Dank und seine vollkommene Zufriedenheit zu bezeugen".

Der Vorgang ist symptomatisch und steht für viele ähnliche Begebenheiten, die in Blüchers Kriegstagebuch aufgelistet stehen. Er macht selbst einen überholten, im einzelnen unsinnigen Auftrag zu seinem eigenen und kann am Ende von sich sagen: „Der Zweck *meiner* Expedition war ganz erreicht." Die in ihrem Hauptquartier schlummernden Generale aber wiegt er gar noch in dem Glauben, *sie* hätten mit einem weitsichtigen Befehl den Erfolg erst möglich gemacht. Das ist der ganze Blücher dieser Jahre: dankbar für jede noch so geringe Möglichkeit, sich auszuzeichnen, kritiklos loyal gegen Stab und König, ein williges Werkzeug in den Händen seiner Generale.

Im Juni 1794 wird Blücher selbst unter die Generale befördert. Er wird nun auch formell als Kommandeur seines Regiments bestätigt, das – wie er bemerkt – ihm so „schätzbar geworden" ist, „daß durch die Ernennung zum Chef desselben das Ziel meiner Wünsche erreicht war".

Die Kampagne von 1793 endet mit der Zerschlagung der ersten bürgerlich-demokratischen Bestrebungen auf deutschem Boden, der Mainzer Republik. Sie endet aber auch mit der Vertreibung aller Feinde der Revolution aus Frankreich. Deutschland bleibt revolutionsfrei, doch das „Gift" der Erneuerung breitet sich aus und kann durch keinen Grenzkordon aufgehalten werden.

Ein ruhmloser Krieg, in dem von der Einnahme von Paris nie mehr die Rede war, geht zu Ende. Er hat die tiefe Krise Preußens, die zuerst und vor allem als Krise des Militärsystems in Erscheinung tritt, für alle Welt offenbar gemacht.

Zwei Offiziere machen durch ihren Mut und ihre Initiative auf sich aufmerksam. Vom zweiundfünfzigjährigen preußischen Husarenkönig war schon die Rede. Der andere ist der fünfundzwanzig Jahre junge französische Brigade-General Nabulione Buonaparte, über den der französische Kriegsminister sagt: „Viel Wissen, ebensoviel Umsicht und übermäßige Tapferkeit, das ist ein schwacher Umriß der Vorzüge dieses Offiziers." Es ist jener Mann, der als Napoleon I. Geschichte macht.

Blücher und Napoleon – in dieser Kampagne treffen diese beiden so verschiedenen und im Verfolgen ihres Zieles so ähnlichen Männer noch nicht unmittelbar aufeinander. Die Rhein-Kampagne ist eine Feuerprobe der unterschiedlichen Heere und der Waffen. Napoleon vertraut auf die Macht seiner Kanonen, Blücher auf die Schnelligkeit seiner Steppenpferde und die Schärfe seines Säbels. Der nächste Krieg wird eine Kraftprobe auch der Waffen, vor allem aber der unterschiedlich motivierten Menschen sein.

Der Krieg, der mit dem Frieden zu Basel endet, hat die Revolution zum Gegner gehabt. Weder Österreich noch Preußen sind am Entstehen des Kriegsherdes unschuldig; sie haben durch ihr lüsternes Gehabe und durch die Emigrantenarmee, der sie bereitwillig Asyl boten, mehr als moralische Schuld auf sich geladen. „Je mehr sich der dicke Wilhelm für den Gedanken begeisterte, mit seinem rostigen Spieß den Drachen der Revolution zu erlegen, um so hartnäckiger beharrte er darauf, ein gutes Trinkgeld zu fordern für den Liebesdienst, den er allen heiligen Gütern der Menschheit erwies", schreibt Franz Mehring.

Am Ende ist der Gewinn gering, das Trinkgeld – wegen der nicht erbrachten Leistung – ausgefallen. Die Revolution erleidet einen anderen Fall als den durch die Preußen und Österreicher. Die Krokodilstränen über die Schreckensherrschaft der Jakobiner allerdings werden noch lange nicht aus den Augenwinkeln der europäischen Völker gewischt sein. Nur wenige Zeitgenossen, auch unter den Dichtern und ehemaligen Sängern der Revolution, bewahren sich den klaren, ungetrübten Blick auf die Wahrheit. Einer von ihnen, Thomas Carlyle, setzt die Verluste an Menschenleben, die in Frankreich zwischen 1792 und 1795 durch Hinrichtungen entstanden sind, mit viertausend an und schließt: „Zehnmal soviel gehörig auf dem Schlachtfelde erschossen, und man hätte seinen glorreichen Tag mit Tedeum [Lobgesang] haben können. Es ist ungefähr der zweihundertste Teil von dem, was im ganzen Siebenjährigen Kriege umkam. Und welchen Zweck hatte der Siebenjährige Krieg? Ein Stückchen Land an sich zu reißen und sich für ein Epigramm zu rächen! ... Aber es waren nicht die stummen Millionen, die hier litten, es waren die sprechenden Tausende und Hunderte und einzelne, die schrien und schrieben und die Welt mit ihrem Jammer erfüllten, wie sie konnten und sollten. Das ist die Eigentümlichkeit."

5. Kapitel
Zwei Gesichter: Soldatenvater und Junkersohn

Der Gouverneur von Münster 1795–1805

Preußen hat – fast möchte man sagen: überraschend – den Interventionskrieg gegen Frankreich eingestellt. Die endgültige Regelung der Grenzangelegenheiten wird einem Kongreß vorbehalten, der ab Ende 1794 in Basel tagt und im April des folgenden Jahres mit dem Baseler Frieden endet. Preußen zeigt sich in den Verhandlungen nachgiebig. Einerseits hat die französische Großbourgeoisie mit dem Sturz der Jakobiner-Diktatur eine weitere Plebejisierung der Revolution verhindert, andererseits hat Preußen eigene Sorgen und Schwierigkeiten: In Polen haben Adel und Bürgertum einen Aufstand gegen die fremden Mächte begonnen und Preußen den Krieg erklärt. Nur im Verein mit dem zaristischen Rußland gelingt es, diese Gefahr durch Waffengewalt zu beseitigen. Polen droht eine erneute Aufteilung und eine noch bedrückendere Fremdherrschaft.

Mit dem Sieg über die polnischen Aufständischen sind Preußens Sorgen nicht vorbei. In eigenen Landen wirkt stärker denn je das „Gift" der Revolution; es mehren sich die Zeichen von Ungehorsam und offener Unzufriedenheit mit den sozialen Zuständen. Im Vorjahr haben zwanzigtausend schlesische Weber den Aufstand gegen Kaufleute und Verleger gewagt. Auch hier mußte Militär eingreifen und hat am Ende die Oberhand behalten. Doch es gärt allenthalben allerorten; Schlesien bleibt ein Herd der Unruhe. Die Weber hatten in ihrer Proklamation verkündet: „Wir Weber möchten in Frieden mit allen leben, wenn es uns erlaubt wäre. Da dem nicht so ist, nimmt die Sache ihren Lauf, wie eben in Frankreich."

Die neue Gefahr aus dem Osten nötigt Preußen, an der Westfront ein Regime zuzulassen, das den Keim neuen Unfriedens bereits in sich trägt. Mit dem Frieden zu Basel wird eine unsichtbare Linie zwischen Deutschland und Frankreich gezogen, die von Ostfriesland bis zum Main reicht. Beide Seiten versprechen, diese Demarkationslinie zu achten. Blüchers Regiment gehört zu der Observationsarmee, die nach Friesland geschickt wird, um die Einhaltung der Friedensbestimmungen zu überwachen. Zum Standquartier ist die Stadt Emden bestimmt.

Blücher, der im Krieg seine Körperkräfte wachsen fühlte, bekommt der Frieden nicht. Noch im Winterquartier plagt ihn eine „langwierige Krankheit", deren Symptome und Ursachen nicht recht auszumachen sind. Kommt die im Krieg beiseite gedrängte Müdigkeit nach? Macht sich das zunehmende Alter nun doch bemerkbar? Hat ihn eine allgemeine Depression erfaßt? Fast könnte man letzteres annehmen, wenn man seinen Brief an den Kronprinzen liest. „Nur in der Hinsicht dem König meinem Herrn und dem ganzen Königl. Hause noch Dienste leisten zu können, ist mir die Rückkehr meiner Gesundheit und die Verlängerung meiner Tage angenehm; sonst leide ich unter manchen Kummer, daß ich deren Beendigung froh entgegensehen möchte", schreibt er Mitte Februar 1795 an den Königssohn.

Der König selbst ist nicht besser dran, doch kennt der wenigstens die Ursache seines Siechtums: liederlicher Lebenswandel. (Die „vaterländische Jugend" allerdings erfährt, daß „die Strapazen von 3 Feldzügen" sowie der „Mißerfolg seiner

Regierungstätigkeit“ die Gesundheit Friedrich Wilhelms II. untergraben haben.)

Blüchers Herz schlägt in der Etappe nur mit halber Kraft und verursacht einen inneren Zusammenbruch. Nur langsam baut er sich aus den Trümmern wieder auf. Am meisten hilft ihm dabei die Erinnerung an vergangene Heldentaten. Er beginnt, sein Tagebuch über den Rhein-Feldzug zu schreiben, das unter dem Titel KAMPAGNE-JOURNAL bereits ein Jahr später, von den Adjutanten Graf von der Goltz (junior) und Ribbentrop stark bearbeitet, veröffentlicht wird.

Blücher gibt selbst in der Vorrede verschiedene Motive an, die ihn, der kein „Federfuchser“ ist (wovon sich der Leser wohl inzwischen überzeugt hat), dennoch zur Feder greifen lassen. Zum einen ist er nicht zufrieden mit der Berichterstattung über den zurückliegenden Krieg in der Publizistik. Zu arg, scheint ihm, werden die Preußen dort gerupft. Zum anderen glaubt er es seinen Husaren schuldig zu sein, sie diesem allgemeinen Jammern und Heulen zu entziehen. Das haben sie nicht verdient, und so gelangt Blücher – nach minutiöser Aufzählung seiner Einsätze – zu dem Schluß, daß seine Männer und er weitaus mehr hätten erreichen können und daß zu wünschen gewesen wäre, „es hätten manche weniger kalkuliert und mehr geschlagen“. Für Blücher ist der Krieg harte, präzise Arbeit. Davon zeugen auch die Ansprachen vor den Gefechten. So hat er seine Husaren einst vor dem Gefecht ermuntert: „Ihr Rothen, wenn Ihr Euch mich recht verbindlich machen wollt, so arbeitet heute; wir können viel thun.“ – „Ja, Herr General“, riefen die braven Pommern und schwangen frohlockend die Säbel.

Blücher beherrscht, da er den Kriegsdienst als Beruf und das Töten wie Arbeit ansieht, den skrupellosen, brutal-sachlichen Stil der preußischen Kriegsberichterstattung. In dem ganzen KAMPAGNE-JOURNAL kommt das Wort „töten“ nicht einmal vor, da wird geschlagen, gehauen, gestoßen und gestochen, dem Feind eine Schlappe angehängt, er wird ausgehauen und zurückgeschmissen... Das KAMPAGNE-JOURNAL ist mit dem blanken Degen geschrieben. Dennoch – oder gerade deshalb – ist es ein wichtiges Zeitdokument, und Friedrich Engels hat es das „klassische Werk über Vorposten- und Patrouillendienst" genannt.

Blücher belebt sich zusehends bei dem Gedanken an die geleistete Arbeit. Er faßt im Frühjahr 1795 sogar den Mut, eine neue Ehe zu versuchen. In der Liebe hat Blücher lange Zeit weniger Glück als beim Spiel gehabt. Nach dem Tod seiner Frau wollte er die Tochter seines Bruders heiraten, aber die hatte dem Werben des dreißig Jahre älteren Onkels die kalte Schulter gezeigt.

In Emden lernt er eine angesehene, vermögende Witwe kennen, der er einen förmlichen Antrag macht. Dieser Brief, leider wiederum nachträglich bearbeitet, gibt einen tiefen Einblick in Blüchers geistige Verfassung, aber auch in seine damalige finanzielle Situation. Nach einleitenden Floskeln schreibt er: „Also zur Sache! 1. Wie kann ich Ihnen eine Verbindung antragen, da meine Umstände derangirt [zerrüttet] sind, und ich 5.000 Rth. Schulden habe? Freilich habe ich gute Aussichten, auch einen Posten, der mich anständig nährt; aber das sind ungewisse Dinge. 2. Ich habe 3 Kinder, die ich liebe. Ihre Mutter setzte mich zum Erben ein; zum Besten dieser von mich geliebten Kinder resignirte [verzichtete] ich von der Erbschaft. Dadurch wurden meine Kinder anständig versorgt; aber ich erhielt nichts. 3. Ich bin kein sonderlicher Wirth. Mit meine Officire zu leben, meine Untergebenen beizustehen, wenn sie es bedürfen, das macht mich glücklich; aber ich werde nicht reich dabei. 4. Ich kann keine Verbindung eingehen, die nicht auf meine kommenden Tage und auf die Wohlfahrt meiner Kinder Bezug hat. Verstehen Sie mich recht, gnädigste Frau! Ich bin weit entfernt zu verlangen, dass eine Frau, die mich mit ihre Hand beehrt, mich ihr Vermögen bei ihren Leben übergeben soll; das sei ferne! Nur ihre

Revenues [Kapitalrücklagen] müssen zu den meinigen treten, damit ich im Stande bin eine Frau von Geburt und Charakter angemessen zu unterhalten. Ich weiss, gnädige Frau, Sie sind in einen ansehnlichen Vermögenszustande; Sie hegen die zärtlichsten Gesinnungen für mich; Ihre Grossmuth kann meine Dankbarkeit nicht übertreffen. Wohlan! sind Sie entschlossen mich glücklich zu machen: Hand und Herz liegt zu Ihren Füssen. Werden Sie mich, wie ich wünsche, überleben, so rechen Sie nicht darauf, dass ich Reichthümer hinterlasse; denn ich besitze sie nicht. Will aber die Vorsehung, dass ich zurückbleibe, o gnädige Frau! so glaube ich auch von Ihnen, Sie treffen bey unser Verbindung solche Vorkehrung, dass ich und meine Kinder Ihr Andenken segnen müssen.

Gnädigste Frau! Ehrlich und freimüthig haben Sie hier mein Glaubensbekenntnis; behandeln Sie mich auf gleiche Weise! sagen Sie mich, was Sie für mich thun wollen!"

Bei aller Ausführlichkeit ist auf seiten Blüchers von Liebe nicht die Rede. Ihm schwebt eine Versorgungsehe zur Begleichung seiner Spielschulden und – das muß man ihm wohl abnehmen – im Interesse der Kinder vor. Vielleicht hat Blücher selbst bald das Fragwürdige einer nur vernunftbedingten Verbindung gesehen. Obwohl die Witwe in ihrer Neigung zu Blücher offenbar nicht wankend wird, schreibt er ihr bald einen weiteren Brief, durch den er von seinem Antrag zurücktritt: „Gnädigste Frau, mein letztes Schreiben hat Ihnen mit meiner Lage und mein zerrüteten Vermögenszustande bekannt gemacht; ich bin nicht im Stande, Ihnen Etwas anzubieten, was Ihnen für die grossmüthige Aufopferung, so Sie für mich zu machen geneigt scheinen, schadlos hielte ... die Vernunft sagt mich, ich sei verbunden mein Schicksal allein zu tragen."

Nun, ganz so melancholisch und betrüblich, wie das klingt, ist Blüchers Lage nicht. Als er diese Abschiedszeilen schreibt, hat er sich schon in die Tochter des Präsidenten der ostfriesischen Kammer, von Colomb, verliebt und macht ihr nach kurzer Bekanntschaft einen Heiratsantrag. Im Juli 1795 heiratet der dreiundfünfzigjährige Blücher die dreiundzwanzigjährige Katharina Amalia von Colomb. Ein Neffe von Amalia, die Blücher fortan sein „Mahlchen“ oder „libste Male“ nennt, hat sie nach einem Scherenschnitt beschrieben: „Eine Silhouette aus ihrer Jugend vergegenwärtigt ihr edles Profil, und noch in ihrem Alter war sie eine schöne Frau mit einem unvergleichlichen Ausdruck von Herzensgüte und freundlichem Wohlwollen in den klugen, sprechenden und sanften, blauen Augen... Der liebenswürdige Ausdruck ihrer Züge war das treue Abbild ihres Innern, ihre größte Freude bestand in der Wohltätigkeit und in der Fürsorge für andere, in welcher sie stets eine erfinderisch zarte Rücksicht zu zeigen wußte.“

Obwohl auch Amalia durchaus kein Kind armer Leute ist, muß Blücher bei ihr doch mehr als Geld allein gesucht und gefunden haben. Er holt seine Tochter Friederike zu sich und erlebt, daß sich seine zweite Frau mit seinem „innigst gelibten Kind“ gut versteht. Blücher genießt sein neues Familienidyll einige Zeit, schreibt im November: „Heußlig bin ich unbeschreiblig glücklich durch mein weib“, behauptet: „meine frau hat das verdinst, daß sie mich zu einem ruhigen ordentlichen menschen macht.“ Aber der Frieden bekommt ihm nicht. Er, der im Feld eine robuste Gesundheit gezeigt hat und allen Lebensgefahren entgangen ist, verrenkt sich beim friedlichen Ausritt den Fuß (wovon fortan ein leichtes Hinken zurückbleibt), und ihm explodiert beim Jagen das Gewehr in der Hand (wodurch er ein Fingerglied verliert, was ihn künftig beim Abziehen des Pistolenhahns behindert).

In Bad Pyrmont und beim – für Offiziere immer noch verbotenen – Spiel sucht er Trost und Heilung. Ende des Jahres 1795 muß Blücher zudem die stille Hoffnung, bald nach Pommern zurückkehren zu können, aufgeben. An seiner Statt wird der General von Strantz zum Inspekteur der pommerschen Reiterei ernannt. Das ist in Blüchers Augen eine er-

Die zweite Frau Katharina Amalia

Porträt Blüchers. Zeitgenössischer Stich

neute unverdiente Zurücksetzung, wie er sich gegenüber seinem Freund Bonin beklagt. Er wird den bedrückenden Gedanken nicht los, „durch alles Rast loße Bestreben mich daß zutrauen und die zu Fridenheit meines Herrn erwerben zu können, den sonst müßte der General v. Strantz nicht Inspecteur meines Regiments sein, ich bin Recht von Hertzen der Freund dieses Mannes, aber ich fühle es mit wahrhafter überzeugung daß ich den könig mehr dienste geleistet und Für die Renome [Ansehen] der Preuschen Trouppen mehr getan habe wie Strantz..."

Es scheint, als habe sich Blücher die Zurücksetzung nicht nur eingebildet. Bei anderen, ähnlichen Gelegenheiten läßt er durchblicken, daß er Neider und Gegner im preußischen Oberkriegs-Kollegium hat, die an seinem kometenhaften zweiten Aufstieg im Heer, an seinem Umgang mit Mannschaft und Offizieren und an seinem Lebenswandel Anstoß nehmen. Blücher hat in Krieg und Frieden zu Offizieren, Unteroffizieren und gar zu Mannschaften mehr Kontakte, als dienstlich erforderlich und standesgemäß sind; nicht aus Berechnung, sondern aus ehrlicher, tiefer Überzeugung, daß man als Heerführer das Vertrauen der Anbefohlenen besitzen muß, um desto mehr von ihnen verlangen zu können. Außerdem entspricht es Blüchers heiterem, unkompliziertem Charakter, die zwischen Stabsoffizieren und Offizieren unsichtbar gezogenen Grenzen immer wieder arglos zu übertreten und sich mit dem gemeinen Mann gemein zu machen.

„Es ist ein Sehliges gefühl", schreibt er an den Generaladjutanten von Zastrow, „leütte um sich zu haben die glücklig und zu Friden dienen, und wo durch wird unser einen daß zu trauen seiner untergebenen gewisser alls wen sie überzeugt sind daß man ihr wohll stets vor augen habe, sein eigenes wie eine neben sache ansiht, ich habe in diesen krige die Erfahrung gemacht, waß man mit untergebnen auß Richten kan, dehren zu trauen man besitzt."

Hier wie anderswo in den Schriftstücken dieses Jahres

herrscht ein leicht klagender Unterton, die Uneigennützigkeit und die Bedürftigkeit der eigenen Person betonend. „Ich habe kein Glück“, schreibt er dem Generaladjutanten, „und wir Husaren sind im Kriege die Leidttragenden; zu distingirten [herausragenden, bevorzugten] Posten gelangen wir im Frieden nicht.“

Da ist etwas daran. Noch immer gibt es Zopfträger im Generalstab und im Oberkriegs-Kollegium, die die Husaren als die Zigeuner des Krieges betrachten – eine bunt zusammengewürfelte Truppe von Abenteurern und leichtsinnigen Kerls, denen man größere Aufträge besser nicht anvertraut. Noch Jahre später wird – hinter den Kulissen des Kriegstheaters – eifrig darüber debattiert, ob ein Husaren-General Mitglied des Generalstabs sein könne oder nicht. Blücher setzt sich auch da durch. In seinem Memorandum an die Krone ficht er nicht allein für sich, sondern auch für die geliebte Waffengattung. Er beklagt sich darüber, daß der Etat der Husaren-Regimenter um vieles schmaler ist als der anderer Kavallerie. Er habe im zurückliegenden Krieg sogar vierundachtzig eigene Pferde ins Regiment geben müssen, um es aufzufüllen. Blücher legt dem Schreiben eine Liste mit den gezeigten Leistungen seines Regiments bei; eine Aufzählung von Aktionen, erbeuteten Trophäen, eingebrachten Gefangenen.

Es gibt aus der Emdener Zeit zahlreiche Belege dafür, daß Blücher wirklich das Wohl der ihm anvertrauten Garnisonen im Auge hat. (Ob er das eigene darüber vernachlässigt, erscheint allerdings fraglich.) Schon bei den ersten Berührungen zwischen Militär und Bevölkerung hatte es Probleme gegeben. Blücher schimpft über das geizige Stadtbürgertum, das weder Quartiere noch Verpflegung herausrücken wolle. „Durch ihren grausahmen Reigtum uf geblaßen sehen sie uf den Solldaten wie uf die verägtligsten Creaturen herab. So treü ostFriesland den König ist, solche Bestien sind die Reichen Emdner.“

Blücher denkt sich immer stärker in eine Vaterrolle gegenüber seinen Soldaten hinein. Er nennt sie seine „Kinder", sorgt sich um ihre gute Unterbringung und Erziehung. Da die Mittel knapp sind, möchte er aus einer der letzten Kriegsaktionen nachträglich Kapital schlagen: Auf Schloß Bentheim hatte er in einem Handstreich den Franzosen dreizehn schwere Kanonen abgenommen und für Preußen gerettet. Sie sind teilweise vergoldet, besitzen einen hohen Wert. Blücher meint, daß seinem Regiment, wenn schon nicht die „gantze Douceur vor die Canonen", so doch 50 Taler je Stück zustünden.

Er hat bei jeder der ihm anvertrauten Garnisonen eine Schule einrichten lassen, „um unser Husaren kinder in Schreiben und Rechnen unter Richten zu lassen. Um dise anstalld zu vervollkommen haben wihr uns in der Campange eine kleine Sume erspahrt und hir zu wollte ich vor erwehntes verwenden und in jeder Garnison einen eigenen lehrer bestellen. daß Regiment Erweckst dadurch in der zu kunft der große vorteill lauter Unterofficir zu haben die sicher sind weill wir alls dan unsre jungen Cantonisten und besonders die auß lendischen Husaren Söhne dazu bilden können." An den Kindern seiner Soldaten scheint er nachholen zu wollen, was er selbst in der Jugend versäumt hat.

Blücher setzt sich in den Folgejahren auch dafür ein, daß die Soldaten heiraten und Familien gründen können, verlangt sogar vom Oberkriegs-Kollegium „Vorspann", damit die Weiber und Kinder von einer Garnison zur anderen befördert werden können, wenn die Männer versetzt werden, da man nicht verlangen könne, daß die Soldaten ihre Weiber erst wiedersehen, wenn sie „abgelebt" sind. Alle diese Dinge nimmt Blücher vor, um – wie er selbst es nennt – die „Soldatenkraft" zu verbessern. Es sind seine ersten bescheidenen Reformversuche, die das Heer kampffähig halten und die Wehrkraft neu formieren sollen.

Blücher muß Ende 1795, da ihm das Oberkommando über die westfälischen Truppen übertragen wird, nach Münster umziehen. Ihm wird mit dem Einzug in das vom Katholizismus beherrschte Bistum eine schwere Aufgabe zuteil. Er muß seine Amtsgeschäfte gegen die Abneigung einer ganzen Stadt führen, die in den Preußen die Störenfriede eines bislang in ihren Mauern gehegten Burgfriedens sehen. Der Münsteraner Adel, das Domkapitel und die übrige Geistlichkeit sehen mit Verachtung auf die „prüske Windbüdels" herab. Sie sind kaisertreu und halten zu Österreich. Blücher wendet seine alte Versöhnungstaktik an. Schon beim Einzug in das Münsteraner Gebiet ist ihm ein Abgesandter des Erzbischofs entgegengeschickt worden, um formell gegen den Neutralitätsbruch und die Besetzung der Stadt zu protestieren. Blücher reicht dem Parlamentär freundlich die Hand und entwaffnet ihn mit seinem Charme. Der Protestbrief bleibt in der Tasche. So schnell streckt die übrige Geistlichkeit nicht die Waffen. „Die ganze Bruht von menschen in diesen pfaffenLande tauhgt nichts", klagt Blücher im Juni 1796. Diesmal ist es nicht seine intuitive Abneigung gegen Frömmelei und Dünkel; Blücher beginnt allmählich, alle Dinge im Zwielicht sozialer Widersprüche zu sehen. Wiederum erfährt der Generaladjutant von Zastrow, den er zu seinem Vertrauten macht, als erster seine Ansichten: „Wen werde ich den ein mahll uß diesen lande der heilligen erlöst werden, wo die menschen weit ahrmer an verstand wie an gütter sind, wo 42 übermüttige dohm Herrn den Schweiß der ahrmuth unverdint verprassen, wollte doch Gott, daß die Zeit nahte, wo diese mit blindheit am Kaiserlichen Hoff anhangende Rotte ein mahll etwas demüttigung erführe, ich muß mit diesen Volk vihll außstehn..." Dieser Brief vom September 1797 zeugt von der gewachsenen menschlichen Reife Blüchers.

Nur wenige Jahre später wird er mit dem Freiherrn vom Stein das Münsteraner Schloß teilen, und der wird ihn tiefer mit den sozialen und politischen Absichten der „Reformpartei" vertraut machen. Der Brief an Zastrow aus dem Jahre 1797 wirkt – sieht man einmal von den üblichen Schreibfehlern ab – wie der Text eines Flugblattes oder einer zündenden Volksrede. Dieser Brief zeugt davon, daß Blücher schon *vor* der Begegnung mit Stein auf die Mißstände ringsum aufmerksam geworden ist.

Natürlich kann und will der General und Gutsbesitzer von Blücher nicht über den eigenen Schatten springen. Er bleibt, was er von Beginn seiner Laufbahn an war: ein typischer Vertreter des mit allen Privilegien ausgestatteten Adels, und er partizipiert an allen Vorteilen, die diese Herkunft mit sich bringt. Klingt in den Briefen dieser – und der späteren – Jahre immer mal die unbefriedigende Vermögenslage oder gar eine Geldverlegenheit an, so ist das nur damit zu erklären, daß Blücher bei hohen Spieleinsätzen beständig Hab und Gut – besonders bei den jährlichen Aufenthalten in dem Nobelbad Pyrmont – riskiert und oft Spielschulden hinterläßt. Ansonsten darf man sich über die Vermögensverhältnisse des Lebrecht von Blücher und seiner Frau keine falschen Vorstellungen machen. Sie sind wohlhabend: Blücher erhält bereits als General der Demarkationsarmee einen Jahressold von 6000 Talern, der später ständig aufgebessert wird. Seine Frau hat eine beachtliche Aussteuer und Mitgift erhalten. Durch königlichen Schenkungsbrief vom August 1796 wird ihm ehemaliger Kron- und Kirchenbesitz in Polen zuteil. Es handelt sich um mehrere Güter in Ostpreußen, die Blücher gewinnbringend weiterverkauft.

Dies ist die eigentliche Kriegsbeute, auf die es adlige Offiziere Seiner Majestät gewöhnlich abgesehen haben. Kein Vergleich mit den Krümeln, die für Unterführer und Soldaten (oder Offiziere aus dem Bürgertum) abfallen. Der König teilt geraubtes Land mit vollen Händen an jene Untertanen aus, die den neuen Besitzstand Preußens im eroberten Gebiet am besten garantieren. Der Verwaltungsbeamte Hans von Held wird 1801 in der Hausvogtei eingekerkert, weil er eine SCHWARZE LISTE mit den vom König verschenkten Besitzungen verfaßt hat. Darin wird die Zahl dieser Güter mit

288 angegeben; ihr „vorgespiegelter Werth bei der Schenkung 3½ Millionen Thaler, deren wahrer Werth 20 Millionen Thaler“. Auch die an Blücher vergebenen Güter finden sich auf Helds Liste.

Leberecht von Blücher betreibt schon seit 1773 Bodenspekulationen und Handel mit Immobilien. Daß er dabei nicht reich wird (wie er findet, denn was sind schon ein paar Güter, einige Häuser in der Stadt und eine Zucht von meist mehr als hundert Pferden?), hat allenfalls mit seiner unbezähmbaren Spielleidenschaft zu tun, vor der ihn auch seine zweite Frau nicht bewahren kann. Varnhagen von Ense vertritt die Ansicht, daß Blücher nicht wegen der Aussicht auf Gewinn gespielt habe, da er „Reichthümer nicht sammeln mochte“, sondern weil ihm „bei seinem feurigen Temperament irgend ein Wagniß oder Kampf Bedürfniß“ ist. Da er zu Friedenszeiten seine Gegenspieler nicht im Felde findet, sucht er sie beim Spiel. Das ist nach der psychischen Struktur von Blüchers Charakter bei seinem sonstigen Mangel an sinnvollen Beschäftigungen und geistiger Tätigkeit durchaus glaubhaft. Der Blücher dieser Jahre ist ein so getreues Abbild, ein so klassischer Vertreter seiner Kaste, daß er fast wie ein Klischee anmutet.

Gustav Freytag hat in seinen BILDERN AUS DER DEUTSCHEN VERGANGENHEIT eine allgemeine Skizze vom Adel entworfen, die auf Blücher zutrifft, als habe er Modell dazu gesessen: „Noch ging durch die Hände des Adels um 1790 der größte Teil des Geldes, welches seinen Kreislauf im Lande machte. Auf ihren Gütern herrschten sie wie unabhängige Gebieter, ... die Gutswirtschaft aber besorgte gewöhnlich der Amtmann ... Die Wintermonate verlebte der Landadel gern in der Hauptstadt seiner Landschaft, im Sommer war das modische Vergnügen Besuch der großen und kleinen Bäder ... Viel wurde auf Pferde und glänzende Wagen geachtet ... Ein verhängnisvolles Vergnügen war das Spiel, zumal in den Bädern... wo sie oft Wagen und Pferde verloren und in einem Miethwagen, verschuldet, nach Hause reisten. Solches Unglück wurde mit gutem Anstand getragen, so bald als möglich vergessen."

Am wohlwollenden Interesse der Krone für Blüchers Ein- und Auskommen ändert sich auch nichts, als am 16. November 1797 Blüchers Wohltäter, der zweite Friedrich Wilhelm, stirbt und der dritte den Thron besteigt. Im Gegenteil: Blücher wird durch neue Schenkungen und Erwerbungen nun gar hoffähig gemacht. Er veräußert einige pommersche Güter, da er die Hoffnung, sie wiederzusehen, nun doch fahrenlassen muß, und kauft das in der Nähe Berlins gelegene Gut Groß-Ziethen. Er reist allein oder mit seiner jungen Frau häufig nach Berlin, wo er im Schloß jederzeit ein willkommener Gast ist.

Der neue König, vor allem aber seine aus Mecklenburg-Strelitz stammende Frau Luise finden Gefallen an dem etwas poltrigen, immer noch unternehmungslustigen Husaren, der in seiner bunten, ordenverzierten Uniform aussieht wie ein strahlender Operetten-Held. Man präsentiert den kauzigen Alten auf Bällen und Festen als das, was er wohl wirklich ist: als ein gelungenes Erzeugnis des Preußenstaates. Blücher wird, wenn er mit der allseits beliebten Königin Luise durch die Ballsäle schwebt, immer stärker zu einer Symbolfigur des alten Preußens. So wie sich die „edle Landesmutter" beim Tanze an den verwegen kreiselnden Mann klammert, so hält man sich – bei Hofe und in der Öffentlichkeit – an Blücher als den lebenden Beweis für den Bestand von Tradition und Erbe des Soldatentums.

Der dritte Friedrich Wilhelm hat nicht die rohe Härte des Soldatenkönigs und nicht die geistige Potenz des großen Friedrich, doch Verstand genug, um zu begreifen, daß Preußens schwarze Adler kaum noch hoch und weit fliegen werden.

Königin Luise mit ihren ältesten Söhnen

Preußen um die Jahrhundertwende – das ist ein von sozialen Widersprüchen zerrissenes Staatsgebilde, dessen Finanzen zerrüttet sind und dessen Militärwesen hoffnungslos veraltet ist. Bei allen Gelegenheiten – dem Kampf gegen die Französische Revolution und ihre Ausbreitung nach Osten, der Niederschlagung der Aufstände in Polen und Schlesien – war dem zweiten Friedrich Wilhelm immer nur ein Gegenmittel eingefallen: schonungsloser Einsatz des Militärs gegen die Bevölkerung. Die Truppen hatten im Ausland wie in Schlesien strengen Befehl, „Ruhestörer ohne alle Schonung vom Leben zum Tode zu bringen".

Verständlich also, daß die Erwartungen und Hoffnungen groß sind, die sich an die Regentschaft Friedrich Wilhelms III. knüpfen. Statt grundlegender Staatsreformen beschränkt er sich aber auf einige kosmetische Operationen, die den alten Zopf nicht abschneiden, ihn nur ein wenig stutzen. Er entläßt den religiösen und politischen Fanatiker Christoph von Wöllner, einen einflußreichen Günstling Friedrich Wilhelms II., beseitigt das Mätressen-Unwesen bei Hofe. Doch behält er das starre, korrupte System der Kabinetts-Regierung bei. Im Lande Preußen werden Edikte und Gesetze auch künftig nicht von Fachministern, sondern von einem engen, dazu kaum befähigten Räteklüngel vorbereitet und dem König zur Entscheidung untergeschoben. Eine dringend gebotene Reform des Militärwesens bleibt im Labyrinth endloser Debatten stecken. Der bornierte Offiziersadel weist jeden Modernisierungsversuch zurück, der das preußische Militär den Gegebenheiten eines modernen Krieges anpassen könnte. So bleibt die einschneidendste Neuerung dieser Jahre, daß die Brotration für die Soldaten geringfügig erhöht wird.

Damit ist – so prophezeien fortschrittliche Offiziere wie Gerhard von Scharnhorst und Neithardt von Gneisenau – auf Dauer kein Blumentopf gegen den flexiblen, wendigen Napoleon zu gewinnen. Immer noch gehen die Preußen in starren Linienformationen gegen den Feind mit ungezieltem Massenfeuer vor, während sich die französische Infanterie längst in bewegliche Schützengruppen aufgelöst hat, die – aus sicherer Deckung heraus – gezieltes Einzelfeuer mit großer Wirkung abgeben. Gerhard Scharnhorst unterbreitet detaillierte Vorschläge zur Verbesserung der Wehrkraft. „Der König dankte Scharnhorst, lobte seine Arbeiten, verlieh ihm den Adel und – ließ die Entwürfe unausgeführt", schreibt von der Goltz in seinem Buch VON ROSSBACH BIS JENA.

Der König kann sich, weder im Innern noch im Außenpolitischen, zu Neuerungen bereit finden. Er verbindet, wie Franz Mehring treffend sagt, „mit der physischen Tapferkeit eines Unteroffiziers eine moralische Feigheit, die auch vor der ärgsten Demütigung" nicht zurückschreckt. Seine Entschlußlosigkeit macht sich auch bei der politischen Leitung jener Observationsarmee bemerkbar, der Blücher angehört. Sie wird bald hierhin, bald dorthin dirigiert. Blücher gibt es auf, darin einen höheren Sinn zu suchen. Sein fester Bezugspunkt ist in diesen Jahren Münster. Er hat sich mit seiner Familie, zu der auch der Sohn und dessen Frau gehört, in einem Flügel des Münsteraner Schlosses einquartiert und geht all jenen Vergnügungen nach, die ihm das Leben ohne Krieg halbwegs erträglich erscheinen lassen. Er reitet auf einem seiner schönen Pferde aus, setzt sich mit seiner jungen Frau zu den Bürgern in Kaffeehäuser, betreibt auf der Straße oder in den Parks Konversation. Blücher ist froh, wenn er der Schreibstube für ein paar Stunden entfliehen kann, in die er die meiste Zeit des Tages verbannt ist. „Meine Arbeiht ist schreiben; ich glaube schwerlich das ich dabei lange gesunt bleibe", klagt er schon 1796; drei Jahre später: „Viehllfelltige und zum teihll sehr unangenehme beschefftigungen haben mich verstimmt und ich bin am schreibtisch gleichsahm angeheftet. Sie kennen meine lebhafftigkeit und wie ich zum still Sitsen geneihgt bin, aber meine lage ist fahtal, daß ich schon seihd 4 jahrn keine militär Gescheffte treibe. Der himmel wird es ja mal enden."

Es klingt fast wie das abendliche Stoßgebet Bellings seinerzeit: „Herr, beschere uns einen gelinden Krieg!" Neben den dienstlichen Obliegenheiten – Schriftwechsel über Truppenstärke und -bewegungen, Bescheinigungen über Aus- und Einfuhr von Pferden, Getreide, Holz, Anforderungen, Belegen, Berichten – hat Blücher noch ein einträgliches, aber umfangreiches „Militärgeschäft" betrieben: Er „schafft das Commisariat zum Teuffel" und verpflegt sein gesamtes Korps selbst, auf eigene Rechnung. Er nimmt den ihm zustehenden Verpflegungssatz aus der Militärkasse entgegen und kauft dafür bei den umliegenden Bauern und von den Münsteraner Geschäftsleuten Naturalien an. Hierbei kommen Blücher seine Kenntnisse und Erfahrungen als Landwirt zugute. Ist er im Privaten, wie er selbst gesteht, kein „sonderlicher Wirt" und kann das Geld nicht zusammenhalten, so scheint das System der Selbstversorgung doch jahrelang ein Geschäft mit Profit zu sein, denn als das Kriegskollegium um die Jahrhundertwende wieder zu der üblichen Magazin-Verpflegung zurückkehren will, bittet die Münsteraner Regierung dringend, die bisherige einvernehmliche Regelung beizubehalten. Blücher ist ein tüchtiger General, selbst als „Federfuchser", doch auch bei Feuerwehr-Einsätzen der Observationsarmee. Im Jahre 1801 befördert ihn der König zum Generalleutnant, was zur Folge hätte, daß er in einem Kriegsfall schon einen „ansehnlichen Heerhaufen" kommandieren würde.

1803 findet das jahrelange Tauziehen um Gebiete links und rechts des Rheins ein Ende. Unter dem Diktat Napoleons werden hundertzwölf deutsche Kirchen-Gebiete säkularisiert, einer weltlichen Herrschaft unterstellt; vierundvierzig Reichsstädte verlieren ihre Selbständigkeit und werden den umliegenden Staaten eingegliedert. Mit den enteigneten Gebieten werden deutsche Fürsten entschädigt, die ihre Gebiete links des Rheins 1801 an Frankreich abtreten mußten. Sie machen in aller Regel einen Gewinn bei dem Länderschacher. Napoleon hat damit einen Teil seiner Hegemoniebestrebungen verwirklicht: Im Süden besteht fortan das geschwächte Österreich, im Norden beherrscht Preußen seine Vasallen, im Westen behält sich Napoleon die Kontrolle über eine Reihe von Mittelstaaten vor. Zu den Siegern gehört auch Preußen, das das Fünffache des Verlorenen erhält, darunter das Bistum Münster. Der König setzt eine Zivilregierung für Westfalen ein. Leberecht von Blücher wird vom Domkapitel zum Gouverneur vorgeschlagen und gewählt, da – wie es in der Begründung heißt – dieser „landeskundige, biedere, rechtschaffene, gutmütige, wohldenkende, wohltätige, einsichtige und kluge Mann durch Manneszucht und gutes Benehmen Zufriedenheit und Ruhe zwischen den Soldaten und den Einwohnern erhalten und dadurch der Regierung Verehrung und sich Liebe und Vertrauen des ganzen Landes erworben“ habe. Das ist, wenn es zutrifft, aus Blüchers Sicht ein großer Sieg über das konservative, katholische Bürgertum von Münster. Doch ist das Verhältnis der Besatzungs-Preußen zu den einheimischen Westfalen zu keiner Zeit harmonisch oder von echter Herzlichkeit getragen.

Blücher hat, seit er die zivile und militärische Leitung in der Stadt hat, im Auftrag des Königs eine Reihe unpopulärer Maßnahmen durchführen müssen. Mit nur zwei seiner fünf Husaren-Schwadronen, die anderen gehen nach Pommern zurück, entwaffnet er die zweitausend kaisertreuen Münsteraner Soldaten. Er schickt die meisten Offiziere in Pension, entläßt die Unteroffiziere und Soldaten, ohne für deren Zukunft zu sorgen. „Die erste Maßregel der preußischen Besitznahme verwundete nicht allein die Verabschiedeten tief in ihrem Gemüth“, schreibt ein Zeitgenosse, der Geheimrat Heinrich Sethe, in seinen Erinnerungen, „allgemein sah man dies als eine ungleiche Behandlung an, um so mehr, als unter den Offizieren von Münster viel Bildung und wissenschaftliche Kenntniß herrschte und die damalige Masse der preußischen Offiziere mit ihnen einen Vergleich nicht aushielt." Auch die sofortige Einführung des in Preußen üblichen Kantonsystems in Westfalen sowie das moralische Verhalten vor allem jüngerer Offiziere erregen bei den Bürgern Anstoß.

Zu denen, die manchen Anlaß zur Beschwerde geben, gehört auch Blüchers Sohn, der Leutnant Franz von Blücher, der durch Übergriffe gegen die Bevölkerung, sein rohes, anmaßendes Auftreten und ungerechtfertigte Duellforderungen von sich reden macht. Vater Blücher, der die Schwächen seines Sohnes Franz nicht sehen will, ergreift einige Male die falsche Partei, ruft dadurch neuen Verdruß bei den Münsteranern hervor.

Im Herbst 1802 zieht der neugewählte Präsident der Kriegs- und Domänenkammer in den linken Flügel des Schlosses zu Münster ein. Es ist der Freiherr Heinrich Friedrich Karl vom und zum Stein, von dem Blücher bald sagt, er sei ein „brawer man mit dem ich gantz Harmonire". Dennoch unternimmt er nochmals einen Versuch, einen ähnlichen Posten in Hinterpommern zu erhalten, um bei seinen Husaren (und Ländereien) zu sein: „Daß ich daß Regiment nicht bey mich habe ist mich unerträglig, soll ich den könig noch lenger dienen so muß er mich ein Gouvernement in der nehe meines Regimentz geben, daß ist die einzige bedingung unter welcher ich Ferner Solldat bleibe, sonst kehre ich zum Pfluge zurück. Die Landwirtschaft hat jetzst mehr reitz vor mich als der dinst, so verendert sich alles." Blücher wird bei den letzten Worten daran gedacht haben, welche Mühe es ihn gekostet hatte, 1787 aus der Landwirtschaft zum Militär zurückzukehren.

Was ihn schließlich veranlaßt, diesmal kein Gesuch auf Abschied einzureichen, ist ungewiß. Vielleicht ist es der gute Einfluß Steins, die Gespräche mit ihm über die Zukunft Preußens, oder es ist die Hochzeit seiner einzigen Tochter Friederike im Februar 1803, die einen Major aus der Offiziersdynastie der Grafen von der Schulenburg heiratet. „Die hochzeit reisst mich im gelld beüttell“, jammert Blücher.

In diesen Wochen und Monaten machen sich die neuen Schloßherren von Münster zahlreiche Gedanken über notwendige Veränderungen im politischen und militärischen Leben Preußens. Auf der einen Seite sind es die glänzenden Erfolge des jungen Generals Napoleon in Italien, die Anlaß zur Nachdenklichkeit geben, zum anderen zwingen die inneren Zustände dazu.

Stein und Blücher wissen, daß es keinen Sinn hat, den schwachen, mit allen Reformversuchen überforderten König oder das überalterte, starre Oberkriegs-Kollegium mit Vorschlägen zur Reorganisation der Verwaltung, des Staates und des Heeres zu traktieren. Dazu ist die Zeit nicht reif. Man muß das, was man für richtig erkennt, in dem kleinen Verantwortungsbereich, den man übersieht, vormachen. Stein, selbst aus dem Adel kommend, bleibt immer ein Vertreter seiner Klasse. Die Armut seiner Familie zwingt ihn in den Staatsdienst. „Wie er der ästhetischen Bildung seiner Zeit fern stand, so war er auch kein systematischer Denker“, sagt Franz Mehring, „aber er war ein Charakter, der im Bereich seiner praktischen Wirksamkeit klar und sicher durchzugreifen wußte.“

Gerhard David von Scharnhorst, der zur selben Zeit an anderer Stelle, vor allem in seinem OFFIZIER-LESEBUCH, Antworten auf die Frage sucht, wie man sich die „rätselhaften“ Erfolge Napoleons logisch erklären muß, beginnt mit dem Abdruck von Blüchers KAMPAGNE-JOURNAL. Das Buch über die Taktik der wendigen, flexiblen Kriegführung geht in diesen Prozeß eines tieferen Nachdenkens über modernere Herrschaftsmethoden ein. Bei den Verwaltungs- und Heeresreformen, die Stein und Blücher vorschweben, ist ihnen Blüchers Adjutant, der Kriegsrat Ribbentrop, ein wichtiger Helfer. Er ist Absolvent der neugegründeten Verwal-

Freiherr
vom und zum Stein

tungshochschule und macht sich besonders um das „Sozialwesen“ verdient.

In Münster entstehen zur Blücher-Zeit mit Hilfe der katholischen *und* evangelischen Kirche zwei große Schulen, an denen Kinder armer Eltern *beider* Konfessionen unterrichtet werden und neben den damals üblichen Fächern auch Unterricht in Handarbeiten, Stricken, Spinnen und im Handwerk, erhalten. Für mittellose Männer werden Handwerksplätze geschaffen; Frauen und Mädchen können durch Flachsbrechen und Spinnen den kümmerlichen Familienetat aufbessern helfen. „Dadurch haben sich die Bettler auf den Straßen von selbst verloren“, heißt es bei Unger. Das ist wenig im

Vergleich zu dem, was getan werden müßte, doch es ist viel im Hinblick auf das, was man zu jener Zeit für notwendig und möglich hielt. Zur selben Zeit bilden die Bettler allein in Köln eine „große Gilde, welche auf fünftausend Köpfe geschätzt wurde, ... eine grobe, bösartige Bande“.

Ab 1804 beschäftigt Blücher und Stein die „französische Angelegenheit“ zunehmend. Napoleon Bonaparte hat sich selbst die Kaiserkrone aufs Haupt gesetzt. Ludwig van Beethoven zerreißt, verbittert und enttäuscht, das Titelblatt seiner SINFONIA EROICA, die er einst „geschrieben auf Bonaparte“ hatte in der Hoffnung, dieser werde die Französische Revolution in die Welt tragen. „Nun wird er alle Menschenrechte mit Füßen treten, nur seinem Ehrgeiz frönen“, sieht Beethoven voraus. „Er wird sich höher wie alle anderen stellen, ein Tyrann werden.“

Stein und Blücher sehen in den immer dreister werdenden Aktionen Napoleon Bonapartes entlang dem Rhein eine ernsthafte Gefahr für das Land aufziehen. Sie machen den König darauf aufmerksam. Als diese Warnungen keinen Erfolg haben und die Franzosen gar Hannover besetzen, das mit England in Personalunion steht, ist Blücher so empört, daß er sich entschließt, selbst zur Berichterstattung nach Berlin zu reisen. Er will dort, wie er sagt, seiner Sorge Ausdruck verleihen, doch er hört zu seiner großen Verwunderung bei Hofe, „daß dieses alles nichts zu bedeütten hette, wie wohl alles unglück vor Deutschland und die Preüsche monarchie von diesen da mahls so unbedeüttenden er eigniß her zu leiten“. Blücher hat diese Zeilen 1811 mit dem Rückblick auf die folgenden Ereignisse geschrieben. Er ist wohl – nicht zu Unrecht – der Meinung, daß die verhängnisvolle nachgiebige Politik gegen Frankreich hier, bei der Besetzung Hannovers, ihren Anfang genommen und das spätere Dilemma verursacht hat. Blücher erhält keine Gelegenheit, dem König seine Ansichten darzulegen, doch nimmt sich die Königin, die zwischen den gegensätzlichen Parteien zu vermitteln sucht, seiner an. Luise verspricht, in Blüchers und Steins Sinn auf den Regenten einzuwirken. Aber nichts geschieht.

Auch im Sommer 1804 schreibt Blücher: „gott weiß die Francosen machen mich zu vihl zu tuhn, daß ich alles übrige ligen laßen muß.“ Wieder reist er nach Berlin, um anläßlich der Herbstmanöver seine Bedenken zu äußern. Wieder kann und will ihm niemand helfen. Blüchers Hiobsbotschaften verhallen ungehört. Blücher probt unbeirrt für den Ernstfall. Er trainiert die Bataillone in ihrem Zusammenwirken, zieht nach eigenem Ermessen andere Waffengattungen zu den Manövern heran. Er reformiert im kleinen, was im großen unverändert bleibt.

Im Herbst 1804 wird Reichsfreiherr vom Stein als Minister nach Berlin berufen. Sosehr Blücher die Abreise dieses klugen, unbestechlichen Mannes auch bedauert, so hat er doch selbst für seine Ernennung gewirkt. Blücher verspricht sich von Steins Berufung ein entschiedeneres Vorgehen gegen Frankreich. Er steht, wie er am 27. November 1804 schreibt, „beinahe immer mit einem fus im steigBügell, und kann doch nicht zum aufsitsen kommen, möchten wihr doch erst zum schlagen bestimt werden, denn die francosen müssen es doch erfahren daß im norden noch deüttsche vorhanden sind, die sie zu züchtigen verstehn“.

Zu Beginn des Jahres 1805, noch unter dem Eindruck des Meinungsaustausches mit Stein, leistet Blücher mit seinen GEDANKEN ZUR FORMIERUNG EINER PREUSSISCHEN NATIONAL-ARMEE echte Pionierarbeit für die Einführung einer Heeresreform. In dem Memorandum, das er der Königlichen Militär-Organisations-Kommission zuleitet, tritt er für die allgemeine Wehrpflicht des Volkes, die Verkürzung der Dienstzeit, die Erhöhung des Wehrsolds und eine humanere Behandlung der Soldaten ein. Hat diese Denkschrift, die durch ähnliche Eingaben von einer Gruppe um Stein und Rüchel flankiert wird, auch kaum Aussicht auf baldige Verwirklichung, so festigt sie doch Blüchers Ruf als Soldatenvater und – trotz seiner dreiundsechzig Jahre – als modern denkender, mobiler Militär-Reformer.

Blücher fährt nach Berlin, um sich selbst ein Bild von der allgemeinen Stimmung zu machen. Er wird Zeuge, wie Berliner Studenten den Genius des verstorbenen Schiller feiern. Im Komödienhaus wird WALLENSTEINS LAGER aufgeführt. Die Menschen rufen sich auf den Straßen Sätze daraus zu: „Und setzet Ihr nicht das Leben ein, nie wird Euch das Leben gewonnen sein!“

Noch ist ein weiter Weg zu gehen, ehe sie, wie die Schwyzer im TELL auf dem Rütli, schwören:

> Wir wollen sein ein einzig Volk von Brüdern,
> in keiner Not uns trennen und Gefahr.
> Wir wollen frei sein, wie die Väter waren,
> eher den Tod, als in der Knechtschaft leben.

6. Kapitel

Der erste Schlag muß derbe sein!

Die Schlacht von Jena und Auerstedt 1806

Im Westen Deutschlands ziehen sich die Wolken zu einer drohenden Gewitterfront zusammen. Kaiser Napoleon hat feste Pläne zur Aufteilung der Machtsphären in Europa. Er geht daran, ein neues „Deutschland" zu bilden. Unter seinem Patronat entsteht der RHEINBUND, eine Vereinigung deutscher Kleinstaaten, deren Stoßrichtung eindeutig auf Preußen zielt. Im Fall einer bevorstehenden Auseinandersetzung werden sie Hilfstruppen für Napoleon stellen: Bayern dreißigtausend, Württemberg zwölftausend, Baden achttausend Mann... Insgesamt werden so dreiundsechzigtausend Deutsche zum Kampf gegen Deutsche vorbereitet. Napoleon macht mobil.

Da er in Westfalen auf vorgeschobenem Posten steht, da der Weg nach Berlin weit und sein Vertrauen in die Staatskunst des Kabinetts begrenzt ist, glaubt Blücher, die Entwicklung des Unwetters von seinem Standort aus besser erkennen zu können.

Im Oktober 1805 ist in Preußen die allgemeine Mobilmachung beschlossen worden. Napoleon hat – unter Bruch der 1801 getroffenen Friedensvereinbarung – die Souveränität Preußens verletzt. Französische Truppen betreten preußisches Gebiet. Auch Blüchers Husaren-Regiment wird daraufhin alarmiert. Aus Pommern kommen die drei Eskadronen, die Blücher so sehr vermißt hat und deren Ankunft er sehnsüchtig erwartet.

Am 17. November tauscht er den Amtsschimmel gegen seinen Blauschimmel und sitzt wieder im Sattel. Ausgerechnet bei der Begrüßungsparade passiert ihm das Mißgeschick, daß der Schimmel rückwärts in einen Graben tänzelt und stürzt. Blücher kann reaktionsschnell den Sturz abfangen und über das Pferd hinwegspringen. Seine Husaren sehen, daß er noch ganz der alte ist und sich seinen jugendlichen Schwung bewahrt hat. Sogar aus einem Ungeschick kann Blücher noch Kapital an Vertrauen in seine Leistung schlagen. Es werden drei Armeen gegen Napoleon gebildet: in Schlesien, in Sachsen und in Franken. Blücher soll die Vorhut des westfälischen Korps übernehmen, das unter Leitung des Kurfürsten von Hessen-Kassel steht, bei dessen Armee einst auch der Vater als Werbeoffizier gedient hatte. Die Marschbefehle, die Blücher erhält, sind schon in dieser Phase widersprüchlich und hektisch. Er soll zunächst bei Münster und Hamm stehenbleiben, wird dann Kommandeur der in Franken stehenden Vorhut und übernimmt am 20. Dezember ein „schönes, noch nicht fatigiertes [ermüdetes] Truppenkorps, es geht mich nur alles zu langsam".

An den Generaladjutanten schreibt er: „Waffenstillstannt, Friede – das krambolirt sich hierhr stündlig mit einander. Ich denke aus den letztsen wird nichts und der erste wird woll auch vertragen." Doch inzwischen hat Napoleon längst die Initiative an sich gerissen, weder Frieden noch Waffenstillstand geboten, sondern Österreich und das mit ihm verbündete zaristische Rußland am 2. Dezember 1805 bei Austerlitz in der sogenannten Dreikaiserschlacht vernichtend geschlagen. An einem Tag lassen über zwanzigtausend russische und etwa sechstausend österreichische Soldaten in den Gewehr- und Kanonensalven der napoleonischen Armee ihr Leben. Da lenkt auch Preußen ein und zieht seine Truppen zurück.

So ist Blücher, ohne einen Stich gesehen zu haben, Mitte Februar wieder in Münster. Er sieht den nun folgenden Länderschacher mit Unbehagen. Napoleon traut er nicht über den Weg. An den Generaladjutanten von Kleist schreibt er: „Ich beschwere sie mein verEhrter Freuünd Se. magistet es nahmens mein vorzutragen wie ich überzeügt wehre daß die Franzosen unrädlige absichten gegen uns hegten ... jetzt sind wihr noch bey aller kraft u. es wehre klein muht wen wihr glaubten die windbeüttelei nicht widerstehen zu könen, unsre ameh ist guht u. Herrscht die Schönste stimmung darin ... so kan nach einigen Jahren der Fall eintreten, daß es uns zu Schwehr wird, mit den Coloss uns zu meßen, glücklig würde ich mich Schetzen wen ich bestimt würde den tantz zu beginnen."

Napoleon hat die Nachgiebigkeit Preußens auf eine neue, harte Probe gestellt. Er verhandelt mit England über die Rückgabe des Kurfürstentums Hannover, das er kurz vorher Preußen als Belohnung für ein deutsch-französisches Bündnis zugesprochen hatte.

Für Preußen bedeutet das eine erneute Beleidigung. Nur eine entschlossene, feste Antwort könnte weitere Übergriffe abwenden. Aber außer der Mobilmachung ist nichts geschehen. Der preußische König weiß nicht, auf welche Seite er sich schlagen, mit wem er sich verbinden soll. Er liebäugelt mit allen und mißtraut jedem. Stein, der auf ein Schutzbündnis mit Rußland und eine dritte Koalition unter Einschluß Österreichs gegen Napoleon drängt, sieht die Folgen der schwankenden Politik Friedrich Wilhelms voraus: „Wir werden keinen Vorteil ziehen aus der Perfidie unserer Grundsätze, denn die Charakterlosigkeit unseres Benehmens macht uns zum Gegenstand allgemeiner Verachtung und allgemeinen Abscheus."

Napoleon zieht ungeniert Truppen im süddeutschen Raum zusammen; die preußischen Patrioten, zu denen in diesen

Wochen auch Leberecht von Blücher gehört, bestürmen den König, den noch vorhandenen Vorsprung in der Gefechtsbereitschaft zu nutzen.

Am 28. Juli 1806 wendet sich Blücher persönlich an den König. Alle echten Preußen und die Armee wünschten, die „gekränkte Nationalehre bald, recht bald blutig zu rächen", schreibt Blücher und rät, falls man daran zweifeln sollte, die „aufgeklärtesten", „talentvollsten" und „treuesten" Diener des Königs, die Staatsminister Stein und Hardenberg oder die Generale Rüchel und Schulenburg, um Rat zu fragen. Blücher wiederholt, mit besseren Argumenten, was er bereits mehrmals geäußert hat: „Jeden Tag früher, wo wir Frankreich den Krieg erklären, ist der größte Gewinn vor S. K. M. [Seine Königliche Majestät]; denn mit jeder Stunde befestigt der französische Kaiser sein Ansehen, seinen Einfluß, seine usurpirte [widerrechtlich angeeignete] Stärke mehr, organisiert seine Armeen besser, schafft sich mehr tributäre [abhängige] Könige und Fürsten, erpreßt sich mehr Ressourcen [Hilfsquellen]." Hier beweist Blücher mehr Weitblick als die Kabinett-Mannschaft um den König. Er fordert die Absetzung des Außenministers von Haugwitz, dessen Taktieren und Paktieren mit Napoleon er die meiste Schuld am nutzlosen Zögern gibt.

Führende Generale und Mitglieder des Königshauses, wie Louis Ferdinand und August, sowie Freiherr vom Stein wenden sich mit der gleichen Bitte an Friedrich Wilhelm III., der jedoch nicht bereit ist, vom einmal eingeschlagenen „Friedens"kurs abzugehen. Er betrachtet die Eingaben der loyalen Männer eher als Meuterei denn als Hilfe bei seinen Entscheidungen.

„Es gibt Könige, die untergingen, weil sie zuviel Krieg wollten", soll Friedrich Wilhelm III. einmal ahnungsvoll-selbstbemitleidend gesagt haben, „ich werde untergehen, weil ich zuviel Frieden will." Für den Preußen gibt es nur den Krieg „an sich", er kennt nicht den Unterschied zwischen Raubzügen und Befreiungskämpfen. So billig ihm fremdes Land war, ist ihm nun die Unantastbarkeit und Ehre des eigenen.

Auch Blücher erhält seine dementsprechenden Befehle: „Ihr werdet im geringsten nicht Besorgnisse gegen die Franzosen blicken lassen, noch weniger Feindseligkeiten gegen sie unternehmen, vielmehr das bisherige freundschaftliche Benehmen gegen sie beibehalten und überhaupt sowohl in Euren Reden als in Euren Handlungen eine solche Behutsamkeit beobachten, daß sie keinen Argwohn einer unfreundlichen Absicht von unserer Seite schöpfen können." Das ist deutlich. Die Angst vor Napoleon steckt Friedrich Wilhelm in den adligen Knochen. Blücher legt die Hände an die Hosennaht, er wird es sich zur „heiligsten Pflicht machen", die Befehle genau zu befolgen. Er verspricht, nichts Übereiltes zu unternehmen und sich nicht von „zu großer Begierde" hinreißen zu lassen, kann sich aber doch nicht enthalten anzukündigen: „Beginnen die Francosen solche [Feindseligkeiten], den weïss ich waß ich von Eurer Königl. magistet allerhöchsten dinst, der ehre der troupen und meiner eignen schuldig bin."

Der Konflikt zwischen den flügellahmen Tauben in der Kabinett-Regierung um Haugwitz und den vaterländischen Falken um Stein, Scharnhorst, Königin Luise, Louis Ferdinand und Blücher wird immer schärfer. Preußen hat sich seit Friedrich II. stets zum Anwalt der sogenannten deutschen Sache gemacht und den fernen Kaiser überstimmt, so daß man nun in deutschen Landen erwarten kann, daß es die Interessen des Ganzen vertritt. Zumal Franz II. am 6. August 1806 die Kaiserkrone regierungsmüde vom Haupt genommen und verkündet hat, er entsage der zweifelhaften Würde, ein deutscher Kaïser ohne Macht zu sein. Er erklärt das deutsche Kaisertum für beendet.

Preußen könnte seine Führungsrolle nun mit Anstand spielen, doch ist es bereits selbst ein gespenstisches, willenloses Staatswesen. Träge, übersättigt, faul, ist es dem nimmersatten Raubtier Napoleon hilflos ausgeliefert. Die Führung liegt

Friedrich Wilhelm III.
von Preußen

in den Händen eines vergreisten Räteklüngels, der jedes Risiko, das den eigenen Kopf kosten kann, ablehnt.

Napoleon hat die chronische Schwäche des Königs und seines Kabinetts bald erkannt und geschickt in seine Macht- und Intrigenpolitik einbezogen. Er treibt Keile des Mißtrauens zwischen die Verbündeten, diktiert Verträge, um sie anschließend mit Vorsatz zu brechen. Er verletzt in provokanter Weise die Souveränität der Staaten, läßt französische Truppen durch deutsche Gebiete marschieren, versetzt dem Preußen so manchen Backenstreich, den dieser, ohne sich zu wehren, hinnimmt, sich gar noch dafür bedankt.

Das Preußen Friedrich Wilhelms III. hat sich mit seinen mehr oder weniger räuberischen Landnahmen längst übernommen und ist ein schlechter Anwalt der deutschen Freiheit. Männer wie Blücher, die bereit sind, „vor die erhaltung des Vaterlandes Freiheit und leben zum Opfer dahrzubringen", sind selten.

1806 wächst Blüchers individueller, mitunter blindwütiger Eifer, sich um des eigenen Vorteils willen zu schlagen, unmerklich zusammen mit der objektiven Notwendigkeit, das Land vor der französischen Fremdherrschaft und dem Despotismus Napoleons zu beschützen. Blücher selbst hat diesen Wandel vom Landsknecht zum Vaterlandsverteidiger an sich nicht wahrgenommen oder ihm gar eine feste Ausprägung gegeben. Er speichert Zorn und Haß in sich gegen die „Schelmenfrancosen", die keine Staatshoheit achten, Verträge brechen und sich als Herren im fremden Haus aufführen. Das verletzt zutiefst sein Gerechtigkeitsempfinden, seine Vorstellungen von Anstand in Krieg und Frieden.

Blüchers diplomatische Fähigkeiten und politische Kenntnisse sind nach wie vor gering. Dennoch gelangt er aus der Ansicht und Beschreibung der Vorgänge zu sicheren Schlüssen für das militärische Handeln. So sagt ihm die alte, bei Zieten, Seydlitz und Belling erlernte Husaren-Regel, daß man den Feind angreifen muß, ehe der alle seine Kräfte konzentriert und seine Vorbereitungen abgeschlossen hat. Dagegen steht das altpreußische Reglement (an das sich Preußen selbst oft nicht gehalten hat), daß ein Angriff ohne formelle Kriegserklärung als unehrenhaft, nicht ritterlich gilt. So ist denn Haugwitz vier Wochen lang mit der Kriegserklärung von Charlottenburg nach Paris unterwegs, wo er sie dann im Angesicht von Napoleon nicht einmal zu überreichen wagt, sondern sich von dem alten Fuchs auf das Glatteis komplizierter

Verhandlungen führen läßt. Wertvolle Zeit verstreicht ungenutzt.

Blücher wettert gegen die „boßhaffte rotte niederer Faultihre“ im Kabinett, die den König offensichtlich falsch berät. Blücher eilt, nahezu auf eigene Faust, dem General Rüchel nach Hessen entgegen, um ihm für einen Angriff zur Seite zu stehen. Er ist in Sorge, den Anfang des neuen Kriegs-Theaterstücks zu verpassen. „Der erste Schlag muß derbe sein!“ schreibt er im September 1806 von Paderborn aus an Rüchel, „sie müssen ihm also auch mit krafft beginnen, bin ich erst mit die hiesigen Troupen bei ihnen so glaube ich wir können uns woll mit einem der marschelle meßen und wird einer derbe außgeprügelld, der sagt es in vertrauen den andern, und es redet sich weitter.“ Das ist einfache Husaren-Philosophie: Auge um Auge, Zahn um Zahn. Endlich träfe es einmal den Rechten.

Doch noch geht es nicht ans Schlagen. Es gibt von Anfang an manche Schwierigkeit: Der unzuverlässige Kurfürst von Hessen-Kassel kneift, will die Preußen nicht einmal durch sein Gebiet marschieren lassen. Blücher bekommt Weisung, ungeachtet aller hessischen Einwände die Fulda aufwärts zu marschieren. Am 5. Oktober steht er auf hessischem Gebiet. „Wir sollten das Land brandschatzen, die Armee desarmieren und den Rest des Schatzes aus Kassel holen“, findet er. Er hat seine Lektionen bei Belling nicht vergessen, diesmal würde er am liebsten die wankelmütigen eigenen Landsleute kräftig zur Ader lassen. Die Biografen haben, mit der rühmlichen Ausnahme General Ungers, diesen Brief unterschlagen, der nicht in ihr Bilderbuch-Konzept vom braven Helden paßt.

Blücher kommt nicht auf seine Kosten. Er erhält den Befehl zur Umkehr, soll nun auf die Saale zuhalten. Das Oberkommando hat keine Eile. Einerseits ist wiederum Haugwitz mit einem Friedensangebot an den Kaiser irgendwo unterwegs zwischen Berlin und Paris, andererseits vermuten die Preußen den Feind immer noch weit verstreut im Thüringischen. Doch Napoleon ist in der Lage, seine große, aber wendige, ohne Troß ziehende Armee in kürzester Zeit zu versammeln, und entsetzt die Preußen mit einem Sturmlauf in zwei Marschsäulen auf Jena und Auerstedt zu – das Verhängnis nimmt seinen Lauf.

Das Imponiergehabe der Kommandeure vor der ersten großen Schlacht, die Preußen in diesem Jahrhundert führt, ist unbeschreiblich. Sie erlassen Manifeste, stolzieren vor der Front ihrer Bataillone und schwadronieren von haushoher Überlegenheit. Blücher macht da keine rühmliche Ausnahme. „Die Franzosen finden ihr Grab noch diesseits des Rheins", prophezeit er, „und die Hinüberkommenden bringen angenehme Nachricht mit, wie von Roßbach."

Aber das Preußen von 1806 hat nur noch den Namen gemein mit jenem Staat Friedrichs des Großen, der 1757 bei dem thüringischen Ort Roßbach die Reichsarmee und die mit ihr verbündeten Franzosen geschlagen hatte. Bald verbinden sich die Namen zweier anderer Orte in Thüringen mit der größten Niederlage, die das monarchistische Preußen erleidet.

In der am 14. Oktober stattfindenden Schlacht bei Jena und Auerstedt stehen sich zwei völlig unterschiedliche Heerkörper gegenüber: auf der einen Seite die schwerfällig operierende Armee der Preußen mit einer ebenso unbeweglichen, überalterten Generalität, auf der anderen Seite das Heer Napoleons, das durch die Aufnahme bürgerlicher Offiziere in höchste Kommandoposten und eine flexible Strategie einen neuen Militärtyp verkörpert.

Die Schlacht selbst ist – auf preußischer Seite – ein Wirrwarr von gravitätisch gemeinten Bewegungen großer Verbände, umständlichem Flügelschwenken und anderen sinnentleerten Manövern, die den Gegner beeindrucken und verwirren sollen. Die Doppelschlacht bei Jena und Auerstedt beginnt mit einem energischen Artillerie-Angriff Napoleons vom Jenaer Landgrafenberg auf die überraschten Preußen.

Gleichzeitig bekämpft Marschall Davout in der Nähe Auerstedts die preußische Hauptarmee unter dem Oberkommando des Herzogs von Braunschweig. Bei dieser steht und kämpft auch Blücher mit seinem Korps.

Der König ist, begleitet von seiner guten Luise, auf dem Schlachtfeld bei Auerstedt eingetroffen, um Regie zu führen. Doch sind sich die Militärhistoriker einig, daß er besser zu Hause geblieben wäre. Seine Anwesenheit hindert eher, als daß sie Nutzen bringt. Da er oberster Kriegsherr ist, müssen alle Befehle des Oberkommandos von ihm gelesen – und verstanden – werden, was sich als aufwendig und verlustreich erweist.

Königin Luise nimmt als Regimentskommandeur der in Pasewalk stationierten Königin-Dragoner am Feldzug teil. Blücher sucht sie in Naumburg auf, um sie davon zu überzeugen, daß der König nicht nur als nomineller Kriegsherr, sondern als Oberkommandierender das Geschehen leiten solle. Luise wagt nicht, ihren „Fritz“ darum zu bitten. So wird Blücher bald selbst Leidtragender des auf preußischer Seite herrschenden Befehls-Chaos. Als er nach einem ersten großen Sturmlauf der Franzosen gegen die preußischen Linien schließlich die Erlaubnis bekommen hat, er könne mit seiner Kavallerie nun „tun, was er wolle“, was für Blücher nur angreifen bedeuten kann, kommt wenig später der gegenteilige Befehl zum Rückzug. Blücher soll die Vorhut bilden. Schwenkt das ganze Unternehmen oder macht ein Flügel kehrt, weil es dem Oberkommando so gefällt, kommen Blüchers Husaren ans Ende zu stehen und müssen, da sie nun einmal Vortrupp sein sollen (und wollen) in Eilmärschen am ganzen Heeresgros und -troß vorbeisetzen. Es ist ein mörderisches Hase-und-Igel-Spiel. Blücher gerät in Lebensgefahr und in scheinbar ausweglose Situationen: Einmal wird ihm das Pferd erschossen, ein andermal nähert er sich im Nebel zu weit einer „Hecke“, die sich als Infanterielinie der Franzosen entpuppt. Wie durch ein Wunder bleibt er unverletzt.

Blücher hat auf den Verlauf der Schlacht vom 14. Oktober und ihr negatives Ergebnis wenig Einfluß. Er wird mit undankbaren Vorhut- und Nachhutaufgaben betraut. Nur über geringe Kräfte verfügend, hält er sich mit Deckungs- und Flügelkämpfen auf. Ähnlich ergeht es Gerhard von Scharnhorst, der bei Jena durch eine Art „Verbannungsbefehl" vom Zentrum des Geschehens ferngehalten wird. Er hat sich mit dem Oberkommandierenden überworfen. Zu kraß sind die Gegensätze: auf der einen Seite der Bauernsohn mit dem „Blick eines Feldherrn" (Engels), auf der anderen Seite der siebzigjährige Musterpreuße, der senile Herzog von Braunschweig, ebenjener Militär, der in der „Rhein-Kampagne" gedroht hatte, die Französische Revolution austilgen und Paris dem Erdboden gleichmachen zu wollen. Er schickt Scharnhorst, der beim Generalstab unentbehrlich wäre, an den linken Flügel mit den Worten, er mache ihn verantwortlich für alles, was dort geschähe. Auch dadurch, daß es zwischen dem oberkommandierenden Braunschweiger Herzog und dem König als Kriegsherrn Mißverständnisse, Verzögerungen, Uneinigkeit bei der Befehlsübermittlung gibt, entstehen Pannen und Verluste. So kommt die Doppelschlappe von Jena und Auerstedt schnell und mit großer Konsequenz aus der veralteten Kriegführung der Preußen. Blücher hat später beklagt, keine größeren Verbände zur Verfügung gehabt zu haben und daher wirkungslos geblieben zu sein. Er hätte auch mit mehr „Menschen-Material" und größerem Spieleinsatz nicht die Niederlage vermeiden, nur das Leiden und Töten verlängern können.

Wahrscheinlich haben Blüchers Ungeduld, sein Mangel an strategischem Wissen, der erst durch die Tätigkeit Scharnhorsts und Gneisenaus an seiner Seite aufgewogen wird, manches verdorben. Jedenfalls ist das die Ansicht des Obersten Yorck, der Blücher fast ständig aus nächster Nähe beobachtet hat: „Blücher ist kein Seydlitz. Ein Husarengeneral mit unabhängigem Kommando mag für sich drauflos gehen; mißglückt es, so lauert er desto begieriger auf den nächsten Handstreich; aber der Kavalleriechoc [Angriff] in der Schlacht muß losgelassen werden, wenn es Zeit ist; dann muß der Alles vor sich her zermalmen."

Obwohl der Infanterist Yorck kaum einmal den Kavalleristen Blücher loben wird, steht doch fest: Das Wartenkönnen, das Zusammenwirken mit anderen Verbänden, das Zurückstecken eigener Absichten auch auf Kosten einer Auszeichnung sind nicht Blüchers starke Seiten. Er ist während der Schlacht hierhin und dorthin geritten, wechselnden Befehlen ausgeliefert. Er hat wie ein Hund, der mehrere Herren hat, für diesen und für jenen um sich gebissen, am Ende aber sind ihm alle Hasen entkommen. In der Folgezeit ist über die Gründe, die zur Niederlage führten, viel gesagt und geklagt worden. Es dauert lange, ehe Standesdünkel, Kastengeist, Gamaschengehorsam bei ihren wirklichen Namen genannt werden dürfen. Hier sollen, da keine militärwissenschaftliche Analyse beabsichtigt ist, nur so scheinbar „nebensächliche" Dinge wie der Train und der Branntwein genannt werden.

Blücher hatte in seinen Vorschlägen zur Reformierung des Heeres zu einer National-Armee unter anderen auch die Forderung erhoben, den schwerfälligen, belastenden Troß abzuschaffen. Er hat sich damit die Kritik seiner Generals-Kollegen zugezogen. Selbst der mit Blücher befreundete General Rüchel räsoniert: „Ein preußischer Edelmann geht nicht zu Fuß in den Krieg."

So bleibt es auch beim Kampf gegen Napoleon: Jeder Offizier der Infanterie, vom jüngsten Fähnrich bis zum Obersten, bekommt zwei Pferde gestellt, für sich und die Bagage. Unmittelbar nach der Mobilmachung werden zum Beispiel allein die Pferde und Wagen der Berliner Garnison mit einer solchen Menge von Hausrat und Gepäck beladen, daß sie eine endlose Kolonne bilden, die im Stadtpark – zum Gaudium der Kinder – spazierengeführt wird, um ihre Beweglichkeit zu kontrollieren.

Mehring hat nicht übertrieben, wenn er schreibt: „Alles, was ihnen im Frieden annehmlich und bequem war, führten sie mit sich: der siebzigjährige Oberbefehlshaber seine französische Mätresse, ein anderer General seinen Putenhof, ein Leutnant sein Klavier... Den endlosen Troß, der ihnen schon gesetzlich zugestanden war, vermehrten die junkerlichen Offiziere noch durch Bauernwagen und Equipagen, in denen sie oft Weiber mit ins Feld nahmen... Kaum begann sich die unförmige Maschinerie des Heeres in Bewegung zu setzen, als sie auch schon in allen Fugen zu krachen begann und nicht wieder einzurenken war."

Der Preußen-Train ist ein großer bunter Zirkus, bei dessen Auftritt die Zuschauer nicht wissen, ob sie lachen oder weinen sollen. Die Bagagemassen dieses Wanderzirkus verstopfen zwischen Jena und Auerstedt alle Straßen und Wege; es ist kein Vorwärts- und Entkommen mehr möglich. Blücher hat von Szenen berichtet, bei denen die beiden Heere so hoffnungslos ineinander verkeilt waren, daß sie sich ihrer Haut nicht wehren, allerdings auch nicht zuschlagen konnten.

Die andere Erscheinung am Rande ist das Aufputschen der Kräfte (oder das Betäuben des Gewissens) durch Branntwein. Die Unsitte, vor einer Schlacht die Kampfmoral der Soldaten durch Verabreichen von Alkohol zu fördern, hat Preußen aus den Söldnerheeren des 16. und 17. Jahrhunderts übernommen. Es ist erstaunlich, wie viele Vorgänge der Quartier- und Fourage-Offiziere sich mit dem Heranschaffen von „Franz" und „Brand" befassen.

Am Morgen vor der Jenaer Schlacht läßt der Fürst von Hohenlohe, da bei seinem Korps die Versorgung nicht nachkommt, auf eigene Rechnung sieben Fässer Branntwein aufkaufen und an seine Truppen verteilen. Der Alkohol tut im Verein mit der uneinigen Führung, der Angst vor dem übermächtigen Gegner Napoleon sowie einem dichten Nebel über dem Schauplatz seine benebelnde Wirkung.

Jena und Auerstedt sind natürlich vor allem die Niederlage

des Altpreußentums und des friderizianischen, alles verschlingenden Feudal-Militarismus, der die Vernebelung des Gewissens ebenso braucht wie die Bequemlichkeit im Kriege. Doch ist zur Analyse von Niederlagen und deren Folgen in den Stunden von Jena und Auerstedt keine Zeit. Die Preußen müssen den Rest ihrer Kraft und Beweglichkeit aufwenden, sich aus der drohenden Umklammerung zu lösen und ihren König in Sicherheit zu bringen.

General Blücher verbringt die Nacht vom 14. zum 15. Oktober, wie alle berittenen Preußen, auf dem Pferderücken. Er ist ein General ohne Soldaten. Seine Husaren sind wieder einmal auf dem Weg von hinten nach vorn (oder von vorn nach hinten); Blücher ist vorausgeritten (oder zurückgeblieben, wer sieht da noch durch?). Auf dem Weg von Auerstedt nach Weimar hat er seinen letzten Begleiter, einen Unteroffizier, verloren, der bei einem französischen Überraschungsangriff gefangengenommen wird. Blücher kann mit knapper Not entweichen. Mitten in der Nacht überholt er eine berittene preußische Kolonne, die auf die Frage, wer sie kommandiere, zur Antwort gibt, der König reite voran. Da fühlt Blücher alle Müdigkeit von sich weichen. Er reitet zur Spitze und erstattet Meldung, daß auch seine Husaren ihre Schuldigkeit nicht getan hätten. Der König hat jetzt andere Sorgen als das Glück oder Unglück eines Husaren-Haufens; es geht ihm um die eigene Haut: „Wir sind in einer üblen Lage, es kann kommen, daß wir uns durchschlagen müssen." Dafür kommt ihm Blücher gerade recht. Er überträgt ihm das Kommando über die zweihundert Mann starke Leibschwadron. „Ich ritt bald voran und bald beim Könige", erzählt Blücher, „und hatte die Offiziere seines Gefolges aufgefordert, sich beim ersten Schuß, der vorne fiele, mit mir in den Feind zu stürzen, um die geheiligte Person des Königs zu sichern ... Der ganze Zug war unbeschreiblich mühsam, da wir alle Augenblicke halten mußten, um zu untersuchen, wo und unter was für Truppen wir waren. Endlich erreichten wir die Höhe rechts von Weimar, von der wir die Stadt übersahen, die in Flammen stand." Sie reiten nach Norden weiter, gegen Morgen sind sie in Sömmerda, wo sie versprengte Heeresteile aufnehmen. „Wir können uns Glück wünschen, daß wir so durchgekommen sind", sagt Friedrich Wilhelm zu Gebhard Leberecht.

„Tausendmal lieber sterben als dies wieder erleben", schreibt Gneisenau später über die Nacht nach der Schlacht. Mit der kleinen Leibgarde untersteht Blücher jetzt dem verkalkten Kalckreuth, der bei der geringsten Feindberührung zur Aufgabe rät. Wegen der laufenden Waffenstillstands-Verhandlungen mit Napoleon wird Blücher zum maßvollen Verhalten gegen feindliche Kolonnen verpflichtet, und er muß wieder zu seinen Ersatzwaffen List und Tücke greifen, um aus der Reichweite des Feindes zu kommen.

Napoleon schreibt in seinem 11. Kriegsbericht:
„Der preußische General Blücher ist mit 5000 Mann mitten durch die Division Dragoner des [französischen] Generals Klein, der ihn abgeschnitten hatte, durchgekommen. Er gab an, es sei ein Waffenstillstand von 6 Wochen zustande gekommen, und der General Klein hat die Einfalt gehabt, es zu glauben."

Später wird Blücher wegen solch „unmilitärischen" Verhaltens gerügt und sieht sich genötigt, die Angelegenheit als ein Mißverständnis aufgrund eines Übersetzungsfehlers darzustellen. Er habe in keiner Weise „unritterlich" gehandelt. Wie auch immer, er gewinnt Zeit, entgeht der Umklammerung. Der König ist seines Lebens wieder sicher und froh, lobt Blücher für dessen Mut und Schläue. Mit der Ablieferung des Königs in die Hände seiner Garden in Sondershausen endet für Blücher die Schlacht.

Friedrich Wilhelm III. flieht mit einem Teil des Heeres an Berlin vorbei in den äußersten Winkel seines Reiches, nach Königsberg, wo er seine neuen prunkvollen Zelte aufschlägt.

Warum nicht die ganze Hauptarmee, deren Oberbefehl nach der Verwundung des Herzogs von Braunschweig nun in den Händen Hohenlohes liegt, diesen Rückweg antritt, wird das ewige Geheimnis der preußischen Militärführung bleiben. Die Hauptarmee zersplittert sich; sie setzt auf die Festungen an der Elbe, vor allem auf den Flußlauf als natürliches Hindernis, statt sich ins Hinterland zurückzuziehen und mit den russischen Truppen in Hinterpommern und Schlesien zu vereinigen. Der König jedenfalls geht unbehelligt seiner Wege, nachdem er Blücher noch einmal die Hand geschüttelt und die Schulter geklopft hat: Brav gemacht, altes Schlachtroß, nun geh auch du deiner Wege! Suche dein Glück anderweitig!

Der neue Oberbefehlshaber Hohenlohe legt fest, daß er mit dem Gros voraus in Richtung Prenzlau marschiert. Blücher soll als Nachhut und wegen der schwierigen Versorgung im dünnbesiedelten Mecklenburg im Abstand von vierundzwanzig Stunden auf einer weiter westlich liegenden Route folgen. Er soll dabei möglichst noch das Korps des Herzogs von Weimar und die Jäger des Obersten Yorck „an sich ziehen". Keiner weiß, wo diese Einheiten stehen – oder besser: laufen. Die einzelnen Marschrouten sollen so gewählt bleiben, daß man auf Tuchfühlung miteinander steht oder geht. Soweit die graue Theorie des neuen Feldherrn, in der feindliche Attacken ebensowenig Berücksichtigung gefunden haben wie zermürbende Eil- und Nachtmärsche.

Auf dem nun folgenden Weg von Süden nach Norden ergeht es Blücher wie Hans im Glück. Oft glaubt er sich dem Glück nahe, und am Ende verliert er alles. Zuerst bittet ihn Gerhard Scharnhorst, der während der Schlacht leicht verwundet worden ist, um Mithilfe bei einer Sonderaufgabe. Er ist „des Anblicks der kopflosen und kleinmütigen Generale überdrüssig" und will bei der „fechtenden Truppe" bleiben. Er ist, da der neue Oberkommandierende, Fürst von Hohenlohe, seinen eigenen Stabschef, Oberst von Massenbach, mitbringt, nun ohne Amt im Generalstab und nutzt die erste Chance, sich aus dem Dunstkreis der Heeresführung zu winden. Er hat vierunddreißig schwere Kanonen, den Stolz der ganzen Armee, bei sich, die den Weg über den Harz nicht machen können. Sie müßten auf einem strapaziösen Marsch durch Feindesland um das Gebirge herum nach Norden geführt werden – ein Plan so recht nach dem Husaren-Geschmack von Blücher. Sieben Tage und sechs Nächte sind die beiden mit der schweren Artillerie unterwegs. Der fünfzigjährige Scharnhorst und der vierundsechzigjährige Blücher werden unterwegs gute Freunde. Ja, Scharnhorst hat später sogar von Blücher gesagt: „Nie hat eine größere und innigere Freundschaft und Zutrauen stattgefunden, als zwischen diesem braven und muthvollen Manne und mir.“ Vielleicht ist dies das wertvollste Resultat des zweihundertsiebzig Kilometer langen Gewaltmarsches, denn seine militärische Bedeutung ist fragwürdig. Zwei der fähigsten Köpfe, der Taktiker und der Stratege, der Praktiker und der Theoretiker, verlieren den Anschluß an die Hauptarmee und damit den Einfluß auf deren Handeln. Sie beschäftigen sich eine Woche lang damit, wie Sisyphus – statt des Steins – die Kanonen über den Berg zu rollen: von Nordhausen über Osterode, Salzgitter, Braunschweig, Gardelegen, Stendal bis an die Havel, wo sie der königlichen Armee übergeben werden, mit dem Befehl, sie nach Stettin in Sicherheit zu bringen.

Da dieser Plan von dem eitlen Obersten Massenbach hintertrieben wird, der glaubt, etwas Besseres damit anfangen zu können, fallen die wertvollen Zwölfpfünder wenig später dem französischen General Lannes in die Hände. Der freut sich über den unverhofften Fang, schreibt an Napoleon: „Nie habe ich Schöneres gesehen. Es ist ein ausgezeichneter Park. Fast alle Kanoniere sind zu Pferde und marschieren in der besten Ordnung“ – ein indirekter Dank des Feindes an Blücher und Scharnhorst, die um die Früchte ihrer Sisyphus-Arbeit geprellt sind.

Gerhard
von Scharnhorst

So kann auch dieses Husaren-Stück, von dem die Blücher-Verehrer in überschwenglichen Worten des Lobes schwärmen, kaum als Heldentat verbucht werden. Es erinnert eher an das Verhalten der Schildbürger, die gefällte Bäume wieder auf den Berg hinaufschleppen, um zu erleben, wie schön sie hinunterrollen. So gesehen, ist die Rettungsaktion für dreißig Kanonen nur ein Punkt auf dem i des kopflosen Betragens am Ende einer verlorenen Schlacht.

7. Kapitel

Eine der wenigen ehrenhaften Episoden in dieser Epoche

Der Rückzug nach Lübeck 1806

Es sieht so aus, als ob sich Blücher und Scharnhorst nach ihrer bis dahin noch erfolgreichen Rettungstat am 26. Oktober bei Havelberg den Staub von den Uniformröken klopfen, als die Kanonen auf Schiffe verladen sind, und sich fragen: Wie nun weiter?

Sie beschließen, zusammenzubleiben und die ihnen anvertrauten Truppen mit jenen zu vereinen, die ihnen aus allen Richtungen des Rückzugs zuströmen. Blücher macht Scharnhorst zu seinem Stabschef, und sie entscheiden sich für den Weg über Ruppin, Fürstenberg, Prenzlau nach Osten, um eine der Festungen Hinterpommerns – Stettin, Kolberg oder Königsberg – zu erreichen. Denselben Weg hat am Vortag schon Hohenlohe mit den Resten der geschlagenen Hauptarmee genommen. Blücher und Scharnhorst tragen die Verantwortung für achtzehn Bataillone, dreißig Schwadronen, zwanzig Batterie-Geschütze, das sind etwa zehntausend Menschen, die ihrem „Vater Blücher" vertrauen, der nun in eine Gegend kommt, wo er jeden Weg und jeden Steg kennt. Das gibt allen ein zusätzliches Gefühl von Sicherheit.

Bei Lychen legen die Soldaten einen halben Rasttag ein; alle sind sehr entkräftet und geschwächt. Die starre Magazin-

Verpflegung ist längst aus allen Fugen; gegen die früher üblichen „Beitreibungen" haben die Bürger und Bauern inzwischen Mittel gefunden: Sie warnen sich rechtzeitig und bringen ihr Vieh in Sicherheit. Was dennoch an Nahrung und Futter freiwillig oder unfreiwillig aufzutreiben war, hat das vorausmarschierende Heer Hohenlohes am Vortag verzehrt. Blücher aber führt keinen einzigen Verpflegungswagen mit sich. Die Soldaten hungern.

Am 28. Oktober brechen Blücher und Scharnhorst mit ihrem aus vielen Waffengattungen und Einheiten zusammengepferchten Heerhaufen in aller Frühe auf. An diesem Tag wollen sie das fünfunddreißig Kilometer entfernte Boitzenburg erreichen – die letzte Station auf dem Weg nach Prenzlau, wo Hohenlohe mit weiteren zehntausend Mann wartet.

Die Franzosen haben längst die Spur General Blüchers aufgenommen und sind ihm auf den Fersen. Am Nachmittag müssen die Preußen einen Kavallerie-Angriff abwehren. Sie schlagen sich tapfer und schütteln die Franzosen ab. Das Gefecht bei Lychen, bei dem Blücher mehrere Offiziere verliert, aber auch „einige und 30 Gefangene macht", hat zur Folge, daß Blücher erst am Abend vor Boitzenburg steht, das bereits von den Franzosen besetzt ist. Hohenlohe hat von Prenzlau aus Melder geschickt, die Blücher auftragen, den Ort über Schönermark zu umgehen, was eine weitere Zeiteinbuße zur Folge hätte.

Blücher entschließt sich, den Ort anzugreifen: „Ich sagte zum Oberst von Scharnhorst, ist der Feind schon wirklich in Boitzenburg, so kann es doch keine ganze Armee sein." Der Feind weicht freiwillig, als er sieht, daß es den Preußen Ernst ist. Da nicht für alle in dem kleinen Ort ein Lager ist, befiehlt Blücher, daß sich einige Schwadronen in die benachbarten, vom Feind besetzten Dörfer „hineinschlagen", um ein paar Stunden Ruhe zu finden.

Am 29. Oktober um vier Uhr stellt Blücher seine Truppen auf der Straße hinter Boitzenburg zusammen, um den Marsch nach Prenzlau, das nur noch zwanzig Kilometer entfernt ist, aufzunehmen. Dort warten gutgefüllte Magazine und die Hauptmasse des Korps von Hohenlohe.

Eine Stunde nach dem Ausmarsch melden versprengte und geflohene Soldaten Hohenlohes Blücher die Kapitulation von Prenzlau. Die Waffenstreckung mit voller Ausrüstung und Verpflegung für die etwa zwölftausend Soldaten erfolgt auf bösen Rat des bis zum Wahnsinn verwirrten Stabschefs Massenbach, der die Falschmeldung verbreitet, Hohenlohe sei von der zehntausend Mann starken Armee Murats eingeschlossen, außerdem nähere sich Marschall Soult mit weiteren fünfundzwanzigtausend Soldaten. Diese von Schwarzseherei diktierten Nachrichten entsprechen nicht dem wahren Kräftestand. Auf dem Gelände des heutigen Bahnhofs, am Stettiner Tor, nimmt Hohenlohe die letzte Parade zur Entwaffnung seiner Soldaten vor der Gefangenschaft ab.

Später hat Massenbach versucht, Blücher für die Kapitulation von Prenzlau verantwortlich zu machen. Er hätte rascher marschieren und sich eher mit Hohenlohe vereinen müssen. Massenbach kleidet seine Vorwürfe in eine füchsische Schmeichelrede auf Blücher: „Ich meine, daß Sie am 27. Oktober zu uns stoßen konnten. Und wären Exzellenz nur allein angekommen, nur für Ihre Person. Sie allein waren uns eine Legion! Sie allein waren uns ein rettender Genius!“

General Blücher muß sich 1808 mit den zunächst anonym gemachten Vorwürfen auseinandersetzen, und erst eine vom König eingesetzte Immediat-Kommission spricht Blücher von aller Schuld frei.

Das Ereignis von Prenzlau hat Folgen. Hohenlohes militärische und moralische Fähigkeiten liegen über dem Durchschnitt des preußischen Generalkorps. Er hat Autorität bei Offizieren und Soldaten. Seine Niederlage löst eine Kette von ähnlichen Vorgängen in anderen preußischen Städten aus: Nach Prenzlau strecken Pasewalk und Anklam die Waffen, nachdem bereits die Festungen Erfurt und Spandau kapituliert haben. Dann folgen mit Stettin, Magdeburg und Küstrin die am besten befestigten Städte. Magdeburg beispielsweise ist mit sechshundert Geschützen bewaffnet und mit vierundzwanzigtausend Mann besetzt, verfügt über ungeheure Mengen Verpflegung und ausreichend Proviant. Noch am 1. November hatte der Kommandant, General von Kleist, vor seinen Soldaten verkündet, er werde Magdeburg verteidigen, „bis ihm das Schnupftuch in der Tasche brenne"; eine Woche später übergibt er die Festung kampflos den Franzosen.

Wegen dieser zum Teil unerklärlichen Vorgänge kommt dem Anfang vom Ende, der Kapitulation von Prenzlau, so große Bedeutung zu. Die vom König eingesetzte Untersuchungskommission und seine noch 1806 gemachten „Publicandi wegen Abstellung verschiedener Mißbräuche bei der Armee" verfahren übrigens nach dem Motto: Die Kleinen hängt man, die Großen läßt man laufen!

Der König nimmt am 18. Dezember in Königsberg eine erste Analyse vor. In seiner infantilen Redeweise gibt er von sich: „Wohl leider wahr, daß manche ihre Schuldigkeit nicht getan – aber den Fürsten Hohenlohe einen so ausgezeichneten Herrn – nicht begreifen, wie er zu der Kapitulation gekommen." Damit ist Hohenlohe aus dem Schneider.

Massenbach, der Anstifter, treibt noch lange sein Unwesen, ehe er zu einer vierzehnjährigen Festungshaft verurteilt wird. Schon auf dem Weg nach Prenzlau sucht er eine Gruppe von Offizieren dazu zu bringen, „die preußischen Dienste zu verlassen und weit lieber in französische zu gehen", als im Bündnis mit den Russen zu kämpfen. Als er gegenüber dem Major von der Marwitz diese verräterische Idee äußert und Marwitz mit Hohenlohe darüber spricht, antwortet der Oberkommandierende, „es sei nicht so schlimm mit der Ausführung bei dem Obersten Massenbach als mit dem Reden. Er habe einen Sparren zuviel, darum lasse er [Hohenlohe] ihn laufen."

Das sogenannte Publicando (Verlautbarung) aber fängt die kleinen Fische ein und hält sich an ihnen schadlos: „Alle Offiziere von dem Hohenloheschen Corps, welche bei Prenzlow oder Pasewalck zu diesem Corps gehörten, allein vor, während oder nach der bei Prenzlow abgeschlossenen Capitulation in Stettin angekommen waren, ohne in jener Capitulation wirklich inbegriffenen und übergebenen Offiziere, gefangen worden, sind ohne Abschied ihres Dienstes entlassen. Alle Offiziere, welche vor der in Ancklam abgeschlossenen Capitulation diese Stadt schon im Rücken hatten, aber zurückritten, um sich zu ergeben, sind gleichfalls ohne Abschied entlassen."

Die Soldatenmoral ist zum Teufel. Kein noch so harter Drill, nicht Strafen und nicht Aussicht auf Beute, schon gar nicht die auf Ruhm und Ehre haben dieses Heer zusammenhalten können. Der Zirkus, in welchem die Soldaten die Artisten sein sollten und nach der Pfeife zopfbehangener, bunt verkleideter Generals-Clowns tanzen mußten, hat seine letzte erschütternde Abschiedsvorstellung gegeben.

Dem Generalleutnant Leberecht von Blücher und seinem Korps ist mit der späteren, über Jahre verteilten Schreibtisch-Analyse seines Falles wenig gedient im Augenblick, da das Ereignis stattfindet. Er hat – gemeinsam mit Scharnhorst – in weniger als einer halben Stunde zu entscheiden, wohin er sich wenden soll. Der Weg nach Osten, über die Oder, ist durch die Truppen Murats verstellt; im Süden bedroht Napoleon schon Potsdam und Berlin. Mit dem Gedanken, sich in Rostock, Stralsund oder Wismar einzuschiffen, um über die Ostsee nach Pommern zu gelangen, kann sich Blücher aus unbekannten Gründen nicht anfreunden. Es bleibt der Weg nach Westen.

„Mein Entschluß war bald gefaßt", schreibt Blücher. „Statt rechts auf Prenzlau zu marschieren, marschierte ich in demselben Augenblicke links nach Strelitz ab. Ich hoffte dort mich mit dem Weimarischen Korps zu vereinigen, mich dann Magdeburg zu nähern oder nach Umständen über die Elbe zu gehen, um Magdeburg und Hameln auf längere Zeit mit Lebensmitteln zu versehen und dem Feinde im Rücken zu operieren." Nirgendwo taucht auch nur der Gedanke an Kapitulation auf.

Blücher und Scharnhorst legen eine Falschspur an, um den Feind zu täuschen, der ihnen auf den Fersen ist. Sie marschieren von Boitzenburg aus einige Kilometer nach Norden, als ob sie die Küste auf schnellstem Wege erreichen wollten, von dort aus schwenken sie westwärts. Der Trick gelingt. Die Franzosen verlieren Blüchers Spur; wohin ihre Aufklärer auch schweifen, sie stoßen ins Leere.

Aus Vorpommern kommend, gelangt Blücher wieder nach Mecklenburg, verletzt bedenkenlos dessen Neutralität. Not kennt kein Gebot, sagt die Soldaten-Regel. Und: Rette sich, wer kann. Die Mecklenburger Ritterschaft hat in aller Eile Grenzpfähle aufgestellt, die auf die neutrale Stellung des Landes im Krieg der Völker verweisen sollen. Sie bleiben unbeachtet.

Zur selben Zeit etwa geraten, nicht weit von Blüchers neuer Marschroute entfernt, die schweren Zwölfpfünder, die Blücher und Scharnhorst eine Woche lang um den Berg gerollt hatten, in Feindeshand. Der „schlaue" Massenbach hatte die Kanonen auf geheimen, verschlungenen Pfaden „hinter sich herziehen" wollen. Nun werden sie von den Franzosen erbeutet. Das geschieht – auch die Militärgeschichte kennt Steigerungen vom Dramatischen ins Komische – an jenem Kavelpaß zwischen Friedland und Boldekow, wo einst Blücher die Preußen ärgerte und selbst gefangengenommen ward. Der Kommentar des französischen Generals zu der Beute ist bekannt; Blücher und Scharnhorst erfahren erst durch spätere Berichte, wie nahe sie hier wieder ihrem Artillerie-Zug sind.

Blüchers hungrige, übermüdete, bis zum Umfallen erschöpfte Männer und Pferde gelangen am 29. Oktober in die unwegsame, von tiefen Rinnenseen zerfurchte Landschaft um Feldberg. Zwischen den sumpfigen Kleinseen besteht mitunter kaum eine befestigte Verbindung; die Kolonne muß – auch der nachsuchenden Feinde wegen – weite Umwege machen. Am Luzinsee legen Reiter und Pferde eine nächtliche Ruhepause ein, dann ziehen sie weiter und gelangen, immer noch ohne Feindberührung, nach Strelitz. General Blücher mutet seinen Truppen viel zu, als er befiehlt, die Stadt bei Todesstrafe nicht zu betreten, sich auch nicht mit den dringend benötigten Lebensmitteln zu versorgen. Nur die Verwundeten werden dem Herzog mit der Bitte um verständnisvolle Aufnahme geschickt.

Auf dem Feld nordwestlich vor Strelitz läßt Blücher seine Soldaten an sich vorbeiparadieren. Durch eine kleine Ansprache und manches Scherzwort sucht er die Moral zu heben. „Das ist mich lieb, daß ihr gestern euren alten Ruhm aufrechterhalten habt", sagt er den Soldaten. „Bleibt nur so, es wird bald alles gut werden." Ein Hinweis auf die Heimat der geliebten Königin Luise soll alle Reserven mobilisieren und Übergriffe verhindern. Wie sehr auch Worte aufmuntern können, sie vermögen Essen und Schlaf und warme Kleidung nicht zu ersetzen. Auf dem Wege in das Müritzgebiet um Waren spitzt sich die Lage zu. Immer häufiger wird Blücher gemeldet, daß einer der Männer vor Erschöpfung umfällt und zurückgelassen werden muß. Blücher kann nichts für sie tun. Wenn sie Glück haben, werden sie in einem Haus Aufnahme und Nahrung finden. Viele aber sind auf der Stelle tot; es bleibt keine Zeit, sie zu bestatten.

Am 31. Oktober steigt das Moral-Barometer ein wenig, als man am Ostufer der Müritz auf das etwa gleichstarke Korps des Herzogs von Weimar trifft und sich mit ihm vereinigt. Die Nachhut dieser Gruppe wird von dem Obersten Yorck geführt. Durch den Zusammenschluß der beiden Korps entsteht eine Truppe in Kampfstärke von etwa einundzwanzigtausend Mann, mit etwa hundert Rohren Artillerie, mehr als fünfzig Schwadronen Kavallerie und einigen Infanterie-Regimentern. Dies ist der traurige Rest des einst so stolzen preußischen Heeres – zu diesem Zeitpunkt bereits die einzige noch fechtende Truppe. Alle anderen Heeresteile sind in die Mauselöcher der zahlreichen Festungen geschlüpft, von denen nur noch einige dem Druck Napoleons standhalten. Ganz Preußen schaut auf Blücher.

Bei Dambeck wollen die Preußen ihr Nachtlager einrichten, doch durch das Weimarsche Korps hat Blücher den Feind wieder an sich gezogen. Eine so große Truppenmassierung kann nicht lange unbemerkt bleiben. General Bernadotte macht Blücher, als er ihn entdeckt, ein Angebot zur ehrenvollen Kapitulation, das dieser empört zurückweist. Doch seine Lage ist so gut wie aussichtslos: Von der Elbe her naht ein anderes französisches Korps unter Marschall Soult. Bernadotte ist auf Verdacht nach Neubrandenburg marschiert und steht nur noch einen Tagesmarsch entfernt. Unter Leitung Murats nähert sich das dritte französische Korps.

„Den 1. November wurde meine Arrieregarde [Vorhut] bei Wahren angegriffen", berichtet Blücher, „der Feind drang bis vor Alt-Schwerin, wo mein Hauptquartier war... Da der Feind aus den Landkarten wußte, daß er bei Alt-Schwerin nicht durchdringen konnte, so hielt ich dieses Vorgehen für einen falschen Angriff, und erwartete den wahren zwischen dem Krakower und Schweriner See... Mein Corps lag hier in einem Bezirk von 5 Stunden auseinander; ich mußte viele Dörfer haben, um Lebensunterhalt zu finden. Viele Soldaten fielen vor Hunger nieder und waren todt... Den 3. marschierte ich in die Gegend von Schwerin. Ich hoffte hier auf beiden Flügeln durch den Lewitzer Bruch und den Schweriner See gedeckt zu sein, um meine Leute aus der Stadt mit etwas Brod und Brantwein versehen zu können. Hierauf wollte ich das Corps am folgenden Morgen nach Lauenburg marschieren lassen oder aber über das Bernadottsche oder Soultsche Corps herfallen."

Die Lage wird auch aus anderen Gründen lebensbedrohlich: Die Soldaten marschieren ohne Winterkleidung; sie frieren jämmerlich in den kalten, feuchten Herbstnächten. An Biwakieren ist nicht zu denken; die Mannschaften müssen weit auseinandergezogen in kleinen Dörfern, Ausbauten, Vorwerken unterkommen, wo sie hoffen, einen warmen Platz und ein Stück Brot zu erhalten. Eine Stunde vor Sonnenaufgang müssen sie wieder zu den Stellplätzen aufbrechen – unausgeschlafen, manche hungrig. In dieser Situation gewinnt bei Blücher ein menschlicher Zug Oberhand. Er versammelt seine Offiziere und Soldaten um sich, schildert ihnen die Lage ehrlich und stellt allen frei, ihm weiter zu folgen oder aber auszuscheiden und nach Prenzlau zurückzukehren. Wer sich physisch oder moralisch nicht in der Lage fühle, den Zug ins Ungewisse weiter mitzumachen, könne ohne Nachteile für seinen Beruf aufgeben. Obwohl nur wenige von diesem Angebot Gebrauch machen, verschlechtert sich – besonders unter den Offizieren – die Stimmung zusehends. Auf einen Vorschlag des Obersten von Müffling, nach Rostock oder Stralsund zu gehen und sich dort nach Hinterpommern einzuschiffen, geht Blücher unbegreiflicherweise nicht ein, „da hierbei die feindlichen Kräfte nicht länger gebunden blieben". Selbst jetzt, wo ihm das Wasser bis an den Hals steht, hat Blücher nur das Wohl und Wehe des Königs zu Königsberg im Auge, stellt es über Gesundheit und Leben seiner Soldaten. Besonders die Nachhut unter Leitung Yorcks hat sich immer häufiger französischer Attacken zu erwehren.

Am 1. November findet in der Nossentiner Heide ein ernsteres Gefecht statt, bei dem Oberst Yorck die Oberhand behält. Danach haben die Truppen für kurze Zeit Ruhe.

Blücher will hinter der Stör, im wegelosen Lewitzbruch ein Versteck suchen, um seine Truppen für einige Zeit halten zu lassen, damit er sie aus Schwerin mit Brot und Branntwein versorgen lassen kann. Aber auch dieser Plan mißlingt; die Preußen werden aufgescheucht und aus dem Bruch getrieben. Gleichzeitig sendet ihnen Bernadotte die zweite Aufforderung zur Kapitulation, da Blücher nun durch Soult auch von der Elbe abgeschnitten sei. Die Lage ist eigentlich aussichtslos. Aber das Wort Kapitulation kommt in Blüchers Wortschatz nicht vor; er muß es erst mühsam erlernen. Er weiß nun aus den Verhandlungen mit den Franzosen, daß der Übergang über die Elbe nicht mehr möglich ist; daß nur noch Hamburg oder Lübeck als Fluchtziele bleiben. Wegen des bedauernswerten Zustands der Truppen nehmen Blücher, Scharnhorst und Yorck den näheren Kurs auf die Freie Reichsstadt Lübeck. Die Soldaten brauchen dringend eine Pause. Allein seit Strelitz hat Blücher fünftausend Mann durch feindliche Aktionen oder durch Hunger verloren.

Bis hierher haben Blüchers Truppen in einem riesigen Zickzackkurs das Land durcheilt und seit der verlorenen Schlacht von Auerstedt am 14. Oktober in zwanzig Tagen mehr als siebenhundert Kilometer zurückgelegt, ohne zweckmäßige Kleidung, ohne ausreichend Nahrung und Schlaf – eine erstaunliche Willensleistung, die auch Napoleon anerkennt, der verärgert sagt, der Rückzug der Preußen binde ihm „die halbe Armee“.

Napoleon selbst ist bereits am 24. Oktober in Potsdam eingetroffen. Am Tag darauf schreibt er an seinen Bruder Joseph: „Ich habe die preußische Monarchie vernichtet; ich werde auch die Russen vernichten, wenn sie herankommen.“

Doch dem Blücher muß er noch vierzehn Tage später mit drei Korps hinterherjagen. Damit ist der strategische Plan Scharnhorsts, Napoleons Hauptarmee von der Oder abzulenken und im preußischen Hinterland den Neuaufbau eines Heeres zu ermöglichen, voll aufgegangen. Der Preis dafür ist hoch, und er ist immer noch nicht in voller Höhe bezahlt. Blüchers Truppe macht einen bemitleidenswerten Eindruck. Nur noch die Aussicht auf das reiche Handelsparadies Lübeck

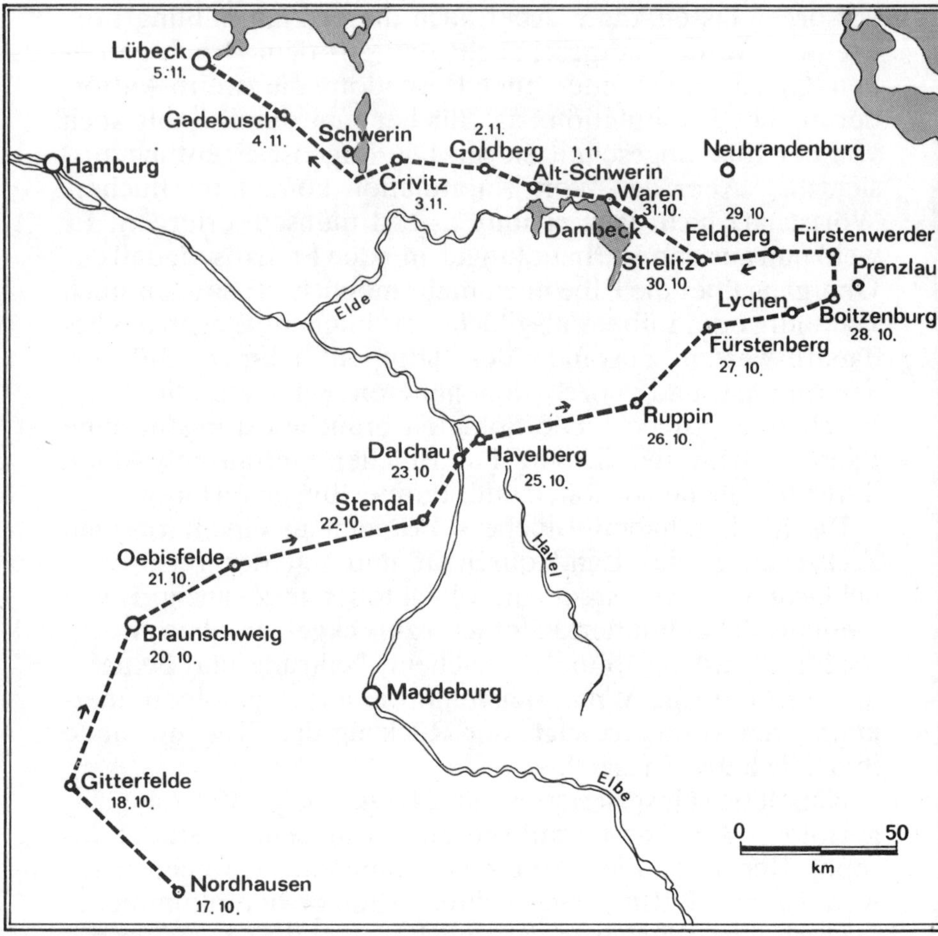

Rückzug von Auerstedt nach Lübeck

hält sie aufrecht. Auch bei dem Husaren-General, der nach unseren heutigen Vorstellungen in das Rentenalter eintritt, machen sich nun die Strapazen eines wochenlangen Aufenthalts auf dem Pferderücken bemerkbar: Der Regen hat die

Hände, die das Zaumzeug halten, aufgerieben; die Oberschenkel sind wund; Gliederschmerzen, Kopfweh, Augenentzündung...

Der Anblick von Lübecks Toren und Mauern belebt die restlichen Kräfte aller. Zwar sind die Tore den Ankommenden nicht einladend aufgetan; sie müssen mit Beilen eingeschlagen werden, doch was kümmert das Blücher? Zwar ist Lübeck eine neutrale Stadt ohne Soldaten und Bewaffnung, doch was schert Blücher das Gesetz, wenn ihm der Teufel Bernadotte im Nacken sitzt? Recht ist im Krieg das, was sich rechtfertigt durch die Tat. Von diesem Recht des Stärkeren macht Blücher rigoros Gebrauch. Der Senat protestiert, aber Blücher tritt mitten unter die Ratsherren. In einem Atemzug bittet er um Verständnis und fordert gleichzeitig „für den Augenblick“ 50000 Dukaten, 80000 Brote, 40000 Pfund Fleisch, 30000 Flaschen Branntwein, Futter für 5000 Pferde, Schuhe und warme Bekleidung.

Noch ehe er die Zusage für die gewünschten Mengen Kleidung und Nahrung erhält, sind die Soldaten bereits auf die verschiedenen Häuser aufgeteilt und beziehen Quartier mit der Aussicht auf mehrere Ruhetage. Blücher erklärt Lübeck zur Festung, ernennt einen Stadtkommandanten und ordnet den Ausbau der Befestigungsanlagen bei den vier Toren an. Seine eigene Kavallerie und andere Regimenter werden, da in der Stadt nicht Platz für alle ist, in Richtung Travemünde verlegt. Als alles angeordnet und Ruhe eingezogen ist, begibt sich Blücher in den GOLDENEN ENGEL, wo er sein Quartier hat. Er hat das gute Gefühl, daß er hier selbst einem weit überlegenen Gegner eine geraume Zeit standhalten kann. Ist er schon gezwungen, auf die offene Feldschlacht zu verzichten und in ein Mauseloch zu schlüpfen, so wird er es den feigen Generals-Kollegen nun zeigen, wie man sich darin seiner Haut zu wehren weiß.

Am nächsten Tag gegen vier Uhr nachmittags, am schwarzen Freitag, dem 6. November 1806, ist die ganze Stadt in französischer Hand, Scharnhorst gefangen, Yorck schwer verletzt, Blücher mit knapper Not dem Feind entronnen, auf dem Weg zu seinen Husaren.

Der schnelle Einbruch der Franzosen ist wohl auf einen Fehler am Burgtor zurückzuführen, den wieder mal ein Herzog von Braunschweig, diesmal der Sohn, macht. Obwohl Scharnhorst befohlen hat, die außerhalb der Mauern stehenden Kanonen bis zuletzt auf den anstürmenden Gegner abzufeuern und sich erst in letzter Minute – ohne die Artillerie – in Sicherheit zu bringen, wird die Artillerie beim Sturm der Franzosen zu früh aufgeprotzt und durch das Tor zurückgefahren. Zwischen den Artilleristen und den Kanonen stürmen auch die Franzosen in die Stadt, machen alles nieder, was sich ihnen in den Weg stellt.

Blücher hat, geleitet von seinem getreuen Hauptmann von Müffling und dem Sohn Franz, die Stadt auf der anderen Seite durch das Holstentor verlassen und versucht, einen Gegenangriff von außen zu formieren, muß sich aber bald von der Sinnlosigkeit eines solchen Versuchs überzeugen lassen. Er läßt sich von seinen Adjutanten nach Schwartau und Ratkau geleiten, wo der Rest des Korps lagert. Seine eigenen Abwehrkräfte sind erschöpft; Blücher wird von einem starken Fieber befallen. Die drei französischen Generale Bernadotte, Soult und Murat schicken Blücher die dritte und letzte Aufforderung zur Kapitulation. Diesmal kann er sie nicht leichtfertig ausschlagen; er muß unterhandeln, um das Leben der Überlebenden zu schonen. Noch immer wird ihm angeboten, „mit allen Kriegsehren“ die Waffen zu strecken; Offiziere und Mannschaften sollen ihr persönliches Eigentum behalten. Blücher trifft Vorkehrungen für die kampflose Übergabe. Ihm ist am Vortag die westfälische Landeskasse durch Kuriere übergeben worden. Er zahlt seinen noch vorhandenen Soldaten ihren letzten Sold in preußischer Währung. Den nicht unerheblichen größeren Teil des Geldes läßt er in seinem Gepäck verschwinden, wohl wissend, daß ihn auch im Fall der Kapitulation das Schicksal nicht allzu hart treffen werde.

Dann wird, am Morgen des 7. November, im Pfarrhaus von Ratkau, zwischen Lübeck und Kiel, die Kapitulationsurkunde ausgefertigt. Blücher unterschreibt und setzt daneben: „Ich kapithullire weill ich kein brot und keine Muhnitsion nicht mehr Habe." Mittags zwölf Uhr marschieren die verbliebenen achttausend Mann mit Waffen und „fliegenden Feldzeichen", doch ohne klingendes Spiel, an den französischen Generalen vorüber und begeben sich anschließend in die Gefangenschaft.

Auch hier kennt die Praxis aller kriegführenden Länder Europas feine Standesunterschiede: Sie schonen die Offiziere und halten sich bei ihrer Rache an den gemeinen Mann. Eine Krähe hackt der anderen kein Auge aus. Kommandeure, Stabsoffiziere und Feldherren werden gegen Dienstrang-Gleichgestellte des Gegners ausgetauscht; die Offiziere behalten ihre Degen und werden auf ihr Ehrenwort hin, nicht mehr gegen Napoleon zu kämpfen, entlassen. Allein die Soldaten werden zwecks „Wiedergutmachung" nach Frankreich deportiert. Sie, die die ganze Last des Krieges bis dahin getragen haben, sind die wirklichen Verlierer.

Zwar gelingt es den meisten der Blücherschen roten Husaren, noch ehe der Rhein überquert ist, einzeln oder truppweise zu entfliehen und sich dem General für weitere, erfolgversprechendere Waffengänge zur Verfügung zu stellen, aber weniger motivierte und wagemutige Soldaten werden ihr bitteres Los bis zum Ende ertragen haben. Doch schweigt über so wenig attraktive Ereignisse die Kriegschronik; sie endet gewöhnlich mit der Kapitulationsurkunde und dem Achtungsbezeigen des Gegners für den Unterlegenen.

Für den Fall von Lübeck haben Blücher und zahlreiche Militärhistoriker verschiedene Sündenböcke gesucht und gefunden: Sie tadeln Scharnhorst, er hätte – da Lübeck als Marschziel feststand – Abteilungen zur Erkundung der Lage und zum Ausbau der Festungsanlagen voraussenden müssen. Er habe die Festigkeit Lübecks auch dann noch unterschätzt, als die Franzosen vor den Toren standen. Der Herzog von Braunschweig-Öls, ein fünfunddreißigjähriger, unerfahrener Offizier, hätte sich am Burgtor energischer schlagen oder sich eher zurückziehen sollen. „Daß er bei der Erstürmung des Burgtors von der flankierenden Bastei nicht rücksichtslos zwischen Freund und Feind schießen ließ, zeigt, wie wenig er sich der Größe seiner Verantwortung bewußt war", befindet General Unger.

Oberst Yorck hat, kaum wieder genesen und gegen einen französischen Obersten ausgewechselt, Blücher schwere Vorwürfe gemacht, daß er in Mecklenburg zu nachsichtig mit der Beitreibung von Kleidung und Nahrungsmitteln gewesen und die Einschiffung von Rostock oder Stralsund aus unterblieben sei. „Gewiß verzehren die Herren Franzosen in Schwerin in aller Seelenruhe das Weißbrod, das Ihr nicht anzurühren gewagt habt", hatte Yorck schon während des Marsches Blücher vorgeworfen.

Es hat auch an guten Anwälten für Blüchers Sache nicht gefehlt. Zu ihnen gehört Friedrich Engels: „Sein Rückzug nach Lübeck vor den vereinigten Kräften von Soult, Bernadotte und Murat bildet eine der wenigen ehrenhaften Episoden in dieser Epoche deutscher Erniedrigung. Da Lübeck neutrales Territorium war, fordert er dadurch, daß er die Straßen dieser offenen Stadt zum Schauplatz eines erbitterten Kampfes machte und sie einer dreitägigen Plünderung durch die französische Soldateska aussetzte, zur schärfsten Verurteilung seiner Handlungsweise heraus, doch unter den bestehenden Verhältnissen war es das wichtigste, dem deutschen Volk zumindest ein Beispiel entschlossenen Widerstandes zu geben."

Dagegen nennt Mehring die Besetzung Lübecks einen „barbarischen Heroismus“, der niemand nutzte und der Stadt großes Leid eintrug. Die Meinungen darüber, wie lange in einem gerechten Krieg gefochten werden muß, wann Opfermut in bloßes, sinnloses Martyrium umschlägt, werden immer auseindergehen. Eins ist sicher: Für den Fall, daß sich Blücher in Lübeck bis zum Abschluß des Tilsiter Friedens in der Stadt gegen die Franzosen hätte halten können, wäre ihm schon hier der unsterbliche Ruhm zuteil geworden. Gibt zwar der Erfolg dem Erfolgreichen gerade in Kriegshandlungen recht, so muß der Mißerfolg ihm nicht notwendigerweise unrecht geben.

Blüchers militärische Pläne waren auf ein entschlossenes politisches Handeln im preußischen Osten abgestimmt. Aber er hat die Rechnung ohne den Wirt gemacht. In der Politik des in Ostpreußen umherirrenden Königs Friedrich Wilhelm III. herrschen weiterhin Doppelbödigkeit und Verzicht vor. Damit entfallen die entscheidenden Voraussetzungen für Blüchers Kalkül. „Unser Dämel sitzt in Memel“, sagen die Berliner von ihrem König, der sie bedenkenlos der Willkür Napoleons aussetzt.

Am 25. Oktober besetzen französische Truppen Berlin. Zwei Tage später zieht Napoleon mit großem Gefolge durch das neuerbaute Brandenburger Tor in die Stadt ein; vom Tor grüßt wie zum Hohn die Siegesgöttin.

Freiherr vom und zum Stein gehört zu den wenigen Beamten, die sich der neuen Macht nicht bedingungslos unterwerfen. Während seine Minister-Kollegen nicht schnell genug den Treueeid auf Napoleon leisten können, bringt Stein sich – und die Kasse seines Ministeriums – in Sicherheit vor den Besetzern. Wie anders dagegen die „Taten“ des stolzen Hohenzollernkönigs, der den Kaiser der Franzosen von Memel aus ansingt: „Sie sind zu gerecht, mein Herr Bruder, um mich des unüberlegten Bruches des Bandes anzuklagen, das meine persönliche Neigung für Sie mir doppelt theuer macht. Sie sind zu groß, als daß das Ergebnis eines einziges Tages Sie veranlassen könnte, mich geringer zu schätzen ..."

Und am 7. November, am Tag, da sein treuer Diener Blücher für ihn die letzte Schlacht dieses Krieges schlägt, schreibt Friedrich Wilhelm aus Graudenz an den „Erzfeind" Napoleon Bonaparte: „Es ist süß für mich, mein Herr Bruder, von diesem Augenblick an meinen aufrichtigen Wunsch, Sie zu nähren, durch einen Beweis des Vertrauens zu bekunden ... Ich bin von dem wärmsten Wunsche beseelt, daß Ew. Maj. in meinen Palästen in einer Weise empfangen und behandelt werden, die Ihnen angenehm sein muß."

Sicher muß man die Diplomatenpost aller Zeiten mit Vorsicht genießen, doch welch ein Unterschied zwischen diesen kriecherischen, anbiedernden Sätzen des Königs zu Blüchers um dieselbe Zeit geschriebenem Kriegsbericht oder zu den Briefen, die er dem verletzten Yorck und dem gefangenen Scharnhorst schreibt. „Ich habe es mir zur Pflicht gemacht, Ihre außerordentliche Bravour sowie die mehrerer meiner Waffenbrüder des Königs Majestät in dem hellsten Lichte darzustellen", schreibt er dem ewig unzufriedenen Yorck, „und ich bin fest überzeugt, daß wenn jeder seine Pflicht wie Sie erfüllt hätte, wir ein glücklicheres Schicksal gegenwärtig haben würden."

Der Abschlußbericht, den Blücher für den König anfertigt, endet mit den Worten: „In der Überzeugung, daß ich das Leben der Menschen, aus denen der kleine Haufe noch bestand, ohne allen Nutzen für den Dienst E. M. opfern würde, habe ich mich dem harten Schicksal unterworfen. Ich kann mein Verfahren während des ganzen Feldzugs vor den Augen von Mit- und Nachwelt, vor den Augen E. K. M. und vor dem eigenen Blick rechtfertigen, den ich ruhig und gelassen in mein Innerstes tue. Ich glaube, beweisen zu können, daß ich das unglückliche Opfer der Nichtbefolgung meiner früher getanen Vorschläge war."

Woran denkt Blücher? An seine GEDANKEN ZUR FORMIERUNG EINER PREUSSISCHEN NATIONAL-ARMEE oder seine vormaligen Vorstellungen, den Krieg 1805 gegen Napoleon zu beginnen? An die insgeheim gehegte Hoffnung, den Befehl über eine der beiden Armeen übertragen zu bekommen? Am Ende kann auch der König nicht umhin, dem eigenwilligen Husaren-General zu bescheinigen, daß er ehrenhaft gehandelt hat. Der Abschlußbericht der bereits erwähnten Immediat-Kommission stellt fest: „Dem kommandierenden General kann nirgend eine Verletzung seiner Pflichten gezeigt werden, folglich diese Kapitulation zu den seltenen gehört, die sich rechtfertigen."

Eine Militär-Zeitschrift, die darauf anspielt, daß viele der bei Jena und Auerstedt geschlagenen Soldaten nichts Eiligeres zu tun wußten, als bei Bauern unterzutauchen und mit Zivilsachen die Flucht fortzusetzen, publiziert ein Spottgedicht auf die „Rückkehr der Helden in bürgerlicher Kleidung und ohne Zopf":

Gott sei's gedankt, daß noch so gut
die lieben Herren weggekommen.
Hoch stand die Feder, hoch der Mut!
Nun Feder fort und Glut verglommen!
Heil blieben Haut und Füß und Kopf:
Denn Hieb und Schuß traf nur – den Zopf.

Wer den Schaden hat, braucht für den Spott (auch aus den eigenen Reihen) nicht zu sorgen. Doch wie auch immer: Der Zopf ist ab.

8. Kapitel

Werde meine Rolle, wenn nicht geschickt, doch treu und eifrig spielen

Die Franzosenzeit 1806–1807

Blücher, der wohl erbittertste „Franzosenhasser" unter den deutschen Militärs, ist mit Wirkung vom 7. November seinem Feind auf Gnade und Verderben ausgeliefert: ein Kriegsgefangener. Jedoch die Vorstellung von rachedurstigen Franzosen, die nun am lange gejagten, endlich zur Strecke gebrachten Wild ihr Mütchen kühlen, kann man getrost fahrenlassen.

Generalleutnant Blücher soll nach der ersten und einzigen Kapitulation seines Lebens gegen einen französischen General ausgetauscht werden. Da sich im Moment kein gleichrangiger Franzose unter den von Preußen gefangenen befindet, wird er einstweilen „festgehalten". Er kann gegen das Ehrenwort, nicht mehr gegen Napoleon zu kämpfen, Lübeck verlassen und sich an einem Ort seiner Wahl aufhalten, bis sich ein Tauschpartner für ihn findet oder durch Friedensschluß die Modalitäten der Freilassung geregelt werden.

Die Offiziere niederer Chargen, darunter auch Scharnhorst, Müffling und von der Goltz, sind, weil sich für sie rascher Ersatz auf der anderen Seite findet, bereits ausgetauscht. Blücher verlangt für sich allerdings dieselben harten Bedingungen, die die meisten Stabsoffiziere bis zum

Austausch haben: Internierung in der Festung Spandau. Niemand auf französischer Seite hat Interesse daran, den populären Blücher als Märtyrer – noch dazu in der Nähe Berlins – zu haben. Sein Gesuch wird abgelehnt. Er geht schließlich mit seinen Söhnen Franz und Gebhard nach Hamburg und bezieht dort Quartier in einem Gasthof. Fast gleichzeitig langt auch der freigelassene Scharnhorst in der Hansestadt an. Sie schließen einander glücklich in die Arme. „Wie Sie gefangen waren, war ich verloren", sagt Blücher. „Sie waren die Seele meines Korps, ohne Sie hatte niemand Mut, ohne Sie konnte nichts geschehen." Am nächsten Tag tragen die beiden den Verantwortlichen für die Niederlage von Auerstedt, den dort so unentschlossen agierenden Herzog Ferdinand von Braunschweig, zu Grabe, der sich von seiner Schußverletzung nicht mehr erholt hat.

In den folgenden Wochen arbeitet Blücher an der protokollarischen Beisetzung seiner Niederlage – dem Bericht für den König. Er beschönigt nichts, hebt die Moral seiner Truppen und die Verdienste seiner Offiziere, vor allem die von Scharnhorst und Yorck, deutlich hervor und gelangt zu dem Ergebnis: „Ich schliesse diesen bericht mit der inneren ruhe welche das gefühl, meine Pflicht erfüllt zu haben einflöst." Scharnhorst, der bei dem Abfassen des Berichts eine gute Hilfe war, verläßt Hamburg bald darauf. Er geht nach Pommern, um den Bericht Blüchers an den König weiterzuleiten und neue Befehle entgegenzunehmen. Er wird Stabschef beim preußischen General L'Estocq und hat großen Anteil an der für Rußland erfolgreich verlaufenden Schlacht gegen Napoleon bei Eylau am 8. Februar 1807.

Weil sich in Hamburg die Verhältnisse Blüchers zunehmend stabilisieren, ein Ende der „Gefangenschaft" noch nicht in Sicht ist, läßt Blücher seine Frau und seine Schwiegertochter nachkommen, die in dem französisch besetzten Münster mancherlei Gefahren ausgesetzt sind: Das Schloß hat Einquartierung erhalten; Blüchers Eigentum haben die Domherren zur Begleichung seiner Spielschulden konfisziert. Er hält sich auf seine Weise schadlos an der mitgeführten westfälischen Kasse: Er leert sie bis auf den Grund für seine persönlichen Bedürfnisse. Als das geschehen ist, hilft ihm der Herzog von Weimar mit einem Darlehen von 4000 Talern weiter.

Wie immer, wenn die Spannung eines überstandenen Feldzugs abklingt und Blücher eine Kampfpause aufgezwungen wird, verschlechtert sich sein Allgemeinzustand. Zu gesundheitlichen Problemen kommen diesmal familiäre Sorgen: Dem Sohn Franz stirbt zunächst die einzige Tochter, dann die Frau. Davon abgesehen, fühlt sich Blücher in Hamburg ganz wohl, er fürchtet nur, wie er im Dezember schreibt, „daß die unthätigkeit worin ich lebe, mehr auf meine Gesundheit wirkt, alls alles vorerwähndte, doch kann mein zuTrauen und mein muth durch nichts verändert werden". Er nimmt seine lieben schlechten Gewohnheiten aus den Etappen-Zeiten wieder auf. Er schart einen kleinen Kreis von Offizieren und jungen Adligen um sich, mit denen er Karten spielt, Biertischgespräche über Politik führt und die siegreiche letzte Schlacht gegen die Franzosen inszeniert.

Wenn ihm auch zu bestimmten Gelegenheiten – zum Beispiel anläßlich des Geburtstages der Königin Luise – das Herz so voll ist, daß ihm der Mund überläuft, so verhält er sich, solange er den Franzosen ausgeliefert ist, ruhig und ermahnt auch seine Umgebung zur Vorsicht. Die Ungeduld zerrt an den Ketten, die er angelegt fühlt.

Wieder ist es Scharnhorst, der dem preußischen König mit der erfolgreichen Schlacht von Eylau Trumpfkarten in die Hand spielt, die auch Blüchers Angelegenheit vorantreiben: Durch die erste Niederlage seiner langen Feldherren-Karriere läßt sich Napoleon zu einem Gefangenenaustausch bewegen. Unter den dreißig Offizieren jeder Seite steht der Name Blüchers an erster Stelle. Auch ein namentliches Äquivalent hat sich gefunden: Eine Gruppe von geflohenen Preußen hat bei Arnswalde den französischen General Victor aufgegriffen und in die Festung Kolberg gebracht, die immer noch Napoleon widersteht. Blücher soll gegen Victor eingehandelt werden.

Die Prozedur selbst ist, da auch die russische Armee eingeschaltet ist, umständlich und langwierig. Blücher empfängt erst am 16. März, abends 10 Uhr, die Botschaft, die bei ihm große Freude, bei seiner Frau aber neben Verständnislosigkeit über diese Freude vor allem Besorgnis auslöst. Sie weiß, daß diese Nachricht neuerliche Trennung, Umzug nach Hinterpommern, neue Einsätze und Gefährdungen für den Mann bringen wird.

Für Blücher gibt es keine Frage, wohin er sich nach seiner Auslösung wenden soll: Er will sich beim König melden und dann zu seinem Husaren-Regiment eilen. Aus Pommern kommen seit Monaten noch die erfreulichsten Meldungen in dieser für Preußen so bedrückenden Zeit: Kolberg wankt und weicht nicht. Von dort aus unternimmt der Leutnant Ferdinand von Schill gar Streifzüge in die Umgebung und versetzt die Franzosen in Angst und Schrecken. Blüchers Regiment füllt sich zunehmend mit sogenannten Ranzionierten, aus französischer Gefangenschaft geflohenen und zurückgekehrten Soldaten. All dies ist nach dem Geschmack Blüchers. Es zieht ihn an den Ort, von wo aus er fünfzehn Jahre zuvor aufgebrochen ist. Und natürlich kann ihn auch die noch so geliebte Frau nicht daran hindern.

In dem Schreiben, das Blüchers Freilassung in Aussicht stellt, spricht Napoleon die Erwartung aus, den General vorher sehen zu können, um ihm seine Hochachtung zu bezeigen. Die Bitte klingt wie ein Befehl; Blücher hält es für angebracht, ihm nachzukommen. Auf seinem langen Weg durch Deutschland sieht Blücher das ganze Ausmaß der französischen Besetzung. Er reist zunächst ein Stück auf der Rückzugsroute nach Lübeck, kommt durch das ausgeblutete Mecklenburg, dem – aller geübten Neutralität zum Trotz – eine hohe Kontribution auferlegt worden ist; die Schäden durch streunende Besatzungstruppen sind unermeßlich groß. Fritz Reuter hat in teilweise bitter-satirischem, teilweise ironischem Ton UT DE FRANZODENTID berichtet, wie Landsleute und Fremde miteinander umgegangen sind.

Das Land blutet. Überall Verwüstungen, Brände und Kriegswunden. Die französische Armee hat eine breite Schneise von Tod und Not durch das Land gelegt; Blücher und sein kleiner Trupp kommen durch verlassene Bauerndörfer; sie reiten über verwüstete Felder; sie sehen leere Ställe. Und die Leute sind verängstigt, fliehen vor Berittenen in die Wälder, retten das nackte Leben vor allem, was Uniform trägt. Ist das die Todeswunde, an der das Land verbluten wird?

Blücher setzt seine Fahrt über Kyritz und Ruppin zu seinem Gut Groß-Ziethen fort, wo er die Durchreise-Erlaubnis für Berlin abwarten will. Die Franzosen aber denken nicht daran, den Siegeszug des Verlierers mit einer Triumphfahrt durch Berlin zu krönen; sie lassen ihm ausrichten, er möge die Stadt meiden. Seit Tagen schon versammeln sich vor dem Gasthof ZUR SONNE in der Straße UNTER DEN LINDEN Hunderte von Menschen, weil der Wirt die Nachricht von der bevorstehenden Ankunft Blüchers verbreitet hat.

Am 31. März setzt Blücher, in Begleitung seiner Söhne und Adjutanten sowie eines französischen Offiziers, bei Frankfurt über die Oder und langt am 6. April in Thorn an. Blücher übersteht die Strapazen der Reise auf unebenen Straßen, verschlammten Wegen gut; die Aussicht auf die nahe Freiheit verdoppelt seine Kräfte.

Im französischen Hauptquartier zu Rosenberg wird Blücher ein Empfang bereitet, der so recht zur Inszenierungskunst des napoleonischen Kriegstheaters paßt: Vor dem Hause, in dem er wohnt, stehen rechts und links Schildwachen, die beim Eintritt und Ausgang paradieren; das Wohnzimmer ist zum Zeichen der Hochachtung vor dem General mit Lorbeerblättern ausgelegt. Blücher läßt sich durch die Szenerie nicht sonderlich beeindrucken. Obwohl nicht frei von Eitelkeit und nicht unempfänglich für militärisches Gepränge, wittert er einen Hintersinn.

Tatsächlich hat Blücher bei seiner Ankunft erfahren müssen, daß sich seine Auswechslung und der Empfang beim Kaiser verzögern werden. Ob dies in der Absicht Napoleons liegt oder ob der französische Tauschpartner Victor noch nicht eingetroffen ist, bleibt unklar.

Napoleons Lage ist zu dieser Zeit nicht beneidenswert: Im Osten übt Zar Alexander Druck aus, vom Norden her sind am 1. April die Schweden über die Peene bis nach Demmin vorgerückt. Auch Österreich wartet nur darauf, daß Napoleon eine schwache Stelle zeigt, um gegen Frankreich zu agieren. Auf die deutschen Rheinbund-Potentaten, seine eigentlichen „Verbündeten" im Kampf gegen Preußen, ist weniger denn je Verlaß. Der große Imperator sitzt auf einem gewaltigen Pulverfaß, an dem die Lunte bereits anliegt. Es fehlt nur jemand, der sie zündet.

Napoleon ist, da das diplomatische Blatt auf seiner Hand im Augenblick nicht besonders gut aussieht, an Blücher als Fürsprecher eines Separatfriedens mit Preußen interessiert. Halten die Preußen Ruhe, so wird er bald mit dem russischen Bären fertig werden. Hat er den erst einmal zurückgedrängt, so fallen Vasallen wie Gegner von selbst wieder vor ihm auf die Knie. Das ist der Hintergedanke von Napoleons Aufmerksamkeit für den General aus Preußen, den er wegen seines Mutes und Eigensinns achtet. Nun läßt er den kantigen Alten seine Wut auf kleiner Flamme weich kochen, bis sie verraucht ist und Blücher gar eine Begegnung begrüßt.

Endlich, am 22. April, vierzehn Tage nach der Ankunft und hart an der weitesten Grenze der Höflichkeit, wird Blücher nach Marienberg zu Napoleon auf das Schloß Finkenstein geführt.

Das Gespräch selbst, es währt länger als eine Stunde, findet ohne Zeugen statt und ist – da Napoleon es nicht fixiert hat – nur aus Blüchers Sicht nachzuvollziehen. Danach haben sich die beiden Feldherren mit gegenseitigen Versicherungen der Hochachtung begrüßt und dann ohne Hilfe eines Dolmetschers „unterhalten". Da keiner des anderen Sprache auch nur im mindesten beherrscht, reden sie in einem polyglotten Gemisch aus deutschen, französischen sowie anderweitig besorgten Brocken miteinander. Der französische Kaiser fragt sich und Blücher scheinheilig, warum man sich eigentlich befeinde. Er habe nichts gegen seinen preußischen „Herrn Bruder"; jede Attacke gegen ihn sei wie ein Schlag auf die eigene Hand. Er wünsche nichts so sehr wie Frieden mit Preußen.

„... der grosse man ... hatte vihl mühe mich alles verstendlich zu machen, da ich der Sprache nicht megtig bin, liß sich aber nicht abhalten es mich begreifflig zu machen, daß er Fride wollte."

Blücher sagt seine Dienste zu, zum Schein, wie es scheint. So recht ernst kann er den Friedenswillen Napoleons nicht nehmen. Darin ist er sich mit seinem König einig, denn bald nach Blüchers Gespräch mit Napoleon kommt vom preußischen Königshof die Ablehnung des Separatfriedensangebots.

Von Napoleon immer stärker an die Ostwand seines Reiches gedrückt, sucht Friedrich Wilhelm III. in seiner Verzweiflung den Ausweg in einem engeren Bündnis mit Rußland. Am 26. April 1807 besiegeln beide Monarchen ihren neuen Bund mit dem Vertrag zu Bartenstein. Beide Seiten versichern einander, nicht eher zu ruhen, als bis die Franzosen über den Rhein zurückgeworfen sind.

Blücher hat seine Bewährungsprobe auf dem glatten Parkett

der großen diplomatischen Bühne jedenfalls glänzend bestanden. Er erlaubt sich keinen Ausrutscher. Bei einem zu seinen Ehren gegebenen Essen bringt er es gar über sich, auf das Wohl des Kaisers zu trinken, und unmittelbar nach der persönlichen Begegnung sagt er zu seiner Begleitung: „Das ist ein verfluchter Kerl. Er war so charmant, daß ich gar nicht an einen Haß gegen ihn dachte. Doch der verfluchte Fuchs fängt mich nicht." Als er aus dem Fuchsbau heraus ist und die Gefahrenzone verlassen hat, ist der alte Franzosenhaß wieder gegenwärtig. Einige Tage später geht der Austausch vonstatten. Blücher ist frei. Er reist auf dem kürzesten Weg nach Bartenstein in der Nähe Königsbergs, wo der König auf seiner ruhelosen Flucht vor Napoleon gerade sein Regierungsgeschäft betreibt. Unterwegs trifft er auf Scharnhorst, der ebenfalls zum König bestellt ist. Friedrich Wilhelm III. empfängt Blücher „sehr gnädig". Er will ihm seine Gnade in der Sprache erweisen, die Blücher am besten versteht: durch eine Auszeichnung. Da der König gerade keinen Orden vorrätig hat, muß Minister Hardenberg die Insignien (Abzeichen) seines Schwarzen Adlerordens hergeben, und Blücher wird zum Ritter ernannt. Auch Kaiser Alexander, dem der alte Haudegen innerlich weit näher steht als dem weichlichen Preußenkönig, macht Blücher „viel Komplimente".

Der Husar will nicht lange den Lorbeer vergangener Tage auffrischen, es zieht ihn an die Arbeit. Er versucht, in eindringlichen Worten dem Monarchen zu schildern, warum die Gelegenheit zu einem entscheidenden Schlag gegen Napoleon besonders günstig ist. Einerseits hat Blücher auf seiner Reise zahllose Beweise für den Widerstand des deutschen Volkes gegen die französische Fremdherrschaft erhalten. Andererseits konnte er sich vom schlechten moralischen und militärischen Zustand der „Großen Armee" selbst ein Bild machen: Die Franzosen brauchen dringend Entsatz und Verstärkung, die wegen des „5. Elements", des Morastes, nicht herankommen kann. Krankheiten, Seuchen und Unzufriedenheit breiten sich unter den Franzosen aus. Diese Situation muß genutzt werden, in drei bis vier Monaten kann sich die Lage bereits zugunsten Napoleons verschoben haben ... Der König hört interessiert dem Bericht seines Generals zu, aber er fühlt sich seit Jena und Auerstedt weniger denn je als militärischer Herr der Lage. Daher verweist er den tatendurstigen Blücher an den russischen Oberkommandierenden der Verbündeten, General von Bennigsen, der den Preußen jedoch kalt abblitzen läßt. Will Preußen sein Land befreien, so mag es das gefälligst selbst tun. Der in russischem Dienst stehende deutsche Adlige erklärt freimütig, er werde froh sein, dieses „elende Land" auf dem kürzesten Weg verlassen zu können. Blücher ist über soviel Kaltschnäuzigkeit des Verbündeten entsetzt. Er wendet sich an seine Adjutanten: „Kommt, Kinder, hier ist alles verloren. Wir sind verrathen und verkoft."

Er hält sich an jene Kräfte bei Hofe, die Reformen anstreben, und er tritt wieder mit Freiherrn vom Stein in Verbindung, den Friedrich Wilhelm auf Drängen Napoleons mit der Begründung entlassen hat, er sei ein „widerspenstiger, trotziger, hartnäckiger und ungehorsamer Staatsdiener". Steins einziges „Vergehen" hat darin bestanden, daß er einmal mehr gegen die verhängnisvolle Macht der Räte, die Kabinett-Regierung, protestiert hat und die Neuorganisation des Staatswesens fordert. Leberecht von Blücher, der es nicht lassen kann, sich in die hohe Staatspolitik einzumischen, sucht Freiherrn vom Stein zu bewegen, in den preußischen Dienst zurückzukehren, falls man ihn dazu auffordern sollte, „waß gewiß geschehen wird, sind wihr durch ihnen versterkt, so sollen uns die noch übrigen an geist und leib kranken Faul tihre keinen Schritt Terrain mehr streitig machen".

Blücher lebt für einige Zeit in Königsberg in unmittelbarer Nähe des Königspaares; die alte, herzliche Beziehung zwischen ihm und der Königin Luise stellt sich wieder her. Er selbst hofft, „negstens wider uf der Bühne zu er scheinen", um seine Rolle, „wen nicht geschickt doch treu und Eiffrig spihlen“ zu können.

Die nächste Rolle, die Blücher übertragen wird, ist die eines Kapitäns über eine Flotte von Transportschiffen, die Mannschaft und Ausrüstung von Pillau bei Königsberg über die Ostsee nach Stralsund bringen soll. Ein preußisches Hilfskorps, zu dem auch zwei Schwadronen Blücher-Husaren gehören, soll dem schwedischen König Gustav IV. Adolf unterstellt werden, der von Rügen aus einen Vorstoß gegen die französische Besatzung Pommerns plant und vor allem die beiden noch in preußischer Hand befindlichen Festungen Danzig und Kolberg entsetzen will. Der königliche Befehl läßt Blücher ansonsten freie Hand, nach den Umständen „so kräftig als möglich gegen den Feind zu wirken“.

Nun denn, mag sich der fünfundsechzigjährige General der Kavallerie gedacht haben, wenn schon nicht zu Pferde, dann eben zur See gegen den verhaßten Feind im eigenen Land. Er geht ohne Verzug an die Planung des Unternehmens und gibt Anfang Mai 1807 Befehle an die betroffenen Einheiten, sich gründlich auf die Einschiffung vorzubereiten. Nur gutdressierte Soldaten und nur wirklich dienstfähige Pferde kommen an Bord, da der Transport sehr kostspielig ist.

Blüchers schriftliche Befehle sind knapp und präzis, obwohl sie nicht nur den Ablauf der Operation umreißen, sondern selbst zu Fragen der „Manneszucht“ und der „Kleiderordnung“ detaillierte Anweisung geben. So läßt sich – seit Blücher wieder in Pommern ist – jedermann bei den Soldaten einen Bart wachsen, um wenigstens äußerlich dem „Vater Blücher“ ähnlich zu sehen. Blücher kann es schlecht verhindern, so ordnet er an: „Wenn die Herren Officirs von der Cavallerie zukünfftig Bärte tragen wollen, so habe ich nichts dawider, aber keineswegs will ich erlauben dass sie sich das gesicht vom kinn bis an die ohren und Augen mit Hahren zuwachsen lassen." Wenn es schon ein Bart sein muß, dann wenigstens ein richtiger Blücher-Bart.

Um diese Zeit bittet Blücher auch seine Offiziere, sich in ihren Schreiben an ihn der möglichsten Kürze zu befleißigen und ihn mit französischen Ausdrücken zu verschonen. „Ich wünsche dass ein Jeder so an mich schreibe, als wen er mit mir spricht, alle gnade und unterthenigkeit weglasse, und in disem geschmak werde ich dann auch schreiben."

Ende Mai stechen Pferde und Reiter und Wagen in See, nachdem widrige Winde die Abfahrt um fast zehn Tage verzögert haben. Blücher trägt einen Brief der Königin bei sich, den er ihrem Vater, dem Herzog von Mecklenburg-Strelitz, eigenhändig überreichen soll, wenn er – von Rügen aus – mit den Schweden durch Mecklenburg marschiert. In Berlin werden sie sich alle wiedersehen, im befreiten Berlin. So hofft man zuversichtlich.

Der Brief Luises an ihren Vater beginnt mit dem Satz: „Bester Vater! Die Abreise des Generals Blücher gibt mir gottlob einmal eine sichere Gelegenheit, offenherzig mit Ihnen zu reden." Dann folgt eine freimütige Analyse der Lage, unbekümmert um napoleonische Zensoren.

„Der Mensch denkt und Gott lenkt", schreibt Blücher vor der Seefahrt an Hardenberg. „Also gehe ich zu Wasser! Bin mit allem zu friden wo ich bin und sein werde." Das klingt nicht gerade begeistert, sei es, weil Blücher trotz seiner Geburt an der Küste keine Wasserratte ist oder weil er am Sinn des Unternehmens zweifelt. Ein Kommando an Land wäre ihm allemal lieber gewesen, aber Befehl ist Befehl. Er sieht in der Expedition eine Chance, in seiner Heimat für die Sammlung patriotischer Kräfte zu wirken, und er mag auf der fünf Tage währenden Überfahrt von einem in Norddeutschland aufflammenden Volkskrieg der Preußen, Engländer und Schweden geträumt haben, der ganz Deutschland erfassen und Napoleon vernichten wird. –

Der französische Kaiser nimmt das ganze Projekt von Anfang an nicht ernst: „Die Landung der Preußen in Stralsund ist ein Märchen. Sie haben wohl etwas anderes zu tun, als Truppen nach Stralsund zu schicken." Er hat recht, das Seeabenteuer ist strategisch bedeutungslos. Blücher bleibt unterwegs fast als einziger von der Seekrankheit verschont, die Mensch und Tier sehr zusetzt. Er stößt unbeeindruckt Tabakswolken in die Luft und schreibt besorgte Briefe an den König. Zum einen möchte er gern Scharnhorst bei sich haben: „Ohne Scharnhorst kann ich nichts machen." Sein ehemaliger Stabschef ist nicht abgeneigt, ein neues Abenteuer zu wagen und unter Blücher „in glücklicheren Zeiten, als sie in Mecklenburg waren, zu dienen".

In seinem Schreiben vom 16. Mai bezeichnet Scharnhorst die Zeit mit Blücher als eine der interessantesten seines Lebens: „Das Schicksal muß für Sie glücklichere Begebenheiten herbeiführen, oder es wäre unbeschreiblich ungerecht, – und an diesen glücklicheren muß ich Theil nehmen. Ich werde nicht ablassen, den König zu bitten, mich, wenn auch erst in einiger Zeit, nach Pommern Ew. Excellenz folgen zu lassen." Aber dann bleibt er doch bei General L'Estocq, wo er besser aufgehoben ist und wirksamer operieren kann.

Noch einen Wunsch hat Blücher: Er ist besorgt, daß er auf Rügen nicht standesgemäß leben kann, da er durch die Besetzung Münsters sein Eigentum verloren hat. Er bittet Minister Hardenberg, ihn in seinen Bezügen dem General L'Estocq gleichzustellen. „ich kann doch bei einer fremden Armee nicht wie ein Schneider leben", entrüstet er sich. Hauptsächlich geht es um den „Repräsentationsfonds", zum Beispiel um die Tafelgelder, die jedem Kommandeur zur Beköstigung seiner Offiziere und Gäste zustehen.

Auf See trifft eine Nachricht ein, die Blücher befürchtet hat: General Kalckreuth hat Danzig aufgegeben, und die Festung ist in französischer Hand. Nur Kolberg – nun unter Leitung Neithardt von Gneisenaus – hält stand. Wie lange noch?

Als Blüchers „Flotte“ landet, steht er wieder dort im Dienst, wo er fünfzig Jahre zuvor begonnen hat: auf Rügen, unter schwedischem Kommando. Die Schweden werden von dem eigenwilligen, unberechenbaren Gustav IV. Adolf regiert, der mit anderen Monarchen die Gewohnheit teilt, leicht Versprechungen zu geben und dann das Gegenteil zu tun. So führt er zornige Reden gegen die Franzosen, hat aber – ehe noch Blücher gelandet ist – mit ihnen einen Waffenstillstand geschlossen, den er jedoch jederzeit wieder brechen will, falls Blücher dies wünsche. Ein andermal schlägt er Blücher allen Ernstes vor, sie sollten beide „zu den Bourbonen übertreten“, so daß Blücher „vor äerger das fiber kriegen wollte“.

Der preußische General geht trotz all dieser Mißlichkeiten sogleich daran, auf Rügen ein kampffähiges Korps zu bilden. Er erläßt am 1. Juni einen Aufruf an seine Landsleute, sich „bewaffnet oder unbewaffnet, wie es bei der Lage der Dinge möglich und ausführbar ist“, unter sein Kommando zu stellen für die Rettung und Verteidigung des unterjochten Vaterlandes, für die „jetzt die beste Gelegenheit“ sei.

Der von Kolberg herübergekommene Rittmeister von Schill und der Major von der Marwitz erhalten die untrainierten Freiwilligen für ihre Korps; die bereits ausgebildeten Reservisten werden auf die Infanterie- und Artillerie-Bataillone aufgeteilt. Die Nachfahren und Enkel des einst abenteuerlustigen Jungen Gebhard Leberecht strömen zuhauf. War Blücher mit nur viertausendachthundert Mann gelandet, so vergrößert sich seine Streitmacht in wenigen Tagen auf fünfzehntausend Mann. Aus Holstein werden Pferde beschafft, mit England verhandelt Blücher wegen Waffenlieferungen. Von Loitz bis Peenemünde stellen sich die preußischen Bataillone auf, um von dort Preußisch-Vorpommern zu befreien.

Blücher steht in diesen Tagen in engem brieflichem Kontakt mit dem Oberstleutnant Neithardt von Gneisenau, um in die bevorstehende Aktion auch die Festung Kolberg einzubeziehen. Ein dreitausend Mann starkes Korps soll den Ring um die Festung sprengen und dringend benötigten Entsatz bringen. „Wollte Gott, es wäre möglich, daß Euer Excellenz berühmter Name an der Spitze dieser Unternehmung stände, und meine Garnison würde das Unmögliche leisten“, schreibt Gneisenau.

Blücher braucht für eine so weite Abschweifung vom rechten Vorpommern-Weg die Erlaubnis der Monarchen; der Schwede muß den eben geschlossenen Waffenstillstand mit Frankreich aufkündigen. Blücher wendet sich am 17. Juli an Hardenberg: „Die Ursache, warum ich die Sache so eifrig betrieben habe, war Kolberg; ich stand mit dem Kommandanten in Briefwechsel und wir hatten uns schon zur Befreiung der Festung unsere Meinungen mitgeteilt; ich hoffe, daß diese Expedition mir selbst übertragen wird.“

Auf Rügen sind inzwischen auch die befreundeten Engländer mit einem Korps von zehntausend Mann gelandet, um sich gegen Napoleon zu stellen. „Dieses ist nun in der haupt Sache gut“, findet Blücher, „aber die verdammten Britten vertheuern mich durch ihr gelld alles so das mir angst und bange wird.“ Zu den leidigen Repräsentationspflichten kommen die Kosten für Montierung und Lebensmittel, die Blücher aus der schmalen Kriegskasse aufbringen muß.

Er hat inzwischen detaillierte Pläne für die Befreiung der Festung Kolberg erarbeitet. Da zwischen Kolberg und Treptow an der Rega noch stabile Versorgungswege bestehen, will Blücher von Usedom über Anklam nach Wollin und Treptow vorrücken. Während Gneisenau einen Ausfall aus der Festung machen soll, will er die französische Belagerung von Osten her angreifen.

„Bei Kolberg denke ich mich nur so lange aufzuhalten, bis des Feindes Arbeit ruiniert und, falls man von dem Belagerungsgeschütz was erobert, solches in die Festung eingebracht ist, dann wende ich mich nach Schweden zurück.“ Wieder kommt alles anders als gedacht. –

Gneisenau, Schill und Bürgervertreter Nettelbeck im belagerten Kolberg (v.l.n.r.)

Nach dem Sieg Napoleons über die Russen am 14. Juni bei Friedland will auch der preußische König zum 13. Juli einen Waffenstillstand mit Frankreich schließen. Blüchers Truppen sollen in das Abkommen eingeschlossen werden, doch die königliche Ordre, die er empfängt, schafft neue Unklarheiten. Es wird dem Kommandeur „nach Ermessen zu handeln überlassen". Der General und sein Stab rätseln, ob das ein versteckter Wink sein soll, den Kampf auf eigene Faust fortzusetzen. Marwitz und Schill, die beiden Freischar-Kommandeure, sind dafür, gemeinsam mit den Engländern und Schweden einen Keil durch Mecklenburg nach Berlin zu treiben und die Stadt zu besetzen. Doch soviel Eigenmacht traut sich selbst ein Blücher nicht in Anspruch zu nehmen. Immerhin ist er ausdrücklich in das Waffenstillstands-Abkommen eingeschlossen.

„Warum lest man mich bei diesem grausahmen waffenStillstand mit dem waß ich bey mich habe nicht auß dem spiehl, da man ja ohne hin nicht wissen konnte wie zu handeln ich hier gezwungen wahr... so vihl bleibt gewiß, daß ich mich von den Francosen nicht unanstendig behandeln laße..." Er wird sich schlagen, bevor er sich schlagen läßt, aber wenn die Loyalität auf dem Spiel steht, kann selbst ein Haudegen sich bezähmen.

Nun entsteht das Kuriosum, daß der wunderliche Schwedenkönig zur Attacke gegen die Franzosen bläst und Blücher, da Waffenstillstand geboten ist, kurz vor Beginn des geplanten Angriffs mit seinen Truppen vom Kampffeld abziehen muß. Gustav IV. Adolf, einmal in Schwung, betrachtet nun wohl gar seine befreundeten Preußen als Feinde und will sie gleich mit bekriegen. Er läßt Offiziere festsetzen und beschlagnahmt preußisches Eigentum in Stralsund. Blücher requiriert ungerührt schwedisches Eigentum in Wolgast. Da paßt der Schwede.

Die Wankelei seines schwedischen Verbündeten bestätigt Blüchers Ansicht, daß man auch als „ewigdienender Kriegsmann" nicht auslernt und vor bösen Überraschungen nie gefeit ist. Zu Fuß und zu Pferd beendet Blüchers Korps sein Seekriegs-Abenteuer, das Unger „ein Stück aus der Rumpelkammer der Kabinettskriege" nennt.

Irgendwo bei Wolgast muß Blücher die Nachricht vom Frieden zu Tilsit eingeholt haben. Er kann es nicht glauben.

Statt des Marsches nach Berlin mit Einkehr beim Herzog von Mecklenburg-Strelitz machen sich die Seehelden auf den Rückweg über Swinemünde, Kammin nach Treptow an der Rega. Der Brief der Königin kann nicht zugestellt werden.

9. Kapitel
Trage Fesseln, wer da will, ich nicht

Der Unfrieden und die Reformen 1807–1811

Der erste Akt zum Tilsiter Friedens-Drama wird auf dem Njemen, der Memel, gespielt – dem Grenzfluß zwischen dem russisch und dem preußisch besetzten Polen. Napoleon, der große Intendant des Welt-Kriegstheaters, setzt auf dem Fluß ein einzigartiges Schauspiel in Szene: Er läßt auf der Flußmitte große Ponton-Flöße verankern, auf denen Prunkzelte eingerichtet werden. Sie sind mit Lorbeerkränzen, Girlanden und Samtvorhängen dekoriert, vor den Eingängen stehen große Topfbäume. Hier, nahe Tilsit, empfängt der französische Kaiser den russischen Zaren, um über die Neuaufteilung Europas zu entscheiden. Da es in erster Linie um die Mächteteilung zwischen den beiden Superreichen geht, hat man am ersten Tag „vergessen", den Repräsentanten Preußens hinzuzuziehen. Friedrich Wilhelm wartet am Ufer, nicht bestellt und nicht abgeholt, ein Bittsteller unter den Monarchen, ehe noch die erste Friedenspfeife geraucht ist.

Mit dem Ausgang der Verhandlungen hat der Preußenkönig ebenfalls nicht viel zu tun. Zar Alexander erkennt alle Eroberungen Napoleons als rechtmäßig an; Rußland tritt der Kontinentalsperre gegen England bei und ist gar bereit, im Kriegsfall an der Seite Frankreichs zu streiten, erhält dafür in der Türkei und in Finnland freie Hand.

Preußen verliert durch den Federstrich von Tilsit die Hälfte seines Reiches und die Hälfte seiner Bevölkerung: dreitausend Quadratmeilen (hundertneunzigtausend Quadratkilometer) und fünf Millionen Menschen. Der französische Kaiser stutzt den preußischen Adler gehörig: Vom linken Flügel trennt er alle Gebiete westlich der Elbe ab; einschließlich Magdeburg und der Altmark werden sie an Vasallen der Rheinbund-Staaten oder an Statthalter Napoleons verschenkt. In Westfalen macht er seinen Bruder Jérôme zum König und trägt ihm auf, durch liberale Reformen kräftig gegen Preußen zu wirken.

Auch die rechte Schwinge wird gehörig verkürzt: ein Großteil der Polen gewaltsam abgenommenen Gebiete wird nun dem treuen Diener August von Sachsen als Herzogtum Warschau zugeschlagen. Napoleon hat den sächsischen Kurfürsten, der unmittelbar nach der Niederlage von Jena und Auerstedt von Preußen abgefallen ist, postwendend mit der Königswürde belohnt und ihn mit den polnischen Abtretungen reich beschenkt.

Der Rest – die Mark Brandenburg, Schlesien, Pommern, West- und Ostpreußen – verbleibt als trauriger Rumpf unter preußischer Flagge. Preußen hört auf, als Großmacht zu bestehen. Selbst das Territorium der Rheinbund-Staaten ist doppelt so groß und hat dreimal mehr Menschen als das preußische.

Auch die weiteren Verhandlungen, zu denen sich Napoleon den Unterhändler selbst aussucht, verlaufen erniedrigend. Dem schwachen General Kalckreuth wird diktiert: Die französische Besatzung bleibt so lange im Land, bis die Kriegsentschädigung in voller Höhe an Frankreich gezahlt ist. Da Kalckreuth versäumt hat, die Gesamthöhe der Reparationen auszuhandeln, kommt das einer unbegrenzten Fremdherrschaft gleich.

Preußen im Jahre 1807 – das ist ein flügellahmes Staatswesen mit bleischweren Gewichten an den Beinen, dem wichtige Voraussetzungen zum Überleben fehlen. Es wird künftig der

Begegnung Zar Alexanders mit Napoleon auf dem Njemen

Puffer zwischen den beiden großen Blöcken bleiben, Spannungen abfangen und die Machtsphären zwischen Rußland und Frankreich abgrenzen. Darum allein schenkt ihm Napoleon das nackte Leben.

Der hilflose Preußenkönig tut alles, um zu retten, was nicht mehr zu retten ist. Er schickt sogar seine schöne Luise zu Napoleon, um wenigstens Magdeburg und die Altmark behalten zu können. Napoleon empfängt die Königin mehrmals höflich, macht ihr Komplimente, doch durchschaut er die Absicht und bleibt hart.

Lenin hat den Tilsiter Frieden als die „größte Erniedrigung

Treffen Luises mit Napoleon in Tilsit

Deutschlands, gleichzeitig aber [als] eine Wendung zu einem gewaltigen nationalen Aufschwung“ bezeichnet. Die Dialektik der Geschichte bewirkt, daß nun, da die hochtrabenden Hohenzollern vom stolzen Roß herunter müssen, da der arme König gar sein Tafelgeschirr in Holland verkauft und ganz „schlicht“ lebt, endlich der längst fällige Prozeß des Nachdenkens und Umlenkens beginnt.

Blücher wird durch einen Brief Hardenbergs von dem Friedens-Diktat unterrichtet, und er antwortet: „Ihr Brief kostet mich heiße Thränen... Möge der Herr Kalckreuth mit seinem friden in die Hölle gehen... Ich wünsche nur das unser Freund St[ein] zurück keme, er ist der man, der dem state nuhn sehr nützlig werden kann. Ich werde ihm dazu auf fordern, aber der König muß ihm rufen."

Als Blücher nach seiner Rückkehr in Treptow Einzelheiten des Gewaltfriedens erfährt, mischen sich fatalistische, pessimistische Züge unter seine Wut. Er sehnt sich nach Ruhe und wird inne, wie er Gneisenau wissen läßt, daß „bei jetzigen hochaufgeklärten Zeiten das Soldatenmetier das elendeste ist".

Wie soll man diese weitgehende, einzig dastehende Blücher-Meinung deuten? Kommen ihm nach fünfzig Berufsjahren Zweifel am Sinn des Totschlagens und Schießens? Drükken die zahllosen ausgelöschten jungen, hoffnungsvollen Leben auf das Gewissen? Späte Erkenntnis eines sinnlos gelebten Lebens? All das wäre spekulativ, wird der Struktur von Blüchers Charakter und seiner ideellen Haltung nicht gerecht. Es scheint eher so zu sein, daß Blücher mit dem Abnehmen der gesundheitlichen Kräfte müde wird, sich ständig in die Abhängigkeit unfähiger Politiker zu begeben, die durch eigensüchtiges, karrieristisches Handeln die Soldaten um die im Feld errungenen opferreichen Siege bringen.

Sein instinktiver Haß gegen die „Diplomatiker aller Ahrt" bekommt neue Nahrung und steigert sich zeitweilig ins Blindwütige. Im großen wie im kleinen gibt er den Politikern die Schuld an der preußischen Misere. Der einzige, den er weiterhin von Kritik ausnimmt, ist der König selbst. „Mein herz trauert um das unglück wass den stat und meinen herrn betroffen", sagt er. Fortan halten sich die Abneigung gegen die eigenen Diplomaten, Minister, Berater und der Haß gegen die französischen Besatzer die Waage.

Blücher kehrt mit seinem Korps nach Pommern zurück; Treptow wird sein neues Standquartier. Am 1. August wird er zum Generalgouverneur von Pommern und der Neumark ernannt; das standhafte Kolberg gehört zu seinem Regierungsbezirk. In den ersten Monaten seines neuen Amtes fehlt es an der Motivation, weiterzukämpfen. Zeitweilig kommt er zu der Ansicht, die Welt, in der er lebt, sei so schlecht geworden, daß sie die Weiterexistenz nicht verdiene. Wenn Preußen untergeht, geht – für Blücher – die Welt unter.

Einem Freund in Münster malt er ein apokalyptisches Bild: „O möchte ich doch vor meinen ableben die ganze Welt in feuer und flammen sehen! so dürfte ich an diesem Schauspihl mich im leben noch einmal und zuletzt ergötzen können. Glauben sie mich mein inniger freund, die Welt ist nichts besseres werth als zu verbrennen; sie ist schendlich und die Menschen größten teils zu grosse unholde geworden ... übrigends bin ich so abgestumpft, dass nicht[s] einen bestendigen eindruck mehr auf mich macht." Diese Stimmungen gehen meist rasch vorüber; die Ankunft der Familie bringt Ablenkung und vorläufige Gesundung.

Überraschend stellt der König wieder den Freiherrn Stein als ersten Minister an – nicht ganz freiwillig: Napoleon hat an Hardenberg mancherlei auszusetzen; Friedrich Wilhelms Ausrede, er habe keinen anderen ersten Minister, beantwortet Napoleon mit den Worten: „Nehmen Sie den Baron vom Stein, das ist ein Mann von Geist."

Der Preußenkönig – und wohl auch der Franzosenkaiser – versprechen sich von Steins Leitung der Staatsgeschäfte, daß Preußen in die Lage versetzt werde, die hohe Kontributionssumme aufzubringen. Die Rückkehr des Freiherrn vom und zum Stein ist auch ein indirekter Erfolg von Blüchers unablässigem Drängen; dem Gesuch des Königs an Stein liegt ein Brief des Generals bei. Der Freiherr vom Stein stellt sich trotz der zuvor erlittenen Kränkung zur Verfügung. Auf dem Weg von Nassau nach Königsberg kehrt er bei Blücher ein.

„Ich fand ihn wie Du ihn kennst", schreibt Stein seiner Frau, „brav, ohne Falsch, dem König und dem Staate ergeben, von den Offizieren und Soldaten geliebt, mit Achtung von den

Franzosen behandelt, aber gealtert und nicht so heiter wie früher."

Mit Stein als erstem Minister und Scharnhorst als Leiter der Militär-Reorganisations-Kommission beginnt die erste Etappe der preußischen Staats- und Heeresreformen, an denen sich auch Blücher mittelbar beteiligt.

Preußen, erst durch sein Heer zu Größe und dann trotz (und wegen) des Heeres zu Fall gekommen, muß bei der weitgehenden Militarisierung des gesamten Lebens zwangsläufig durch die umfassende Reorganisation des Militärwesens wieder auf die Beine kommen, wenn der schwarze Adler noch einmal fliegen soll. Leberecht von Blücher setzt sich dafür ein, daß sein Stabschef Neithardt von Gneisenau in der Heereskommission mitarbeiten und in seinem Sinne tätig werden kann. Als Gneisenau wenig später die Aufforderung erhält, sich in Memel zu melden, wohin der König seinen Hof nun verlegt hat, gibt ihm Blücher einen Brief mit.

„Gehen Sie hin, von meinen besten Wünschen begleitet", sagt er Gneisenau. „Ich ahne, wozu Sie bestimmt sind, und freue mich darüber. Grüßen Sie meinen freund Scharnhorst und sagen ihm, daß ich es ihm ans herts legte, vor eine National-Armee zu sorgen."

In demselben Brief faßt Blücher noch einmal knapp und präzis auf einer Seite seine Reformvorschläge zusammen:

1. Die allgemeine Wehrpflicht soll eingeführt werden:

„Es muß zur Schande gereichen, wer nicht gedient hat, es sey denn, daß ihm körperliche Gebrechen daran hindern."

2. Zwangswerbungen und Aushebungen müssen abgeschafft werden:

„Niemand in der Welt muß eximiert [von der Wehrpflicht befreit] werden."

3. Um die von Napoleon diktierte Beschränkung der Soldatenzahl auf zweiundvierzigtausend zu umgehen, sollten in regelmäßigem Turnus Reservisten herangezogen werden:

„Die einmal wohl dressierten Soldaten müssen zwei Jahre zu Hause bleiben und nur das dritte eintreten, dann ist das Land soulagirt [zufriedengestellt] und es fehlt uns nicht an Leuten."

4. Die Aufgliederung der Armeekorps sollte nach dem Divisionsprinzip mit gemischten Waffengattungen erfolgen, die einmal jährlich gemeinsame Manöver abhalten: „Die Armee muß in Division getheilt werden, die Divisions von allen Sorten Truppen componirt seyn, und im Herbst miteinander manövriren. Die alljährlichen Revues müssen wegfallen."

Diese Gedanken bezeichnet Blücher als sein „militärisches Glaubensbekenntnis". Sie sind die direkte Weiterführung seiner Denkschrift zur Formierung einer National-Armee aus dem Jahre 1804. Blücher bittet Gneisenau, das Dokument an Scharnhorst weiterzuleiten und ihn von den gemeinsamen Auffassungen zu unterrichten. Bei seinem Rücktritt hatte Karl August von Hardenberg einen von ihm vorbereiteten Gesetzentwurf zur Eigentumsreform zurückgelassen. Der wieder berufene Stein sieht es als seine erste Amtshandlung an, dieses Edikt zu verabschieden. Blücher sieht sich in ihm nicht getäuscht. Preußens langer Weg der Gesundung hat begonnen.

Wegen der auferlegten hohen Kriegssteuer, die Napoleon mehrmals willkürlich erhöht hat, ist der König sogar gezwungen, der stärkeren finanziellen Belastung des Adels zuzustimmen. Für diese Entscheidung, den Ast anzusägen, auf dem er sitzt, ist auch der Einfluß Napoleons auf die französisch regierten Gebiete westlich der Elbe und auf das Herzogtum Warschau maßgeblich. Dort legen die Statthalter des Kaisers den Grund für liberale bürgerliche Rechte, das ist Teil der napoleonischen Diversionspolitik. Napoleon schreibt im November 1807 einen Brief an seinen Bruder Jérôme, den König von Westfalen: „Was das deutsche Volk am sehnlichsten wünscht, ist, daß diejenigen, die nicht von Adel sind, durch ihre Fähigkeiten gleiche Rechte auf Ihre Auszeichnungen und Anstellungen haben, daß jede Art Leibeigenschaft und vermittelnde Obrigkeit zwischen dem Souverän und der untersten Volksklasse aufgehoben werden. Ihr Königtum wird sich durch die Wohltaten des CODE NAPOLÉON auszeichnen. Und wenn ich ganz offen sein soll, so rechne ich in bezug auf Ausdehnung und Befestigung Ihres Reiches mehr auf deren Wirkung, als auf das Ergebnis der glänzendsten Siege... eine solche liberale Politik wird Ihnen eine mächtigere Schranke gegen Preußen sein, als die Elbe, als alle Festungen und der Schutz Frankreichs."

Napoleon beherrscht die „Zuckerbrot-und-Peitsche-Politik" und schätzt die tiefe Krise des Feudalsystems in Deutschland realer ein als der preußische König. Er, der die Flamme der Französischen Revolution mit eigenen Augen gesehen hat, weiß, wie schnell das Feuer auf die privilegierten Stände übergreifen und auch die Spitze der feudalen Pyramide verzehren kann, wenn man nicht rechtzeitig Halt gebietet. So wird das Reformwerk der Hardenberg, Stein, Scharnhorst auch von der Furcht des Adels vor dem Übergreifen der revolutionären Flamme auf Preußen flankiert und begünstigt.

Stein kann schon im Oktober 1807 das „Edikt, den erleichterten Besitz und den freien Gebrauch des Grundeigentums sowie die persönlichen Verhältnisse der Landbewohner betreffend" erlassen, das den ersten Schritt zur Bauernbefreiung bildet. Bis zur vollen Freiheit ist es noch ein langer Weg.

Mit der Gesetzgebung im folgenden Jahr setzen die Reformer ihre Versuche, die Adelsprivilegien einzuschränken und die Lage der Bauern zu verbessern, fort.

Nur ein Jahr hat Stein Zeit, seine Reformen durchzusetzen. Dann trifft ihn der Zorn Napoleons. Er muß entlassen werden, gegen ihn wird ein Steckbrief erlassen, und Stein muß nach Österreich fliehen. An seine Stelle treten andere.

Als erster Minister nimmt Stein, solange er im Amt ist, auch an allen Beratungen und Beschlüssen der Militär-Reorganisations-Kommission lebhaften Anteil, der – unter Lei-

Scharnhorst, Hardenberg und Stein (v.l.n.r.)

tung des zum General beförderten Gerhard von Scharnhorst – so progressive Offiziere angehören wie Neithardt von Gneisenau, Karl von Grolman und Hermann von Boyen, aber auch so spleenige Männer wie der Oberst von Massenbach, Hohenlohes „verrückter" Stabschef.

Die Kommission beginnt ihre Arbeit mit der gründlichen Untersuchung des Verhaltens aller an den voreiligen Kapitulationen von 1806 beteiligten Offiziere. Sie leistet ganze Arbeit: Von den 143 noch aktiven Generalen werden in den folgenden Jahren 141 entlassen oder pensioniert. Die beiden Ausnahmen sind Bogislaw Graf von Tauentzien – und General Leberecht von Blücher. Mehr als 3000 Offiziere müssen – überwiegend, um Kosten zu sparen – „abgebaut" werden...

Die Immediat- [„Sofort-"] Kommission tagt bis zum Jahre 1812. Ihre Arbeit füllt am Ende über 600 Aktenbände; allein in den ersten drei Monaten verschreiben die Mitglieder für 100 Taler „Papier, Dinte und Federn". Scharnhorst arbeitet mit preußischer Gründlichkeit.

Das eigentliche Anliegen der Reformer besteht in der grundlegenden Reorganisation des korrupten Militärwesens unter den strengen Augen Napoleons. Der Frieden von Tilsit untersagt jede Form der Volksbewaffnung; Scharnhorst muß vorsichtig und erfindungsreich agieren, will er nicht den Argwohn des Franzosen erregen. Aus dem eigenen Lager kommt erheblicher Widerstand gegen die Reformen; erst nach einjähriger Tätigkeit kann der Einfluß der oppositionellen adligen Offiziere zurückgedrängt werden. Sie scheiden aus der Kommission aus.

Die Heeresreform von 1807/08, die sich in verschiedenen Gesetzen und Verordnungen manifestiert, verpflichtet jeden Bürger unabhängig von seiner sozialen Stellung zur Verteidigung des Staates. Die Kantonierung und die Zwangsaushebung ganzer Provinzen und Städte wird abgeschafft. Nicht Söldner und Mietlinge sollen die Soldaten des künftigen Preußens sein; die Verteidigung des Vaterlandes wird zur staatsbürgerlichen Pflicht erhoben. Es entfallen die Werbungen im Ausland, und die schweren Prügelstrafen werden beseitigt. „Die Proklamation der Freiheit der Rücken" erscheint Gneisenau als eine der ersten Voraussetzungen, die der „Waffenpflichtigkeit" vorangehen müsse.

Die Reformen heben das Adelsprivileg auf Offiziersränge auf. Damit wird fähigen bürgerlichen Anwärtern der Zugang zu Führungspositionen im Heer ermöglicht. Mit dieser Öffnung der Armee für das Bürgertum kann sich der preußische König am allerwenigsten abfinden. Noch Jahre später verleiht er nichtadligen Offizieren, die aufgrund ihrer Verdienste in Generalsränge aufsteigen, postwendend Adelstitel, um das Bild nachträglich zu kaschieren. Der Bauernsohn Scharnhorst bleibt trotz seiner großen militärpolitischen Verdienste um Preußen lebenslang im Generalstab ein schwarzes Schaf.

Die Heeresreform von 1807/08 ist ein Kompromiß mit den eigenen konservativen Kräften und mit der französischen Besatzung. Wesentliche Teile der Reform, wie die allgemeine Wehrpflicht und die Aufhebung der Kantonierung, können erst 1813 durchgesetzt werden.

Um die von Napoleon befohlene Obergrenze der preußischen Truppenstärke nicht zu überschreiten, gleichzeitig aber eine möglichst hohe Anzahl verteidigungsbereiter junger Männer zu erhalten, ersinnt General Scharnhorst das sogenannte „Krümper-System“: Jede Kompanie kann monatlich einen Teil ihrer besonders gut ausgebildeten Soldaten auf Zeit entlassen und dafür neue Männer einstellen. So wird die Gesamtstärke von zweiundvierzigtausend Mann formell eingehalten, aber eine größere Anzahl ausgebildet. Die Ausbildung selbst erfolgt in gemischten Einheiten unter kriegsnahen Bedingungen; Exerzierdrill und Wachdienste werden eingeschränkt.

Auch Blücher nimmt, trotz seines angegriffenen Gesundheitszustands, an der Basis zügig die Reorganisation des Heeres vor. Zunächst aber gilt es, dem Abzug der Besatzungstruppen durch gelinden Druck nachzuhelfen. Er hat wiederholt Streit mit den französischen Truppen, vor allem die schlechte Manneszucht und Disziplin der Soldaten erregen sein Mißfallen. Mit den Generalen, besonders mit seinem „Tauschpartner“ Victor und dem Marschall Soult, kommt er ganz gut zurecht.

Jeder seiner Schritte wird von den Agenten Napoleons argwöhnisch und aufmerksam verfolgt. Als sich im September 1807 die Meldungen der Spitzel über Blüchers militärische Aktivität häufen, weist Napoleon seinen Adjutanten an: „Schreiben Sie dem Marschall Victor, daß er den General Blücher benachrichtigt, daß wenn derselbe irgend eine

Kriegsvorbereitung trifft und wenn er seine Prahlereien nicht einstellt, er Truppen abschicken soll, um ihn einzuschließen und in Kolberg zu belagern, daß dies der ausdrückliche Befehl des Kaisers ist, welcher der preußischen Aufschneiderein müde ist."

Um diese Zeit muß sich Blücher – wie die anderen Kommandeure – wegen seiner 1806 getroffenen Kapitulationsentscheidung rechtfertigen, die in Zeitungsaufsätzen öffentlich in Frage gestellt wird. Anfang Januar 1808 erscheint zum Beispiel in der Leipziger Zeitschrift LICHTSTRAHLEN ein anonymer Artikel, in welchem Blücher vorgeworfen wird, er habe den Vormarsch auf Prenzlau nicht mit dem erforderlichen Tempo ausgeführt und dadurch die Kapitulation Hohenlohes mitverschuldet. Die Verheerung Mecklenburgs und die Plünderung Lübecks durch die Franzosen werden als direkte Folgen seines Rückzugs angesehen. Blücher läßt daraufhin am 26. Januar in der BERLINER ZEITUNG eine empörte, aber etwas umständliche Anzeige abdrucken, um den Urheber dieser Verleumdung kennenzulernen, der ein Kenner der Situation sein muß und seine Kritik in eine allgemeine Lobpreisung des Generals kleidet.

Blücher fordert den Verfasser auf, ihm seinen „Namen zu spendiren": „Es liegt mir und der preußischen Armee, ja auch dem ganzen Publikum viel daran, einen Mann zu kennen, der dieselbe Person lieben, ehren, achten, verläumden und belügen kann... Was den Vorwurf betrifft, daß ich mein eigenes Vaterland, Mecklenburg, nicht verschont, so scheint es, als wolle der gütige Autor mich einem Kommandanten einer Festung gleichstellen, der die ihm auf Ehre, Pflicht und Gewissen anvertraute Feste aus wahrer Herzensgüte übergiebt, damit seine und seiner Anverwandten Häuser nicht zerschossen werden. Nach meinen Grundsätzen ist Pflichterfüllung das erste, was einem Manne von Ehre obliegt." Das ist alles, was Blücher zu diesem Punkt zu sagen hat. Ähnlich schwach, doch weitschweifiger sind seine Erklärungen zu Lübeck; Prenzlau übergeht er in seiner Erwiderung ganz. Nein, Blücher ist kein „Federfuchser", und er kann von Glück sagen, daß die eingesetzte Untersuchungsbehörde und sein ehemaliger Stabschef, Gerhard von Scharnhorst, ihn besser zu verteidigen wissen als er sich selbst. Am Ende geht er mit unbefleckter Uniformweste aus dieser Kampagne und der Untersuchung hervor; sie hat ihn aber viel Nervenkraft gekostet.

Hinzu kommen andere berufliche und persönliche Sorgen: Der König läßt nur jene Einheiten weiter bestehen, die nicht an den Kapitulationen beteiligt waren. Alle übrigen müssen in die bestehenden eingegliedert werden. Auch Blüchers Husaren-Regiment gilt als bei Ratkau aufgelöst. Es wird als „Pommersches Husaren-Regiment" weitergeführt und bekommt neue Uniformen. Statt des 1772 aufgezwungenen, inzwischen eingetragenen roten Waffenrocks soll es nun blaue Dolmane und Pelze tragen. Blücher ist empört über diese Zumutung. Es ist die Farbe der „Weggelaufenen", der bei Jena und Auerstedt geschlagenen Infanterie. Blüchers Ansehen ist so hoch, daß er es sich leisten kann, die blaue Uniform nie zu tragen; selbst bei Hofe erscheint er später in seiner alten roten Tracht.

Da zu seinen Truppen auch die Verteidiger von Kolberg gehören, erfährt er zum Ausgleich die Genugtuung, von seinem König ein eigenhändiges Schreiben zu empfangen, das der Regent mit „Ihr wohlaffektionirter Freund Friedrich Wilhelm" unterzeichnet. Ihm und den beteiligten Truppen wird Dank für die Verteidigung der Festung gesagt. „Sie, Herr General, der Sie das gerechte Zutrauen Ihrer Untergebenen in so vollem Maße besitzen ... mögen noch lange an der Spitze solcher braven Truppen stehen, die sich Ihrer Anführung so würdig bewiesen haben und die den Ruhm der preußischen Waffen nicht werden sinken lassen." So wird Blücher nachträglich für den 1806 bewiesenen Kampfgeist rehabilitiert und zum Helden erklärt. –

Im Laufe des Sommers 1808 verbessern sich die objektiven Bedingungen für einen Befreiungskampf. Napoleon muß wegen der in Spanien ausgebrochenen „Insurrektion“ (Erhebung, Volksaufstand) seine Truppen beschleunigt aus Schlesien, Pommern und Brandenburg abziehen.

Die deutschen Patrioten, allen voran Scharnhorst, Stein, Gneisenau und Blücher, erkennen die Chance und bestürmen den Monarchen mit Gesuchen, das Signal zur allgemeinen Erhebung zu geben. Als politisch reifster Kopf erweist sich in dieser Situation Neithardt von Gneisenau, der den Plan zu einem norddeutschen Nationalstaat hat, durch dessen Vorbildwirkung auch die anderen preußischen Provinzen mitgerissen werden sollen.

Blücher ist – wohl wegen seines leicht aufbrausenden Temperaments – nicht voll in die Absichten der Patrioten eingeweiht, doch wirkt er mit seinen eigenen Methoden in dieselbe Richtung. Er sendet seinen Adjutanten, den Rittmeister Eisenhart, nach Mecklenburg, um die Stimmung des Volkes in seinem Heimatland zu erkunden und Vorbereitungen für den Volksaufstand gegen Frankreich zu treffen. Als Eisenhart mit günstigen Nachrichten zurückkehrt, schickt ihn Blücher unverzüglich zum König, um Bericht zu erstatten.

Daß Blüchers Einsichten in das bürgerlich-demokratische Reformwerk beschränkt sind, zeigt seine Reaktion auf die Bitte, er möge dem in Königsberg, Breslau und Berlin gegründeten TUGENDBUND beitreten. Er begründet seine Absage damit, daß er wohl alles andere als ein Tugendbold sei, ohne zu ahnen, daß sich hier unter dem Deckmantel einer legalen, auch von Napoleon geduldeten „sittlich-wissenschaftlichen Gesellschaft“ ein Sammelbecken für deutsche Patrioten bildet, zu denen auch Gneisenau, Bülow, Boyen und Grolman gehören.

Blüchers Abgesandter Eisenhart wird vom Königspaar empfangen. Luise ist geneigt, dem optimistischen Lagebericht aus ihrer Heimat zu glauben, doch der König begegnet ihm zurückhaltend, bleibt unentschlossen. „Wie soll ich bei meinem Unglück Vertrauen zur mir selbst haben können", fragt er Eisenhart. „Grüßen Sie den General von mir und sagen Sie ihm, daß ich ihn bitten ließe, sich um Alles in der Welt ganz ruhig zu verhalten. Es ist der Zeitpunkt jetzt noch nicht, loszubrechen, wenn wir nicht völlig vernichtet sein sollen. Doch lasse ich ihm herzlich für Alles danken, und ich werde ihm gewiß es gleich schreiben, wenn Aussichten eines glücklichen Erfolges vorhanden sind."

Das ist für Blücher ein böser Schlag; zu den üblichen organischen und mentalen Krankheiten kommt eine schwere Hypochondrie: Er sieht sich von Feinden umstellt; selbst die Fliegen an der Wand haben französische Fratzen; Blücher schlägt mit dem Degen nach ihnen: Jeder Stich ein Franzose. Er meint, sterben zu müssen; in seinem Leib haust ein Ungetüm; er glaubt, er müsse einen Elefanten gebären. Der König gibt ihm, da er die Amtsgeschäfte nicht mehr allein führen kann, den General von Bülow als Gehilfen bei. Im Herbst 1808 wird nach dem Abzug der Franzosen die Gouvernements-Verwaltung nach Stargard, südlich von Stettin, verlegt. Hier stirbt im November Blüchers einziges Kind aus zweiter Ehe, ein drei Monate altes Töchterchen.

Ein Gesuch Blüchers, seinem Sohn Franz ein eigenes Regiment zu geben, wird vom König abgewiesen. Doch sieht der König wohl in diesem Antrag einen Versuch Blüchers, seine familiären Verhältnisse vor seinem Ableben zu ordnen, und beruhigt ihn: „Ich gebe aber hierdurch die bestimmte Versicherung, daß ich, stets eingedenk Eurer Verdienstlichkeit, für Euren Sohn in der Folge sorgen werde, und soll es mich freuen, wenn diese Verheißung Euch über das Schicksal Eures Sohnes beruhigen kann. Ich genehmige übrigens sehr gern, daß Euer Sohn, so lange Ihr lebt, als Adjutant bei Euch bleibt, und bin mit wahrer Werthschätzung Euer wohlgeneigter König." Einen Blücher, noch dazu einen jungen, nicht minder aufbrausenden und unbeherrschten, will der König nicht in seiner Nähe haben; mag er die Totenwache am Bett des Vaters übernehmen.

Aber der erhebt sich vom vermeintlichen Sterbebett im Frühling 1809 wie Phönix aus der Asche: sichtlich verjüngt und mit dem festen Vorsatz, noch einmal das Schwert von der Wand zu nehmen. Napoleon müsse herunter von seinem Sokkel, äußert er. Ehe das nicht geschehen sei, wolle er nicht sterben. Der Franzosenhaß ist Blüchers Lebenselixier. Im April ist aus Stargard zu vernehmen: „Von meiner unglügligen krankheit bin ich so geheilt, dass ich weit gesunder bin, wie ich nie war– dass ich sterker wie zuvor bin... Jetst heisst es bei mich schon: die Augen uf – denn ich erwahrte alle tage Feinde in meine nacht bahrschafft, zu ihrem empfang, wer sie auch sind, hallte ich mich bereit und handle gantz nach meine Überzeügung, da ich gantz ohne Instructions bin, indessen bin ich das letzte gewohnt."

Von den Festungen Küstrin und Stettin, die Napoleon bis zum endgültigen Abtragen der Kriegslast als Faustpfand besetzt hält, geht ständige Gefahr für Pommern aus. Blücher denkt daran, die nur zwei Tagesmärsche von Stargard entfernt liegende Festung Stettin mit ihrer kaum zweitausend Mann starken Besatzung im Handstreich zu erobern; er bekommt dazu jedoch keine Erlaubnis.

Blüchers Pläne und Gedanken zeigen, daß er wieder ganz der alte ist. Über seine Genesung freut sich kaum einer so sehr wie Scharnhorst, der antwortet: „Euer Exzellenz Brief hat mir unbeschreibliche Freude gemacht. Alle sagen und Alle schreiben und ich sehe es aus Ihrem eignen Schreiben, daß der Geist nicht gelitten. Sie sind unser Anführer und Held, und müßten Sie auf der Sänfte uns vor- und nachgetragen werden; nur mit ihnen ist Entschlossenheit und Glück." Was daran emphatische Reverenz vor dem General, was sachlich ist, läßt sich kaum sagen; zeitweilig ist auch dem

Scharnhorst ein Blücher im Stargarder Abseits lieber als in seiner Nähe.

Mit zunehmender Gesundung gedenkt Blücher sein Tätigkeitsfeld zu erweitern. Ende 1808 haben die Franzosen endlich Berlin geräumt; preußisches Militär zieht ein; auch ein Husaren-Regiment unter Ferdinand von Schill ist dabei. Blücher reist im April und im Mai 1809 selbst nach Berlin, um sich an konspirativen Beratungen zu beteiligen, bei denen die Generale L'Estocq, Bülow, Rüchel, Tauentzien sowie Beamte der kurmärkischen Kammer anwesend sind. Auch mit anderen Patrioten pflegt er enge Kontakte, trifft zum Beispiel mit dem Gouverneur von Schlesien, Graf von Götzen, die Übereinkunft, wenn Schlesien von Napoleon besetzt werden sollte, sofort ein Hilfskorps zur Befreiung der Provinz zu entsenden.

Natürlich entgehen Napoleon diese Verstöße gegen sein Diktat nicht. Er zitiert den preußischen Gesandten in Paris zu sich und fragt ihn ärgerlich, wie und wann man dem Einhalt gebieten wolle, wer eigentlich in Preußen regiere: „Ist es immer noch der da in Schlesien (Götzen) oder Schill oder Blüquere?" Scharnhorst, nun Führer der patriotischen Front in Königsberg, fordert nach der für Österreich siegreichen Schlacht bei Aspern militärische Hilfe Preußens für Österreich. Der König kann sich dazu nicht bereit finden.

Die gegen Frankreich gerichtete Stimmung in Heer und Volk erreicht im Frühsommer 1809 einen ersten Höhepunkt. Anfang April unternimmt der preußische Leutnant a. D. Friedrich von Katte mit dreihundert Bewaffneten einen Streifzug, um die von Frankreich besetzte Festung Magdeburg zu erobern. Der Zug erstickt teils durch Verrat, teils durch Leichtsinn. Im Kugelhagel der Franzosen sterben vierzehn Teilnehmer; Katte gelingt die Flucht nach Prag.

Der preußische König erläßt Haftbefehle und ordnet an, daß alle „Insurgenten", also alle, die seinen Befehl verweigern und wie Katte eigene Wege gehen, in der Festung Kolberg zu inhaftieren seien. Friedrich Wilhelm III. will sich nicht nur vor dem Zorn Napoleons schützen; er ist zutiefst ein Gegner jeder unkontrollierten Willenskundgebung seiner Offiziere.

Unbeirrt durch die königliche Order trifft Schill seine Vorbereitungen für einen neuen Streifzug. In seiner Gefolgschaft sind zwei Männer aus Blüchers nächster Umgebung: sein Sohn Franz sowie der Leutnant von der Goltz.

Napoleon unterrichtet seinen Bruder Jérôme von den preußischen Vorgängen, da zu erwarten ist, daß die Rebellen westfälisches Gebiet betreten werden, das von Jérôme kontrolliert wird: „Der Offizier von Katte und seine Truppen sind als Partisanen geführt worden. Alles gewinnt immer mehr Gestalt und Farbe, wenn man sieht, daß in derselben Zeit aktive Offiziere wie die Majors Schill und Blücher ... verbotene Hoffnungen nähren, den Krieg versprechen ... Eure Majestät sollten die Bestrafung der Majore Schill und Blücher verlangen; wird sie verweigert, so würde die preußische Regierung den sehr begründeten Verdacht bestätigen, daß nichts ohne ihre Einwilligung geschehen ist."

Ehe ihn der scharfe Befehl des Königs, unverzüglich unter seine Augen nach Königsberg zu eilen, erreicht, hat Schill mit seinem 2. Husaren-Regiment Berlin bereits verlassen und seinen Kampf gegen die Fremdherrschaft aufgenommen. Die Elbe abwärts führt der Zug der Schillschen Freischar über Wittenberg, Köthen, Stendal, Dömitz ... Blücher ist durch seine Adjutanten über die Stationen des Streifzugs gut unterrichtet.

Schills Aufrufe an die Bevölkerung verwirren die Menschen mehr, als daß sie aufklären und anspornen. Sie enthalten eindeutige Bekenntnisse zur Monarchie. Im Westfälischen kündigen sie gar an, nach dem Sieg über Napoleon würden die bereits realisierten liberalen Gesetze und Reformen wieder aufgehoben. Vor allem das Bürgertum und die Bauern sind verunsichert, der erhoffte Zulauf zu Schills Schar bleibt aus. Von einem Volksheer, wie es sich Gneisenau, Scharnhorst und Clausewitz erhofft haben, kann keine Rede sein.

Bei Dömitz erleidet Schill seine erste militärische Niederlage. Da seinem Zug der ersehnte schnelle Erfolg versagt bleibt, versteift sich Schill immer mehr auf die fixe Idee, in die Mauern einer Festung zu gelangen und dort den Feind zu erwarten. Keine noch so überzeugenden Gegenargumente können ihn von diesem Plan abbringen. Mit dem Gedanken, an die See zu ziehen und von England aus den Freiheitskampf fortzusetzen, kann er sich – wie einst Blücher – nicht anfreunden. Er beharrt auf dem Marsch nach Stralsund, das er zum Zentrum eines norddeutschen Freiheitskrieges machen will.

In den Straßen Stralsunds erliegen die Schillschen einer französischen Übermacht, die sich auf grausame Weise an den preußischen Soldaten und an der Zivilbevölkerung rächt. Schill fällt, getroffen von feindlichen Kugeln, im Straßenkampf. Ein Teil seiner Soldaten und Offiziere kann noch mit seiner Hilfe fliehen; viele – etwa fünfhundert Mann – geraten in französische Gefangenschaft. Vierzehn von ihnen, willkürlich durch das Los bestimmt, werden in Braunschweig hingerichtet; elf Offiziere folgen ihnen in Wesel am Rhein in den Tod durch Exekution. Über Demmin und Swinemünde gelangen die flüchtigen Schillschen Soldaten wieder auf preußisches Gebiet und begeben sich damit in Gefahr, verhaftet zu werden. Der preußische König hatte die Freischärler in einem am 8. Mai ausgegebenen Parole-Befehl zu Meuterern erklärt und die strengste Anwendung der Kriegsgesetze auf sie verkündet.

Blücher als Kommandierender General in Pommern nimmt die Flüchtlinge auf. Er versagt ihnen weder seinen Respekt noch seinen Schutz. Ohne Rücksicht auf die Folgen für sich selbst erklärt Blücher: „Schill ist als ein braver Mann Gestorben, seine Collegen haben gleichfalls braff gethan, und haben sich ohne weiteren in meinen schutz gegeben, ich habe sie trotz allem was da wider wahr angenomen. 900 man Infanterie und 240 Man Cavallerie sin in meine verwahrung. Um ihre begnadigung habe ich am könig geschrieben." Dem Bruder Major von Schills gibt er die Versicherung, „dein Bruder Ferdinand soll nicht vergessen werden".

Der König besteht auf der sofortigen Auflösung des Husaren-Regiments von Schill. In Stargard soll ein Militärtribunal über das Schicksal der Freischärler beraten. Das Kriegsgericht unter Blüchers Leitung gelangt zu milden Urteilen. Man schiebt, um die Köpfe der Offiziere und Unteroffiziere zu retten, alle Schuld auf den toten Anführer Schill; die meisten Angeklagten werden freigesprochen, einige Offiziere erhalten kurzzeitige Festungshaft. Am Ende behält Blücher das letzte Wort: „Übrigends erkläre ich einen jeden vor einen Schurken, der die ehre des verblichenen nach seinen Tod anficht." Das will sich selbst der König nicht nachsagen lassen. Er bestätigt die Pro-forma-Urteile.

Napoleon durchschaut natürlich, daß man Schills Streifzug allenthalben, selbst bei Gericht, mit Wohlwollen begegnet. „Ein Dieb, ein Brigand desertirt mit seiner Truppe, andere Abteilungen folgen ihm; man setzt ihm nicht nach, man überläßt das den Dänen. Hier in Frankreich hat die Canaille [das Gesindel] die Revolution gemacht, bei Euch hätte es die Armee gethan. Ich habe 17 dieser Brigands erschiessen lassen; der König mußte das auch thun, statt die entkommenen in Schutz zu nehmen oder zum Schein auf die Festung zu schikken; er ist mir Genugtuung schuldig." Napoleon fordert die unverzügliche Rückkehr des Königs nach Berlin, wo er ihn besser unter Aufsicht hat: „Wenn der König nicht nach Berlin geht, so gehe ich nach Berlin."

Man kann sich vorstellen, daß Friedrich Wilhelms Groll wegen der Schillschen Aktion sich auch auf seinen General Blücher entlädt. Er ist in Sorge darüber, daß Blücher eine ähnliche Aktion vorbereiten und unternehmen könne. Blücher wird mehrfach verwarnt, von etwaigen Plänen in dieser Richtung Abstand zu nehmen. Scharnhorst muß auf Verlangen Napoleons sein Amt als Chef des Kriegs-Departements niederlegen. Neithardt von Gneisenau hat, nicht minder enttäuscht von der königlichen Verzögerungspolitik als Blücher, zum 1. Juli seinen Abschied genommen und geht nach England, um von dort aus besser für die Befreiung seines geliebten Vaterlandes wirken zu können.

Der siebenundsechzigjährige General Blücher hat nicht übel Lust, ihm dorthin zu folgen. Er schreibt an Gneisenau kurz vor dessen Abreise: „Da es elende menschen gelungen ist, den Monarchen meine handlungen zweydeüttig anzumahlen, er selbst mich meine an erkennung zu entzihen scheint, zum ersten male so lange ich ihm dien, mich unverdinte verweisse zu Theil werden, so können Sie als ein man von treüen deutschen gefühl mein stimmung leicht beurtheilen. Gott weis mit welche Wehmuth ich mein Staht und eine Armee verlasse, worin ich 50 Jahre zubrachte; mein hertz schlegt vor un muth, da ich gezwungen werde, einen herrn zu verlassen, den ich liebe, vor den ich mich tausendmahl ufgeopfert hette ... Invaliden-Commandant will ich nicht mehr seyn ... Ich habe den staht Alles geopfert und verlase ihn wie man aus der Welt scheidet, arm, nackend und blos, aber mein muth ist unbegrenzt, wohin ich gehe, wird ein beruhigendes bewusstseyn und eine Menge redliger mich begleiten."

Er schickt seinen Sohn Franz zur Erkundung nach London und will das Ergebnis dieser Reise abwarten: „Sobald ich von Ihnen oder meinen Sohn nachricht habe, handle ich. Nimmt es [England] uns in Service, zum mindestens in bessere anstellung, so eile ich selbst dorthin."

Weil Blücher auf seine unentwegten Versuche, die Regierung zu Aktionen aufzurufen, keine oder abschlägige Antworten bekommt, stellt er sich ein Ultimatum. „Noch will ich

Blücher, gezeichnet von Königin Luise

eine kleine frist geben", schreibt er am 14. Juni, „ordnet es sich dann nicht, kommen wir nicht zu einen endschluss, so gehe ich und verwende meine kreffte die ich noch habe zum besten meines bedrengten deutschen Vaterlandes. Trage Fesseln wer da will, ich nicht." In der Umgebung des Königs hält sich zäh das Gerücht, das alte Schlachtroß Blücher sei wenn schon nicht am Ende, so doch um den Verstand gekommen.

Als diese Redereien Blücher hinterbracht werden, fordert er seinen Abschied und legt sich gar mit dem König an: „Mit unsern Monarchen und mich ist es zu deüttligen Explicationen [Erklärungen] gekommen, ich habe ihm geschriben, da es schihn dass sein zu trauen verlohren so hette sein dienst auch kein wehrt mehr for mich, u ich baht ohne Pension um meinen abschieht. Statt eine vormlige antwohrt avancirt er mich zum Generall der Cavallerie, und sagt er wisse wie sehr ich an seine Persohn atachirt [gebunden] wehre, und sein zu trauen hette ich wie ich es imer gehabt hette, nun habe ich wider an seine umgebung geschriben ich wehre zu Friden, der König müsse aber nicht glauben, dass der Generall der Cavallerie anders handellte u. dechte als der Generall Lieutenant."

Ein starkes Wort. Es heißt soviel wie: Ich bin nicht käuflich. Blücher weiß nun, was er wert ist. Er ist nicht mehr der Bittsteller von 1778, und der König ist nicht der allmächtige große Friedrich, der ihn einfach abweisen kann. Blücher ist so etwas wie die Galionsfigur an dem leck geschlagenen, kurssuchenden Borussen-Schiff. Die kann man nicht einfach abmontieren und durch eine andere ersetzen. Woher auch sollte man sie nehmen? Einen wie Blücher gibt es nicht ein zweites Mal: populär bei Soldaten und Offizieren, mit dem Sinn für das rechte Wort für jedermann beim Volk beliebt. Auch bei den Patrioten in Königsberg, Breslau und Berlin kennt und achtet man ihn.

In seinen zahlreichen Briefen dieser Jahre tauchen erstaunlich oft die Begriffe Staat, Vaterland, Nation und Volk auf. „Wo alles preußisch, bayrisch, sächsisch, österreichisch oder sonstwie partikularistisch fühlte und handelte, ist ihm das doppelt und dreifach hoch anzurechnen", urteilt Johannes Scherr. „Ich tue redlig das meine", schreibt Blücher im September an Marwitz, „und der König erhält nicht ruhe von meine Seiten, bis er sich entschliest oder mich entlässt. Bin ich erst los, so kann ich als ein freier man über mein bischen Ich disponiren."

Mit jeder Briefzeile, jedem Wutausbruch, jeder Aktion gegen die Franzosen riskiert Blücher nicht nur seine Stellung, die scheint ihm nicht allzuviel mehr zu bedeuten, sondern auch Kopf und Kragen. Die Spitzel Napoleons und seine Truppen haben in dem nahen Stettin ihre Hochburg, und Napoleon wartet nur darauf, den alten Haudegen außer Gefecht setzen zu können.

Es ist zu bezweifeln, daß Blücher einzig aus egoistischen Motiven heraus so handelt. Gewiß verspricht er sich von einem neuen Krieg auch die Befreiung Münsters, wo Jérôme seinen Besitz beschlagnahmt hat, den er gern gewaltsam auslösen möchte. Auch erwartet er – wie jeder ehrgeizige Berufssoldat – von einem neuen Feldzug Ruhm, Ehre, Beförderung und Bereicherung. Darüber hinaus verträgt sein egozentrisches freiheitliebendes Wesen keine Fremdherrschaft, duldet allenfalls den Zaum, den die Monarchie ihm anlegt. Aus dieser „Freiheitsliebe" heraus begibt sich Blücher unter den Zwang des Handelns gegen alles, was französisch spricht und aussieht. Sein Denken und Tun radikalisiert sich in dem Maße, wie ihm keine Genugtuung verschafft wird.

Einer der Briefe an den König enthält den Vorschlag, die drei besetzten Provinzen Brandenburg, Westfalen und Warschau gleichzeitig in Besitz zu nehmen und dadurch Preußen in seiner alten Gestalt wiederherzustellen. „Welchen Dank wird Ihnen die ganze deutsche Nation zollen, wenn sie sieht, daß Sie entschlossen sind, sie von ihrem unerträglichen Joch zu befreien... Findet mein Vorschlag nicht den allerhöchsten Beifall, nun so habe ich mein Herz erleichtert und meinen Abscheu, fremde Fesseln zu tragen dargethan. Ich bin frei geboren und muß auch so sterben." Blücher betont, daß er weder aus falschem Ehrgeiz die Trommel rühre noch den König „wie so viele leidige Ratgeber" ins Verderben stürzen wolle. Ausschlaggebend für sein beständiges Drängen sei einzig der „innigste, alleinige Wunsch, das königliche Haus auf dem Thron erhalten und unser armes Land nicht unter die Füße getreten zu sehen". –

Hier tritt, wie auch im Handeln von Ferdinand Schill oder der vom Herzog Friedrich Wilhelm von Braunschweig geführten SCHWARZEN SCHAR oder im Handstreich des Leutnants von Katte, die konservative, royalistische Grundtendenz des preußischen Patriotismus hervor. Diese auf die Machterhaltung des Feudaladels und der Monarchie gerichtete Haltung hat viele Menschen, die zunächst begeistert den von Schill, Katte oder Braunschweig geführten Truppen zueilten, verwirrt und abgestoßen.

Der Sprößling der „schloßgesessenen" Adelsfamilie und Gutsbesitzer, königliche General und Gouverneur Leberecht von Blücher sieht deutlich die Gefahr, die eine unkontrollierte Ausbreitung des Volkszorns für den Erhalt des Systems hat: Nach dem Ausmarsch Schills aus Berlin schreibt Blücher – sicher nicht nur, um selbst ein Alibi zu erhalten – einen in dieser Hinsicht aufschlußreichen Brief an den Regenten, in dem er davor warnt, Schill allein die Gunst des Volkes zu überlassen. Daraus könnten sich ein „Entzug aller Autorität" und vielleicht sogar die Auflösung der regulären Truppen ergeben sowie die Gefahr der Zerstückelung Preußens und eine Erschütterung des Throns die Folge sein. Dann schlußfolgert Blücher: „Es wird demnach höchst nöthig, solche energische Massregeln zu ergreifen, welche E. M. Autorität sicher stellen – und Allerhöchst-Dero Truppen dafür schützen, dass sie nicht ein Spiel des exaltirten Pöbels werden. Allem diesem kann nur dadurch vorgebeugt werden, wenn sich E. M. an die Spitze Ihres Volkes stellen, dessen jetzige Stimmung für sich nutzen und die Truppen in solchen Zustande setzen, dass sie Allerhöchst-Ihre Autorität nach wie vor geltend machen und zu jedem Zweck augenblicklich bewegt werden können. Der erwünschte Augenblick ist jetzt da, in dem Allerh.-Dieselben Ihren Staaten die alte, vorige Ausdehnung wiedergeben, die Rechte ihres Königlichen Hauses wiedererlangen können, der aber, wenn er andererseits unbenutzt bliebe, eine allgemeine Auflösung besorgen lässt."

Ein Gespenst geht um: das der Revolution, des alles davonfegenden Volkszorns. Vor diesem Gespenst zittert auch der unerschrockene, todesverachtende General. In der engen, untrennbaren Verquickung von Monarchie und Militär sieht Blücher einerseits die Chance zum Erhalt des Staatswesens, andererseits das Mittel, die Fremdherrschaft zu beseitigen. So hat er folgerichtig später – nach der Befreiung – die Tatsache, daß man in Preußen nicht wisse, wo das Militär aufhöre und der Bürgerstand anfange, als ein „charakteristisches Denkmal der Zeit" gefeiert. Der Dank des Königs ist ihm gewiß, wenn auch Blücher die Sache anders sieht.

Selbst auf die Gefahr der Wiederholung hin soll noch einmal auf Blüchers Vermögensverhältnisse hingewiesen werden. Er ist ein wohlhabender, mit zahlreichen Privilegien ausgestatteter Mann. Die Kinder sind gut verheiratet; jeder der Söhne hat als Hochzeitsgeschenk ein Gut erhalten: Franz hat er die Gutswirtschaft in Groß-Ziethen abgetreten; Gebhard sitzt auf Schönewalde und Jakobsdorf und ist ebenfalls in „florissanten Umständen".

Blüchers Gehalt ist von 6400 Taler auf 8400 im Jahr heraufgesetzt. Ihm wird im Oktober 1809 eine Dompräbende (Mitgliedschaft in einem Domkapitel mit allen Privilegien) verliehen, aus deren sofortigem Verkauf Blücher einen größeren Barerlös hat. Daß das flüssige Kapital dennoch immer knapp ist, liegt – wieder einmal – daran, daß ihm die Gläubiger auf den Fersen sitzen und zur Begleichung von Spielschulden monatlich 200 Taler vom Gehalt abgezogen werden müssen. So ist es nicht verwunderlich, wenn Blücher in seinen Briefen unentwegt über seine „maroden pekuniären Verhältnisse" klagt und vom König Abhilfe erbittet.

Friedrich Wilhelm jedoch – er hat ja selbst sein Silber nach Holland verkaufen müssen – zeigt sich wenig verständnisvoll. Er sagt, der General Blücher sei immer schon ein „schlechter Wirt" gewesen und mache bei jeder Gelegenheit „rechte

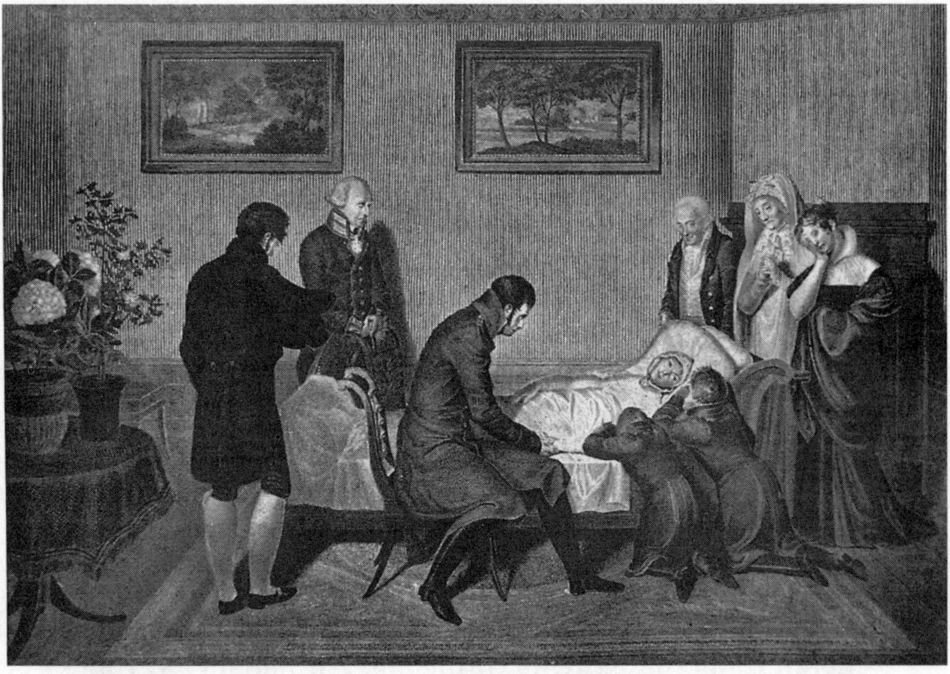

Der König am Sterbebett der Königin Luise 1810

Apothekerrechnungen“ auf. Selbst um sein Feuerholz und um die Gebühr für sein Generalspatent entfacht er einen erbitterten Papierkrieg.

Versöhnlich stimmt Blücher wieder der Blick ins königliche Antlitz oder – mehr noch – in das der geliebten Königin. Ende 1809 verlegt das Königspaar seinen Hof in die preußische Hauptstadt. Auf dem Wege nach Berlin kehren Friedrich Wilhelm und Luise bei Blücher in Stargard ein. Schon ein halbes Jahr später erkrankt die vielgepriesene Luise ausgerechnet bei ihrem ersten Besuch nach langer Zeit im heimatlichen Mecklenburg. Am 18. Juli 1810 stirbt sie in Hohenzieritz bei Neustrelitz; Blücher erfährt es durch Eilkurier.

„Ich bin wie vom Blitz getroffen", schreibt er drei Tage später, „der stoltz der Weiber ist also von der Erde geschieden ... ich bedarf uf Munterung und unterhalltung, es ist doch unmöglich daß einen staht so vihl uf einander volgendes unglück treffen kann als den unsrigen ... in meiner jetztigen stimmung ist mich nichts liber als daß ich Erfahre die Weld brenne an allen vihr Enden." Doch auch diese Weltuntergangsstimmung vergeht. Sie sollte jedenfalls nicht zu der Ansicht verleiten, Blücher sei überwiegend mit sich und der Welt im Hader, entsage den Freuden des Lebens nun gänzlich.

Dieses Kapitel, das die Zeit zwischen dem fünfundsechzigsten und neunundsechzigsten Lebensjahr Blüchers rafft, wäre unvollständig ohne einen Blick auf den Alltag des Generals. Das Amt des General-Gouverneurs, das Blücher seit 1807 in Pommern ausübt, ist ein militärischer Posten, doch wegen der Verquickung von Staat und Militär reichen die Befugnisse weit in das zivile Leben hinein. Zunächst ist Blücher für alle auf seinem Gebiet stationierten Truppenverbände – deren Einberufung, Unterbringung, Ausbildung, Verpflegung – verantwortlich. Dabei hat er in dem General Bülow einen fleißigen, fähigen Partner und Gehilfen, dem er gern den Schreibtisch und die (Dienstreise-) Kutsche überläßt, so daß er selbst mehr Zeit für seine „politische" Arbeit und seine anderen Interessen hat.

Vormittags pflegt er Briefe zu entwerfen, oder er diktiert seinem Sohn Franz Schriftstücke. Franz steht mit der deutschen Schriftsprache nicht gar so sehr auf Kriegsfuß wie sein Vater; zahlreiche Briefe, vor allem an den König, sind von Leberecht Blücher nur mit seiner verschnörkelten Unterschrift versehen worden.

Mittags finden sich an der Tafel befreundete Offiziere, Beamte der Regierung und Kleinstadt-Honoratioren ein. Blücher hat, da er immer noch ein interessanter, umgänglicher Gesellschafter ist und seine Mittagstische zugleich lukullische

Genüsse bieten, über mangelnden Zulauf nicht zu klagen. Wohl aber über die geringe Höhe der ihm bewilligten Tafelgelder.

Nachmittags sieht man ihn in der Stadt, mit Leuten plaudernd, die Post erwartend oder im Gasthof bei einem Glas Wein sitzend. Er gibt Gesellschaften, nimmt mit seiner Frau an Gesellschaften teil. Zu seinen vornehmlichen Vergnügungen gehört die Jagd. Trotz seines Alters reitet er noch täglich aus; unternimmt anstrengende Marsch- und gefährliche Geländeritte.

Blücher nimmt auch seine bereits in Münster ausgeübte Logentätigkeit bei den Freimaurern wieder auf. Der Orden der Freimaurer scheint so etwas wie der Beichtstuhl des Berufskriegers Blücher zu sein. Er ist kein besonders strenggläubiger Mensch. Gott wird hauptsächlich als Zeuge seiner ehrlichen Absicht oder als Teil eines Fluches angerufen. Doch von Zeit zu Zeit scheinen eine Reinigung des Gewissens und Absolution für begangene Sünden auch ihm notwendig, um im seelischen Gleichgewicht zu bleiben.

In einer seiner Logenreden sagt Blücher darüber: „Ich habe von Jugend auf die Waffen für mein Vaterland geführt und bin darin grau geworden, ich habe den Tod in seinen fürchterlichen Gestalten gesehen und sehe ihn noch täglich vor Augen, ich habe Hütten rauchen und ihre Bewohner nackt und bloß davongehen sehen, und ich konnte nicht helfen. So bringt es das Treiben und Toben der Menschen in ihrem leidenschaftlichen Zustand mit sich. Aber gern sehnt sich der bessere Mensch aus diesem Gedränge heraus, und segnend grüße ich die Stunde, wo ich mich im Geiste guten treuen Brüdern in jene höheren Regionen versetzen kann, wo ein reines, helles Licht uns entgegenstrahlt.“

So einfach ist das. Um auch im Krieg diese bequeme Seelenmassage stets zur Hand zu haben, gründet Blücher Feldlogen; die 1811 in Schwedt gebildete Feldloge Nr. 1 verzeichnet in ihren Listen den General Blücher als einen ihrer „Beamten“.

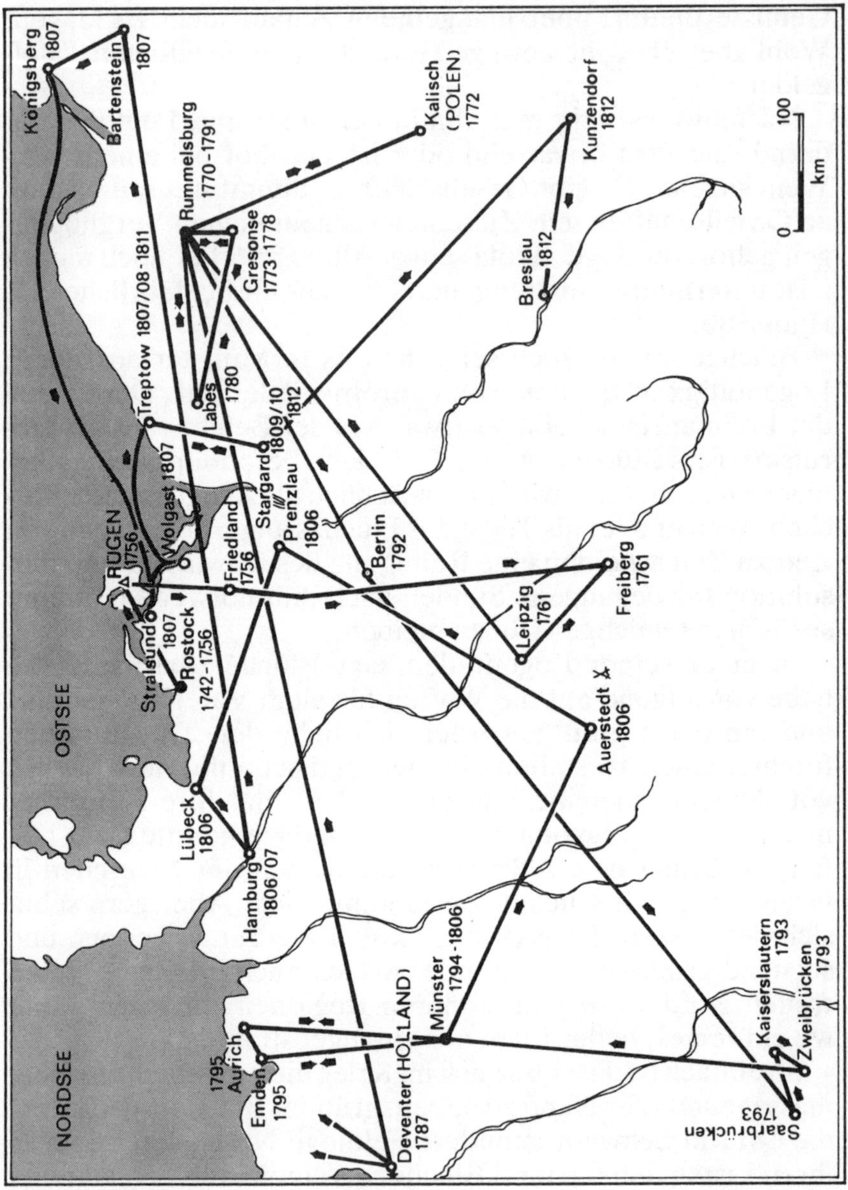

Aufenthaltsorte Blüchers bis 1812

Der fast siebzigjährige Blücher – das ist ein agiler, quirliger Militärbeamter, der sich nicht schont, andere Bürger Stargards höchstens durch seinen unbändigen, unkontrollierten Franzosenhaß verschreckt, der ansonsten aber ein jovialer, väterlicher Beamter ist. Blücher unterstehen die Polizeikräfte. Er ist der erste, der bei einem Großfeuer am Brandort ist und den Einsatz der Löschkommandos befehligt. Wie er da selbst Hand anlegt und mit Beil oder Spaten dem Feuer zuleibe rückt, erweckt es den Anschein, er schlage eine Schlacht und hoffe, es möge auch die Flamme des Volkskrieges endlich züngeln. Es hat schon etwas Mephistophelisches, wenn er frohlockt: „Bald, bald, wird der allgemeine brand, wofon ich so lange erwehnt, entstehen ... Nur immer neher, wen es erst auf der Hauht brennt, dann leert die noht handelln."

Blücher, nun Kommandierender General der Küstentruppen einschließlich Kolbergs, geht unverzüglich an den Ausbau der Festungen. Am 29. Juli erhält er Besuch von Scharnhorst, der auf dem Weg nach Petersburg ist. Danach schreibt Franz Blücher an Gneisenau: „Mein Vater lebt ganz wieder auf, da er Aussicht hat, noch mit Ehre leben oder sterben zu können, und belebt uns alle."

Und Blücher selbst teilt mit: „Das ville Anfragen in Berlin stelle ich ein, denn ich habe ville wigtige Dinge höhren Orts in antrag gebracht, und habe keine bescheidung erhallten, ich mache also schlus, man will mich zu verstehen geben, sey selbstendig und hanndle ... eine guhte Portion verantwohrtung nehme ich auf meyn bewustseyn, da ich es bestens meine, und da man mich keine genaue und bestimte anWeisung giebt, so will ich zu meine Beruhigung denken, das man mich was Guths zutraue."

Immerhin weiß Blücher, daß er den heimlichen Segen des Königs hat. Hardenberg, Boyen und Gneisenau, die einen Ausschuß zur verstärkten Rüstung gebildet haben, messen der Festung Kolberg eine große Bedeutung für den Kriegsfall bei. Blüchers Vorbereitungen entgehen den Franzosen natürlich nicht. Unangemeldet erscheint der französische Konsul mit mehreren Militärpersonen in Kolberg und sieht mit eigenen Augen die umfangreichen Schanzarbeiten. Blüchers Erklärung, diese seien zum Schutz vor englischen Übergriffen geschehen, verfangen bei den Franzosen nicht. Sie machen Meldung an Napoleon. Napoleon verlangt die unverzügliche Einstellung der Rüstungen und droht mit Krieg für den Fall der Nichtbefolgung.

Der preußische König kneift, sagt die Beendigung der Rüstungen zu. Auch an Blücher ergeht Ordre: „Da sich die französische Gesandtschaft beschwert hat, daß bei Kolberg fortdauernd geschanzt und noch späterhin, nachdem solches von mir bereits verboten gewesen, Leute einbeordert worden, weise ich Sie an, sogleich nach dem Eintreffen des zu Ihrer Vertretung kommandierten Generals Graf Tauentzien nach Berlin zu kommen, um den Ungrund dieses Gerüchts auf das Vollkommenste darzutun und sich hier an Ort und Stelle durch einen mündlichen Bericht genügend verteidigen zu können."

Hardenberg gibt dem englischen Gesandten zusätzlich die Erklärung, dies bedeute keine Änderung der Gesinnung des Königs gegenüber Blücher, der nur zum Schein zur Verantwortung gezogen werde, um Napoleon zufriedenzustellen.

Doch alle zusätzlichen Erklärungen helfen nichts: Blücher ist der Sündenbock, den man opfert. Es bleibt bei seiner Beurlaubung. Am 11. November 1811 empfängt er seinen Abschied, er muß Berlin, wo er sich nach der Berichterstattung noch aufgehalten hat, verlassen. „Wenn Sie durch meinen Befehl vom heutigen Tage vorerst der Tätigkeit entzogen und von hier entfernt wurden, so müssen Sie es bloß dem Drange der Umstände zuschreiben, welcher jene Maßregel erheischt", schreibt der König. „Und ich vertraue nach Ihrer mir selbst gegebenen Versicherung, zu Ihrem Patriotismus, daß Sie sich gern in solche fügen werden."

Da der König wohl ahnt, daß dies etwas viel verlangt ist, läßt er ihm ein zweites, geheimes Schreiben zugehen, in dem es unter anderem heißt: „Ihrer Verdienstlichkeit und Ihrem so oft bewiesenen Diensteifer lasse ich vollkommene Gerechtigkeit widerfahren." Mit anderen Worten: Es soll sein Schade nicht sein, wenn er nur eine Weile stillehält, wird er seinen Lohn empfangen. Was bleibt Blücher übrig, als formell die Notwendigkeit anzuerkennen, „in die Inaktivität zurückzutreten", wenn dies auch „seinem Gefühl widerspreche". Blücher wählt als Wohnsitz wieder das Pommernstädtchen Stargard, wo seine Familie ihn beruhigt in Empfang nimmt. Das alte Schlachtroß hat ausgedient; es wird nun das Gnadenbrot erhalten; nur die Erinnerung an geschlagene Schlachten bleibt noch. Und ein Gefühl von Stolz, „eine Reihe von Jahren treu und vorwurfsfrei gedient zu haben".

10. Kapitel
Um Gottes willen keinen Frieden!

Der Freiheit eine Gasse
1812–1813

In der zweiten Hälfte des Jahres 1811 verstärkt Frankreich seine Rüstungen gegen Rußland. Fortschritt und Reaktion in Europa scheiden sich an der Haltung zu diesem bevorstehenden Kampf der Giganten. Er wird eine Polarisierung der Kräfte, eine Entscheidung für Preußen – so oder so – bringen. Das erkennt auch die preußische Führung. Staatskanzler Hardenberg erklärt: „Bricht ein Krieg zwischen Rußland und Frankreich aus, so gerät Preußen auf jeden Fall in größte Gefahr. Neutralität ist gar nicht möglich." Die Frage ist nur, auf welche der beiden Seiten man setzen soll; niemand kann das Ergebnis dieses Ringens um die Vorherrschaft in der Welt vorhersagen. Der König und seine Minister gäben viel darum, wenn sie nur wüßten, nach welcher Richtung das Zünglein an der politischen und militärischen Waage demnächst ausschlagen würde.

Für Scharnhorst, Stein, Gneisenau, Boyen, Clausewitz und viele andere Patrioten in Deutschland gibt es nur einen Weg: an der Seite Rußlands für die Befreiung des Vaterlandes zu kämpfen. Eine andere Partei, angeführt von dem Generaladjutanten des Königs, General von Knesebeck, gibt zu bedenken, daß der Zar bei einem Bündnis zwischen Preußen und Frankreich seine an der russischen Grenze aufgestellten Truppen vorrücken und den Krieg eröffnen würde – auf preußischem Boden. Knesebeck sucht dem König klarzumachen, daß Zar Alexander einen Kampf auf deutschem Territorium allemal der Verwüstung seines eigenen Landes vorziehen werde. Er rät daher zu einem *zeitweiligen* Bund mit Napoleon. Wenn dieser dann in Rußland eingefallen sei, würden zwei neue Bundesgenossen im Felde erscheinen: Raum und Zeit. Die Franzosen müßten, je tiefer sie in das Riesenreich vorstießen, desto sicherer dem Klima und dem Mangel erliegen.

Der König hört seinen General ruhig an, dann erklärt er: „Ist mir alles auch schon beigefallen. Die Herren hier [gemeint sind Stein, Scharnhorst und deren Anhänger] aber wollen alle das Gegenteil. Soll mich gleich mit Rußland vereinigen. Sehe aber wohl ein, daß nichts Gutes herauskommen wird. Mit Kaiser Alexander will ich auch nicht gern ganz brechen. Wissen ja, wie wir miteinander stehen. Wird sich schön bedanken, die Franzosen in sein Land zu lassen, wie *Sie* wollen."

Sicherheitshalber schickt er aber von Knesebeck nach Petersburg, um diesen Vorschlag eines Scheinbündnisses mit Frankreich dem Zaren zu unterbreiten.

Im Februar 1812 unterzeichnen Friedrich Wilhelm III. von Preußen und Napoleon einen deutsch-französischen Bündnisvertrag. Durch den Pariser Vertrag erhält Napoleon de facto das Recht, alle preußischen Städte und Provinzen mit Ausnahme von Potsdam und Breslau, die dem König als Residenzen zugestanden werden, zu betreten. Ein neues Kapitel des preußisch-deutschen Leidensweges scheint damit vorgezeichnet zu sein. Vor allem die Ostprovinzen Pommern, West- und Ostpreußen werden Napoleons künftiges Aufmarschgebiet sein; mit neuen Kriegssteuern, Abgaben und Ausplünderungen werden auch die letzten Reserven zum Überleben genommen werden.

Preußen hat ein Hilfskorps von 20000 Soldaten für Napoleon zu stellen. Es muß außerdem Riesenmengen an Material und Ausrüstung liefern: 6 Millionen Pfund Pulver, 300000 Pfund Blei, 6 Millionen Scheffel Hafer, 2 Millionen Flaschen Branntwein, 15000 Pferde, 44000 Ochsen... Die Liste ist endlos lang.

Daß nach einem eventuellen Sieg Napoleons über Rußland auch Preußen endgültig eine französische Kolonie sein wird, erscheint allen gewiß, die es ernst meinen mit Preußens Zukunft.

Die deutschen Patrioten lassen sich nicht entmutigen. Gneisenau entwirft einen detaillierten Plan zur Erhebung und Mobilisierung, der im Kriegsfall sofort in Kraft treten kann. Er muß sich gefallen lassen, daß der König an den Rand des Plans kritzelt: „Niemand würde kommen. Gut – als Poesie." Carl von Clausewitz, gelehriger Schüler Scharnhorsts und selbst Lehrer an der Kriegsschule, macht Pläne für eine Verteidigung Schlesiens und für einen Volkskrieg gegen Napoleon aus dem Untergrund.

Der König und die meisten seiner Berater können sich noch immer nicht mit dem Risiko einer allgemeinen, unkontrollierbaren Erhebung anfreunden. „Mit Ausnahme von Blücher, Yorck und Gneisenau waren die meisten Stimmen gegen einen solchen Guerillakrieg", erinnert sich Hermann von Boyen, der spätere Kriegsminister.

Die Empörung gegen Napoleon wächst in fast allen europäischen Ländern. Selbst in den deutschen Rheinbund-Staaten kommt es immer häufiger zu Abgaben-Verweigerungen. Die jungen Männer dieser Länder, die in Napoleons Armee gepreßt werden, sind stets unsichere Kantonisten, viele von ihnen warten nur auf eine Gelegenheit, zu desertieren und nach Schlesien zu fliehen.

Blücher wird auch nach dem Pariser Bündnis nicht einen Moment lang wankend in seiner antinapoleonischen Haltung. Er, der nun eigentlich „Privatmann" ist und noch weniger

Grund hätte, sich in Regierungsfragen einzumischen, bestürmt seinen König, dem Versprechen Napoleons, Preußen nur als Durchmarsch-Gebiet zu nutzen, nicht zu trauen, das Schicksal des Vaterlands nicht zu besiegeln. Er ist überzeugt, daß sich der französische Kaiser an keinen Pakt gebunden fühlen werde, daß die erneute Eroberung Pommerns bevorstehe: „Ich für mein Theil stehe jede stunde uf dem Sprunge, wenn der besuch erfollgt, dann werde ich in Berlihn erscheinen und öffentlich ein worth reden. In die hende der fremden gerath ich nicht und müste ich mich uf eine gewaltsahme weihse der unterJochung entzihen."

Mit seiner Voraussage behält der General – wieder einmal – recht: Schon am Tag nach diesem Schreiben besetzen französische Truppen Demmin und Anklam, gehen am 27. Februar 1812 bei Wolgast über die Peene und stehen vor Swinemünde; die preußischen Truppen müssen sich nach Kolberg zurückziehen.

Man befürchtet bei Hofe neue Schwierigkeiten für den Bestand des bröckligen preußisch-französischen Paktes, wenn Leberecht von Blücher in den Machtbereich der heranrükkenden Franzosen gerät und sich zu Aktionen hinreißen läßt. Aus diesem Grunde schenkt ihm der König das Gut Kunzendorf bei Neiße. Weitab vom Schuß, in Schlesien, hält Friedrich Wilhelm einen fetten Happen hoch und lockt den Alten.

Blücher beißt an. Er verkauft in Stargard seine bewegliche Habe, unter anderem *acht* Spieltische! Aus dem geborenen Mecklenburger und „gelernten" Pommer wird freiwillig-unfreiwillig ein Schlesier. Allerdings geht er nicht nach dem abgelegenen Kunzendorf, das ihm – und wohl nicht nur ihm – doch zu sehr als Verbannungsort erscheint. Er mietet eine Stadtwohnung in Breslau, das franzosenfrei bleiben soll, und ist ab Juli 1812 mit seiner Familie in der Stadt.

Auch Blüchers Freunde verlassen nach dem Pariser Vertrag enttäuscht Berlin, das wieder unter französische Aufsicht genommen werden soll. Gneisenau fährt erneut nach England; Scharnhorst reist in geheimer Mission und wechselnder Verkleidung durch Europa auf der Suche nach Verbündeten; Boyen, Arndt und Clausewitz gehen nach Rußland, wo bereits Stein tätig ist. Die meisten dieser Männer sehen, ehe sie Preußen verlassen, noch einmal in Breslau bei Blücher herein, um ihm – oder sich selber – Mut zu machen.

Ernst Moritz Arndt beschreibt ihn bei dieser Gelegenheit, als ob er ein bedeutendes Kunstwerk vor sich habe: „Trotz seines Alters trug er eine herrliche Gestalt, groß und schnell, mit den schönsten, rundesten Gliedern vom Kopf bis zum Fuß; seine Arme, Beine und Schenkel noch fast wie eines Jünglings scharf und fest gezeichnet. Am meisten erstaunte sein Gesicht. Es hatte zwei verschiedene Welten, die selbst bei Scherz und Spaß, welchen er sich ganz frisch und soldatisch mit jedem ergab, ihre Farben nicht wechselten: auf Stirn, Nase und in den Augen konnten Götter wohnen, um Kinn und Mund trieben die gewöhnlichen Sterblichen ihr Wesen... Wie freundlich diese Augen auch zu lachen und zu winken verstanden, sie verdunkelten sich oft auch plötzlich zu einem fürchterlichen Ernst und Zorn.“ Arndt vermeint in dem Gesicht etwas zu sehen, was an einen Marder erinnere, der auf seinen Fang lausche.

Nach dem Abgang der Freunde wird es still um Blücher. Jene, die ihn für gestrauchelt ansehen, meiden seine Nähe. Er gleicht dem weidwunden Tier, das man in seinem Schmerz besser allein läßt. Und natürlich fehlen auch nicht jene, die ihm am liebsten den Gnadenstoß versetzen würden.

Doch wieder trügt der Schein. Blücher ist nicht untätig. Jetzt bildet vor allem der Briefwechsel mit Vertrauten die Nabelschnur zur patriotischen Bewegung. Er, der einst die Geheimbündelei des TUGENBUNDES gerügt hatte, wird Mitglied des von Friedrich Ludwig Jahn und Karl Friesen geführten DEUTSCHEN BUNDES: Diese Mitgliedschaft,

Porträtzeichnung
von Franz Klinsmann

zweifelsfrei erwiesen und hier erstmals aufgedeckt, ist unter dem Einfluß Gneisenaus zustande gekommen.

Obwohl Mitgliedslisten aus verständlichen Gründen nicht geführt worden und die Briefe an Jahn verbrannt sind, wird in anderen schriftlichen Äußerungen Blüchers auf diese Verbindung Bezug genommen. In dem konspirativen Briefwechsel ist Jahn der „Herr Fritze", der er schon als verfolgter Hauslehrer 1803 in Neubrandenburg gewesen war, und Blücher sowie sein Sohn sind „der alte Poppe" oder „Franz Poppe". Die französische Armee ist in der Korrespondenz „der Besuch", dessen An- und Abreise man sich gegenseitig ankündigt und über dessen „Behandlung" man Absprachen trifft.

Blücher hat aus der korrespondierenden Mitgliedschaft im

Geheimbund wohl die innere Kraft gewonnen, nach außen hin „beruhigt und stille" zu wirken. Der Alte versteht es, alle seine Widersacher in den eigenen und fremden Reihen zu täuschen. Als im Sommer 1812 ein Teil der Bundesmitglieder, darunter auch Justus von Gruner, verhaftet wird, bleibt es bei einer vagen Denunziation gegen Blücher ohne Folgen. Der Denunziant ist kein anderer als der Gouverneur von Breslau: General Kalckreuth.

Nur selten steckt der listige Marder noch seinen Kopf aus der Höhle und zeigt sich in der Öffentlichkeit. Auch in die große Politik mischt er sich vorerst kaum ein. Eine Ausnahme ist, als Napoleon sein wahnwitziges Rußland-Abenteuer beginnt und sich Blücher um die persönliche Sicherheit des Königs in Potsdam Gedanken macht. Er kann es nicht lassen, sich um das Wohlergehen Ihrer Majestät zu sorgen: „Meine treue Anhänglichkeit an Ew. Kön. Maj. geheiligte Person und Theilnahme an das zukünftige Wohl der Nation verpflichten mich zu der allerunterthänigsten Bitte, Ew. Kön. Maj. wollen geruhen, bei den jetzigen gefahrvollen Zeiten die Sicherheit Dero Allerhöchsten Person und die des Kron-Erben zum Haupt-Augenmerk zu nehmen ... Beglücken Sie uns in Breslau mit Ihrer Gegenwart. Freude und Beruhigung wird allen Treugesinnten dadurch zu Theil."

Seine Majestät geruhen nicht, ihn zu beglücken. Vorerst nicht. Der König handelt nach dem Motto: Nur keinem Untertanen recht geben, selbst wenn er recht hat. Obwohl er schon bald Blüchers Rat folgt und nach Breslau ausweicht, schreibt er an den General: „Ich lasse zwar der guten Absicht gern Gerechtigkeit widerfahren, welche Sie bei der Abfassung Ihres Schreibens vom 17. d. M. an Mich geleitet hat. Da Sie aber aus Ihrem Standpunkt die Lage der Dinge nicht vollständig beurteilen können, so werden Sie Ihre Pflichten nur umso vollkommener erfüllen, indem Sie die Massregeln, welche Ich zu ergreifen habe, lediglich Meiner eigenen Beurtheilung überlassen."

Er verabreicht dem würdigen alten Mann, der es gut meint, eine Ohrfeige nach der anderen: Was weiß er schon von hoher Politik in seinem Krähwinkel? Kümmere er sich gefälligst um seinen eigenen Kram! Was mischt er sich in Dinge, die ihn nichts angehen? So etwa muß man den Brief des Königs an seinen besorgten General wohl übersetzen. Aber kaum acht Wochen später ist er da, der selbstgefällige Monarch, und vergessen ist die Rüge. Blücher ist unter jenen, die ihren heißgeliebten König jubelnd in Breslau in Empfang nehmen.

An die Ankunft Friedrich Wilhelms in Breslau knüpft wohl nicht nur Blücher große Erwartungen. Und der Verlauf der Dinge scheint ihnen recht zu geben. Die Ereignisse überschlagen sich: Napoleon feiert in Moskau einen Pyrrhussieg. Die Moskauer nehmen ihm das Vergnügen, sich im Kreml als Herr der Welt zu fühlen. Die Stadt brennt an allen Ecken, und Napoleon am Kremlfenster mag zum erstenmal ein Gefühl von Angst und Hilflosigkeit in dem riesigen Land befallen haben. Er räumt die Stadt nach fünf Wochen und führt seine „Grande Armee" in den eisigen Tod an der Beresina. Dann flieht er vor der Wahrheit, zurück nach Paris. Napoleon, der das Land in einem Blitzkrieg aufrollen und bis nach Indien vorstoßen wollte, um endlich auf diesem Umweg seinen Erzfeind England entscheidend zu treffen – dieser Napoleon eilt nun tatsächlich durch Europa, legt den mehr als dreitausend Kilometer langen Weg von Moskau nach Paris verkleidet und unter falschem Namen in kaum drei Wochen zurück. Die „Grande Armee" bleibt in Kälte, Hunger und Unordnung zurück und wird beim Übergang über die Beresina von Kutusow vernichtend geschlagen.

Die Kunde von Napoleons Fall verbreitet sich wie ein Lauffeuer in Europa. Viele Potentaten versuchen, so rasch wie möglich die andere Seite, das rettende Ufer zu erreichen. Niemand will auf seiten des Verlierers stehen.

„Die Vernichtung der großen napoleonischen Armee auf

dem Rückzug von Moskau gab das Signal zum allgemeinen Aufstand gegen die französische Oberherrschaft im Westen“, stellt Friedrich Engels fest.

Es ist klar, daß auch die preußischen Patrioten, das deutsche Volk erwarten, daß sich Preußen von Napoleon trennt. Unter den fünfhunderttausend Toten und Vermißten des Rußland-Feldzugs ist jeder dritte ein Deutscher aus den Rheinbund-Staaten, zweihunderttausend deutsche Söhne und Väter.

Der erste, der handelt, ist bekanntlich der General Hans David von Yorck, der nicht bereit ist, gegen die russische Armee zu kämpfen. Er reicht dem Gegner die Hand und schließt die berühmte Konvention von Tauroggen: kein Schuß aus preußischen Gewehren und Kanonen einerseits, Vorrücken der russischen Truppen über die Weichsel und die Oder andererseits, um dem preußischen König Rückendeckung für seinen Widerstand gegen Napoleon zu geben.

Ausgerechnet der konservativste unter den Generalen des Königs steht an der Memel vor der Entscheidung, als erster das Staatsbündnis mit Napoleon aufzukündigen oder sinnlos weiter Blut zu vergießen. Yorck, der klassische Vertreter des preußischen Offiziers-Adels, ist ein erbitterter Gegner Steins. Er hat für die Staats- und Heeresreformen der Stein, Scharnhorst, Boyen nur Hohn und Spott übrig und bezeichnet jene Offiziere, die aus dem preußischen in russische Dienste übergetreten sind, als Deserteure und Vaterlandsverräter. Erst als er später den Mut und die Einsatzbereitschaft der Freiwilligen schätzenlernt, freundet er sich mit einigen Grundgedanken der Heeresreform an und setzt sie durch.

Ausgerechnet dieser bedächtige, loyale General entschließt sich nach schweren inneren Kämpfen zu einem Alleingang, ohne den Segen des Königs. Yorck, der weiß, daß er damit seinen Kopf riskiert, schreibt sogleich an den König: „Ich erwarte nun sehnsuchtsvoll den Ausspruch Ew. Majestät, ob ich gegen den wirklichen Feind [Frankreich] vorrücke

Hans David Ludwig
von Yorck

oder ob die politischen Verhältnisse erheischen, daß Ew. Majestät mich verurteilen." Der König mißbilligt zwar Yorcks Verhalten, fordert aber nicht seinen Kopf. Seine Strafbescheide sind so umständlich und zwielichtig wie seine ganze Politik.

Was wichtiger ist: die Konvention von Tauroggen wird Signal zur Wende, zum offenen Widerstand der Militärs gegen die französische Fremdherrschaft.

Als Blücher von diesem Alleingang seines alten Waffenbruders Yorck erfährt, kennt seine Bewunderung keine Grenzen: „Mich jugts in allen finger, den säbel zu ergreiffen. Wenn es ietzt nich Sr. Magistet unnseres königs und aller übrigen deuttschen fürsten und der gantzen Natzion führnehmen ist, Alles schellm Frantzosenzeug mittsamt dem Bonaparte und all seinem gantzen Anhankh vom deuttschen boden wegzuverthillgen; so Scheint mich, das kein deutscher man Mehr des deuttschen nahmens wehrt sey. ietzo ißt widerum die zeitt zu duhn, waß ich schon anno 9 angeratten; nehmlig die gantze natiohn zu den Waffen aufzuruffen und wan die fürsten nicht wollen und sich dem enttgegen setzen, sie samt dem Bonaparte wegh zu jaghen: Denn nich nuhr Preusen alleyn, sondern daß gantze Deutsche Vatterlandt muss widerum Herauffgebracht und die Natzion hergestelth werden."

Diese kühnen Worte, an den Mitverschworenen Scharnhorst gerichtet, knüpfen an Blüchers patriotische Absichten nach 1806 an. Obwohl er die Begriffe Vaterland und Nation immer noch nicht richtig schreibt, weiß er etwas mit ihnen anzufangen. Das zeichnet ihn vor fast allen aus; selbst die lauen, entschlußlosen Vertreter der eigenen Adelskaste schont er nicht. Erkennen sie nicht das Gebot der Stunde, so gehören sie auch auf den Müllhaufen der Geschichte. Hieraus erwächst natürlich keine konsequent antifeudale Haltung, doch eine entschiedene national-patriotische Position, die ihn auch in der Frage des Bündnisses mit Rußland schnell zur Klarsicht führt.

Scharnhorst versucht, Blücher von unüberlegten Schritten abzuhalten, doch der General antwortet: „Ich kan alleweille nicht stille sitzen und nich die zene zußammen Beissen, wan eß Sich um daß Vatterlandt und die freyheit Handelln duht. lasst das Lauße- und scheissZeugh von denen diplomahtiker zu Allen teuffeln faren. warum soll nich alles Auffsitzen und los auff die frantzosen wie das Heyllige donnerwetther. Die den könig vohr schlagen noch lenger zu zauhtern und mit dem Bonapartte friden hallten, sind ferräther an ihn und daß gantze deuttsche vaterlandt und deß tohtschissens wert, denn Derweill wihr hier schwazzen duhn, anstatt die Natzion auff und in krig ruffen, haben die Francosen zeytt und Gelägenheyt ihren dinst und Armeh wider her und ein zu Richten."

Blücher erkennt die Chance, durch rasches Handeln die Geschicke des gesamten Vaterlandes zu wenden. So vertritt er in einem anderen Brief an Scharnhorst die Ansicht, daß durch Preußen dem ganzen deutschen Volk aufgeholfen werden müsse, daß „König und Preusen ihre egsistenst und maght nur gemeinschaftlig mit dem deuttschen Vatterlandt gut aufrecht erhallten" könnten. Blücher, ein halbes Jahr zuvor noch als „politische Leiche" behandelt, entfaltet bald wieder die gewohnte Aktivität und sieht sich von alten und neuen Freunden umringt.

Der Zufall der Geschichte macht Breslau zum wichtigsten Zentrum des antinapoleonischen Kampfes in Deutschland. Noch vor dem zwischen Rußland und Preußen geschlossenen Bündnis vom 28. Februar 1813 kommt der Gesandte des Zaren, Heinrich von Anstetten, zu Blücher; auch Hardenberg, Boyen, Grolman und Scharnhorst treffen ein. Dann der Zar selbst. Blücher verläßt die von Tabaksqualm geschwärzte Wohnhöhle und mischt sich bramarbasierend unter die Leute. Gern hört man, was der alte Haudegen, der gestiefelt und gespornt, in voller Kriegstracht durch die Straßen stolziert, zur Lage der Nation zu sagen hat.

Im SCHILLINGSCHEN WEINHAUS trifft sich in einem Hinterzimmer mehrmals wöchentlich ein Kreis von Einheimischen und Fremden, der eifrig politische Themen debattiert und zu dem auch Blücher gehört. Der Philosophieprofessor Heinrich Steffens notiert in seinen Erinnerungen: „Bei der Unruhe, die damals im Volke herrschte, war man über die Ankunft dieser Männer erstaunt. Irre ich nicht, so war selbst die Polizei bedenklich und schenkte diesen Männern ihre besondere Aufmerksamkeit."

Schlesische privilegirte Zeitung

No. 34. Sonnabends den 20. März 1813.

Se. Majestät der König haben mit Sr. Majestät dem Kaiser aller Reußen ein Off- und Defensiv-Bündniß abgeschlossen.

An Mein Volk.

So wenig für Mein treues Volk als für Deutsche, bedarf es einer Rechenschaft, über die Ursachen des Kriegs welcher jetzt beginnt. Klar liegen sie dem unverblendeten Europa vor Augen.

Wir erlagen unter der Uebermacht Frankreichs. Der Frieden, der die Hälfte Meiner Unterthanen Mir entriß, gab uns seine Segnungen nicht; denn er schlug uns tiefere Wunden, als selbst der Krieg. Das Mark des Landes ward ausgesogen, die Hauptfestungen blieben vom Feinde besetzt, der Ackerbau ward gelähmt so wie der sonst so hoch gebrachte Kunstfleiß unserer Städte. Die Freiheit des Handels ward gehemmt, und dadurch die Quelle des Erwerbs und des Wohlstands verstopft. Das Land ward ein Raub der Verarmung.

Durch die strengste Erfüllung eingegangener Verbindlichkeiten hoffte Ich Meinem Volke Erleichterung zu bereiten und den französischen Kaiser endlich zu überzeugen, daß es sein eigener Vortheil sey, Preußen seine Unabhängigkeit zu lassen. Aber Meine reinsten Absichten wurden durch Uebermuth und Treulosigkeit vereitelt, und nur zu deutlich sahen wir, daß des Kaisers Verträge mehr noch wie seine Kriege uns langsam verderben mußten. Jetzt ist der Augenblick gekommen, wo alle Täuschung über unsern Zustand aufhört.

Brandenburger, Preußen, Schlesier, Pommern, Litthauer! Ihr wißt was Ihr seit fast sieben Jahren erduldet habt, Ihr wißt was euer trauriges Loos ist, wenn wir den beginnenden Kampf nicht ehrenvoll enden. Erinnert Euch an die Vorzeit, an den großen Kurfürsten, den großen Friedrich. Bleibt eingedenk der Güter, die unter

---

Faksimile einer von der Verlagsbuchhandlung W. G. Korn in Breslau zur Verfügung gestellten Nummer der „Schlesischen privilegirten Zeitung" vom 20. März 1813, die zuerst den Aufruf König Friedrich Wilhelms III. brachte.

Aufruf Friedrich Wilhelms III.

Blücher gehört zum festen Kern dieses Kreises. Sein alter Widersacher General Kalckreuth, nun Gouverneur von Breslau, läßt keine Gelegenheit aus, Blücher bei Hofe wegen konspirativer Umtriebe anzuschwärzen – ohne sonderlichen Erfolg, wie es scheint.

„Die Sachen werden nun wohl vor wärts gehen“, schreibt Blücher Ende Februar, „noch hat mich kein mensch waß gesagt, indessen ist meyne beStimung woll feßtgestelld, und ich werde Alles ruhig erwahrten.“

Schon zwei Tage später hält er die in Breslau ausgefertigte Kabinettsorder in der Hand, durch die Friedrich Wilhelm zu ihm spricht: „Ich habe beschlossen, Ihnen ein Commando über diejenigen Truppen zu übertragen, welche zuerst ins Feld rücken werden. Ich trage Ihnen daher auf, Sich hierselbst auf das Schleunigste mobil zu machen. Der wichtigste Auftrag, der Ihnen hierdurch zu Theil wird, wird Sie überzeugen, welches Vertrauen Ich in Ihre Kriegs-Erfahrenheit und in Ihren Patriotismus setze, und Ich bin versichert, daß Sie demselben ganz entsprechen und Mir und dem Vaterlande dadurch Veranlassung geben werden, Ihnen unsere besondere Erkenntlichkeit zu bezeigen.“

Boyen hat durchblicken lassen, daß der König zunächst gar nicht für Blücher gewesen sei: „Der König, der Blücher nicht besonders leiden mochte, wollte dem General Tauentzien, der gar nicht dazu geeignet war, das Kommando über das mobile Korps geben, und es kostete Scharnhorst sehr viel Mühe, es mit Unterstützung des Kaisers Alexander dahin zu bringen, daß Blücher den Befehl erhielt.“

In der größten Not kommen dem König selbst Worte wie Patriotismus und Vaterland unter die Feder. Nun, da ihm das Wasser bis zum Hals steht und die ganze schöne Monarchie zu versinken droht, bringt es ein Hohenzollernherrscher sogar über sich, sich an „sein“ Volk zu wenden. Am 17. März erläßt er einen Aufruf, worin es unter anderem heißt: „Der Frieden [von Tilsit], der die Hälfte meiner Unterthanen mir entriß, gab uns seine Segnungen nicht; denn er schlug uns tiefere Wunden als der Krieg selbst... Meine reinsten Absichten werden durch Übermuth und Treulosigkeit vereitelt, und nur zu deutlich sahen wir, daß des Kaisers Verträge, mehr noch wie seine Kriege, uns langsam verderben mußten. Jetzt ist der Augenblick gekommen, wo alle Täuschung über unsern Zustand aufhört... Es ist der letzte, entscheidende Kampf, den wir bestehen für unser Dasein, unsere Unabhängigkeit, unseren Wohlstand; keinen anderen Ausweg gibt es, als einen ehrenvollen Frieden, oder einen ruhmwollen Untergang."

Der Ruf „Zu den Waffen!" tut seine Wirkung. Aus allen Gegenden Deutschlands strömen Freiwillige nach Breslau. „Ja, der König rief, und alle, alle kamen", sagt Gneisenau. Im Volk wandelt man den Satz ab, sagt, der König habe erst gerufen, als alle schon da waren. Wie hatte er noch kurz zuvor Blücher abgefertigt! Was hatte er in Gneisenaus Plan an den Rand geschrieben: „Niemand würde kommen. Gut – als Poesie."

Friedrich Köppen hat in seiner Schrift über das Jahr 1813 beschrieben, was sich im Frühjahr dieses so ereignisreichen Jahres in den Kreisen der Berliner Wissenschaftler und Künstler tut, die darauf brennen, ihre schwachen Kräfte in den Kriegsdienst zu stellen: „Die Professoren der Universität Berlin bildeten einen eigenen Trupp und übten sich häufig in den Waffen; der kleine, bucklige Schleiermacher, der kaum die Pike tragen konnte, auf der äußersten Linken, der baumlange Savigny auf dem rechten Flügel; der lebhafte, knirpsige Niebuhr exerzierte, daß die nur federgewandten Hände dicke Schwielen bekamen. Der ideologisch tapfere Fichte erschien bis an die Zähne bewaffnet, zwei Pistolen im breiten Gürtel, einen Pallasch hinter sich herschleppend... Der alte Schadow führte die Schar der Künstler, Iffland die Helden der Bühne, diese wie jene meist abenteuerlich-mittelalterlich und phantastisch-theatralisch kostümiert und bewehrt: Sturm- und Pickelhauben, Flamberge und sogar Morgensterne kamen zum Vorschein ..." Das sieht nach Theatralik aus, wirkt wohl auch auf Außenstehende lächerlich. Es ist den Beteiligten aber bitterernst mit ihrem persönlichen Einsatz fürs Vaterland.

Leberecht von Blücher geht in seinem einundsiebzigsten Lebensjahr daran, sich „mobil zu machen". Er beginnt seine dritte Militär-Laufbahn. Von allen Seiten erhält er nun Angebote von Offizieren, ihm als Adjutanten oder im Stab zu dienen. Vorerst sollen die Grafen Goltz und Moltke sowie Capitaine Brünneck seine Adjutanten sein. Blücher wird – wie ihm der König am 8. März mitteilt – die „sämtlichen in Schlesien stehenden zuerst marschierenden Truppen und zugleich das russische Armee-Corps unter dem General Wintzingerode führen"; das zweite aufzustellende Korps unter Yorcks Kommando wird dem russischen General Wittgenstein unterstellt.

Schon eine Woche nach seiner Reaktivierung schreibt Blücher an seinen Sohn: „Sowie ich vermuthe agiren wir mit 2 Corps, das erste werde ich, und das 2te York comandiren. Der könig gehdt woll nicht gleich mit. Meine mobilmachung kostet mich vihll gelld, ich habe schon vor 1.500 Rthlr. Pfehrde gekaufft ... du glaubst nicht wie ich gemartert bin, alles will mit mich gehen ... Ich glaube, der keiser Aleksander wird woll negstens hihr seyn. Stein hat mich versprochen, das ich gleich eine Portion guter Kosacken erhallten soll."

Ein fetter Happen für den Anfang, da kann Blücher nicht meckern. Die russischen Verbündeten halten Wort und überschreiten im März die Oder, und „bei Berlin haben die francosen schmiehre gekrigt", wie Blücher schadenfroh weitermeldet.

Es ist klar, daß Blüchers Ernennung zu einem der Oberkommandierenden, durch Scharnhorst in die Wege geleitet, nicht ohne Widerstand bei der Hofpartei geblieben ist. Blücher hat die Königsberater Faultiere genannt und sich über jüngere Generals-Kollegen mit dem Bemerken belustigt, sie seien nichts als „senile Greise". Erwartet so einer, die ungeteilte Sympathie zu haben? Wohl nicht unter seinesgleichen. Dafür sind ihm die Achtung des Heeres und die Liebe der einfachen Menschen gewiß. Und das gibt am Ende den Ausschlag.

Scharnhorst, dem die Fähigkeiten des Generals und die Volksmeinung über ihn wichtiger sind als kleinliche Bedenken bei Hofe, reserviert sich den Posten des Stabschefs an Blüchers Seite. „Sie sind unser Anführer und Held, und müßten Sie auf der Sänfte uns vor- und nachgetragen werden", hatte Scharnhorst fünf Jahre zuvor an den erkrankten Blücher geschrieben.

Blücher ist wieder im Kommen. Natürlich geht ihm alles zu langsam. Sobald Scharnhorst zurück ist, der mit einer geheimen Botschaft des Königs an das russische Oberkommando unterwegs ist, will er seine Sache „mit Gewald treiben". Scharnhorst wird die abgestimmten Befehle mitbringen, und dann, so hofft Blücher, „werden wir wandern".

Mitte März 1813 setzt sich der endlose Heerwurm langsam in Richtung Westen in Marsch. Das dreizehntausend Mann starke russische Korps geht vorauf; Blücher soll über das „feindliche" Sachsen vorstoßen. Im Abstand von drei Tagen wird die russische Hauptarmee unter Wittgenstein folgen.

Blüchers Verhältnis zu den neuen Verbündeten ist von Beginn an eng und problemlos. Auch darin unterscheidet er sich von den meisten seiner Generals-Kollegen, die sich in ihrer bornierten Art überheblich und anmaßend zu den Russen verhalten. Schon früher hatte sich Blücher gelegentlich lobend über das Können und den Eifer der Kosaken auf ihren schnellen, kleinen Pferden geäußert. Diese eisenharten Männer, die nach Steppe und Stall riechen, kommen seinem ursprünglichen, nomadenhaften Empfinden vom Soldatentum sehr entgegen. Während die meisten seiner Stabsoffiziere den Umgang mit den russischen Offizieren vermeiden, begegnet ihnen Blücher arglos und vorurteilsfrei.

„Der alte Blücher war der einzige, der uns gern hatte", erinnert sich Friedrich von Schubert, Generalquartiermeister im russischen Stab. „Weder die Generale noch die Offiziere der beiden Armeen hatten miteinander Umgang... Die Hauptsache war, daß die preußische Pedanterie, ihre Aufschneidereien, ihre Rodomontaden [Großsprechereien], ihre ökonomischen Gewohnheiten sie durchaus zu keinen Kameraden für unsere Offiziere machten, die alle Lebemänner waren, den letzten Heller sorglos vertranken und verspielten und von Pedanterie oder Rodomontaden nichts wußten."

Nach dieser Charakteristik wird die Sympathie Blüchers für seine russischen Waffenbrüder eher verständlich. Pferde, Reiterkunststücke, Machorka oder Kosakensäbel sind ebenso verbindende Interessen in Marsch- und Kampfpausen, wie Glücksspiele und Branntwein ihre gemeinsamen Leidenschaften sind.

Leberecht von Blücher hat das Oberkommando über ein achtundzwanzigtausend Mann starkes gemischtes Korps. Sein Generalstab ist eine eingespielte Mannschaft, zu der neben Scharnhorst auch Gneisenau, Grolman, Müffling, Goltz und Clausewitz gehören.

Blücher, von einem Fieber befallen, aber auf dem Pferderücken, nicht „in der Sänfte" vorausgetragen, marschiert in Richtung auf Dresden. Der Vorwärtsdrang des Anführers überträgt sich auf die ganze Truppe. „Jedwedes Herz ist hochgestimmt", schreibt Gneisenau nach Hause. „Mein munterer Feldherr ist neu begeistert. Scharnhorst, unser erster General-Quartiermeister, leitet uns. An der Spitze der Brigaden und Regimenter sind tüchtige Leute; der Soldat ist schlagfertig und erbittert."

Auch Carl von Clausewitz, Verbindungsoffizier zu den russischen Verbündeten, rühmt die gute Stimmung im Blücherstab: „Blücher, Scharnhorst und Gneisenau behandeln mich mit ausgezeichneter Güte und Freundschaft; ich kann mir kein schöneres Verhältnis denken. Diese Einigkeit, dieses gegenseitige Vertrauen, diese wechselseitige Achtung und Freundschaft wird man lange vergebens suchen."

In diesem Frühjahrs-Feldzug sind für kurze Zeit die fähigsten Militär-Strategen Preußens an einem Platz vereinigt. Gneisenau und Scharnhorst sind die Köpfe dieses Heerwurms – Gneisenau der politische, Scharnhorst der strategische. Blücher ist der Handwerker des Befreiungskampfes; die filigrane Ingenieur-Arbeit leisten die beiden anderen. Sie räumen freiwillig den Platz an der Spitze, weil Blücher bei allem Eigensinn ein gut zu lenkender Vordermann ist, wenn er nur Sachkenntnis hinter sich spürt und die Konzepte seiner Offiziere seiner permanenten Angriffswut entgegenkommen.

Karl von Müffling hat als Blüchers Adjutant diese Eigenart besonders geschätzt. „Er vertraute den Offizieren seines Stabes nur, wenn er sie für unternehmungslustig hielt; wenn sie aber einmal sein Vertrauen erworben hatten, gab er es ihnen rückhaltlos. Er gestattete ihnen, ihre Pläne für Märsche, Bereitstellungen und Schlachten vorzulegen; er erfaßte alles schnell und wenn er die Pläne gebilligt und die entsprechenden Befehle unterzeichnet hatte, nahm er keinen Rat von außen mehr an und keine Äußerungen von Alarm konnten ihn im mindesten beeindrucken. Sobald die Truppen die Befehle erhalten hatten, konnte er es kaum erwarten, daß sie auch ausgeführt wurden."

Wie sehr Gneisenau regiert, wohin Blücher – politisch – marschiert, zeigen schon die ersten Proklamationen des Korps, die – von Gneisenau entworfen, von Blücher unterzeichnet – an die sächsische Zivilbevölkerung und an die Soldaten gerichtet sind.

Als die Kolonne nach nur vierzehn Marschtagen und zweihundertfünfzig zurückgelegten Kilometern sächsisches Gebiet betritt, richtet Blücher an seine Soldaten den Befehl, sich nicht feindlich, sondern als Befreier des Landes zu betragen, das mit Napoleon verbündet ist:

„Ausziehend zum Kampfe um unsere Unabhängigkeit, wollen wir nicht ein Nachbarvolk unterdrücken, das mit uns ein und dieselbe Sprache redet, denselben Haß gegen fremde Unterdrücker fühlt... Seid milde und menschlich gegen dieses Volk und betrachtet die Sachsen als Freunde der heiligen Sache deutscher Unabhängigkeit, für welche wir die Waffen erhoben haben, betrachtet sie als künftige Bundesgenossen."

An die Einwohner selbst läßt Blücher den Appell richten, sich gegenüber den Preußen „brav" zu bezeigen und sich ihnen anzuschließen: „Auf, vereinigt Euch mit uns, erhebt die Fahne des Aufstandes gegen die fremden Unterdrücker und seid frei."

Der König von Sachsen, Friedrich August, ein wankelmütiger Bundesgenosse Napoleons, führt mit den russischen und preußischen Monarchen gerade „delikate Verhandlungen" über seine Neutralität gegenüber Napoleon. Blüchers radikale Aufforderung an die Sachsen, in den Kampf einzugreifen, geht allen Hofschranzen und Regenten zu weit; Blücher erhält einen Rüffel. Er steckt ihn weg, gibt ihn nicht an den Verfasser des Appells weiter, schreibt an seine Frau: „Ich mach mich nix draus!"

Unter denen, die zu Blücher ins Hauptquartier kommen, um auf ihre Art Sympathie zu bekunden oder mitzukämpfen, ist auch einer der Sänger des Befreiungskampfes. Als sich dieser Dichter bei Blücher meldet, um den Soldaten seine Verse und Lieder vorzutragen, ermuntert ihn der General mit den Worten: „Man immer munter druff los! Das bringt etwas Feuer unter die Leute. Jetzt muß ein jeder singen, wie ihm ums Herz ist, der eine mit dem Schnabel, der andere mit dem Sabel." –

Frisch auf, mein Volk! Die Flammenzeichen rauchen;
hell aus dem Norden bricht der Freiheit Licht.
Du sollst den Stahl in Feindesherzen tauchen.
Frisch auf, mein Volk! – die Flammenzeichen rauchen,
die Saat ist reif, ihr Schnitter, zaudert nicht!
Das höchste Heil, das letzte, liegt im Schwerte.
Drück dir den Speer ins treue Herz hinein!
Der Freiheit eine Gasse! Wasch die Erde,
dein deutsches Land, mit deinem Blute rein!

Dieses Lied von Theodor Körner gefällt dem alten General. Er liebt es, seine Arbeit mit der des Landmannes zu vergleichen. Er hat es gern, wenn man die Allmacht des Schwertes besingt. Mit innerer Bewegung spürt er die Wirkung von Worten und Tönen auf das Gemüt seiner Soldaten. Viele können ihre Bewegung nicht niederkämpfen.

Leberecht von Blücher, der in seinem ganzen Leben kein einziges Buch von der ersten bis zur letzten Seite gelesen, kein größeres Konzert angehört hat, wird der unmittelbare Nutzen der Kunst bewußt. Am liebsten behielte er diesen Sänger bei sich, die Moral der Soldaten zu stärken. Aber der erwidert auf das Angebot: „Exzellenz, ich denke nicht unter den Schnabelsängern zu bleiben; ich erwarte das Lützowsche Korps, um einzutreten."

Es ist eine gute Stimmung unter den Soldaten. Die Briefe der tapferen Männer an ihre Frauen geben ein schwaches Abbild vom Geist der Zeit. „Es wird mir schwer, mich der Tränen zu erwehren, wenn ich all diesen Edelmuth, diesen hohen teutschen Sinn gewahr werde", schreibt Gneisenau. „Welches Glück, so lange gelebt zu haben, bis diese weltgeschichtliche Zeit eintrat. Nun mag man gern sterben, wir hinterlassen unseren Nachkommen die Unabhängigkeit."

Es ist viel Pathetik in der Luft, aber nicht mehr zu fehlgeleitetem Zweck, sondern zum Nutzen echter Vaterlandsliebe.

Viele der Besten lassen schon in den ersten Kämpfen für die gute Sache der Volksbefreiung ihr Leben.

Die Preußen marschieren in Richtung Leipzig, wo man Napoleon weiß. Am 14. April langen die Vorausabteilungen in Altenburg an. Hier will Blücher auf Wittgenstein warten, der von Norden her anrücken soll. Um die Wartezeit zu verkürzen, entwerfen Scharnhorst, Gneisenau und Blücher einen „Insurrektionsplan“: Major von Lützow soll mit seinen schwarzen Jägern ein Gebiet westlich des Harzes durchkämmen, Major Franz von Blücher mit den braunen Husaren die Grafschaft Mark befreien und der Oberstleutnant von Bernickow in der Maingegend gegen Napoleons Nachschub vorgehen. In allen diesen Regionen soll das Volk zur Erhebung gegen Frankreich aufgerufen werden. Der Plan kann wegen der nun endlich anrückenden russischen Verbände nicht umgesetzt werden.

Die Russen kommen ohne ihren legendären Führer Feldmarschall Kutusow, der in Bunzlau zurückbleiben mußte und dort am 28. April stirbt. Neuer Oberbefehlshaber wird der russische General Graf Wittgenstein, der zum Einstand beschließt, Napoleon eine Schlacht zu liefern, um dem allgemeinen Drange nach Bewährung ein Ventil zu schaffen.

Auch Napoleon drängt seinerseits auf eine neue Macht- und Mutprobe seiner eilig aufgestellten neuen Armee. 226000 Mann und 457 Kanonen hat der französische Kaiser nach der Vernichtung seiner Großen Armee wieder auf die Beine und Räder gebracht – junge, unerfahrene, schlecht bewaffnete Wehrpflichtige zumeist, auf unausgebildeten Pferden. Selbst unter französischen Militärs geht die Rede von Kücken, die auf Fohlen in den Kampf reiten sollen.

Vor der Schlacht gibt es durch falsche Befehle des Oberkommandos eine böse Panne: Die Marschwege der Korps von Blücher und Yorck kreuzen sich so unglücklich, daß ein wüstes Durcheinander und erheblicher Zeitverzug entstehen.

Der König macht Scharnhorst für den Fehler verantwortlich und äußert, daß „so etwas eigentlich mit Festungshaft bestraft werden müßte". Der schuldlose Scharnhorst steckt den Rüffel schweigend ein. Er weiß, daß ihn der König wegen seiner Herkunft und seiner „radikalen" Ansichten nicht sonderlich mag.

Die Dörfer Großgörschen, Kleingörschen, Kaja und Rahna, in denen französische Truppen stehen, werden zur Wahlstatt des ersten Treffens bestimmt. Hier beginnt am 2. Mai, einem trüben Frühlings-Sonntag, die Erde unter den Hufschlägen und Kanonensalven zu dröhnen; einmal sind die Preußen für kurze Zeit Herren über eins der Dörfer, dann wieder die Gegner. Die Franzosen, die sich mit ihren Kanonen hinter den Häusertrümmern verschanzt haben, empfangen die preußische Kavallerie mit einem mörderischen Kugelhagel.

Professor Steffens, der als Freiwilliger in Blüchers Stab seine Feuertaufe besteht, schreibt über diese Stunden: „Es war mir, als kämen die Kugeln von allen Seiten in dichten Massen, als müßten wir alle getroffen werden, als wäre ich in einem starken Regen gegangen, ohne naß zu werden." Kartätschen schlagen blutige Lücken in die Reihen der Verbündeten; abgerissene Glieder, zerschmetterte Körper, schreiende Menschen und brüllende Tiere; über die Sterbenden und Toten rollt bespannte Artillerie, das ganze Inferno des Krieges. Auf den kampfunerfahrenen Steffens macht das Ganze den Eindruck einer Naturkatastrophe, eines Erdbebens; er selbst spürt am eigenen Leibe ein „dunkles Beben, eine wunderbare Undulation [Bewegung], ein Kanonenfieber". Andererseits wundert er sich, daß es inmitten dieser Hölle noch Leute gibt, die die Übersicht haben, die Ruhe bewahren und gar Anzeichen von Fröhlichkeit verbreiten: „Gneisenau war wie in seinem Element, fast fröhlich ... Alle in großer Bewegung, alle auf eine bestimmte Weise beschäftigt, ein jeder war mit seiner Stellung bekannt, ein jeder mit dem Geschäfte, was ihm oblag, in bestimmter Tätigkeit."

Das Töten ist in vollem Gang. Auch Blücher, der seit sieben Jahren seine erste Schlacht schlägt, ist wieder ganz der alte. Wenn man den Augenzeugen Glauben schenken kann, schmaucht er nahezu pausenlos seine Pfeife, reißt durch seine Unerschrockenheit und Ruhe alle mit sich. Bis auch ihn der Kugelhagel trifft. Blücher schreit und jammert, daß er sterben müsse.

Das ist freilich keine Lesart für Heldenchroniken, und die Chronisten stellen daher die Sache anders dar: Der von drei Kugeln getroffene Blücher wird von seinen Gehilfen zum Verbandplatz geführt, wo seine Verletzungen untersucht werden. Eine Kugel ist am Gürtel abgeprallt, die zweite hat die Hand gestreift, die dritte ist in den Rücken eingedrungen, durch die Erschütterung beim Reiten aber herausgefallen. Als Blücher hört, daß die Wunde ungefährlich ist, er also nicht sterben muß, dreht er sich um und kehrt auf den Schlachtplatz zurück. Am Abend findet er die Kugel in seinem Stiefel; er schickt sie seiner Frau als Souvenir.

Am Abend dieses finsteren Sonntags haben die Franzosen die Preußen aus den vier Dörfern herausgehauen, selbst aber große Verluste hinnehmen müssen. Blücher hetzt seine müden, geschundenen Husaren zu einem letzten Gefecht in den Kampf, reitet voraus mit jenem Ruf, den auch bald die russischen Kosaken kennen und auf den ganzen Mann übertragen: „Vorwärts!" Der Landgewinn ist unbeträchtlich. Napoleons Garden scharen sich fester um den Kaiser und schützen ihn mit ihren Leibern. Ein französischer Stabsoffizier hat berichtet, wie nah sich die beiden Helden hier kommen, ohne es zu wissen: „Brennende Dörfer erhellten den Horizont, als plötzlich an der rechten Flanke der französischen Armee eine Linie Kavallerie mit gedämpftem Gebrüll heransauste und direkt bis zu dem Karree kam, hinter dem der Kaiser stand. Ich glaube, wenn sie schnell etwa zweihundert Schritt weitergeritten wären, wäre Napoleon und seine ganze Suite [Begleitung] gefangengenommen worden."

Unter den preußischen Stabsoffizieren gibt es Verletzte: Gneisenau hat einen Hieb übers Ohr erhalten, kämpft aber weiter. Scharnhorst wird am Bein verwundet. Auch er läßt die Wunde nur flüchtig verbinden und stürzt sich wieder ins Getümmel. Dieser Leichtsinn wird ihn das Leben kosten.

Am Ende des Tages von Großgörschen haben die Preußen die meisten Dörfer wieder verloren; jeder vierte Soldat aus Blüchers Korps liegt tot oder verwundet auf dem Feld. Fünfzehntausend Russen und Preußen haben bei dem Kampf um die Dorfreste ihr Leben lassen müssen. Als Napoleon die Häupter seiner Überlebenden zählen läßt, fehlen ihm gar einundzwanzigtausend Mann.

Blücher fühlt sich nicht als Unterlegener. Er ist der Meinung, daß dieser hohe Blutzoll so schnell wie möglich vergolten werden sollte. „Was, soviel Blut soll vergebens geflossen sein?" fragt er, als von Rückzug die Rede ist. „Nun und nimmer gehe ich zurück; sondern noch in dieser Nacht werde ich die Franzosen zusammenhauen, daß sich diejenigen schämen sollen, die das Wort Rückzug ausgesprochen." Doch die Befehle lauten anders: alliierter Rückzug auf Borna wegen Munitionsmangels und zu hohen Kräfteverschleißes.

Am nächsten Morgen erscheint Blücher trotz schmerzender Wunde bei den Truppen und redet sie munter an: „Guten Morjen, Kinner! Dit Mal hat et jut gegangen, de Franzosen sind et gewahr geworden, mit wem se zu duhn hebn. Dat Pulver is nu alle, darum gehn wir zurück bet hinter de Elbe. Da kommen mehr Kameraden und bringen uns wedder Pulver und Blei. Dann gehn wir wedder drup up de Franzosen, det se die schwere Not kriegen duhn. Wer nu sagt, wir retiriren, [fliehen], det is en Hundsfott, en schlechter Kerl! Guten Morjen, Kinner!" Wigger gibt nicht die Quelle an, aus der er diese Rede bezogen hat, an die sich „Jubelgeschrei" anschließt, „das sich immer wieder erneuerte".

Drei Tage nach der Schlacht empfängt Blücher ein persönliches Schreiben des russischen Zaren, der ihm zum Lohn für die „an diesem schönen [!] Tage geleisteten Dienste" den St.-Georgs-Orden zweiter Klasse verleiht. Der Rubel rollt. Mit folgender Kurierpost schickt Alexander weitere dreihundert Georgs-Kreuze, die unter die tapfersten Offiziere und Soldaten verteilt werden sollen. Auch der Preußen-König läßt sich nicht lumpen. Er verteilt – in fünfhundert Exemplaren – das von Schinkel entworfene EISERNE KREUZ.

Insgesamt ist das Schlacht-Ergebnis von Großgörschen mager: Napoleon marschiert, während die Verbündeten auf Munition und neues Menschenmaterial warten, nach Osten zu; der König von Sachsen nutzt das mangelhafte Ergebnis des Tages, um wieder zu den Franzosen umzuschwenken.

Die Wunden von Scharnhorst und Blücher verschlimmern sich in den nächsten Tagen. Gneisenau erhält den Oberbefehl über das Korps. Blücher muß auf einem strohgepolsterten Leiterwagen mitgeführt werden, erholt sich aber, im Unterschied zu Scharnhorst, bald und meldet seiner Frau am 15. Mai: „Wihr stehn ietzt wider mit dem feindt ins gesicht und sehn eine 2te Schlagt entgegen."

Die Schlacht von Großgörschen ist nicht die blutigste in der Kriegsgeschichte, kein Vergleich mit Borodino, Leipzig oder Ligny. Und dennoch haben die beiden Feldherren, Blücher und Napoleon, ihr große strategische und moralische Bedeutung beigemessen. Blücher: „Ich denke es soll Napoleon das negste mahl nicht besser gehn wie das erste. Die francosen mögen windt machen so vihll sie wollen, den 2ten May werden sie Schwehrlig vergessen."

Und Napoleon: „Die Schlacht wird höher gestellt werden als die Schlachten von Austerlitz, Jena, Friedland und die Schlacht an der Moskwa." Seine engsten Vertrauten läßt er wissen, er halte den Tag zwar für einen siegreichen, aber sein Stern werde untergehen.

Auch an Blücher geht die Schlacht nicht spurlos vorbei. Er reinigt sein Gewissen einige Tage später durch einen Logenbesuch in Bautzen, wo er eine Gedenkminute für die Opfer einlegt und für sich das rechte Maß für sein künftiges Handeln erfleht. Schon beim nächsten Gefecht in der Nähe Bautzens verhält er sich besonnener, nicht so aggressiv, weicht der Übermacht geschickt aus und führt seine Truppen verlustarm in sichere Stellungen. Der Feind hat dagegen mehr als zwanzigtausend Mann verloren.

Napoleon schäumt vor Wut: „Was, kein Ergebnis, keine Trophäen, keine Gefangenen, nach solcher Schlächterei? Diese Bestien haben etwas gelernt." Es sind nicht mehr die Preußen von 1792 oder von 1806; sie sind selbstbewußt und siegessicher, auch wenn sie eine Schlacht verlieren.

Als sich der König bei Blücher beschwert, er habe seine, des Königs Garden bei einem Gefecht nicht geschont, entgegnet der General, bei solchen Einsätzen sei der Kopf des Gardisten nicht mehr wert als der des Landwehr-Mannes. Dies sind nicht mehr die Generale von 1806. Sie sind wie Blücher ihrer gerechten Sache sicher. Blücher kann es sich leisten, selbst dem Regenten eine Lehre zu erteilen. Hier im Feld ist er der König der Soldaten, ein Regent über Leben und Tod.

Auch in einer anderen Frage setzen sich Gneisenau, Yorck und Blücher gegenüber dem König durch: Die russischen Verbündeten sind der Meinung, sie hätten sich eine Ruhepause verdient und wollen sich diese jenseits der Oder genehmigen. Die preußischen Offiziere flehen den König an, diesen erniedrigenden Rückzug nicht mitzumachen. Die kurze Waffenbrüderschaft bekommt einen Riß. Da bietet Napoleon – für alle überraschend – zum 1. Juni einen befristeten Waffenstillstand an.

Die preußischen Generale kritisieren den Abschluß des Waffenstillstands. Sie fühlen sich noch unbesiegt, die Stimmung der Truppe ist gut; vor allem Blücher will so bald als möglich Napoleon „auf den Hals fallen" und ihm die entscheidende „Schlappe anhängen“. Je mehr der Waffenstillstand in einen Frieden hinüberzugleiten „droht“, desto erregter wird der General. Er sucht seine Mitarbeiter in kriegerischer Laune zu halten, schreibt an Gneisenau, der – da die Waffen schweigen – in Schlesien die Ausbildung von Soldaten und Landwehren betreibt: „Landwehren Sie man imer druff, ich höhre vihll guths davon, aber wen die Fehde beginnt, denn gesellen Sie sich ja wider zu mich.“

Scharnhorst ist trotz seiner Wunde unterwegs nach Wien, um Österreich zum Anschluß an die Verbündeten zu gewinnen; Blücher macht sich Sorgen um den Freund: „Liber noch eine schlaght verlihren, nuhr nicht Charnhorst.“

Gerhard David von Scharnhorst, der großartige Mensch und Militärstratege, stirbt am 28. Juni in Prag. Durch mangelhafte Wundversorgung ist Brand entstanden und zu spät behandelt worden. Scharnhorst hat mit dem Tod im Feld jederzeit rechnen müssen, sich nicht vor ihm gefürchtet.

Acht Wochen vor seinem Tod, am 28. April 1813, schreibt er seiner Tochter: „Wir stehen nahe vor den Feinden, welche ebenso behutsam wie wir sind... Mag er [der Feind] auch noch so überlegen sein, mag er noch so große Siege über uns erfechten, die ganze Anlage des Krieges ist so, daß im Laufe dieses Feldzuges uns sowohl die Überlegenheit als der Sieg nicht entgehen kann. Hiervon bin ich fest überzeugt... Wenn der Himmel mich noch liebt, so erhält er Dich, meine innigstgeliebte Julchen, und läßt mich das Ende des Feldzuges erleben. Sollte dies letztere aber auch nicht sein, so sterbe ich in der festen Überzeugung, daß diesmal die Freiheit und Selbständigkeit Deutschlands siegt.“

Blücher fehlen andere als militärische Begriffe, um seine Trauer auszudrücken. Was kann noch schlimmer sein! „Glauben Sie mich, eine verlohrene Schlaght währe keine grössere verlust für uns gewest. Nu ist Gneisenau noch da, geht er auch ab, so volge ich lebendig oder todt.“

Ernst Moritz Arndt setzt Scharnhorst ein Denkmal in Versen:

Scharnhorst heißt der edle Mann,
deutscher Freiheit Waffenschmied,
der auf Rettung rastlos sann,
vieles tat und vieles litt,
daß er könne deutsche Ehren
für den heil'gen Krieg bewehren.

Schon hat er den großen Streit,
der uns steht ums höchste Gut,
herrlich hat er ihn geweiht
mit dem teuren Heldenblut.
Allen Tapfern rann's zum Pfande,
daß erliegen wird die Schande.

Darum Klang der Freiheit klingt,
kling ihm hell wie Orgelton,
darum Lied, das Ehre singt,
singe Deutschlands tapfern Sohn;
zeig ihn allen Biederleuten
als ein Zeichen bess'rer Zeiten.

Blücher will dem toten Freund in Breslau ein ehernes Denkmal schaffen. Er fragt bei Stein, Hardenberg und Gneisenau an, was sie dazu meinen. Dann aber scheint er der Auffassung zu sein, daß eine gewonnene Schlacht ein besseres Denkmal wäre. Mitunter überfällt ihn eine tiefe Mutlosigkeit; Zweifel am Sieg kommen: „Der Todt meines Freundes Scharnhorst, Gneisenau seine entfernung von mich und die verlängerung des waffen still standes, haben mich muthloß gemagt. Ich fange an an einen günstigen außgank zu verzweifeln. Mein fester vorsatz wahr die armeh keine stunde früher zu verlassen, als bis sie gesigt oder vernichtet sey. Ich habe die

Porträt-Stich
von F. A. Rosmaster

Freude erlebt, daß die armeh unter meiner anführung sigte, gott verzeihe es diejenigen die an den unglückligen Rückzug vom Schlagt Fellde Schuld wahren, welche unsehlige vollgen sind durch diesen unverzeiligen kleinmuht entstanden."

Die Aussicht, vielleicht doch noch „Pariser Luft" zu atmen und die von Napoleon geraubte Victoria im Siegeszug nach dem Brandenburger Tor zurückzuführen, gibt ihm neue Lebenskraft.

Endlich hat der König der allgemeinen Volksbewaffnung und der Bildung der Landwehr zustimmen müssen. Das erste Volksheer entsteht auf deutschem Boden. Blücher hat als Berufskrieger bisher eine intuitive Abneigung gegen Amateur-Soldaten und Freiwillige gehabt. Nach Besuchen von Landwehr-Einheiten, die von Yorck und Gneisenau in Schlesien ausgebildet wurden, äußert er sich lobend über deren Zustand und beginnt, in ihnen eine echte Wehrkraft zu sehen.

Diese erste Etappe des deutschen Freiheitskampfes – die Frühjahrsoffensive von 1813 – hinterläßt bei den Menschen in Deutschland einen völlig anderen Eindruck als die Schlachten von 1806. Zwar fühlt sich auch diesmal Napoleon als der Sieger, doch Preußen-Deutschland hat die Mutprobe bestanden; der Nimbus des selbstgekrönten Imperators ist angekratzt.

Blücher hat seine Aufgabe als Oberbefehlshaber eines großen Heerhaufens voll und ganz erfüllt. Militärhistoriker wie der Brite Roger Parkinson meinen, daß selbst der Mangel an theoretischen und strategischen Kenntnissen Blücher zum idealen Kandidaten für dieses Amt macht, da ihn diese Lücke zur Kooperation zwingt. „Die erfolgreichsten Befehlshaber waren die, die gut mit ihren Stabschefs zusammenarbeiteten, und keiner wußte die Dienste des Stabes mehr zu schätzen als Blücher", schreibt Parkinson. „Eine Führung dieser Art war 1813 wichtiger als je zuvor. Nicht nur die Armee war größer, ihre Reihen waren auch mit relativ wenig ausgebildeten und oft völlig unerfahrenen Truppen aufgefüllt. Preußens Lage erzeugte einen noch nie erlebten Patriotismus. Blüchers Persönlichkeit verwandelte dieses Gefühl in militärische Kraft."

Die Preußen sind Napoleon ein ernst zu nehmender Gegner geworden, sie könnten ihn vernichten, wenn es Napoleon nicht gelingt, die Verbündeten zu trennen. Um seine Politik des „Teile und herrsche" weiter betreiben zu können, benötigt der französische Kaiser Zeit, die ihm die Waffenruhe gönnt.

Blücher, der das Manöver durchschaut, fleht Friedrich

Wilhelm und Alexander an, nicht die Fehler von 1806 zu wiederholen und Napoleon Zeit zur Angriffsvorbereitung zu lassen. Der General erhält die feste Zusage vom preußischen König, daß die Pause nur so lange währen soll, bis die russische Verstärkung heran ist. Und Kaiser Alexander, der von Blücher ebenfalls mit Protestbriefen bestürmt wird, verpfändet ihm gar „seine Ehre", daß der unwillkommene Waffenstillstand allerlängstens bis zum 15. August und keinen Tag darüber hinaus währen werde.

11. Kapitel

Der Marschall Vorwärts wird geboren

Die Völkerschlacht bei Leipzig 1813

Zar Alexander hält Wort. Er will aus dem Völker-Frühling ein ganzes Jahr der Völker machen. Mit der Niederwerfung Napoleons und der Einnahme von Paris verbindet der russische Kaiser die Hoffnung auf Machterweiterung und darauf, Genugtuung für die Eroberung Moskaus im Vorjahr zu erhalten. Während des Waffenstillstands haben sich England, Schweden und Österreich bereit erklärt, die antinapoleonische Front durch eigene Truppenkontingente sowie durch Subsidien (Hilfsgelder) zu stärken.

England will seine Bündnis-Verpflichtungen nicht durch Soldaten, sondern durch Gewährung eines finanziellen Ausgleichs erfüllen. Preußen stellt – an Englands Statt – 80000 Soldaten und erhält dafür 666666 Pfund Sterling in Form von Waffen und Uniformen; Rußland schickt – für England – 160000 Mann und bekommt dafür 1333333 Pfund Sterling. Neue Verbündete, neue Soldaten, neues Geld – alle wesentlichen Voraussetzungen für die Weiterführung des Befreiungskampfes sind im Sommer 1813 gegeben. Der Waffenstillstand hat in der Hauptsache den Verbündeten genützt. Napoleon hat ihn später als den größten Fehler seiner Laufbahn bezeichnet.

Die Vorbereitungen für den Herbstfeldzug beginnen. Aber schon hier zeigt sich, daß der Beitritt neuer Partner zu dem

Bündnis nicht nur die gewünschte Verstärkung der Kräfte bringt, sondern auch unerfreuliche Nebenwirkungen zeitigt: Die neuen Alliierten, besonders Österreich, fordern neben legitimer Mitsprache im Oberkommando auch die Berücksichtigung zahlreicher Sonderinteressen ihrer Fürsten und Potentaten sowie den Verzicht auf die Bildung eines gesamtdeutschen Staates nach Abschluß des Krieges. Sie fürchten die Vorherrschaft Preußens in einem neugeordneten Deutschland. Damit sind die Vorstellungen der Reformer um Stein, Scharnhorst, Gneisenau, Clausewitz und Blücher, die die zersplitterten deutschen Territorien kraft des „Rechts der Eroberung" enteignen und zu einem einheitlichen – monarchistischen – Deutschland zusammenfügen wollten, vorerst zum Scheitern verurteilt.

„Mit Gottes Hilfe geht es in vier Wochen wieder los", schreibt Blücher im Juni einem Bekannten. Doch ahnt er wohl zu dem Zeitpunkt bereits, daß es bei diesem erneuten Losschlagen nicht ganz problemlos zugehen wird. Er will sich für den Fall, daß er das Oberkommando über die Schlesische Armee übernimmt, Gneisenaus Mitwirkung versichern und schreibt an ihn mit Blick auf den toten Scharnhorst: „Nun, mein Freund, kommen Sie nur balde zu mich! Da unser freundt tot ist, so wird es nothwendig, dass wir handt in handt mit einander gehen, dann fürchte ich nicht, daß wir nicht jede Cabale begegnen werden. Wir wachen."

Drei Armeen sollen gegen Napoleon ins Feld gestellt werden: 254000 Mann – davon 127000 Österreicher, 82000 Russen, 45000 Preußen – in Böhmen unter dem Kommando des Österreichers Karl Philipp zu Schwarzenberg; die Schlesische Armee mit 105000 Soldaten, davon 66500 Russen und 38500 Preußen; und schließlich die Nordarmee unter dem schwedischen Kronprinzen Karl Johann mit etwa 125000 Mann in der Mark Brandenburg.

Dieser Schwede ist niemand anders als der ehemalige französische General Bernadotte, Gegner Blüchers auf dem

Rückzug nach Lübeck. Nun ist Bernadotte durch Adoption zum schwedischen Thronfolger avanciert und soll – ohne herausragende Motivation – gegen seinen ehemaligen Kriegsherrn Napoleon zu Felde ziehen, da Schweden mit Österreich und Preußen im Bunde steht. Konfliktstoff ist nicht nur für den Franko-Schweden Bernadotte, sondern auch für seine alliierten Partner vorauszusehen.

Die verbündeten Truppen haben ein zahlenmäßges Übergewicht. Sie stellen eine Feldarmee von etwa 510000 Menschen, während es Frankreich nur auf 440000 Mann bringt. Österreich beansprucht die Leitung des alliierten Gesamtunternehmens für sich. Damit wird das starre, veraltete Führungskonzept des Fürsten Schwarzenberg bestimmend. Schwarzenberg legt einen Plan vor, der von Anfang an darauf abzielt, Napoleon nicht vernichtend zu schlagen, sondern ihn aus Deutschland durch Drohbewegungen „hinauszumanövrieren", um Frankreich als Machtfaktor in Europa zu erhalten. Dieses in erster Linie gegen eine Vormacht Preußens gerichtete Denken verlängert – in Verbindung mit dem Zögern des Schweden Bernadotte – den Befreiungskrieg um Monate und vergrößert den Blutzoll an deutschen und russischen Menschenleben. Streisand schreibt dazu: „In Richtung einer Abkehr von der Vernichtungsstrategie und einer Rückkehr zur alten Ermattungsstrategie lag es, daß den einzelnen Armeebefehlshabern eine Offensive, ja auch nur eine Gegenoffensive im Falle eines napoleonischen Angriffs, verwehrt wurde."

Entsprechend der alliierten Strategie ist auch der Marschbefehl ausgelegt, den Blücher und sein Generalstab erhalten: Er lautet orakelhaft, er solle sich nicht schlagen lassen, jedem massiven Gefecht ausweichen, aber zur großen Entscheidungsschlacht rechtzeitig zur Stelle sein. Leberecht von Blücher sagt entrüstet, als er diesen Spruch entziffert hat: „Schwerenot! Das ist ne verwickelte Geschichte. Geht über meine Kräfte. Bin kein Fabius oder wie der Kerl hieß. Verstehe nur, drauflos zu gehen. Gott straf mir! Wäre da ein anderer besser an meinem Platz. Bin zwar den Monarchen für ihr Zutrauen dankbar, muß aber ein Kommando ablehnen, bei welchem ich nur fuchsschwänzeln und retiriren [zurückgehen] soll.“

Blücher scheint intuitiv zu ahnen, daß ein Kommandeur zwischen den Interessenfronten nur das Schicksal des Verlierers ereilen kann. So wird man eines Napoleon nicht Herr werden. Daraufhin gibt man ihm mündlich die Zusatz-Auskunft, er solle den Befehl nicht zu wörtlich nehmen. Er dürfe gelegentlich auch mal zuschlagen, wenn die Gelegenheit dazu günstig sei. Nun erst entscheidet sich Blücher, das Kommando über die Schlesische Armee anzunehmen. Hätte er es wirklich fertiggebracht, in untätiger Opposition zu verharren?

Mitte August läuft der Waffenstillstand mit Frankreich ab, aber vorerst geschieht nichts. Blücher wird ungeduldig. „Die narrenpossen der diplomatiker und das notenschmiehren müssen nun mal ein Ende haben. Ich werde den Tackt ohne nohten schlagen“, droht er, als keine Marschbefehle eintreffen. Blücher hat seine Vorbereitungen im wesentlichen abgeschlossen. Dazu gehört auch die Bildung eines starken Generalstabs, dem Neithardt von Gneisenau als Generalquartiermeister, Karl Freiherr von Müffling als Verbindungsoffizier zum alliierten Oberkommando, Major Graf von Nostiz als erster Adjutant sowie Ribbentrop, Goltz und Scharnhorst angehören – der vierundzwanzigjährige Hauptmann ist der Sohn des großen Gerhard von Scharnhorst. Dazu kommen einige mitreisende „Schriftgelehrte“ wie der Turnvater Jahn oder Heinrich Steffens, die Sonderaufgaben oder die Berichterstattung übernehmen.

Blücher hat mit seinem Führungsgremium wenig Sorgen. Größere Probleme sieht er allerdings in dem Zusammenwirken mit seinen Korpsführern voraus. Da ist einmal der tapfere, aber ewig unzufriedene Hans David von Yorck, der Held von Tauroggen, der sich nur ungern jemand unterordnet. Auch der russische Graf von Langeron ist zwar ein erfahrener General, mag aber aus nationalistischen Gründen keine preußische Oberhoheit dulden. Nur mit dem dritten Korpsführer, dem Deutsch-Russen Sacken-Osten, versteht sich Blücher von Anfang an ausgezeichnet. Sie alle, seine Widersacher in der Monarchen-Suite, seine Freunde und die Kommandeurs-Kollegen, wird Blücher nur mit seiner ungebrochenen Kampfkraft und einem deutlichen Erfolg überzeugen können. Selbst das Verhältnis zu Gneisenau ist nicht allzeit ungetrübt. Der ewige Zweite im Glied hatte den König um ein eigenes Kommando gebeten und war erst, nachdem es nicht gewährt worden war, auf seinen Posten an Blüchers Seite zurückgekehrt, wo er allerdings bald wieder zu selbstlosem Einsatz bereitsteht.

Blücher setzt sich mit seiner zunächst 30000 Mann starken Armee Mitte August in Schlesien in Bewegung. Über die Katzbach gelangt er an den Bober, wo es am 19. August zu ersten Gefechten mit den Franzosen kommt.

Auf einem Zettel notiert er, wahrscheinlich ist die Nachricht für seine Frau bestimmt: „In diesem augenbligk habe ich die francosen derbe ausgehauen, sie haben 2000 Mann verlohren und 6 kanohnen, auch manche gefangen, ich bin gesund und schreibe dieses unter todten und lebendigen. Blücher."

Noch weicht Blücher weisungsgemäß einer direkten Begegnung mit dem Feind aus. Er erweist sich in dieser Etappe als geschickter Heerführer der elastischen Verteidigung. Napoleon kann ihn, wo er auch hinstößt, nicht fassen. Ob es sich Napoleon eingestehen will oder nicht: Seine Felle schwimmen davon. Er muß sich Schritt für Schritt aus deutschen Landen zurückziehen. Ende August ist Schlesien frei. General Blücher schreibt an seine Frau: „Ich bin gesundt und sehr vergnügdt, dass ich dem grosen mann eine nase gedreht habe, er soll wütendt seyn, dass er mich nicht zur schlaght hat bringen können, es hat uf beide Theile Menschen gekostet."

Am 25. August entschließt sich Blücher, die etwa gleichstarken französischen Truppen am Zusammenfluß von Neiße und Katzbach in der Nähe von Jauer anzugreifen. Seine durch das ständige Ausweichen erschöpften Soldaten und die murrenden Korpsführer Yorck und Langeron brauchen einen Erfolg, um weiterkämpfen zu können. Besonders Yorck ist empört über die eine Woche dauernden Hinundhermärsche.

Es hat tagelang geregnet, die beiden Flüsse, sonst träge und ruhig dahinfließend, sind reißend schnell geworden. Es kommt Blücher zugute, daß die Franzosen ihrerseits beschlossen haben, Preußen zu attackieren.

Als die Verbündeten ihren Vormarsch beginnen, setzen sich auch die Franzosen in Bewegung und überqueren, ohne vom Vorstoß der Preußen zu ahnen, die Katzbach. Da greifen die Preußen an, drängen die entsetzten Franzosen gegen die Wütende Neiße, einen Nebenlauf der Katzbach. Die französische Infanterie stürzt den Steilhang hinunter; der vom Unwetter angeschwollene Fluß erlaubt kein sicheres Überqueren, zahlreiche Soldaten ertrinken. Die Bajonette und Säbel der Verbündeten besorgen den „Rest".

Ein Augenzeuge berichtet: „Die Rufe ‚Vorwärts! Vorwärts!' übertönten die Schreie der Verwundeten und Sterbenden. Ganze Sektionen fielen, aber die unerschrockenen Überlebenden drängten nur um so wütender vor, um das Bajonett brauchen zu können... Es erfolgte ein mörderischer Bajonett-Angriff. Kaum zehn Minuten verstrichen, dann war die Phalanx des Feindes in eine gespenstische Leichenpyramide verwandelt."

Wegen des strömenden Regens können die Infanteristen ihre Gewehre nicht zum Schießen benutzen, sie sind auf Säbel, Kolben und Bajonette angewiesen. Blücher schickt seine Männer mit den Worten in den Kampf: „Meine tapferen Jungens, dieser Tag entscheidet. Beweist eurem König und Vaterland, daß euer Mut eurer Treue gleichkommt. Beweist es, sage ich euch, mit der Spitze eurer Bajonette."

So motiviert und angeheizt, gehen die Preußen und Russen in den Kampf mit der blanken Waffe. Die Truppen, auf beiden Seiten etwa gleich stark, sind gleichermaßen erschöpft, bis auf die Haut durchnäßt und ohne ausreichende Verpflegung und Munition.

Später schreibt Gneisenau über dieses Gemetzel an der Katzbach an seinen Freund Clausewitz: „Es war genauso wie eine Schlacht des Altertums. Gegen Ende des Tages folgte eine Zeit, in der das Schießen völlig aufhörte. Nur die Schreie der Kämpfer erfüllten die Luft, die Entscheidung blieb der blanken Waffe vorbehalten."

Die französische Bober-Armee verliert an einem einzigen Tag etwa 30000 Mann, darunter 18000 Soldaten, die in Gefangenschaft geraten. 100 Geschütze und 250 Munitionswagen fallen in die Hände der preußisch-russischen Verbände. Die eigenen Verluste sind relativ gering, „nur" 3000 Preußen und Russen lassen am 26. August ihr Leben.

Der Sieg geht vor allem auf Blüchers Rechnung. Er hat – gemeinsam mit Gneisenau – den richtigen Zeitpunkt für einen Überraschungsangriff abwarten können, und sie haben den strategisch günstigsten Punkt dafür gefunden. Blücher erreicht mit der Schlacht an der Katzbach einen militärisch wie moralisch wertvollen Sieg und liefert gleichzeitig einen seiner bissigsten, erbittertsten Kämpfe. Er selbst ist stets unter den Leuten, überall zu finden, immer einer der ersten mit dem Säbel. Er geht ran wie, ja wie Blücher an der Katzbach. Da gibt es keine Steigerung, keinen Vergleich. Die Wendung wird zum geflügelten Wort, zum Synonym für rücksichtslosen physischen Einsatz. Auch nach dem Kampf läßt Blücher nicht vom Gegner ab. Er treibt seine Männer zur erbarmungslosen Verfolgung an; die völlig erschöpften Soldaten kommen keine Stunde zur Ruhe. Tagelang eilen sie hinter den in Unordnung geratenen Franzosen her.

Wieder beschwert sich Yorck über diese Rücksichtslosigkeit. Er hat die ungenügend ausgebildeten, schlecht gekleideten Landwehr-Männer zu vertreten und warnt vor unnützem Kräfteverschleiß, ehe die Hauptschlacht noch beendet ist. Blücher bleibt hart. „Es ist nicht genug zu siegen“, antwortet er Yorck, „man muß es auch verstehen, den Sieg auszunützen. Wenn wir dem Feind nicht mit Leib und Seele folgen, wird er sich natürlich wieder erholen, und wir werden durch eine neue Schlacht das erreichen müssen, was wir aus dieser herausgeholt hätten.“ Wenn nur alle wie er gedacht und gehandelt hätten! Yorck, der Anwalt der einfachen Soldaten, hat „nur“ vom menschlichen Standpunkt aus recht. Blücher verfügt an dieser Stelle über die größere Weitsicht und einen höheren Grad von Menschlichkeit, wenn er die Franzosen so schnell und so gründlich wie nur möglich schlagen will.

Es ist schier unfaßbar, woher der Alte seine Reserven bezieht. Die russischen Kosaken, die ihn mit großem Mut inmitten des Kampfgetümmels sehen, machen sich gegenseitig auf ihn aufmerksam: Da kommt Vater Blücher, der General Pascholl (russ: Vorwärts)! Sein „Vorwärts!“ elektrisiert alle; selbst Yorck verschiebt Fragen und Zweifel nun auf später. Am 2. September erreicht Blücher mit seinen Truppen Görlitz.

Gute und schlechte Nachrichten flankieren diesen glänzenden Vormarsch: Die Hauptarmee unter Schwarzenberg wird bei Dresden von Napoleon geschlagen. Doch bei Großbeeren südlich von Berlin gelingt Langeron ein Sieg auf der ganzen Linie gegen ein starkes französisches Korps. Ende August hat eine Abteilung der Verbündeten in der Schlacht bei Kulm ein ganzes französisches Korps aufgerieben und 10000 Gefangene gemacht.

Während Blücher, Yorck, Bülow und Langeron mit äußerstem Einsatz von Gesundheit und Leben auf den Feind losgehen, um ihn aus dem Lande zu treiben, während sie letzten Krafteinsatz ihren Männern – und sich selbst – abverlangen, schonen sich große Teile der Armee der Verbündeten auf ihre Kosten. Ein Beispiel dafür ist der in russischen Diensten stehende Generalmajor Woldemar von Löwenstern, der bei der Nordarmee „kämpft". Seine Memoiren geben ein minutiöses Bild von seinen Einsätzen. Zunächst versucht er, mit einigen ausgewählten Leuten Napoleon zu fangen, auf dessen Kopf Bernadotte, der Befehlshaber der Nordarmee, 50000 Taler ausgesetzt hat.

Löwenstern sondert sich von der fechtenden Truppe ab und hält von Hügeln aus Ausschau nach prächtig berittenen, tressengeschmückten Garden. Als mehrere Handstreiche zu keinem Erfolg führen (Napoleon ist zu dieser Zeit, Hunderte von Kilometern entfernt, mit Blücher beschäftigt), verlegt sich Löwenstern darauf, mit einem Kosakentrupp feindliche Geldtransporte zu überfallen und Kriegskassen zu plündern.

Während Blücher an der Katzbach rangeht, fällt Löwenstern eine französische Kriegskasse mit 700000 Franken in die Hände, und er verbringt den Rest des Feldzugs damit, diese Beute vor den eigenen Vorgesetzten und den Militärbehörden in Sicherheit zu bringen. Als andere preußische und russische Offiziere von den 75 Geldtönnchen erfahren, versuchen sie, sie Löwenstern abzujagen.

In der MEMOIREN BIBLIOTHEK Kircheisens, wo Löwensterns Erinnerungen publiziert sind, erklärt der russische General: „Ich glaubte, nicht unrecht zu handeln und keinen schlechten Erwerb auf die Seite zu bringen. Jene Geldtönnchen waren unser wohlverdientes Eigentum, im Rücken des feindlichen Heeres selbst aufgesucht, mit der Schärfe des Schwertes dem Gegner abgerungen, unter tausend Gefahren in Sicherheit gebracht. Aber einmal in den Händen fremder Kriegsbehörden, würde es ein verlorenes Zankgut geworden sein, und dann prozessiere einer und laufe mit Dokumenten auf Stempelpapier umher. Der größte Teil der Kriegsbeute fiel den leichten Syphiden [Dirnen] zu", gesteht Löwenstern, und er läßt sich von geldgierigen Vermittlern „auch wirklich die liebegirrenden Täubchen" zuführen.

Welch krasser Gegensatz zur Motivation eines Blücher

oder Gneisenau oder Yorck, obwohl auch sie den Kriegslohn nicht von sich weisen werden.

Im September 1813 tritt ein Stillstand in den Truppenbewegungen ein, der Wochen währt. Auch Blücher weiß nicht recht weiter. Er schreibt aus Bautzen: „Das Schachbrett ist sehr verwirrt." Die Partie entwickelt sich langsam zum Remis. Beide Seiten wollen nicht den Anfang vom Ende machen, aber auch nicht ohne Entscheidung vom Platz weichen. In dieser Zeit relativer Ruhe gerät Blüchers Sohn, Oberstleutnant Franz Blücher, mit einigen seiner Husaren in unmittelbare Nähe Napoleons und wird von dessen Leibgarden durch Hiebe über den Kopf verwundet und gefangengenommen. Napoleon läßt den Sohn seines ewigen Widersachers zu sich nach Dresden bringen. Dort hat er, wie Blücher seiner Frau schreibt, „mit ihm sehr artig gesprochen, ihm auch einen Arzt geschickt". Dennoch ist Blücher in großer Sorge um den Sohn. Er schreibt ihm einen Brief, den er durch Kurier bei den französischen Vorposten abgeben läßt. Um die eigene Stellung nicht zu verraten, ist der Brief nicht von Bautzen, sondern von Bischofswerder aus datiert.

Durch diesen kleinen Trick gelingt es Blücher, Napoleon über seinen Standort zu täuschen. Der französische Kaiser stoppt sogleich seinen Marsch in Richtung Bautzen und eilt mit fünf Korps nach Bischofswerder, wo er – wieder einmal – aufs leere Nest stößt. Wütend kehrt Napoleon nach Dresden zurück.

Auch Blüchers Lage verschlechtert sich in der zweiten Septemberhälfte zusehends. Es geht nicht voran; das ewige Ausweichen und Manövrieren liegt ihm nicht. Außerdem ist der Lieblingssohn Franz immer noch nicht ausgewechselt. Blücher glaubt, daß von preußischer Seite zuwenig Nachdruck auf diesen Vorgang gelegt wird, und sieht das als persönliche Zurücksetzung an. Er beklagt sich gegenüber dem Generaladjutanten von Knesebeck: „Ich bleibe mein vorsatz getreui:

so lange der Kampf dauert, werde ich den letzten hauch aufbieten, nicht aus Absicht uf belohnung; nein, wenns morgen Fride wird, will ich dinst und staht gleichsam mit einen weissen Stab verlassen. Das über alles lohnende bewust seyn, meine Pflicht treui erfülldt zu haben, ruht in meinen busen und ist ja mehr als ein sterbliger mich geben kann."

Blücher will endlich die Elbe überschreiten und nach Westen vordringen, ehe der Winter verhindert, daß eine halbe Million bewaffneter Menschen in Winterstellungen geht, ohne „etwas Bedeutendes vor das vaterlandt bewürkt" zu haben.

Am 3. Oktober erteilt Blücher, um die Initiative nicht zu verlieren, auf eigene Faust den Befehl zum Elbübergang bei Wartenburg. Zwei Brücken sind in aller Eile über den Strom gelegt worden. Die Franzosen, die Blüchers Absicht erkennen und ihre Truppen zu Brückenköpfen verstärken, können doch den Übergang nicht verhindern. Bei den Gefechten um Wartenburg zeichnet sich Yorck besonders aus. Ihm wird später der Ehrenname Graf Yorck von Wartenburg zuteil.

Bei der Stromüberwindung hat sich wiederum die preußisch-russische Waffenbrüderschaft bewährt. Blücher hatte die russischen Kosaken mit einer kurzen Ansprache in den Kampf geschickt: „Ihr alten Moskoviter, Ihr habt euren Feinden noch nie den Rücken gekehrt. (Großes Hurrah!) Ich werde mich an eure Spitze setzen, und ihr sollt die Kerls, die Franzosen, angreifen. Schwere Not, ich weiß, ihr werdet ihnen heute nicht den Rücken zeigen. Pascholl! (Unendliches Hurrah!)" So hat Steffens diese Rede notiert.

Bei der Siegesfeier im Schloß zu Wartenburg erinnert Blücher abends an den Strategen, den Architekten des Befreiungskrieges, der nicht mehr unter ihnen weilt. Mit kaum beherrschter Regung erhebt er sein Glas und wendet sich an den Hauptmann Wilhelm von Scharnhorst: „Wir haben, Gott Lob, heute einen guten Schritt zur Befreiung des Vaterlandes getan. Aber der das Beste dazu gegeben hat, ist nicht mehr unter uns. Ich bin nur wie ein Handwerker, der die aufgegebene Arbeit geleistet hat. Aber wer alles so zubereitet hat, daß wir hier alle zusammen zum Erfolg miteinander wirken konnten, das war Ihr Vater. Blicke herab, verklärter Geist unseres Scharnhorst, und vernimm es, wie wir alle in die Hand Deines Sohnes geloben, Dir nachzueifern in Wort und Tat, bis wir das deutsche Vaterland von den Feinden und Unterdrückern befreit und den preußischen Namen wieder zu Ehren gebracht haben."

Die Wirkung dieser Worte auf die anwesenden Generale und Offiziere läßt sich leicht vorstellen. Selbst der widerborstige Yorck schweigt. Blücher, der bei den Freimaurern den Gebrauch der gesprochenen Rede erlernt hat, übt eine einzigartige Faszination auf seine Umgebung aus. Hier – und von hier an – wird er wirklich unersetzbar in seiner Führer-Eigenschaft. Durch die innige Übereinstimmung von Wort und Tat macht er allen – selbst den um Jahrzehnte jüngeren Generals-Kollegen – etwas vor.

Mit dem Elb-Übertritt hat Blücher den Verbündeten eine vorteilhafte Ausgangsbasis für den Entscheidungskampf verschafft. Zwar muß er, als Napoleon auf die Nachricht von Blüchers Erfolg herbeieilt und angreift, noch einmal hinter die Saale zurückweichen, doch geschieht das eher, um den ängstlichen Bernadotte zu beruhigen, der ständig um seine Flanke fürchtet und von Blücher verlangt, seine Truppen sollten Schulterschluß mit den seinen halten. Blücher geht nun scheinbar darauf ein, da er inzwischen erfahren hat, daß Napoleon alle seine Kräfte in Richtung auf Leipzig umgruppiert. Der schwedische Kronprinz dagegen verharrt in panischer Angst vor seinem ehemaligen Kriegsherrn und verteilt seine 65000 Mann starke Armee entlang der Saale, um im Bedarfsfall rechtzeitig hinüberflüchten zu können. Er hat sich damit von dem in Aussicht stehenden Schauplatz des entscheidenden Kampfes so weit entfernt, daß seine große Armee für die Schlacht zu spät kommt. Blücher hat später stets offengelas-

Gedenktafel in Leipzig-Lindenthal

sen, ob es sich bei diesem Verhalten Bernadottes um volle Absicht oder um „unvergleichliche Dummheit“ gehandelt hat. „Durch den militärisch höchst verwegenen, aber politisch wegen Bernadotte nötigen Marsch nach Wartenburg und der Saale zwang Blücher die faule große Armee, ... die Schlacht von Leipzig zu riskieren“, schreibt Engels 1857 an Marx.

Im Raum nördlich, östlich und südlich von Leipzig sammeln sich ab Anfang Oktober riesige Heeresmassen. Großangelegte Entfaltungs-Manöver, wie Schwarzenberg sie geplant hat, sind bei den durcheinanderliegenden Massen nicht möglich. Die Franzosen halten die gutbefestigte Innenstadt sowie die Dörfer Möckern, Wahren, Schönefeld, Paunsdorf,

Probstheida, Wachau besetzt. Beide Seiten drängen auf die Entscheidung. Im Süden stehen die Truppen Schwarzenbergs, nördlich von Leipzig gehen Blüchers Einheiten in Stellung. Weit hinter Blücher steht „wie angegossen“ die Nordarmee Bernadottes. Napoleon besitzt nach den Niederlagen der letzten Wochen noch knapp 200000 Soldaten, dazu gehören die unzuverlässigen sächsischen, württembergischen und bayerischen Bataillone.

Der französische Kaiser erwartet den Hauptstoß von Süden her. Er unterschätzt – wieder einmal – die kleine, tapfere Armee unter Blücher, der bei Möckern sein Hauptquartier bezogen hat. Während am 16. Oktober die Schlacht im Süden nicht recht vorankommt, gelingt es Yorcks Korps, die Franzosen von Norden her unter großen Verlusten in die Innenstadt zurückzudrängen.

Blücher ist überall dort, wo es vorangeht, aber auch dort, wo gebummelt und gezögert wird: Vorn lobt er seine „Kinder“ und spornt sie zu neuen Taten an, hinten treibt er mit Spott und Zorn die Leute zu größeren Anstrengungen. Die jeweils letzten in den Einheiten müssen sich Strohwische an die Mützen stecken, damit man sie schon von weitem als Bummelanten erkennt. Da Blücher immer mit gutem Beispiel voranreitet, lassen sich selbst die Betroffenen diese Demütigung wohl (und übel) gefallen.

Dann geht das Schlagen erst richtig an. Die abgeernteten Felder zwischen Möckern und Leipzig füllen sich mit Toten und Verwundeten. Der Tod hält in diesem Herbst eine zweite schreckliche Ernte.

Blücher schickt, als er von französischen Truppen stark bedrängt wird, ein ums andere Mal Kuriere zu Bernadotte, um ihn zur Vereinigung mit seinen Korps zu bewegen. Als das nicht den Erfolg bringt, setzt er gar eigene Truppen in Richtung Düben in Marsch, um den Anschluß zur Nordarmee zu gewinnen. Er reitet selbst hinüber zu dem schwedischen Kronprinzen. Doch der fürchtet nichts so sehr wie die Wie-

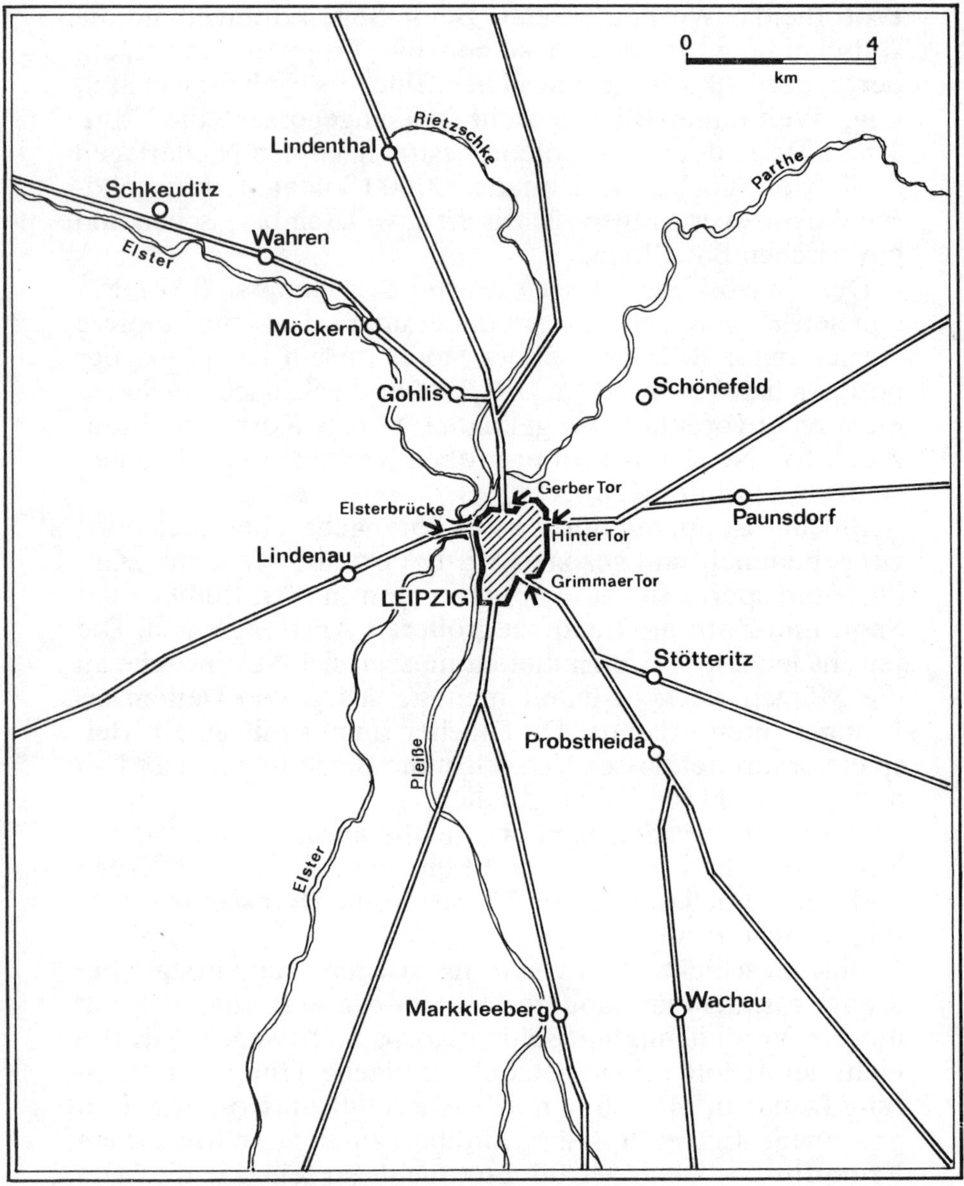

Völkerschlacht bei Leipzig

derbegegnung mit Napoleon, und er warnt auch Blücher: „Vergessen Sie nicht, daß Sie gegen den wilden, unbezähmbaren Geist eines Tigers kämpfen müssen. Bedenken Sie, es ist Napoleon, mit dem Sie in Schranken treten, mit Napoleon, der noch keine Schlacht verloren hat."

Blücher trifft hier auf eine ähnliche kleinmütige Haltung, wie sie Arndt bei Goethe ein halbes Jahr zuvor kennenlernte, der die deutschen Patrioten geradezu mitleidsvoll gewarnt hatte: „O, Ihr Guten, schüttelt immer an euren Ketten, ihr werdet sie nicht zerbrechen, der Mann ist euch zu groß."

Blücher will nichts von solchen Bedenken hören. Verärgert reitet er zu seinen Männern ins Feuer zurück. Er hat Respekt vor den militärischen Fähigkeiten Napoleons, doch besitzt er andererseits die unerschütterliche Gewißheit, daß dieser sieggewohnte Feldherr zu schlagen ist. Längst hat der erfolgreiche Schlachtenkaiser von einst seinen Schwung und einen Großteil seiner Faszination auf die eigene Armee verloren. Viele seiner ehemals berühmten Generale sind – wie Lannes – tot; sie stehen – wie Bernadotte – in fremdem Dienst, oder sie kämpfen – wie Soult – auf entlegenen Kriegsschauplätzen. Blücher ist weit davon entfernt, Napoleon zu unterschätzen, aber er erstirbt auch nicht vor Respekt, fühlt sich ihm moralisch wie militärisch überlegen.

Am Sonntag, dem 17. Oktober, legt der Tod eine Pause ein; beide Seiten brauchen Nachschub und gruppieren ihre Kräfte um. Am folgenden Tag prallen die Heere wieder aufeinander. „Das ist die Völkerschlacht", sagt Müffling zu Steffens über den Kampf um Leipzig, an dem Deutsche aus vielen Staaten, Russen, Polen, Österreicher, Schweden, Franzosen, Holländer, Italiener, Spanier und Menschen aus zahlreichen anderen Ländern beteiligt sind.

Doch Napoleons Kriegsregime ist brüchig geworden. Am Nachmittag des 18. Oktober wechseln sächsische und württembergische Reiter-Brigaden die Front und laufen zu den

Preußen über. Sie werden mit lautem Jubel empfangen. Als aktive Kämpfer aber mag Blücher sie nicht neben sich sehen; er schickt die Überläufer ins Hinterland.

Am 19. Oktober neigt sich die große Schlachtenwaage auf die Seite der Verbündeten, deren Kräfte allerdings nicht ausreichen, Napoleon völlig in der Innenstadt einzuschließen. Auf dem einzig noch verbleibenden Weg zieht sich Napoleon mit einem Teil seiner Truppen über Lindenau nach Weißenfels zurück. Ein französischer Pionier sprengt, ehe noch das Gros der eigenen Truppen aus der Stadt heraus ist, voreilig die einzige Brücke über den Elstermühlgraben. Viele Franzosen retten sich schwimmend, viele der Flüchtlinge ertrinken. Darunter auch der Kommandeur der mit Napoleon verbündeten polnischen Hilfstruppen, General Jozef Pontiatowski. Blücher widerspricht energisch der Ansicht einiger seiner Generals-Kollegen, die Innenstadt in Brand zu schießen, um Napoleon auf diese Weise leichter vertreiben zu können. Er zieht den offenen Häuserkampf vor, um die Stadt zu schonen. „Der feindliche Widerstand zerbröckelte vor Blüchers Sturm auf den Fleischerplatz“, schreibt Parkinson. „Seine Männer kletterten über die letzten Barrikaden, aufgetürmte Munitionswagen, Kanonen, Möbel und sogar angebundenes Vieh, das vor Angst brüllte, als der Kampf an der Barrikade tobte. Die letzte Gegenwehr brach zusammen.“

Die Kriegsfurie kommt allmählich zur Ruhe. Blücher reitet mit den verbliebenen Lebenden durch das Hallesche Tor und über den Brühl zum Marktplatz. Die Menschen kommen langsam, als der Schlachtenlärm verebbt, aus ihren Häusern heraus. Sie sind froh über die Befreiung ihrer Stadt und begrüßen die Befreier, allen voran den ehrwürdigen General Blücher. Der Leipziger Augenzeuge Ulrici schreibt: „Dieser berühmte Preuße traf, in Schweiß gebadet, ein und wurde von der Bevölkerung von Leipzig mit unbeschreiblichem Freudenjubel und Entzücken begrüßt.“ Und Langeron, der

Modell der Stadt Leipzig aus dem Jahre 1814

russische Kampfgefährte, erinnert sich: „Wir hatten Blumen an den Köpfen und Leichen unter den Füßen."

Über Blüchers Empfang schreibt ein englischer Oberst: „Die Zurufe, womit sie alle empfangen wurden, überbieten alle Beschreibung, und es war keiner unter ihnen, dessen Erscheinung so enthusiastische Gefühle von Freude und Dank-

Völkerschlacht. Gemälde von Willi Sitte (Detail)

barkeit hervorrief, als der greise Krieger, dessen glänzende und heldenmütige Errungenschaften so überwiegend zu dem Erfolg des Tages beigetragen hatten."

Die Preußen haben in den Tagen bei Leipzig etwa 16000 Mann verloren, in Blüchers Korps sind die Verluste besonders groß: Jeder dritte Soldat der Schlesischen Armee, die noch am 16. Oktober voller Mut und Zuversicht den Kampf begann, lebt nicht mehr. Die russischen Verbündeten haben sogar 22000 Mann verloren. Die Österreicher mit ihrer riesigen Hauptarmee verzeichnen 14500 Tote, die Schweden nur 200. Bei der Armee Napoleons werden die Verluste mit 110000 bis 120000 Mann angegeben, darunter sind mehr Gefangene als Gefallene. Der englische Kriegshistoriker Parkinson hat ausgerechnet, daß während der Leipziger Kampftage in jeder Stunde etwa 1500 Mann gefallen sind.

Auf dem Leipziger Marktplatz treffen nach dem Sieg die verbündeten Monarchen ein zur Siegesfeier. Zar Alexander umarmt Blücher, nennt ihn den Befreier Leipzigs und küßt ihn unter dem Beifall der Leipziger Bürger. Blücher zieht sich nur für kurze Zeit etwas zurück, um zu ruhen und um einen kleinen Bericht an seine Freunde daheim zu geben: „Den 19. wurde zu Ende des Kampfes Leipzig mit Sturm und groser Ufopfrung genommen... Es fiel der grose Colosh wie die Eiche im Sturm. Er, der große Tiran, hat sich gerettet, aber seine knappen sind in unsren henden." Blücher, durch die fast übermenschlichen Anstrengungen der letzten Tage so geschwächt, daß er am ganzen Leibe zittert, hält nur eine kurze Rast.

Am 20. Oktober setzt er sich bereits nach Lützen zu in Marsch, um Napoleon zu verfolgen und „den feind bei Merseburg wieder zu fassen, wohin er marshirt ist". Erst hier in Lützen holt ihn die Nachricht von seiner Beförderung zum Generalfeldmarschall ein. Der Marschall Vorwärts ist geboren.

Die Schlacht bei Leipzig, von der Blücher sagt, sie sei die größte gewesen, „die nie uf Erden statt gefunden" hat, behält den Namen, den ihr Müffling, Blüchers Generalstabs-Offizier, noch während des Kampfes gegeben hatte: die Völkerschlacht. Beide Seiten haben mit dem Ausgang der Schlacht fast übergroße Erwartungen verbunden. Der französische Kaiser wollte das Blatt mit Gewalt wenden, durch einen Erfolg seinen angegriffenen Ruf als Feldherr erneuern und das zerbröckelnde Imperium wieder zusammenschmieden.

Mit dem Austritt der Sachsen und Württemberger aus den Reihen seiner Großen Armee während der Kampfhandlungen, ohne das Ergebnis abzuwarten, beginnt der Zerfall des ohnehin nie starken Rheinbundes. Die Krone der Unbesiegbarkeit ist Napoleon ein für allemal vom Haupt geschlagen worden.

Für die Zivilbevölkerung von Leipzig sind die Sorgen und Ängste mit dem Ende der Kriegsereignisse nicht vorüber. Nun stellen sich unvermeidlich die gefürchteten Begleiter jedes Krieges ein, die noch lange nach dem Schweigen der Waffen weitertöten: verheerende Seuchen, entsetzliche Hungersnot, Obdachlosigkeit...

Der Leipziger Christian Ludwig Hussell hat in seinen bei Kircheisen abgedruckten Erinnerungen die SCHRECKENSTAGE VON LEIPZIG, die er am eigenen Leib miterlebt hat, beschrieben. Neben den Einwohnern sind es vor allem die zahlreichen Verletzten, die ohne medizinische Versorgung, oft auch ohne Trinken und Essen bleiben. „Da Leipzig durch den großen Armeekreis von der ganzen übrigen Welt eine geraume Zeit völlig abgeschnitten war, so wurde die Not in den Krankenhäusern immer größer... Das Elend erreichte den höchsten Gipfel, als die Tausende vom Schlachtfelde nun auch dort Hilfe suchten. Jetzt sah man Scheußlichkeiten, die selbst den gefühllosesten Kannibalen einen eiskalten Schauder durch alle Glieder gejagt und die Haare emporgesträubt haben würden. Nimmermehr kann ein Auge bei Smolensk, an der Beresina und auf der Straße nach Wilnja etwas Entsetzlicheres gesehen haben. Dort raffte der Tod wenigstens rascher seine Beute hinweg. Tausende Jammergestalten wankten in allen Straßen und bettelten an jedem Fenster, an jeder Tür. Selten war das Mitleid imstande, etwas zu geben." Nur schwer erholt sich die Stadt von den Wunden dieser Schlachttage. –

Das Völkerschlacht-Denkmal

Der militärischen und moralischen Bedeutung des Kampfes in der Ebene und in den Straßen der Messestadt sind sich auch die deutschen Patrioten um Stein, Arndt, Fichte sogleich bewußt. Sie wollen den Toten und Lebenden der Völkerschlacht ein würdiges Denkmal setzen.

Noch ehe Napoleon endgültig besiegt ist, erscheint Ernst Moritz Arndts Aufsatz ÜBER EIN DENKMAL BEI LEIPZIG, in dem er seine Gedanken über Art und Ausführung eines solchen Monuments darlegt: „Das Denkmal muß draußen stehen, wo so viel Blut floß. Es muß so stehen, daß es ringsum von allen Straßen gesehen werden kann, auf welchen die verbündeten Heere zur blutigen Schlacht der Entscheidung heranzogen. Soll es gesehen werden, so muß es groß und herrlich seyn, wie ein Koloß, eine Pyramide, ein Dom zu Köln…"

Die ersten Entwürfe entsprechen nicht diesen Forderungen Arndts; auch fordern kritische Pressestimmen, das Geld anderweitig zu verwenden, solange die Wunden des Krieges nicht geschlossen sind. „Noch liegen die Wohnungen unseres Landmannes in Schutt und Asche", heißt es 1814 in den DEUTSCHEN BLÄTTERN, „noch irren tausend Waisen unversorgt durch alle Provinzen des unglücklichen Sachsenlandes, noch werden aller Orten die Folgen des Krieges schmerzlich empfunden."

Es dauert genau hundert Jahre, ehe mit dem Werk des Architekten Bruno Schmitz und unter der Gesamtleitung von Clemens Thieme das Denkmal in seiner würdigen, heutigen Gestalt entsteht. Durch Volksspenden finanziert, kann es, nach nur fünfzehn Jahren Bauzeit, am 18. Oktober 1913, am Vorabend des ersten Weltkrieges, eingeweiht werden. Die Fertigstellung und Einweihung des Leipziger Denkmals steht schon unter dem Zeichen des nächsten Krieges.

Reaktionäre und chauvinistische Kräfte benutzen den Anlaß der Hundertjahrfeier, um „deutsche Stärke" vorzuführen und ihren Nachbarn, vor allem dem „Erzfeind Frankreich",

Blick in die Kuppelhalle

zu drohen. Sie kochen auf dem einstigen Feuer der Vaterlands-Befreiung ihr eigenes Süppchen.

Auf historischem Grund errichtet, reckt sich das Mal mehr als neunzig Meter in die Höhe, unübersehbares Erinnerungsmal *und* – im Sinne Arndts – Mahnzeichen für kommende Generationen.

Die STRASSE DES 18. OKTOBER verbindet heute friedlichen Handel und Wandel mit dem Gedanken an Deutschlands Kriegszeit und an seinen Volkskampf zur Befreiung. Die zwölf allegorischen Freiheits-Wächter mit den auf den Boden gestützten Schwertern verneigen sich vor den Toten, halten Wacht über die Lebenden.

12. Kapitel

Vorwärts, jetzt geht's nach Paris!

Der Feldzug in Frankreich 1814

Im August des Freiheitsjahres 1813, als Blücher zum zweitenmal das Kommando über die Schlesische Armee angenommen hatte, war Gneisenau aufgestanden und hatte in einem Trinkspruch prophezeit: „Meine Herren, wir werden die Trauben dieses Jahres am Rhein kosten. Verstehen Sie mich nicht falsch, ich meine die letzten Trauben, die im November an den Reben hängen werden."

Nun drängen Blücher und sein Stabschef, dieses Versprechen einzulösen. Sie, die entschiedenen Vertreter der offensiven Strategie und der energischen Verfolgung des angeschlagenen Gegners bis zu dessen endgültiger Niederwerfung, haben es schwer, ihrer Stimme im vereinten Oberkommando Gehör zu verschaffen. Dort hat nach der Flucht Napoleons jeder seinen Kopf für sich, versucht, eigennützige und dynastische Interessen geltend zu machen. Einige meinen, mit dem Leipziger Sieg sei alles Wesentliche zur Befreiung getan, den Rest müsse die Diplomatie erledigen.

Blücher beschränkt sich diesmal von Anfang an darauf, seine Wünsche und Vorstellungen über seine Adjutanten an das Oberkommando zu richten. Er selbst und Gneisenau konzentrieren sich auf die militärische Kleinarbeit. Am 20. Oktober, dem Tag nach der Völkerschlacht, ist der „stark fatiguierte" Feldmarschall – wie bereits erwähnt – schon in

Lützen, das zwanzig Kilometer westlich von Leipzig liegt. Am 21. Oktober überquert er die Saale bei Weißenfels, am 26. Oktober ist er in Eisenach und Anfang November in Gießen. Trotz dieser Eile – in knapp vierzehn Tagen werden mehr als dreihundert Kilometer zurückgelegt – erweist sich die Verfolgung als Fehlschlag. Napoleon und seine geschlagene Armee sind schneller. Manchmal bezieht Blücher am Abend Quartiere, die Napoleons Truppen vierundzwanzig Stunden zuvor verlassen haben.

Die Ursachen für diesen Mißerfolg muß Blücher nicht in erster Linie bei sich, sondern bei anderen suchen. Und er tut es auch. „Es ist wahr, wir haben vieles geleistet“, sagt er, „aber bei weitem nicht das, was wir leisten konnten. Napoleon konnte und mußte nicht durchkommen, und Gott verzeihe es diejenigen, die es versäumt und verfaulenzt haben.“

Gneisenau ist mit seinem Urteil noch deutlicher: „Wenn die Monarchen und Generale nicht in Weimar so viel kostbare Zeit mit Festen verloren hätten, statt den Truppen Befehle zu geben, ... so wäre die französische Armee nicht entkommen.“ Die Handwerker tadeln ihre Meister. Alles müssen sie allein machen. Dabei muß jedes neue Marschziel abgestimmt und seine Bestätigung abgewartet werden. Blücher und Gneisenau entfernen sich – nicht nur geographisch – immer weiter von den Oberkommandierenden. Blücher ist unzufrieden. Er jagt hinter Napoleon her und muß mit dem vorliebnehmen, was dieser rechts und links am Wegrand zurückläßt. Es sind die traurigen Reste der Großen Armee. Eine Typhus-Epidemie ist bei den Franzosen ausgebrochen, die auch auf die deutsche Zivilbevölkerung übergreift. Der Weg Napoleons ist mit Toten, Sterbenden, Leidenden bedeckt.

Bieske, der Leibarzt Blüchers, hat in seinen Erinnerungen den deprimierenden Eindruck beschrieben, den die Begegnung mit diesen traurigen Überresten der größenwahnsinnigen Eroberungspolitik Napoleons auf die Preußen um Blücher macht: „Der Weg von Leipzig bis Fulda war mit verwundeten und kranken Franzosen übersät. Nervenfieberkranke liefen im Wahnsinne umher, halb Lebende saßen um Wachtfeuer auf Toten, halb verbrannten Kameraden; alle vermieden die Dörfer und Städte aus Furcht, von den Einwohnern totgeschlagen zu werden."

Diese unschuldigen Opfer der Verführungskunst Napoleons will Blücher nicht mit seinem Zorn treffen.

Bieske erzählt, daß Blücher immer wieder anhält, vom Pferd steigt und den kranken Feinden die eigene Trinkflasche reicht. Er spricht ihnen Mut zu und gibt alles, „was er hatte, zur Erquickung her, befahl eine Auflese zu halten und für Sicherheit und Pflege der Franzosen bestmöglichst zu sorgen". Zu keiner Zeit aber läßt sich Blücher von seinem Ziel abbringen, den noch kampffähigen Feind „so zu Paaren zu treiben, daß er Friede machen muß".

Am 4. November steht Blücher mit den Seinen am Rhein, und er ist weiter voller Zuversicht, wie aus einem Brief ersichtlich ist, den er an Bonin in Pommern schreibt: „Napoleon seine Herrschaffd wird sich endigen. Das ist meyn glaubensbekenntniß. Den ersten brieff, den du von mir erhellst, wird von jener Seite des Strohms, in dem wir die Schlawerey [Sklaverei] abwaschen, geschrieben seyn."

Gneisenaus Prophezeiung ist Wirklichkeit geworden: Die Preußen und Russen stehen am Rhein, über den sich Napoleon vierundzwanzig Stunden zuvor mit knapp siebzigtausend Mann hinübergerettet hat.

Der Rhein wird zur magischen Linie aller Volksbefreiungskräfte, der Monarchen und Militärs. Er scheidet die Geister in eine „Friedenspartei", für die der Krieg damit zu Ende ist, und eine „Kriegspartei", die – nach dem Motto: Nun erst recht! – weiterkämpfen will. Da sie Napoleon als die eigentliche Ursache für vergangene und für kommende Kriege ansehen, treten progressive Kreise des Bürgertums für die Verfolgung Napoleons ein. Von Ernst Moritz Arndt stammt die

Losung: „Der Rhein – Deutschlands Strom, nicht Deutschlands Grenze."

Die meisten Monarchen und Militärs – mit Ausnahme des russischen Zaren und des Oberkommandierenden Schwarzenberg – warnen vor der Verletzung der Grenze und sehen die Weiterführung des Krieges als Invasion an. Vor allem für die lautstark mitredenden deutschen Klein- und Kleinstherrscher hat sich mit der Befreiung ihrer Territorien der Sinn des Krieges erfüllt.

Es ist überflüssig, zu sagen, zu welcher der beiden Parteien man Blücher zählen muß. Er hat das Menschenmögliche aus sich und seinen Truppen herausgeholt. Der vierzehntägige fast ununterbrochene Gewaltmarsch hat die Truppen aufs äußerste erschöpft: Sie sind auf denselben Straßen, durch dieselben Dörfer marschiert, die Napoleon auf seinem Rückzug berührt und von allem Verwertbaren an Nahrung und Kleidung entleert hat. Blüchers Soldaten sind nur noch mangelhaft bekleidet und schlecht bewaffnet. Während die Soldaten der Haupt- und Nordarmee in festen Garnisonen ruhen, feiern, essen und trinken, sind Blüchers Leute der feuchten Novemberkälte ausgesetzt und hungern. Dennoch ist ihr Siegeswille ungebrochen. Sie stehen hinter ihrem Kommandeur, der am 7. November – ohne höheren Befehl – den Rheinübergang bei Mühlheim befiehlt. Mit sechsunddreißigtausend Mann setzt Blücher über und stößt nur auf geringen Widerstand.

Eine Woche später wird er von Zar Alexander zurückgepfiffen. An Napoleon sind Friedensvorschläge abgesandt. Bis die Antwort eintrifft, ruhen alle Kampfhandlungen. In Frankfurt am Main wird erst einmal alliierter Kriegsrat gehalten. Der Generals-Zirkus gibt – da Blücher den Weg freigeschossen hat – ungeniert seine Gala-Vorstellungen mit Siegesfeiern, Festessen, glänzenden Bällen. Die Versuche, Blücher dadurch zu beruhigen, daß man ihn durch Ordensverleihungen und Komplimente an diesem Schauspiel teilnehmen läßt, scheitern diesmal gründlich. Mißgelaunt sieht man ihn zwar gelegentlich die leidige Verhandlungszeit am Spieltisch verbringen, aber nun spielt er, wie er kämpft: verbissen, mit letztem Einsatz.

Erst Anfang Dezember (!), als klar wird, daß der französische Kaiser die Zeit zu intensiver Rüstung statt zum Nachdenken über die Friedensvorschläge nutzt, erklären die Monarchen zu Frankfurt, der Feldzug werde fortgesetzt. Er gelte nicht dem französischen Volk, sondern der verderblichen Herrschaft Napoleons, sei völkerrechtlich also keine Aggression und keine Invasion, sondern ein Strafgericht gegen den Schlachtenkaiser.

Blüchers Stimmung belebt sich mit der Nachricht von der Wiederaufnahme der Kampfhandlungen zusehends. Zudem hat er die Freude, seinen zurückgekehrten Sohn Franz zu seinem einundsiebzigsten Geburtstag in die Arme schließen zu können. Franz scheint wieder ganz von seiner Kopfverwundung genesen zu sein. Erst später machen sich Rückschläge und psychische Dauerschäden bemerkbar.

Blücher bleibt wenig Muße, das Wiedersehen zu genießen. Die Offensive, die am 1. Januar 1814 beginnen soll, sieht vor, daß die Nordarmee Bernadottes über die Niederlande und Belgien vorrückt. Blücher soll mit seiner hunderttausend Mann starken Schlesischen Armee auf kürzestem Wege über Saar und Mosel in die Champagne einfallen und dort auf die französischen Korps von Marmont und Victor treffen. Dort soll die Armee als „Beobachtungskorps des Oberrheins“ den rechten Flügel der Hauptarmee und die Verbindungswege decken. Blücher und Gneisenau sind entschlossen, diese passive Rolle bei der ersten besten Gelegenheit mit der einer Angriffsarmee zu vertauschen.

Die riesige, zweihunderttausend Mann starke Hauptarmee aber will einen Umweg über die Schweiz machen, um – wie es heißt – die französischen Flüsse leichter an ihren Quellen überwinden zu können. Ziel ist das – nach Meinung Schwarzenbergs strategisch wichtige – Hochplateau von Langres in Südfrankreich.

Blücher hat nur Spott für dieses aufwendige Ausweich-Manöver. Er sieht den einzigen Vorteil der Eroberung des Plateaus, das zugleich auch Wasserscheide Frankreichs ist, darin, daß, wenn man auf seinem höchsten Punkt uriniere, die eine Hälfte ins Mittelmeer und die andere in den Atlantik laufe. Die Entwicklung der Dinge wird ihm recht geben: Das Plateau bringt keinen militärischen Gewinn. Aber er debattiert nicht länger. Er ist zufrieden, daß er den kürzesten Weg nehmen (und damit wiederum die Hauptlast des Feldzugs tragen) darf.

Um Napoleon, der auch in Frankfurt seine Spione hat, zu täuschen, greift Blücher zu einer Kriegslist: Er beklagt sich lautstark über den Müßiggang, der ihm auferlegt sei und der wohl noch den Winter über fortdauern werde. Er gibt Empfänge und Gesellschaften. Heimlich aber verlegt er Sackens Korps nach Mannheim und befiehlt in der Neujahrsnacht den Rheinübergang bei Koblenz (Sacken) und bei Caub (Yorck).

Das Unternehmen wird, wie Blücher sogleich seiner Frau mitteilt, ein voller Erfolg: „Der frühe Neujahrsmorgen war für mich sehr erfreulich, da ich den stoltzen Rhein passierte. Die Ufer ertöhnten vor Freuden Geschrey u. meine braven Troupen emfiengen mich mit Jubel. Der widerstandt des feindes war nich bedeutendt. Ich schlise nun die festung Mainz völlig ein; für meyne persohn gehe ich mit die armeh vorwärts."

Blücher zieht durch Gebiete, die er bereits während des Feldzugs gegen die junge französische Republik kennengelernt hatte. Doch nun kommt ein anderer Blücher in das fremde Land. Nicht der Eroberer im Auftrag seines Königs, sondern der „Befreier" Frankreichs wendet sich an das französische Volk: „Seht in den Heerscharen der verbündeten Souveräne den Freund der Menschheit, dessen einzige Feinde

Rheinübergang bei Caub. Gemälde von Walter Camphausen

die Feinde des Friedens sind." Einer der einflußreichsten Freunde Napoleons beklagt sich über die Wirkung dieser an Häuserwänden veröffentlichten Aufrufe: „Das schadet uns noch mehr als ihre Kanonen!"

Blücher und Gneisenau führen den Einmarsch in Frankreich als Teil des großen Völker-Befreiungskampfes. Gneisenau ist dabei vielleicht noch stärker als Blücher von kosmopolitischen Ideen und Illusionen erfüllt. Der Marschall und sein Stabschef achten auf straffe Disziplin der Soldaten und dulden keine Übergriffe der Preußen und Russen auf die Zivilbevölkerung. Sie fördern Handel und Verkehr in den befreiten Provinzen, heben die drückendsten Steuern auf. Der Rollenwandel ist vollkommen: Einst kam Napoleon in die Rheinbund-Staaten als liberaler Reformer. Nun müssen die Vertreter des militanten Preußens seine Diktatur brechen und die Rückkehr zu bürgerlich-progressiven Grundlagen in Frankreich ermöglichen.

In Nancy hält Leberecht Blücher eine öffentliche Rede, die von Bieske sogleich nachgeschrieben und später gedruckt wird. Der preußische Feldherr zeichnet ein umfassendes, eindrucksvolles Bild von der Kriegslust Napoleons und ihren Folgen: „Eine ganze Generation, die jungen Leute von zwanzig bis dreißig Jahren, von der Oberfläche der Erde verschwunden, der Ackerbau ohne Ermuthigung, das Volk seufzend unter der Last ungeheurer Abgaben; Tausend von Conscribirten [zwangsweise zum Militärdienst Ausgehobene] durch Gensdarmen aus dem Schosse ihrer Familien zu den Waffen geschleppt und mit Gewalt unter die Fahnen des Ehrgeizigen gezwungen, der sie aus Mangel an Fürsorge für ihre Nahrung umkommen läßt... Und dies ist der Preis der unaufhörlichen Kriege, durch welche so viele Völker der Erde so unglücklich geworden sind. Also bloß für Generale, Intendanten, Comissaire, die sich durch Plünderungen unserer Länder und durch die schamlosesten Erpressungen bereichert haben, habt Ihr soviel gelitten, unglückliches Volk." Blücher bedauert, der Zivilbevölkerung nicht alle Lasten und Übel einer Besetzung ersparen zu können, verspricht aber, daß er sich bemühen werde, sie auf ein Mindestmaß zu beschränken. „Wir führen den Krieg nur gegen diejenigen, die ihn so gerne verewigen möchten."

Wenn auch in dieser Rede ein gewisser opportunistischer, pharisäerhafter Zug nicht zu übersehen ist, so ist sie doch aus verschiedenen Gründen bemerkenswert: Einerseits klingt, beiläufig noch, der Wunsch mit, den Krieg als Mittel der Politik nicht verewigen zu wollen. Zum anderen ist die Rede auch ein Zeugnis dafür, daß Blücher in seinen Ansichten und Vorstellungen durchaus selbständig handelt, auch gegen Gneise-

Neithardt
von Gneisenau

nau, der später voreilig zum geistigen Vater aller Blücherschen Ideen gemacht wird.

Hier, in dieser Phase des Befreiungskampfes, ist Blücher der Reifere, Gerechtere der beiden, und in der Rede von Nancy schwingt auch indirekt Polemik gegen Gneisenau mit. Gneisenau hatte schon zu Jahresbeginn, anläßlich des Rheinübergangs, an Freiherrn vom Stein über das Ziel des bevorstehenden Feldzugs geschrieben: „Wir müssen für so viel Leid, das der Nation auferlegt wurde, und für so viel Arroganz Rache nehmen... Wir müssen die Besuche der Franzosen in unseren Städten dadurch erwidern, daß wir sie in ihren besuchen. Bis wir das tun, werden Rache und Triumph vollständig sein."

Wie anders dagegen klingen die besonnenen Worte Blüchers an die Einwohner von Nancy: „Wir verachten es, Euch die Verwüstungen, welche von Euren Heeren in unseren Ländern angerichtet wurden, zu vergelten und dafür Rache zu nehmen!" Zwar muß er sich in der Folge fast täglich mit Überfällen und Plünderungen auseinandersetzen, die seine Leute begehen, doch muß ihm hier – zu Beginn der Operation – die ehrliche Absicht unterstellt werden, sie als Ausnahmen streng bestrafen zu wollen.

Die Stimmung in Blüchers Hauptquartier wird von Augenzeugen als ungewöhnlich gut bezeichnet.

Blücher hat die Strapazen tagelanger Regenmärsche auf dem Pferderücken ohne sichtbare Folgen für seine Gesundheit überstanden. Er erinnert sich in diesen Tagen oft und gern an seine Erlebnisse während der Rhein-Kampagne von 1793. Seinen Gesprächspartnern fällt bei diesen Gelegenheiten die „Klarheit und Treue seines Gedächtnisses" auf. Sooft es geht, hält Blücher seinen Mittagstisch ab, um den Zusammenhalt und die Stimmung im Offizierskorps zu fördern. Bei diesen Gelegenheiten werden Pläne gemacht und deftige Anekdoten aus dem Soldaten-Alltag erzählt.

Noch sind die Nachschubwege nicht allzu lang, die Vorräte an Waffen, Material, Kleidung und Nahrung – noch – ausreichend. Aus den Rheinbund-Staaten erwartet Blücher eine Verstärkung von fünfundzwanzigtausend Mann. In der Zusammenarbeit mit den verbündeten russischen Truppen sieht er keine Probleme: „Meine Russen, deren ich 50000 bei mich habe, beweisen mich ein zu Trauen ohne gleichen und haben mich den namen des deutschen Suworow gegeben. Die Bravur unsrer ist außer Ordentlich und unsre Landwehren geben den Alten troupen Nichts nach."

Blücher und Gneisenau spornt die Aussicht an, sie könnten die erste Armee sein, „die die Türme von Paris sieht". –

Doch so schnell schießen die Preußen nicht. Neue und alte Hindernisse türmen sich auf dem Weg nach Paris: Der wochenlange Regen macht jedes Vorankommen zu einem unwägbaren Abenteuer. Befehle vom Oberkommandierenden Fürst von Schwarzenberg oder Blüchers Berichte an das Oberkommando brauchen vier bis fünf Tage, ehe sie ihr Ziel erreichen; sie werden nicht selten von den Ereignissen eingeholt und überholt. Der Mangel an genauen Landkarten sowie das Fehlen einer exakten, weiträumigen Aufklärung erhöhen das Risiko mit jeder Meile, die die Preußen in Richtung Westen vorstoßen. Je leichter Blücher in Frankreich vorankommt, ohne ernsthaften Widerstand zu finden, desto lauter erschallt aus verbündetem Lager der Ruf nach Frieden mit Napoleon. Neben Leuten, die Blücher einen schnellen Sieg neiden, bestimmt auch die Furcht vor einem erfolgreichen, selbstbewußten Preußen diese Politik des „Gleichgewichts der Kräfte".

„Wir guht gesinnten wollen Schlagen, aber die Diplomatiker haben hundert andre Projecte", klagt Blücher. „Soll die Sache guht vor die menschheit werden, so müssen wihr nach Paris. Dort können unsre Monarchen einen guhten friden schlisen, ich sage: dictiren. Der Tiran hat alle Hauptstätte besucht, geplündert und bestohlen; wihr wollen uns so was nicht schuldig machen, aber unsre ehre fordert das Vergeltungsrecht, ihm in seinem neste zu besuchen. Sobalde sie anfangen, wieder zu negociren [verhandeln] verlase ich die Armeeh und gehe zur Ruhe."

Die Diplomaten und Feldherren in sicherer Entfernung vom Kampfplatz schütteln die Köpfe über Blüchers Sturmmarsch ohne ausgearbeiteten Plan, ohne feste Verbindung zur Hauptarmee oder zu den heimatlichen Depots, unbekümmert um die laufenden Friedensverhandlungen. Anstatt ebenso vorzugehen und damit die notwendigerweise entstehende (und immer größer werdende) Lücke zwischen der Schlesischen Armee und den Hauptarmeen zu schließen, stemmen die Befehlshaber untätig die Hände in die Seiten und sehen zu, wie Blücher sich in Gefahr begibt.

„Blücher und mehr noch Gneisenau, denn der gute Alte muß seinen Namen leihen, treiben mit einer so wahrhaft kindischen Wuth nach Paris, daß sie alle Regeln des Krieges mit Füßen treten“, räsoniert Schwarzenberg.

Der einzige, der die Gefahr erkennt, die von Blüchers Vormarsch ausgeht, ist Napoleon selbst. Er eilt von Paris aus mit fliegenden Fahnen Blücher entgegen, um ihn aufzuhalten. Bei La Rothière kommt es am 1. Februar zu einer erbitterten Schlacht. Blücher und seine Soldaten tragen die Hauptlast des Kampfes. Der Abend dieses Tages sieht die Verbündeten als Sieger; Napoleon selbst flieht im Schutz der Nacht. Diesmal überträgt Schwarzenberg die Verfolgung nicht Blücher, sondern dem Kronprinzen von Württemberg. Sie ist demzufolge unentschlossen. Zar Alexander trifft in La Rothière ein und dankt Blücher demonstrativ für seinen Einsatz. Er habe allen seinen früheren Siegen die Krone aufgesetzt. Es ist der erste Sieg über Napoleon auf heimischem Boden, dessen Truppen sich demoralisiert nach Troyes zurückziehen.

Blücher schreibt, bis zum äußersten erschöpft, mit zitternder Hand seiner Frau und äußert bei dieser Gelegenheit, wenn Napoleon seine Kaiserkrone nun noch behalte, so müsse er sie „als ein geschenk aus die hende unserer monarchen ansehen“.

Im alliierten Lager wachsen Uneinigkeit, Streit und Neid auf Blücher. Metternich, der intrigante österreichische Außenminister, schreibt nach der Schlacht von La Rothière: „Ich bin etwas traurig [!], daß es nicht eine kleine Niederlage für Blücher gegeben hat.“ Es ist kaum zu glauben, mit welcher Mißgunst man Blücher in seine Trumpfkarten schaut. Man wartet nur darauf, daß der alte Recke ins Straucheln kommt, damit wieder das „klassische“ Feldzugkonzept zum Tragen kommen kann. Die Generals-Kollegen können sich als Motiv für Blüchers Handeln nichts anderes als Ehrgeiz und Ruhmsucht vorstellen. Sie glauben, er habe es auf eine Belohnung abgesehen, die ihn im Falle der Einnahme von Paris sicherlich erwarten würde. Schwarzenberg meint, Blücher treibe so auf Paris zu, weil er nicht schnell genug ins Palais Royal, die Spielhölle von Paris, kommen könne.

Es ist kaum wahrscheinlich, daß sich Blücher und Gneisenau in ihrer konkreten Situation mit den Gedanken an Feiern und Spielen gegenseitig motiviert haben. Belohnungen gehören zum Krieg wie die Toten, Waisen, Witwen und Obdachlosen, aber sie sind weder für Blücher noch für Gneisenau der Zweck des Kampfes von 1814.

Die Nachricht vom unbeirrten Vormarsch der gefürchteten Schlesischen Armee unter dem in Frankreich seit Leipzig gut bekannten Marschall Vorwärts löst in Paris eine Panik aus: Viele Einwohner verlassen die Stadt. Einer von Napoleons engsten Waffengefährten, der Blüchers Entschlossenheit 1806 am eigenen Leibe erlebte, der Marschall Joachim Murat, kündigt Napoleon den Dienst und geht zu den Verbündeten über. Da Murat als König von Neapel den ganzen Süden Italiens beherrscht, bricht eine weitere starke Säule aus dem napoleonischen Imperium heraus.

Der französische Kaiser muß handeln. Er hat die Lücke zwischen der Hauptarmee und Blüchers Korps entdeckt und will dort hineinstoßen. Als man ihm am 7. Februar ein neues Friedensangebot der Verbündeten bringt, schiebt er es mit den Worten zur Seite: „Wir haben jetzt andere Pläne. Ich bin im Begriff, Blücher zu schlagen. Der Friede kann warten."

Am 10., 11. und 14. Februar geschieht, was alle prophezeit haben und nun fast mit Genugtuung registrieren: Dreimal hämmert Napoleon auf die Korps von Sacken und Yorck ein, zwingt sie zum Zurückweichen.

Feldmarschall von Blücher wendet sich an das Oberkommando um Hilfe, aber Schwarzenberg bleibt weiter reserviert und kritisiert: „Meinen alten Blücher zieht es schon wieder mit solcher Macht gegen das Palais Royal, daß er schon wieder anfängt, wie unsinnig vorzurennen, ohne zu bedenken, daß der Feind vor ihm zwar schwach ist, in seiner Flanke aber eine feindliche Armee steht. Es wäre ein Wunder, wenn dieses Zerstückeln seiner Kräfte ihm nicht abermals einen Unfall bereiten sollte." Die Schadenfreude ist unüberhörbar, obwohl kein anderer als Schwarzenberg das „Zerstückeln" der Kräfte verantwortet.

Blücher rettet seine noch kampffähigen Truppen über die Marne.

Napoleon ist über die Zerschlagung der beiden preußisch-russischen Korps so siegestrunken, daß er erklärt, der Feind werde nun „schneller über den Rhein zurückgehen, als er ihn überschritten hat: Und dann werde ich noch einmal an der Weichsel sein", träumt Napoleon.

Bei den Kämpfen im Tal der Marne verliert Blücher etwa fünfzehntausend Mann. Der französische Kaiser glaubt, seinen hartnäckigen Gegenspieler Blücher damit ein für allemal ausgeschaltet zu haben, und läßt von ihm ab, um sich gegen die Hauptarmee zu wenden, die nun endlich auf Fontainebleau vorrückt und die Hauptstadt vom Süden her bedroht.

Napoleons neuerliche Erfolge haben mehrere Ursachen. Einmal ist es die veraltete, schulmäßige Strategie des alliierten Oberkommandos, das durch Marsch- und Drohbewegungen großen Stils lediglich die diplomatische Initiative behalten will, während Napoleon seine Entscheidungen auf dem Schlachtfeld trifft. Aber auch das innere Gefüge der preußisch-russischen Korps hat sich unmerklich gewandelt. Je tiefer die Schlesische Armee in Feindesland eingedrungen ist, desto mehr verstärken sich wieder Landsknechtsmanieren und die Wolfsmoral vieler Soldaten. Das ist zum Teil objektiv bedingt: Offiziere und Mannschaften sind von den Magazin-Verbindungen abgeschnitten. Um an Kleidung, Ausrüstung, Munition, vor allem aber an Lebensmittel heranzukommen, müssen die Bataillone weite Streifzüge unternehmen und alle bekannten Mittel anwenden, um die Zivilbevölkerung zur Herausgabe zu bewegen.

Helmert und Uszeck schreiben dazu: „Die Schlesische Armee war durch die anstrengenden Märsche und die unzureichende Verpflegung außerordentlich erschöpft. Das Requisitionssystem wurde zum offenen Raub."

Das wiederum bewirkt einen Wandel in der Einstellung der Bevölkerung zu den Preußen und Russen. Waren sie im Elsaß und in Lothringen noch als Befreier begrüßt worden, so versagen ihnen die Franzosen nun zunehmend die Unterstützung. Die Bauern flüchten mit ihrem Vieh in die Wälder; ein zäher Kleinkrieg gegen die Invasoren beginnt. Die preußischen und russischen Generale versuchen vergeblich, die Übergriffe zu unterbinden und die Disziplin zu straffen. Bald müssen sie vor der Realität kapitulieren. Selbst der strenge Yorck sieht sich auf verlorenem Posten. Er wendet sich an seine Offiziere: „Meine Herren, ich habe geglaubt, die Ehre zu haben, ein preußisches Armeekorps zu kommandieren; ich kommandiere aber eine Räuberbande!"

Der bürgerliche Militärhistoriker Kircheisen entschuldigt die Untaten mit den Worten: „Sie rächten sich damit für die Greueltaten, die die Franzosen während vieler Jahre in ihren Ländern begangen hatten. So ist nun einmal der Krieg: er läßt immer die Unschuldigen die Taten anderer büßen."

Zum letzten ist es wohl Blüchers Ungeduld geschuldet, daß es zu so großen Menschenopfern gekommen ist. Der Faden, den er von vorn nach hinten zur Hauptarmee knüpfen sollte, ist gerissen; seine Kräfte sind zu schwach, eine stabile Verbindung zu halten. Trotz dieser Niederlage ist das moralische Recht auf seiten Blüchers. Die bisherigen (und künftigen) Erfahrungen im Umgang mit Napoleon beweisen, daß jedes Abwarten, jede Unentschlossenheit die Zahl der Leiden bei Freund und Feind nur vergrößert. Entschlossenes Handeln allein kann diesem mörderischen Treiben ein Ende setzen.

Für die Niederlage machen sich Yorck und Sacken gegenseitig verantwortlich. Jeder glaubt, der andere habe Fehler bei der Aufstellung der Truppen und bei der Ausnutzung des natürlichen Geländes gemacht. Feldmarschall von Blücher nimmt, um keine Verstimmung zwischen den Waffenbrüdern und ihren tapferen Korpsführern aufkommen zu lassen, alle Schuld auf sich und vertritt sie auch gegenüber dem alliierten Kommando. Trotzdem will Yorck – nicht zum erstenmal – das Handtuch werfen und die Armee verlassen. Blücher erklärt, daß er es kaum verantworten könne, daß der Armee „und der großen Sache einer der ausgezeichnetsten Befehlshaber entzogen“ würde, und er appelliert an Yorcks „glühenden Patriotismus“. General von Yorck lenkt ein und harrt – noch – aus.

Blücher und Gneisenau bleiben trotz der Rückschläge moralisch unbesiegt. Sie haben starke Kräfte der französischen Armee länger als eine Woche ganz allein gebunden.

„Hat die Große Armee [der Verbündeten] diese Zeit, wo ihr nichts Bedeutendes entgegenstand, nicht benutzt, so ist es zu beklagen“, schreibt Blücher an den Generaladjutanten. „Die Stunde hat nun geschlagen: Eine Hauptschlacht muß so bald als möglich geschehen. Stehen wir und zaudern, so zehren wir alles auf und bringen das [deutsche] Volk zur Verzweiflung, und alles steht in Masse wider uns auf... Ich marschiere den 19. geradewegs auf meinen Gegner los. Hält er Stich, so schlage ich ihm, das können Sie sicher glauben. Aber die Große Armee muß nun vorwärts oder die Sache kann Nachteil haben.“

Es ist kaum glaublich, mit welcher Energie der geschlagene, gescholtene, belächelte Feldherr seinen Kurs weiter verfolgt. Inmitten der schwersten Bedrängnis hat er nur einen Moment lang allen Lebensmut verloren und will nicht lebendig in die Hände des Feindes fallen. Bewußt reitet er ins heftigste Feuer, bleibt unverletzt und findet zu neuen Kräften zurück. Bald nach diesem Schwächeanfall sehen ihn Beobachter wie Heinrich Steffens oder der englische Attaché Sir Hudson Lowe „überall und an den exponiertesten Stellen".

Da Napoleon seinen Gegner für vernichtet hält, wendet er sich gegen Schwarzenberg, der sich sofort zurückzieht und Blücher um Hilfe bittet. Als Blücher am 22. Februar von der bevorstehenden Rückzugsbewegung der Hauptarmee unter Schwarzenberg erfährt, ist er empört und schreibt eigenhändig an Zar Alexander, der bei der Hauptarmee steht: „Ich hallte mich verpflichtet, Euer Kaiserliche Majestet die unvermeidligen nachtheiligen Folgen dafon allerunterthenigst vorzustellen: ... Unsre siegreiche Armee wird muthlos. Wir gehen durch rückgengige Bewegungen in gegenden, wo unsre troupen durch Mangel leiden werden. Die einWohner werden durch den Verlust des letzten, was sie noch haben, zur Verzweiflung gebracht. Der kaiser von Frankreich wird sich von seiner Bestürtzung, worin er durch unser vordringen, erhohlen und seine natitjon wieder vor sich gewinnen."

Blücher wagt es, trotz gegenteiligen Befehls von Schwarzenberg weiter auf Paris zuzugehen. Er schreibt an den Fürsten zur Begründung seines Entschlusses: „Sollte ich umkehren, könnte ich die Vereinigung mit Euer Gnaden innerhalb der festgelegten Zeit auf keinen Fall bewerkstelligen und würde die [Schlesische] Armee der größten Gefahr aussetzen. Indem ich aber weiter auf Paris marschiere, hoffe ich, dort Euer Gnaden die größtmögliche Erleichterung zu schaffen."

Der Entschluß, in langer Nachtsitzung mit Gneisenau zustande gekommen, ist dem Generalstab sicher nicht leicht geworden. Er grenzt an Befehlsverweigerung und kann beide die Stellung kosten – wenn sie erfolglos bleiben.

Blücher bleibt das Glück des Tüchtigen treu. Schon am nächsten Tag empfängt er einen Befehl seines Königs, der den Befehl zum Rückzug vom Vortag aufhebt. Friedrich Wilhelm III. hatte – wieder einmal – erfolglos mit Napoleon über Waffenstillstand verhandelt und, als diese Gespräche zu nichts führten, das Scheitern dieser Verhandlungen bekanntgegeben. „Demgemäß verlieren meine gestrigen Befehle an Sie ihre Gültigkeit", schreibt der König an Blücher. „Es ist entschieden worden, daß die Armee Fürst Schwarzenberg den Rückzug fortsetzt [!]. Damit hängt der Ausgang dieses Feldzuges von Ihnen ab."

So einfach ist das. Wen wundert es, daß Blücher den Krieg lange als Würfelspiel oder Roulette angesehen hat: eben noch Verlierer, heute schon Sieger. Oder doch wenigstens auf der Siegerstraße. Und das alles mit dem höchstmöglichen Einsatz – Poker um Menschenleben. Nun marschiert Blücher also gar mit höchst königlicher Weisung; nichts kann ihn mehr aufhalten. „Vorwärts, Grenadiere, jetzt geht's nach Paris", ermuntert der Alte seine Soldaten.

Wie leicht schreibt sich das, und wie schwierig mag es in Wahrheit gewesen sein?! Blüchers Truppen stehen auf winterharten, vereisten Straßen, umgeben von tausend Gefahren. Sie sind unzureichend bekleidet und schlecht ausgerüstet für einen Winter-Feldzug. Es fehlt an Nachschub. Branntwein ist oft tagelang die einzige Energiequelle. Friedrich von Bülow, der von Norden her auf Blücher zueilt und mit seinen ausgeruhten, satten Soldaten aus den reichen Niederlanden kommt, ist entsetzt, als er Blüchers Leute sieht. „Die Armee ist halb verhungert. Alle Disziplin und Ordnung sind aufgelöst, und ich gestehe zu unserer Schande, daß sie so etwas wie einer Räuberbande ähnlich sieht."

Mit dieser Räuberbande will Blücher dem französischen Kaiser das letzte Gefecht liefern. Zum erstenmal nach langer Zeit sehen sich Blücher und Bülow wieder. Der Feldmarschall drückt seinem ehemaligen Stellvertreter aus pommerschen Gouverneursjahren in neidloser Anerkennung von dessen Erfolgen in Holland die Hand. „Mir ist es nicht so gut gegangen; ich habe von Napoleon tüchtige Schmiere bekommen. Aber ich will sie ihm reichlich zurückgeben." Die für den weiteren Kampf gut gerüsteten Bülowschen Truppen kommen Blücher gerade recht, seinen abgezehrten „Grasteufeln“ unter die Arme zu greifen.

Napoleon hat, als er von der unbegreiflichen Auferstehung der Schlesischen Armee erfahren hat, sogleich von der Hauptarmee abgelassen. Nur knapp viertausend Mann läßt er dort zurück und eilt Blücher entgegen – ein Beweis dafür, wie sehr Blücher mit seinem Vorgehen zur Entlastung Schwarzenbergs beiträgt. Ein Beweis auch, wie ernst Napoleon diese kleine Armee nimmt. Bei Soissons an der Aisne gerät Blücher mit seiner Armee noch einmal stark in Bedrängnis. Doch kurz bevor Napoleon sie fassen kann, schlüpfen Blücher und Bülow in die starke Festung – uneinnehmbar für Napoleon.

Kein anderer als der russische Abenteurer General Löwenstern, ebenjener, der sich monatelang mit seinen 75 Geldtönnchen beschäftigte, rettet Blücher. Durch listige Verhandlungen und falsche Angaben über Truppenstärken kann er die Franzosen so rechtzeitig zur Aufgabe der Festung Soissons und zum Abzug bewegen, daß Blücher mit all seinen Truppen hier Unterschlupf findet.

„Der Feldmarschall sah so sehr die Wichtigkeit der Übergabe Soissons ein, daß er mich zu sich berufen ließ und mir in den lebhaftesten Ausdrücken dafür dankte“, schreibt Löwenstern in seinen Memoiren.

Mitten in den alliierten Vorbereitungen für eine Offensive packt Leberecht von Blücher am 6. März plötzlich ein schweres Nervenfieber, verbunden mit einem raschen Zusammenbruch der körperlichen Kräfte. Innerhalb weniger Stunden wird aus dem ungebrochenen Kämpfer ein am ganzen Körper zitternder Greis, der das Interesse an seiner Umgebung verliert und sich ausschließlich mit seiner eigenen physischen Verfassung beschäftigt.

Gneisenau muß die Geschäfte des Befehlshabers führen. In einer historisch wichtigen Situation ist die vorgeschobene Schlesische Armee ohne ihren Führer. Gneisenau kann trotz eifrigen Mühens und selbstlosen Einsatzes Blücher nicht ersetzen. Einige Korpsführer haben in sein militärisches Können nicht das erforderliche Zutrauen. Yorck, der Konservativste unter den Stabsoffizieren Blüchers, hegt seit langem gegen Gneisenaus „Geniesuche im dunklen Schoß des Volkes" Mißtrauen, die – wie Yorck spottet – „unter jedem Bauernkittel ein Talent wittere und ... um jedes derartige Subjekt bemüht sei aus Furcht, daß irgendein göttlicher Sauhirt unbeachtet verkommen könnte". Und natürlich ist bei einer so abgeschnittenen, aufeinander angewiesenen Gemeinschaft auch eine menschliche Seite mit im Spiel. „Die Korpsführer liebten Gneisenau nicht", behauptet Löwenstern, der sich nun in unmittelbarer Nähe Blüchers aufhält, „und obwohl sie Blücher bis dahin mit Ergebenheit gefolgt waren, erwachten jetzt die selbstsüchtigen Leidenschaften, da der Alte unfähig war, das Heer ferner zu leiten."

Das Kartenhaus, das durch Blücher mühsam zusammengehalten ward, bricht zusammen.

Blüchers Zustand verschlechtert sich von Stunde zu Stunde. Er muß in ein festes Quartier gebracht werden und in einem abgedunkelten Zimmer das Bett hüten. Adjutant von Nostiz, der ihn Tag und Nacht umsorgt, beschreibt seinen Zustand: „Die im höchsten Grade entzündeten und dick geschwollenen Augen machten das Tragen einer Binde unerläßlich, denn jeder Lichtstrahl verursachte heftige Schmerzen ... An das Zimmer gefesselt, bei schmaler Diät der gewohnten Bewegung beraubt und den Ärger im Herzen, sich gerade in einem Augenblick untätig zu wissen, wo der letzte entscheidende Schlag geschehen mußte; dies alles vereint, hatte nicht nur im allgemeinen seine Gesundheit erschüttert, sondern auch höchst nachteilig auf seine Laune gewirkt und die Gemütsstimmung hervorgebracht, welche bei ihm die stete Folge körperlicher Leiden war."

Blücher, der tausend wirklichen Todesgefahren entronnen ist, glaubt nun, sterben zu müssen. Wieder kehren Wahnvorstellungen und Halluzinationen früherer Zeiten zurück; das Denken und Sprechen erfaßt keine Zusammenhänge mehr.

Die Nachricht von der körperlichen und geistigen Schwäche des Feldherrn verbreitet sich wie ein Lauffeuer unter den Offizieren und Soldaten. Gneisenau hat – um Blüchers Gesundung abzuwarten – den Marschbefehl auf Paris widerrufen und sich dadurch den unversöhnlichen Zorn Yorcks zugezogen. Hans David Ludwig von Yorck, Blüchers eigenwilliger, aber zuverlässiger Waffenbruder, packt seine „Koffer" und legt demonstrativ das Kommando nieder. Er besteigt seine Kutsche und reist ab.

Noch wenige Tage zuvor hatte Blücher die Führungsarbeit Yorcks und den Kampfgeist seiner Soldaten mit den Worten hervorgehoben: „Bei Gott, Ihr alten Yorckschen seid ehrliche, brave Kerls! Wenn man sich auf Euch nicht mehr verlassen könnte, da fiele der Himmel ein." Nun fällt er ein, nicht nur für Blücher.

„Als die Kutsche abfuhr, standen wir alle wie gelähmt", erzählt später einer von Yorcks Offizieren. Sie reiten unverzüglich zum Generalstab, wo sie neben Blücher auch Gneisenau und Müffling erkrankt finden.

Als Blücher die Schreckensnachricht von der Abreise Yorcks hört, rafft er alle Kraft zusammen und schreibt ihm ein paar Zeilen. Da Blücher fast nichts sieht, muß ihm Nostiz die Hand führen: „Alter Waffengefährte, verlassen Sie die Armee nicht, da wir am Ziel sind; ich bin sehr krank und gehe selber, sobald der Kampf beendet."

Gneisenau plädiert für disziplinarische Bestrafung, aber Blücher kennt seinen Yorck: Er schickt Eilkuriere mit dem Handschreiben ab, die den General noch in Frankreich einholen. Die in unsicherer Schrift geschriebenen Worte des Feldmarschalls verfehlen ihre Wirkung nicht. Yorck, der immer im Schatten Blüchers gestanden hat und – im Interesse seiner Soldaten und Landwehrmänner – oft in Opposition zu

Zeichnung von H. Geisler nach der Büste von Ch. D. Rauch

Altersbildnis. Porträt-Stich von H. Wanckowicz

Blüchers Entscheidungen stand, erkennt an den wenigen Worten die traurige Lage Blüchers, überzeugt sich aber andererseits auch davon, daß der Feldherr keineswegs – wie gemunkelt wird – geisteskrank ist. Er schreibt zurück: „Euer Excellenz eigenhändiges Schreiben ist der Ausdruck Ihres biederen Herzens, welches ich immer schätze und schätzen werde. Ich werde mich schlagen, so lange man schlagen muß, dann aber Platz machen der Arrogance und den System-Aufstellern."

Letzteres ist ein heftiger Hieb gegen den methodischen, ängstlichen Schwarzenberg und andere Militärs, die ihre Kraft auf Kosten der Yorcks, Bülows, Sackens und anderer schonen.

Die widerspruchsvolle Beziehung zwischen Blücher und Yorck ist eins der schönsten Beispiele einer Männerfreundschaft, wie sie in den Reihen des preußischen Generalstabs selten sind. Trotz aller Meinungsverschiedenheiten über strategische und taktische Einzelfragen erkennen sie neidlos gegenseitige Stärken an. Yorck, der nicht die charakterlichen Vorzüge eines Leberecht von Blücher besitzt, bleibt – auch Blücher gegenüber – unbestechlich in seinen Ansichten, nicht blind für Fehler aus Eigensinn und Über-Ehrgeiz. Der Held von Tauroggen lebt allzeit einfach im Kreise seiner Soldaten; er sieht die Entscheidungen des Oberkommandos aus der Perspektive der fechtenden Truppe.

Ein merkwürdiger Zufall der Geschichte will es, daß just zur selben Zeit, da Blücher erkrankt, auch der bisher vor Gesundheit strotzende Gegenspieler Napoleon einen völligen körperlichen und nervlichen Zusammenbruch erleidet.

Der Napoleon-Biograf Cronin schreibt: „Plötzlich war er nur noch ein müder Mann mit rotgeränderten Augen in einem grauen Mantel, der in der bittersten Kälte fror und nicht mehr genug Truppen hatte, um die Flut der Invasoren einzudämmen. In diesem Augenblick beschloß Napoleon zu sterben. Er hatte nur noch den einen Wunsch, in der Schlacht zu fallen.“

Napoleon setzt sich bewußt dem feindlichen Feuer aus, doch bleibt er unverletzt. „Ich bin zum Leben verdammt“, sagte er theatralisch zu seiner Umgebung. Welche Kongruenz der Ereignisse!

Ebenso schnell wie Napoleon erholt sich zunächst auch Blücher. Wie präzis sein militärisches Denken wieder arbeitet, zeigen die Tage nach dem 15. März. Als Blücher durch seine Aufklärung bemerkt, daß Napoleon einen Teil seiner Kräfte von Paris abzieht, um sie gegen die Hauptarmee zu richten, widerruft er sogleich Gneisenaus Rückzugsbefehl und setzt den Vormarsch auf Paris fort. Wieder hat ihn Napoleon unterschätzt.

Die neuerliche Initiative schließt die streitenden Parteien im eigenen Lager um das nahe Kampfziel zusammen *und* entlastet die Armee Schwarzenbergs. Im Monarchenlager findet Blücher vor allem bei Zar Alexander Unterstützung, der darauf brennt, in Paris einzuziehen wie ehemals Napoleon in Moskau. Er vertraut Blücher wie niemand sonst. „Ich glaube, wir würden immer noch im böhmischen Schlamm stecken, wenn uns Blücher nicht durch seinen Übergang über die Elbe herausgezogen hätte“, sagt er gegen alle Kritiker Blüchers. „Ich bin ganz sicher, daß er uns abermals mitreißen wird.“

Wie anders dagegen klingen des Oberkommandierenden Schwarzenbergs Argumente: „Ich gestehe, daß ich zittere. Wie soll ich schlagen, wenn Blücher eine Niederlage erleidet? Denn welcher Triumph ist es für Napoleon, wenn ich geschlagen werde.“

So oder so: Auf Blüchers Schultern ruht im März wieder mal allein die Last der Verantwortung. Er ist immer noch nicht voll einsatzfähig, muß in einem verhängten geschlossenen Wagen mitgeführt werden. Fast ist der Zustand erreicht, den einst Scharnhorst mit den Worten umriß, man werde sich auch dann nicht von Blücher trennen, wenn er auf der Sänfte vor- oder nachgetragen werden müsse.

Der russische Korpsführer Graf Langeron, der sich einige Hoffnung auf die Nachfolge gemacht hat, seufzt resigniert. „In Gottes Namen, tragen wir diese Leiche mit uns mit."

Am 25. März rückt die französische Hauptstadt in greifbare Nähe; am 30. März beginnt der Kampf um die Höhenzüge im Norden und Osten. Vor allem um den Montmartre entbrennt ein heftiger Kampf. Von Süden rückt nun auch die Hauptarmee heran. Allerdings hat der übervorsichtige Schwarzenberg mehr als fünfzigtausend Mann weit zurück „in Reserve" gelassen, die sich nicht am Endkampf beteiligen.

Sowohl Napoleon wie auch Blücher mobilisieren letzte körperliche Kräfte. Napoleon eilt zurück nach Paris, um dort die Verteidigung zu leiten. Doch bevor er noch seine Hauptstadt erreicht, erfolgt dort am 31. März die Kapitulation. – Paris, das Ziel aller Wünsche, ist gefallen.

13. Kapitel
Wir haben nur einen Rasttag

Der Triumphzug durch England und Deutschland 1814

Im Kampf um die französische Hauptstadt haben noch einmal viele Preußen, Russen und Franzosen ihr Leben lassen müssen. Prinz Eugen von Württemberg, General in russischen Diensten, reitet – während man im alliierten Oberkommando bereits um die Rang- und Reihenfolge des Einzugs in Paris streitet – über das Schlachtfeld. „Was ich gesehen habe, war so schrecklich, daß es mir an Worten fehlt, um dieses gräßliche Bild zu zeichnen. Mehrere Hundert Verwundete lagen noch hier unter den Toten, alle mit Blut bedeckt und unter- und übereinander. Die meisten dieser Unglücklichen waren durch Säbelhiebe am Kopf verwundet und daher ihre Gesichtszüge durch Blut und klaffende Wunden auf das Gräßlichste entstellt. Viele von ihnen befanden sich in sitzender Stellung. Einige jammerten, andere schimpften auf uns, aber die meisten flehten um Wasser zu trinken."

Alexander von Rußland besteht darauf, noch am Tage der Kapitulation in Paris einzuziehen. Während sich Blücher und seine Korpsführer, aufs äußerste erschöpft, ein paar Stunden Ruhe gönnen, inszenieren die Intendanten ihr großes Spektakel. Der bei solchen Gelegenheiten nie fehlende Löwenstern ist dabei. „Mehr als tausend Offiziere und Generale, darunter

Einzug der Monarchen in Paris. Gemälde von L. Wolf

viele Prinzen und Fürsten, folgten dem Kaiser und Könige, die an der Spitze ritten. Alexander auf seinem Lieblingspferde, Mars genannt. Er war vorübergerauscht, der Zug der Triumphatoren, als ich mich an den Schweif schloß und nunmehr auch in Paris einzog…"

Blüchers Zustand hat sich wieder verschlechtert. Er sieht von allem Prunk und vom Jubel der Pariser nichts, und er will auch nichts davon hören. Er liegt, ausgepumpt und unfähig, sich zu erheben, in seinem Quartier am Montmartre, Kilometer entfernt vom Schauplatz des glanzvollen Einzugs der Majestäten.

Die Erinnerung hat einigen Augenzeugen, darunter auch dem sonst zuverlässigen Prinzen von Württemberg, einen Streich gespielt, wenn sie Blücher unter den jubelnden Siegern sehen. Inmitten der begeisterten Menge – so Württemberg in seinen Memoiren – fragt eine hübsche Pariserin den General Schwarzenberg: „Mein Herr, wollen Sie mir bitte den König von Preußen zeigen?"

„Sehen Sie bitte meinen Nachbarn zur Linken an!"

„Und der alte Blücher?"

„Er ist an meiner Rechten."

Der Vorgang ist symptomatisch für das Verhältnis von Militär und Politik. Einige bilden sich ein, Blücher sei dabei, andere vermissen ihn gar nicht. Andere drängen sich vor, den Erfolg zu feiern. Plötzlich sind selbst jene zur Stelle, die – wie Schwarzenberg und Bernadotte – ihre Kräfte geschont haben. Und es zeigt sich schon in dieser Stunde: Ihre und der Monarchen Sorgen sind nicht die der aktiven Kämpfer und Patrioten.

Der preußische König, der sich bei solchen Anlässen stets an Alexander zu orientieren pflegt und ihn bis ins einzelne kopiert, ist einzig um das Aussehen seiner Truppen bei der Einzugsparade besorgt.

Alexanders Reserven, aus dem Hinterland herbeigeeilt, sind prächtig anzusehen in ihren vollständigen Uniformen mit den hohen Bärenfell-Mützen.

Dann kommen die Preußen und Russen der Schlesischen Armee. Blüchers Sohn Franz, mitten unter den Paradierenden, beschreibt den Zustand der Uniformen: „Wir trugen kein einziges ganzes Kleidungsstück am Leib, keine Strümpfe, keine Schuhe, unsere Füße waren in Lumpen gewickelt." Die meisten Russen haben toten oder gefangenen Franzosen die Jacken, Hosen und Stiefel ausgezogen. Nur große Fichtenreiser an den Tschakos und weiße Binden am Arm unterscheiden sie von den Feinden. Dieser einem Shakespeare-Drama entlaufen zu sein scheinende Wald zieht an Friedrich Wilhelm III. vorüber, der entgeistert nach seinen Elite-Truppen Ausschau hält.

„Haben Sie meine Garde [Elite-Truppe] gesehen", fragt er Yorck.

Yorck weist auf Blüchers Truppen und sagt würdevoll: „Eure Majestät, *das* sind Ihre Garden!"

Generalfeldmarschall von Blücher wird – Tage nach dem Einzugs-Spektakel – in aller Stille in die Hauptstadt gefahren, wo man ihn im Haus des Herzogs von Otranto einquartiert. Die Nachrichten von der Sieges-Parade und vom bevorstehenden Frieden erreichen ihn nicht: Er ist um sein Leben besorgt. Nostiz und Bieske müssen ständig um ihn sein, da er sein letztes Stündlein erwartet. Er hat Alpträume und klagt, ein Untier rumore in seinem Leib, wolle heraus – alles wie gehabt.

Auch Napoleon hat unmittelbar nach seiner Abdankung eine tiefe gesundheitliche Krise. Er unternimmt einen Selbstmordversuch mit einer Giftkapsel, findet aber nicht den Mut, sich selbst zu töten. Erst Mitte April ist er so weit gesundet, daß er, von den alliierten Beobachtern begleitet, ins Exil auf die Insel Elba gebracht werden kann, wo er sich als Fürst und absoluter Herrscher feiern läßt und Hofstaat hält.

Wer die Vorstellung von Elba als einem einsamen, tristen Verbannungsort hat, kennt nicht die zahlreichen Beschreibungen von diesem klimatisch günstig gelegenen Inselreich, das Napoleon mit den Generalen Bertrant und Drouot, mehreren Hoffourieren, einem Zahlmeister, einem Arzt, zwei Sekretären, einem Haushofmeister, mehreren Kammerdienern, zwei Köchen und sechs weiteren Dienern in Besitz nimmt. Napoleon weiß sich die Bevölkerung der Insel durch kleine Gastgeschenke und selbstsicheres Auftreten dienstbar zu machen. Zu seinem Empfang werden hundert Salutschüsse abgefeuert, ein kleines Orchester spielt auf. In aller Eile hat man in der Residenz gar einen Spiegelsaal als

Audienzraum eingerichtet und mit einem Thron versehen, der mit scharlachrotem Stoff und Goldpapier drapiert ist.

Napoleon kann das Regieren nicht lassen. Er wartet auf die Ankunft seiner Garden; er besichtigt die Festungswerke der Insel und erzählt allen, die es hören wollen, daß er zurückkehren und noch einmal die Welt beherrschen werde.

Just um dieselbe Zeit, da Napoleon wiederhergestellt und nach Elba abgereist ist, erhebt sich auch Leberecht Blücher von seinem Krankenlager. Er hat beschlossen, das Kommando über die Schlesische Armee niederzulegen und sich ins Privatleben zurückzuziehen. Alle Bitten und Vorhaltungen seiner nächsten Umgebung, damit noch zu warten, sind zwecklos.

Blücher sieht seine Arbeit als beendet an. Das 1807 gestellte Ziel, Napoleon „herunterzuholen", ist erreicht: Der Kaiser ist abgesetzt; eine provisorische Regierung unter Talleyrand gebildet und Ludwig XVIII., Sproß der Bourbonen, ist der Thron angeboten worden.

Blücher diktiert sein Abschiedsgesuch an den König, das wie ein Testament klingt: „Wenn ich im Begriff bin, der mir von Eurer Königlichen Majestät Allergnädigst erteilten Erlaubnis zufolge, eine Armee zu verlassen, deren Tapferkeit und unerschütterlicher Mut es mir allein nur möglich gemacht hat, sie nach einer so großen Reihe fast immer siegreicher Schlachten und Gefechte von den Ufern der Oder bis an die Mauern von Paris zu führen, eine Armee, welcher ich die glücklichsten und glänzendsten Augenblicke meines Lebens verdanke, so drängt sich am Ende meiner militärischen Laufbahn dem Herzen nur noch ein Wunsch auf, um den Becher des Glücks gefüllt zu sehen, womit die Vorsehung so reichlich mein graues Haupt überschüttet.

Dieser Wunsch, Euer Majestät werden ihn gerecht und natürlich finden, kann kein anderer sein als jetzt, in dem Augenblick des blutig errungenen Friedens diejenigen meiner braven Kameraden belohnt zu sehen, welche sich an so vielen Tagen glorreicher Entscheidung die gerechtesten Ansprüche auf die Allerhöchste Gnade erwarben. Mein hohes Alter, meine von Fatiguen des Krieges zerrüttete Gesundheit läßt mich vielleicht nur noch kurze Zeit des Glücks hoffen, mich der so herrlich erkämpften Gegenwart erfreuen zu können. Die Armee betrachte ich wie meine Familie, und es würde mir schmerzhaft sein, sie auf ewig verlassen zu müssen, ohne sie im Besitz des Erbteils zu sehen, welches ihr zu verschaffen für mich heilige Verpflichtung ist.

Paris, im April 1814 von Blücher."

Dieses bei Wigger abgedruckte, hier vollständig wiedergegebene Schreiben an den König ist in mehrfacher Hinsicht bemerkenswert. Für einen Rekonvaleszenten geradezu scharfsinnig und sehr geschickt abgefaßt, liegt der Gedanke nahe, die Handschrift Steffens' oder Nostiz' zu vermuten. Dennoch trägt dieses Gesuch unverwechselbar Züge von Blüchers Hand: Geradezu gelungen erscheint die enge Verknüpfung des Militärischen mit dem Familiären, die Gleichsetzung von Armee und Familie. In aller Bescheidenheit, aber sehr bestimmt, verweist Blücher – ohne es direkt aussprechen zu müssen – darauf, daß er dieser Familie alles geopfert hat und daß ihm daher bei seinem Übertritt in den Ruhestand keine weiteren Mittel zur Verfügung stehen. Früher gemachte Erfahrungen, zum Beispiel hinsichtlich der Bestallung seines Sohnes Franz, lassen es Blücher ratsam erscheinen, Vorsorge für sich und die Seinen zu treffen. So enthält das Schreiben auch eine dezente Mahnung, ihn nach fast sechzig Dienstjahren bei künftigen Dotationen (Schenkungen) und Belohnungen nicht wieder nur mit goldenen Degen abzuspeisen.

Nachdem das Gesuch beim König eingetroffen ist, wird es in Blüchers Quartier lebendig. „Der König und Kaiser besuchten mich", schreibt er seiner Frau, „ich legte dem König das Kommando der Armee zu Füßen und bat nun um Ruhe. Er wollte nicht dran, aber endlich sagte er: ‚Nun, so ruhen Sie sich in Gottes Namen und pflegen sich. Sie können sich aufhalten, wo Sie wollen.'"

Diesmal ist es Blücher Ernst, und er läßt sich nicht überreden, sein Gesuch zurückzuziehen.

Einen letzten Auftrag soll er übernehmen, bevor er als freier Mann nach Berlin zurückkehren kann: Der König bittet Blücher, ihn auf einer offiziellen Reise nach England zu begleiten. Obwohl Blücher eigentlich nur den Wunsch hat, so rasch wie möglich zu seiner Frau heimkehren zu können, fühlt er sich doch durch eine persönliche Einladung des englischen Prinzregenten geehrt und stimmt zu. Er schreibt seiner Frau von dieser neuen Wendung des Geschicks: „In acht Tagen gehe ich von hier nach London, wo ich in drei Tagen sein kann. Verweilen werde ich da nicht. Ich darf meiner Augen wegen noch nicht viel schreiben, also sage ich Dich nur, daß ich mich herzlich freue, Dich wiederzusehen und ans Herz zu drücken."

Länger als ein halbes Jahr hat Blücher sein „Malchen" nicht gesehen. Nun zieht es ihn mit zehn Pferden nach Hause. Aber aus den acht Tagen bis zur Abreise aus Paris werden acht Wochen. Der russische Zar, der nun ausnahmsweise einmal dem preußischen König folgt, will mit nach London. Doch noch sind sie wegen der Pariser Friedensverhandlungen unabkömmlich. Also muß Blücher sich in Geduld fassen. Er feiert, und er wird gefeiert, und er läßt sich feiern. Bei einer der vielen Gelegenheiten zum Trinken erhebt Blücher sein Glas und spricht den ernsten Toast aus: „Mögen die Früchte, die durch die Schwerter der Armeen gewonnen wurden, nicht durch die Federn der Minister weggeworfen werden."

Unkenruf oder politischer Weitblick? Selbst Freunde sind wohl auch geneigt, ihn als einen notorischen Schwarzseher und Diplomatenhasser nicht ernst zu nehmen.

Im übrigen findet Blücher natürlich – wie von Schwarzenberg vorausgesagt – den Weg ins Palais Royal. In dieser Spielhölle von Paris setzt er alles auf eine (oder auf mehrere) Karten und gewinnt. Fast 20000 Taler beträgt am Ende der Reingewinn aus der Pariser Zeit, den Blücher nach Hause bringt. Je länger sich der Friedensschluß durch das Mächte-Gerangel hinauszögert, desto unwilliger wird Blücher. „Mich brennt die Sohle hier“, schreibt er seiner Frau am 6. Mai, „da aber der König will, daß ich mit ihm nach London reisen soll, so kann ich den Tag meiner Abreise nicht bestimmen.“

Am 30. Mai ist der Frieden perfekt. Alexander hat sich, um Preußen nicht unkontrolliert erstarken zu lassen, mit einer milden Haltung gegen Frankreich durchgesetzt, das keine Kriegsentschädigung zahlen muß und in den Grenzen vom 1. Januar 1792 bestehenbleibt. Die endgültige Regelung der völkerrechtlichen Angelegenheiten soll einem europäischen Kongreß vorbehalten bleiben, der im Herbst nach Wien einberufen wird.

Nun haben auch die Monarchen Feierabend. Bevor alle Paris verlassen, verteilt der preußische König Geschenke an seine Untergebenen. Auch Blücher partizipiert davon. Hardenberg und er sollen fortan den Fürstentitel tragen, die Generale Yorck, Gneisenau und Bülow erhalten die Grafenwürde.

Blücher wird der Titel Fürst zu Wahlstatt zugedacht.

Der König dekretiert: „Sie haben den Kampf für das Vaterland glücklich und ruhmreich geendet, aber die Dankbarkeit, welche Ihnen der Staat schuldig ist, dauert fort. Zum Beweise derselben ernenne Ich Sie hierdurch zum Fürsten Blücher von Wahlstatt und erhebe Ihre Nachkommen in den Grafenstand mit Beibehalt des Namens Blücher von Wahlstatt. Demnächst wird es Meine erste Sorge sein, Ihnen noch einen anderen Beweis Meiner Erkenntlichkeit durch die Verleihung eines Besitzes in liegenden Gütern für Sie und Ihre Nachkommen zu geben.“

Blücher neigt zunächst dazu, den Titel ganz auszuschlagen. Sodann wehrt er sich dagegen, den alten Familiennamen preiszugeben, wie es ursprünglich die Absicht des Königs war.

„Meinen Namen sollte ich mit dem von Wahlstatt vertauschen“, schreibt er einem Verwandten, „das habe ich aber schlechtweg verworfen, und nun heiße ich also Fürst Blücher von Wahlstatt.“

Blücher stemmt sich auch erfolgreich dagegen, Titel und Würden auf seine Kinder und Enkel weiterzugeben. Seinem Arzt, Dr. Bieske, gegenüber äußert er: „Wenn mich der Staat dieser Auszeichnung würdig hält, so finde ich mich sehr geehrt und dankbar verpflichtet; ob einer meiner Söhne dieser Auszeichnung würdig sein wird, ist noch nicht erwiesen.“

Das ist für jemand, der so sehr darauf achtet, daß die eigenen Söhne nicht zu kurz kommen, bemerkenswert. Blücher gibt zu verstehen, daß er unter keinen Umständen das „Heer der ungesunden, hungrigen Fürsten vergrößern“ möchte. So kommt für ihn alles darauf an, wie der Besitz beschaffen ist, den er in Schlesien erhalten soll. Sonst ist es am Ende doch bloß wieder ein goldener Degen (oder Titel), den man sich an die Wand hängen kann. Blücher muß erst auf Landkarten feststellen, wo der Ort liegt, dem er den Fürstentitel verdankt: Es ist ein Dorf an der Katzbach nahe Liegnitz, und der Name wird ihm in Wertschätzung der Schlacht an der Katzbach verliehen. Blücher bleibt skeptisch, solange er nicht weiß, wie groß das Gut ist, das er gewonnen hat. So gibt es einen Grund mehr, die England-Reise so bald wie möglich zu absolvieren.

Anfang Juni stechen die Monarchen mit prächtigem Gefolge in See. In ihrem Kielwasser ziehen sie Vater Blücher nach.

Schon bei der Ankunft in London verkehrt sich das Bild völlig. Fortan steht der preußische Feldmarschall im Mittelpunkt. Die Londoner empfangen den legendären Krieger vom Kontinent mit großem Jubel. Sie tragen ihn auf Händen, im wahrsten Sinne des Wortes. Blücher knurrt zwar über die zudringliche, neugierige Menge, fühlt sich aber durch das ungeahnte Interesse geschmeichelt. Bei seinem ersten Rundgang durch London soll Blücher, wie Karl Marx schreibt, in seiner naiven, soldatischen Urtümlichkeit ausgerufen haben: „Mein Gott, welch eine Stadt zum Plündern!"

Am 6. Juni gibt er seiner Familie daheim einen Stimmungsbericht vom Empfang und von der Aufnahme durch die Londoner: „Liebes Malchen! Gestern bin ich in England gelandet, aber ich begriffs nicht, daß ich noch lebe. Das Volk hat mich beinahe zerrissen. Man hat mich die Pferde ausgespannt und mich getragen ... Ich darf mich nicht sehen lassen, so machen sie ein Geschrei und sind gleich 1000 zusammen. In Mondirung [Uniform] darf ich gar nicht erscheinen. Nun lebe wohl! Ich kann nicht mehr schreiben, denn ich bin völlig betäubt."

In den Briefen, die Blücher aus London schreibt, klingt neben Heimweh auch immer eitle Freude darüber an, so im Zentrum der Aufmerksamkeit zu stehen: „Ich werde unendlich fatiguiert, von drei Maler werde ich zugleich gemalen. Noch habe ich mich gar nicht umsehen können. So balde ich kan, verlase ich England." Es regnet Ehrungen und Auszeichnungen auf Blüchers Haupt. Er wird Ehrenmitglied einer Fakultät der Universität Oxford. Cambridge macht ihn zum Ehrendoktor der Rechte. Blücher selbst kann es nicht glauben, sagt, wenn er Doktor werden solle, müsse man Gneisenau zum Apotheker machen, der habe die Pillen gedreht. Blücher als Doktor der Rechte – das grenzt fast an Ironie.

„Old Blucher" wird in England Mode. Man lädt ihn ein, um ihn zu bestaunen. Die meisten Mitglieder der vornehmen englischen Gesellschaft finden ihn „reizend", auf eine prikkelnde Weise aufregend, angenehm „shocking". Er trägt seine rauhe, direkte Lebensart in die vornehmsten Paläste und versucht gar nicht erst, sich anzupassen. Er bleibt auch dort, wer er wirklich ist: der originelle, derbe Krieger, der

Der Empfang in London. Zeitgenössischer Stich

charmant sein kann und über ein hohes Maß an Lebenserfahrung verfügt.

Man erzählt sich bald unglaubliche Geschichten und Anekdoten von ihm. Danach müßte er an mehreren Plätzen gleichzeitig gewesen sein und die verwegensten Abenteuer bestanden haben. Blücher präsentiert sich, solange es darauf ankommt, in seiner besten Form, er scherzt, macht den Damen Komplimente und ist nicht in Verlegenheit zu bringen. Als man ihn einmal fragt, ob er auch imstande sei, seinen eigenen

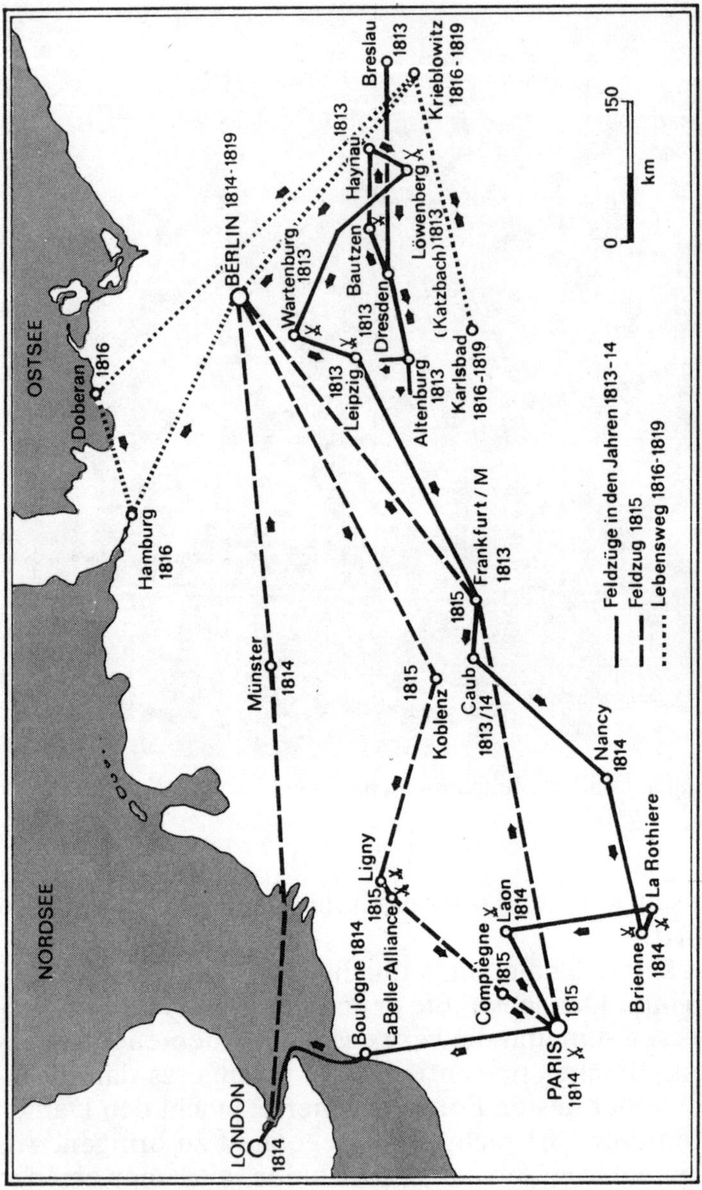

Aufenthaltsorte Blüchers 1813–1819

Kopf zu küssen, geht er, ohne zu zögern, auf Gneisenau zu und küßt ihn auf die Stirn.

Auf Wunsch des Monarchen macht auch General Yorck die Reise mit; er steht im Schatten der zahllosen Ehrungen für den „Husaren-General“. Yorck trägt es mit Würde.

Als Blücher einmal bei einem der Empfänge fehlt und sich ein junger Offizier bei Yorck einzuschmeicheln sucht, indem er darauf aufmerksam macht, man habe an diesem Abend noch nicht – wie sonst – Trinksprüche auf Blüchers Gesundheit ausgebracht, da entgegnet der unbestechliche Infanterie-General: „Ja, das wundert mich auch sehr, und es wäre Ihre Schuldigkeit gewesen, dieselben auszubringen, denn ohne ihn würden wir heute hier nicht sitzen.“ Yorck ist ein großartiger Sieger und Verlierer.

Unter den zahlreichen Ehrengeschenken, die der Feldherr erhält, sind wieder mehrere Ehrendegen. Blücher hat genug davon. Noch von Paris aus hatte er seiner Frau geschrieben: „Die Stadt London hat mich einen Ehrendegen verehrt, den ich da empfangen werde. Der Degen, den ich vom Kaiser Alexander erhalte, ist vom hiesigen Juwelier auf 20000 Taler taxiert, nun kommt noch ein Säbel aus Petersburg. Was, Teufel, soll ich mit alle juwelene Waffen?“

Blücher hat genug vom Kriegsgerät. Ungezählte Male hat er eigenhändig damit Schmisse und tödliche Wunden, grausame Verletzungen und den Tod herbeiführen müssen. Vielleicht denkt er in diesem Moment nicht nur daran, daß sich die teuren Einzelstücke kaum verkaufen lassen, sondern auch an die vielen zerschlagenen Köpfe, die abgetrennten Glieder und aufgeschlitzten Leiber, die ihm den Anblick dieser Zierwaffen vergällen würden. Es wäre nicht ausgeschlossen. Bei Blücher muß man mit allem rechnen, auch mit tiefgreifenden Einsichten in das Wesen von Kriegen am Ende seiner militärischen Laufbahn.

In seinen Londoner Tagen ruft Blücher zu einer Spende für die Opfer der Leipziger Völkerschlacht auf. In wenigen Wochen kommen 100000 Pfund zusammen, das englische Parlament spendet nochmals die gleiche Summe für Witwen, Waisen und andere Kriegsopfer. In seiner Dankrede vor dem Parlament sagt Blücher in seiner emphatischen Art: „Hätte ich nicht eine Frau und Kinder, deren Neigungen und Bequemlichkeiten ich in Betracht ziehen muß, ich schwöre Ihnen, daß ich dieses gesegnete Land nie mehr verlassen würde."

Aber auch in England ist nicht immer Sonntag. Noch ehe ihn dort der Alltag einholt, verläßt Blücher die Insel. Am 12. Juli überquert er den Kanal bei Dover und reist durch die Niederlande dem Rhein zu, dann durch Westfalen, Braunschweig und durch Mecklenburg. Er besucht seine Tochter in der Nähe von Stavenhagen und wird begeistert von seinen Landsleuten empfangen.

„In jeder Stadt, in fast jedem Dorf wurde der Fürst auf das Herzlichste begrüßt und von den schönsten Mädchen mit Blumen geschmückt", erinnert sich Bieske.

Der Held des Vaterlandes kehrt heim und merkt, daß er ein Held ist. Der Triumphzug durch Norddeutschland endet in Berlin, wo er von vorn beginnt. Am 7. August ist Blücher endlich bei seiner Frau, die ein Haus in Berlin gemietet hat.

Die Universität macht ihn – gemeinsam mit Gneisenau, Yorck, Bülow, Kleist und Tauentzien – gar zu einem Doktor der Philosophie. Die Philosophie des Schwertes feiert Triumphe und Triumphatoren.

Blüchers Geburtsstadt Rostock will dem Fürsten als erste Stadt ein Denkmal setzen. Das heißt: Eigentlich will es der Rat der Stadt gar nicht oder besser: *Er* ist nicht auf diese Idee gekommen. Im Juli hat die HAMBURGISCHE CORRESPONDENZ die Nachricht abgedruckt, die Stadt Rostock trage sich mit dem Plan, ihrem großen Sohn ein würdiges Denkmal zu setzen. Es solle auf dem Marktplatz errichtet werden und Leberecht von Blücher „in seiner ganzen Größe und Bedeutsamkeit" zeigen. Die Meldung von diesem Vorhaben soll, der CORRESPONDENZ zufolge, in Rostock begeisterte Zustimmung erfahren haben. Eine spontane Spendensammlung erbrachte an nur einem einzigen Tag die gewaltige Summe von 2500 Reichstalern.

Blücher liest in Berlin die HAMBURGISCHE CORRESPONDENZ. Er findet die Meldung und nimmt sie, da es sich um ein seriöses Blatt handelt, so ernst, daß er am 19. August an den Senat der Hansestadt einen Brief richtet: „Aus den öffentlichen Blättern ersehe ich, daß die von mich so innig geliebte Vaterstadt Rostock sich meiner erinnert. Ich finde nicht Worte, Ihnen, Hochverehrte Herrn, und den sämmtlichen Einwohnern von Rostock meinen Dank so auszusprechen, wie ihn mein Herz fühlt. Aber unbeschreiblich geschätzt ist von mir die Städte, wo ich das Licht der Welt erblickte und wo die Gebeine derjenigen ruhen, die ich mein Dasein verdanke."

Blücher sagt zu, er werde an dem Plan zu seinem Denkmal und an der Wohlfahrt der Stadt überhaupt regen Anteil nehmen. Die Angelegenheit ist insofern peinlich, da kein solcher Plan existiert und die Meldung in der Presse von Anfang bis Ende eine Zeitungsente, vielleicht ein Studentenstreich ist.

Der Rat der Stadt ist in einer bösen Klemme. Einerseits ist die Idee zu dem Denkmal nun einmal da, andererseits aber ist die Stadtkasse leer. Zudem eilt die Zeit, denn man kann den Nationalhelden schlecht ohne Antwort lassen. Also wird ein diplomatischer Brief verfaßt, in welchem Blücher zwar überschwenglich mit „durchlauchtigster Fürst, hochgebietender Feldmarschall, gnädigster Herr" angeredet wird, ihm auch zahlreiche Komplimente gemacht werden, Blücher aber nicht erfährt, ob er nun ein Denkmal bekommt oder nicht. Man läßt alles offen und will erst einmal das Urteil der beiden Landesherren von Mecklenburg-Schwerin und von Mecklenburg-Strelitz einholen und den „größten deutschen Kunstkenner", den Herrn Geheimrat von Goethe zu Weimar, um seine Meinung zu bitten.

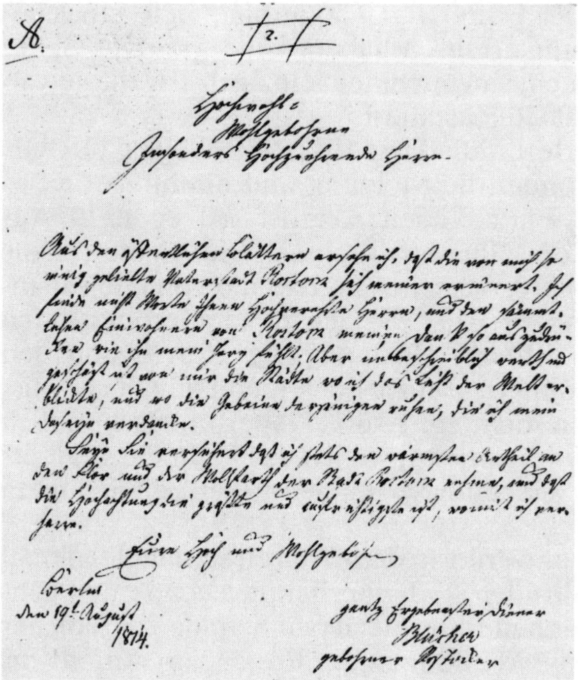
Berlin
den 19t August
1814.
Blücher

Brief an den Rat der Stadt Rostock

Blücher kommt gar nicht auf die Idee, daß an der Sache etwas faul sein könnte. Es fließt noch viel Wasser die Warnow hinab, ehe an ihrem Ende ein Blücher-Mal steht.

Blücher befaßt sich unterdessen mit der großen Politik, nimmt an Empfängen und Ehrungen teil. Allerdings ist Blücher auch in diesen Stunden kein willfähriges Opfer von Ehrungen und Gunstbezeigungen. Er verteidigt die mit Stein, Scharnhorst und Gneisenau in den Vorjahren eroberten militärischen Positionen.

In einem Trinkspruch während eines öffentlichen Empfangs in Berlin würdigt Blücher die Landwehr, jene vom König nur widerwillig aufgestellte Volksmiliz des Frühjahrs 1813, und sieht sie als eine besonders gelungene Verbindung des Soldatenstandes mit dem Bürgerstand an, die sich bewährt habe und unbedingt beibehalten werden müsse. Er bekennt sich nachdrücklich zu den Initiatoren der Reformbewegung, und hier fallen auch jene Worte Blüchers, die später auf die Charakterisierung des gesamten Preußentums angewendet werden. Blücher meint, es sei ein „charakteristisches Denkmal der gegenwärtigen Epoche“, daß man aufgrund der Initiativen der Reformer heute in Preußen nicht mehr wisse, „wo der Kriegerstand aufhöre und der Bürgerstand anfange“.

Blücher würdigt diesen Zustand im Jahre 1814 zu Recht als einen Fortschritt. Der Zugang bürgerlicher Kräfte zu Offiziers- und Generalsrängen, vom König durch nachträgliche Verleihungen von Adelstiteln bewußt kaschiert, eröffnet fähigen, motivierten Männern den Weg zur Militärführung. Blüchers Überzeugung, daß Adel verdient, nicht ererbt sein müsse, rüttelt an den Grundfesten der Preußen-Monarchie. Sie wird genährt durch vielfache schlechte Erfahrung mit Heerführern, die zwar privilegiert, aber unfähig, feige und dumm sind. Diese auf dem Gipfel des Ruhms vorgetragenen Ansichten stoßen verständlicherweise auf die Kritik des eingesessenen Hofadels, der den unbequemen Alten so bald wie möglich aus seiner unmittelbaren Nähe entfernt sehen möchte. Auch die von Blücher energisch und lautstark vorgetragene Kritik am Pariser Frieden, seine Zweifel in die Fähigkeiten der Politiker im allgemeinen und sein Mißtrauen gegen den mit großem Aufwand in Szene gesetzten WIENER KONGRESS machen ihn zu einem unbequemen Helden.

In Wien versammeln sich die Potentaten Europas, um über die Neuordnung des Kontinents nach Napoleons Niederlage zu beratschlagen.

Wie schon 1807 weiß der König ein Mittel, den Alten zu besänftigen und ihn an die Peripherie des Geschehens zu rükken. Am 21. September stellt er die Kabinettsordre aus, wonach das ehemalige Klostergut Krieblowitz in der Nähe Breslaus samt einigen Nebendörfern und umfangreichen Waldungen säkularisiert (in weltliches Eigentum überführt) wird. Der Finanzminister erhält Befehl, Blücher *sofort* „in den freyen Allodial- [uneingeschränkten] Besitz dieser sämtlichen Güter“ einsetzen zu lassen. Krieblowitz soll Blüchers Elba werden. Der Köder scheint seine Wirkung zu tun: Blücher reist nach Schlesien ab, wo im Frühjahr des Vorjahres alles begonnen hatte.

Er wird dort mit besonders großem Jubel empfangen. Er besichtigt seine Güter, zeigt sich mit dem Geschenk zufrieden – und kehrt nach Berlin zurück. Er begründet diesen ungewöhnlichen Schritt gegenüber Freunden ausdrücklich damit, daß er den großen Ereignissen in der Welt näher sein wolle. Wie schon früher einmal, erkennt er deutlich die Absicht, ihn abschieben und von den Verbindungen zur großen Welt abschneiden zu wollen.

In Berlin bezieht Blücher ein kleines Haus unmittelbar am Brandenburger Tor. Dem Tor fehlt noch immer die von Napoleon geraubte Siegesgöttin. Blücher hatte in Paris vergeblich nach ihr geforscht. Sie blieb unauffindbar.

Blücher nimmt seine Verbindungen mit alten Freunden wieder auf und findet neue. In einem Brief an den General von Bülow spricht er von seinen Sorgen um die Zukunft: „Ob uns in der Folge noch eine Fehde bevorsteht, weiß der Himmel. Trauen will ich der Sache nicht. Man hat zu Paris die Umstände nicht benutzt. Frankreich wird schon wieder zu laut ... Wir haben nur einen Rasttag.“

Möglicherweise hat sich Blücher auch in der stillen Erwartung nach Berlin zurückbegeben, selbst Sitz und Stimme beim Wiener Kongreß zu erhalten. Von der Hand zu weisen wäre eine solche Hoffnung nicht: Neben Regenten, Prinzen, Diplomaten haben sich auch einflußreiche Militärs auf den Weg in die österreichische Hauptstadt gemacht. Wellington, den

Blücher in Berlin
Stich von H. Pinhas

Blücher in Paris kennen- und schätzengelernt hat, ist sogar Erster Britischer Bevollmächtigter.

Blücher bleibt – fast ist man geneigt zu sagen: selbstverständlich – vom Kongreß ausgeschlossen. Er mag die Kornfelder bestellen oder das Schlachtfeld pflügen oder allenfalls auf dem Felde der Ehre ernten, soviel er will. Auf dem glatten Parkett der hohen Diplomatie glauben andere, besser zurechtzukommen. Leberecht von Blücher hat aber immer noch gute Freunde und heiße Drähte nach Wien. Er ist durch Briefe und Besucher gut über den Stand der Verhandlungen informiert. Seine Enttäuschung wächst mit jeder Kongreß-Woche.

In Deutschland wird der Ruf nach einem Mann wie Blücher auf dem Kongreß, der den gordischen Knoten mit Gewalt zerschlägt, unüberhörbar. Der Kongreß-Berichterstatter Varnhagen von Ense schreibt: „In Berlin, wo man mit Ungeduld der Langsamkeit des Kongresses spottete, rief man schon laut, nicht Hardenberg, sondern Blücher müßte die Sache führen, und der greise Feldherr war nicht der letzte in jugendlichem Mut und Übermut. Scharfe Äußerungen dieser Art konnte man auch in Wien hören, und sie verfehlten ihren Eindruck nicht. Das klang furchtbar in das diplomatische Geflüster und in die Munterkeit der Feste und wurde Losung und Feldgeschrei nicht nur preußischer Stimmen allein."

Nur einem ist die Sache höchst peinlich: dem preußischen König. Aber er kann den populären Feldherrn nicht mit Gewalt zum Schweigen bringen, zu sehr ist er Sprachrohr einer starken politischen Partei, die Deutschlands Einigung anstrebt.

Anfang Januar 1815 schließen England, Österreich und Frankreich (!) auf dem Kongreß einen „Geheimvertrag" zur gegenseitigen Unterstützung im Falle eines preußischen oder russischen Angriffs. Nach Bekanntwerden dieses Abkommens steigern sich die Spannungen zwischen den Großmächten weiter, allein in den Ballsälen gibt man sich locker. Ense schwelgt in deren Beschreibung und der Aufzählung „glanzvoller" Namen.

In Berlin erhitzen sich die Gemüter immer mehr. Selbst ehemalige Freunde werden unter der Anspannung uneins: Blücher zweifelt am guten Verhandlungswillen Hardenbergs, von dem er bisher immer viel gehalten hat. Er macht sich durch öffentliche Reden Hardenberg zum Feind. Allzu eitle

Darstellungen des zurückliegenden Frankreich-Feldzugs verprellen auch Gneisenau, der sich und seine Rolle als Stabschef in diesen Darstellungen Blüchers nicht erwähnt findet. Das ewige Poltern und Schimpfen Blüchers ermüdet selbst seine Freunde. Er bekommt es daran zu spüren, daß er seltener eingeladen und aufgesucht wird.

Und dennoch stimmt sein eigenes Gefühl auch hier voll mit dem Urteil überein, das die Geschichte über den Wiener Kongreß fällen wird. Die acht Monate währenden Verhandlungen haben die Interessengegensätze zwischen den Großmächten offenbart, wenn es um die Aneignung neuer Gebiete, vor allem Polens, Sachsens und des Rheinlandes, geht. Einig sind sich alle nur in ihrer Entschlossenheit, die Flamme der Revolution und der demokratischen Volksbewegungen auszutreten und die alte Macht der Adelsdynastien zu erhalten. „Von sämtlichen Siegermächten wurde der Sturz Napoleons als der Untergang der französischen Revolution und als Triumph der Legitimität betrachtet“, schreibt Friedrich Engels.

Das im Februar 1815 absehbare Ergebnis des Kongresses ist für Preußen unbefriedigend. Es muß einen Teil Sachsens hergeben und erhält dafür einige Gebiete des Rheinlands. Damit legen Österreich und das zaristische Rußland den Keim für neue Konflikte zwischen Preußen und Frankreich, lenken das preußische Besitzstreben von der Habsburger Machtsphäre ab.

Blüchers Urteil über den Wiener Kongreß fällt standesgemäß aus: Das ganze gleiche einem Viehmarkt: Preußen hat einen „tüchtigen Bullen“ hingebracht und einen „schäbigen Ochsen“ eingetauscht. Es hat seine am Anfang – durch den Kriegssieg – starken Positionen weder dazu benutzt, ein einheitliches Deutschland zu schaffen, noch dazu, neue französische Macht-Bestrebungen abzuwehren.

Überzeugt, daß die Aufopferung so vieler Menschen durch

die nachgiebige Politik gegen Frankreich sinnlos geworden ist, bittet Blücher Friedrich Wilhelm III. um seinen Abschied. „Ehre und Freude macht es mich, Antheil an dem beendigten Krieg zu haben“, schreibt er gleichzeitig an Boyen, den Kriegsminister, „die größte Zufriedenheit aber besteht darin, an den abgeschlossenen Frieden keinen Theil zu haben.“

Stolze Worte eines Mannes, der sich der eigenen Leistung voll bewußt ist und alle anderen daran mißt.

Da erreicht alle Debattierenden, Streitenden, die Versöhnlichen und die Kampflustigen, die Entschlossenen und die Zögernden mit zehn Tagen Verspätung die Nachricht, daß Napoleon die Insel Elba mit sechs Kanonenbooten und seinen Garden verlassen hat und auf dem Weg nach Frankreich ist. Es ist die Nachricht, die alle Gegensätze überdeckt und die Fronten wieder begradigt. Der Feind steht links des Rheins. Auch Blücher wird durch die Nachricht von Napoleons Flucht auf eine fatale Art in seinen Ansichten bestätigt. Fast scheint es, als ob er froh darüber ist. „Das ist der größte Glücksfall, der Preußen begegnen konnte. Jetzt wird der Krieg wieder beginnen. Die Armeen werden kämpfen und alle Fehler gutmachen, die in Wien begangen wurden.“

Gemäß seiner inneren Überzeugung muß eine Arbeit ganz oder gar nicht angepackt werden. Unerledigte Arbeit darf nicht liegenbleiben. Und ein noch kampfwilliger Napoleon mahnt zur Nacharbeit. Vergessen ist das eingereichte, noch unbeantwortete Abschiedsgesuch. Blücher tut, als sei er noch der Feldherr. Vergessen auch, daß er bereits im dreiundsiebzigsten Lebensjahr steht. Kalckreuth, der ihn daran zu erinnern wagt, bekommt einen bösen Rüffel: „Welch dummen Unsinn reden Sie da?“ Leberecht von Blücher hegt nicht den geringsten Zweifel, daß der König sein Gesuch zur Seite schieben und ihm statt des Abschieds den abermaligen Oberbefehl geben wird. Woher diese Sicherheit, da er sich doch ringsum neue Feinde gemacht und Freunde durch sein allzu prahlerisches Gehabe verprellt hat? Er weiß offenbar mit untrüglicher Sicherheit, daß trotz abnehmender körperlicher Kraft und zunehmender menschlicher Schwächen niemand so geeignet ist, die angebrannten Kastanien aus dem Feuer zu holen. Bisher hat man ihn noch immer gerufen, wenn Not am Mann war. Warum soll es jetzt anders sein?

Am 15. April erhält Blücher das Schreiben seines Königs mit der Feststellung: „Ich habe Ihr Gesuch um den Abschied nicht erfüllen können. Da die Erscheinung Napoleon Bonapartes in Frankreich wenigstens die Möglichkeit herbeiführen könnte, daß er noch einmal durch die vereinten Waffen der verbündeten Mächte bekämpft werden müßte, so mag Ich Mich gern überzeugen, daß Ich in einem solchen Kampfe auf Sie wieder mit eben der Zuversicht rechnen darf, mit der Ich die Sache des Vaterlandes in dem letztverflossenen in Ihre Hände gelegt habe."

Immer wenn ihm das Wasser bis an den Hals steht, kommt dem König das Wort Vaterland über die Lippen, das ihm während des Wiener Kongresses gänzlich entfallen war.

Blücher ist, wenn er nur recht bekommt und dazu die nötigen Soldaten, zufriedengestellt. Ihm wird der Oberbefehl über die preußischen Truppen zuteil.

So rasch und eindeutig, wie es klingt, ist die Entscheidung darüber nicht gefallen. Es hat wichtige Gegenstimmen gegen Blüchers Ernennung gegeben. Yorck und Gneisenau haben sich eigene Hoffnungen auf diesen Platz gemacht. Gneisenau ist wieder nur Generalquartiermeister, also linke und rechte Hand und Kopf des Alten, der am Ende noch undankbar ist.

Auch Hardenberg, wegen Blüchers Kritik an seiner Verhandlungsführung in Wien verärgert, bestätigt Gneisenau in dieser Meinung: „Was Sie Gutes wirken, damit wird ein andrer sich brüsten ... Der König entfernt sich nicht von dem Anciennitäts-Tableau [militärische Rangliste nach dem Dienstalter], sonst müßten Sie die Armee kommandieren. Jetzt kommandieren Sie solche in der Tat, aber der alte Blücher

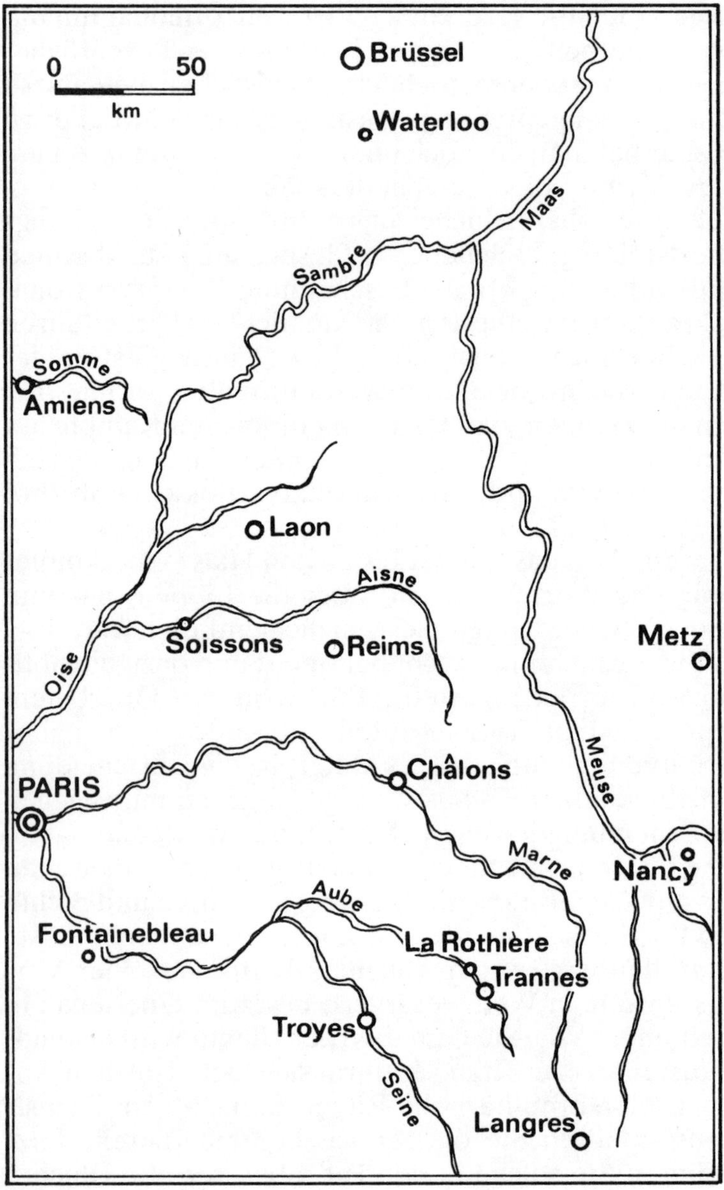

Frankreich-Feldzüge 1814/1815

gibt den Namen dazu her. Wenige nur werden dadurch irre werden."

Es muß bemerkt werden, daß Hardenberg, der bei keinem der Feldzüge „vor Ort" war und keine intime Kenntnis des Zusammenwirkens im Generalstab besitzt, hier Gneisenau (und Blücher) einen Bärendienst erweist, da er Unsicherheit und Zwietracht sät, die bald aufgehen. Sogar der treue Müffling hält Blücher für die Fehlbesetzung in diesem neuen Kriegs-Theater-Stück.

Blücher läßt sich von dieser Haltung seiner Kollegen, die ihm kaum verborgen geblieben sein dürfte, nicht irremachen. Es kennzeichnet seinen gutmütig-arglosen Charakter, daß er im entscheidenden Augenblick nicht nachtragend ist, sondern alle durch seinen Schwung mitreißt und kleinliche Bedenken gegen seinen Einsatz zunichte macht.

Der Rasttag geht zur Neige. Die Arbeit ruft. Napoleons Wiederauferstehung ist Blüchers Lebenselixier. Der Eiserne Blücher legt die Uniform des Generalfeldmarschalls an und nimmt den Degen von der Wand. Nicht den goldenen aus London, nicht den diamantverzierten aus Petersburg. Die blanke Waffe wird gebraucht.

14. Kapitel

Ich habe das Morden zum Überdruß satt

Die Hunderttageherrschaft Napoleons 1815

Der Wiener Kongreß wird durch die Meldung von der Auferstehung Napoleons aus seinem Balltaumel gerissen. Die acht Kongreß-Mächte schließen einen Bündnisvertrag und einigen sich über die Aufstellung eines riesigen 800000-Mann-Heeres, das aus drei Richtungen nach Frankreich einmarschieren soll.

Herzog Wellington will mit seinen starken englischen und holländischen Verbänden von Flandern her vorrücken. Am Mittelrhein sollen sich die russischen Einheiten unter Kriegsminister Barclay de Tolly aufstellen. Blücher bezieht am 7. April sein Hauptquartier in Lüttich und will in enger Verbindung zu Wellington agieren.

Allein die Österreicher unter Schwarzenberg können (oder wollen) erst Anfang Juli kampffertig sein. Sie halten den gesamten Feldzug auf und geben Napoleon Gelegenheit, ein neues Heer zu schaffen und sich die verbündeten Armeen einzeln vorzunehmen. Zu dieser – bekannten – Ausgangslage kommen neue, für Blücher bislang unbekannte innere Probleme, die ihm die Führungsarbeit erschweren.

Der Zusammenhalt der verschiedenen, aus Angehörigen der Rheinbund-Staaten bestehenden Regimenter ist gering. Selbst die Autorität und Umgänglichkeit eines Marschalls Blücher kann die wenig erfahrenen Einheiten nicht zu bedingungsloser Loyalität zusammenführen. Es kommt zu Pflichtverletzungen, Disziplinverstößen, Ausschreitungen und Meutereien, an denen sich vor allem die sächsischen Regimenter beteiligen, die sich durch den Wankelkurs ihres Königs gedeckt sehen. Sie verweigern Blücher den Gehorsam. Blücher versucht, seinem Wesen gemäß, die Konflikte zu schlichten und mit Freundlichkeit den ersten Anzeichen von Widersetzlichkeit zu begegnen. Er überträgt den Sachsen sogar die Bewachung seines Lütticher Hauptquartiers, holt sich die Löwen ins Haus. Eines Abends rotten sich angetrunkene sächsische Soldaten vor seinem Haus zusammen und wollen sich mit Gewalt Einlaß verschaffen. Nur mit Hilfe seiner Adjutanten entgeht Blücher knapp diesem Anschlag auf sein Leben.

Nun ist es mit seiner Freundlichkeit vorbei. Er reagiert ungewöhnlich hart: Vier Anführer, gemeine Soldaten, werden als „Rebellen“ vor ein Standgericht gestellt und sofort erschossen. Der General Karl Heinrich von Borstell wird vom Dienst suspendiert. Blücher tut es leid um die vier Menschen, aber „die Sachsen müssen meinen Namen mit Ehrfurcht nennen lernen“, erklärt er. Die harte Strafe wäre wohl unter anderen Umständen ausgesetzt oder gemildert worden. Blücher will in dieser Ausgangssituation jedermann zeigen, daß er Herr der Lage ist und sich von keinem – wer es auch sei – auf der Nase tanzen läßt. An den sächsischen König, der immer noch mit Napoleon liebäugelt, richtet er die entschlossene Warnung: „Ich werde die Ordnung mit Gewalt herstellen und sollte ich genötigt sein, die ganze sächsische Armee niederschießen zu lassen.“

Diese Reaktion steht nicht in Einklang mit Blüchers Wesen und Methoden. Allein die Tatsache, daß er den Vorgang in mehreren Briefen an seine Frau reflektiert, ist schon ein Zeichen dafür, wie sehr ihn die Angelegenheit innerlich bewegt. Blüchers Arzt hat berichtet, „daß in der Zeit, wo die Exekution ausgeführt wurde, das Gemüt des Fürsten so ergriffen

Blücher-Büste von Christian Daniel Rauch

war, daß er sich vor Angst nicht zu lassen wußte". Selbst der jahrzehntelange Gebrauch der Waffe, der Zwang zum Tötenmüssen haben Blüchers Menschlichkeit nicht eingeschränkt, sein Gewissen nicht abgestumpft. Die Menschen sind das höchste ihm anvertraute Gut.

Als Blücher ein Jahr später dem zu Festungshaft verurteilten General Borstell zum erstenmal wieder gegenübersteht, sagt er zu ihm: „Ich wurde durch das Gesetz in die Notwendigkeit gesetzt, diesen strengen Befehl zu geben und, obgleich gegen mein Gefühl, auf Ausführung desselben zu bestehen. Was ich bei der Unterschreibung des Urteils empfunden, wird meine zitternde Hand ausgesprochen haben."

Blücher handelt nach dem Kriegsrecht, der Ordnung des Krieges. Daß er den Krieg als eine „normale" Methode, zwischenstaatliche Konflikte zu lösen, noch voll akzeptiert, muß bezweifelt werden. Ganz im Gegensatz zu seinen Maßnahmen stehen eher nachdenkliche Worte über den Sinn des Krieges. Durch die Tage und Monate dieses letzten Gefechts zieht sich, allem Erfolg zum Trotz, eine allgemeine Kriegsmüdigkeit Blüchers, wovon in der Hauptsache die Briefe nach Hause zeugen.

„In Frankreich ist der Bürgerkrieg begonnen", schreibt der Feldmarschall im April an seine Frau, „sie werden sich wohl mit einander ufreiben. Indessen häuft sich eine große Masse von Menschen [die eigenen aufgestellten Heere], und die Länder werden wieder verheert und verzehrt werden. Hier steht Alles in der schönsten Blüthe, und das Wetter ist unvergleichlich."

Die Worte „verheeren" und „verzehren" bekommen selbst für den abgefeimten Kriegsmann einen engeren Zusammenhang mit dem eigenen Tun und Tunmüssen. Nie hat er den Widerspruch zwischen dem Frieden in der Natur und dem Menschen-Krieg so stark empfunden wie in den letzten Tagen des Lütticher Frühlings. Jedoch handelt es sich nicht um momentane, zeitweilige Anwandlungen, auch nicht um Anzeichen von seniler Alters-Sentimentalität, wie einige Chronisten glauben machen wollen. Bereits ein gutes Jahr zuvor war Blücher an der Seite der Monarchen nach dem Treffen von Brienne über das Schlachtfeld an der Aube geritten, hatte den Kronprinzen Friedrich Wilhelm zur Seite genommen und auf die Toten und noch unversorgten Verwundeten gewiesen: „Sehen Sie, mein gnädigster Herr, die Folgen des Krieges. Wird ein Krieg so gerecht geführt als der unsrige, so heiliget der Zweck die Mittel. Wird er aber aus Habsucht, Herrschsucht und ähnlichen Motiven geführt, dann wird jeder Tropfen Blut der Gefallenen spät oder früh, zum siedenden Öle auf dem Gewissen des Regenten." Der Leibarzt Bieske hat die Worte, die der spätere Preußen-König Friedrich Wilhelm IV. so schlecht beherzigt hat, aus dem Gedächtnis notiert, doch werden sie angesichts der hochrangigen Zeugen für das Gespräch kaum anders geklungen haben.

In Blüchers Gedanken über den Krieg spiegeln sich um diese Zeit besonders stark Vorstellungen Gneisenaus wider, der mit dem konsequent zu Ende geführten Befreiungskrieg eine solche „Friedensordnung der Völker" herbeiführen will, bei der die Länder „in ihrer wechselseitigen Unabhängigkeit gedeihen" können und neue Eroberungskriege überflüssig werden. Der alte Traum vom ewigen Frieden wird von den beiden unversöhnlichen Franzosen-Gegnern und unermüdlichen Angriffs-Strategen als naheliegende Realität genommen.

Blüchers elegische Stimmung hat einen persönlichen, privaten Hintergrund: Sohn Franz, von dessen – auch militärischen – Fähigkeiten Blücher so überzeugt war, daß er in ihm seinen Nachfolger sah, ist durch die Folgen der Kopfverletzung geistesgestört und muß in einer Anstalt untergebracht werden. Zeitweilig wird er noch einmal entlassen, muß aber, da er geistig nicht zurechnungsfähig ist, wieder eingeliefert werden. Eins von Tausenden Einzelschicksalen, das sich für den „Soldaten-Vater" Blücher nur dadurch von anderen unterscheidet, daß es sich um sein leibliches Kind handelt. Blücher sieht den eigenen Sohn an den Folgen des Krieges dahinsiechen.

Die Chronistenpflicht erlegt Wiederholungen auf: Blücher richtet unablässige Mahnungen an den König und das Hauptquartier, endlich die Offensive zu beginnen. Die Zeit arbeite gegen die Verbündeten. „Das zögernde System von unsrer Seite verschafft ihm [Napoleon] erst die Heere, die wir dann mit vielem Blut bekämpfen müssen“, schreibt er dem König, der ihm zwar recht gibt, aber nichts ändert.

Napoleon, der einen militärischen Erfolg ebenso bitter nötig hat wie Blücher, beschließt, die Aufstellungszeit der Verbündeten zu nutzen und zwischen Blüchers und Wellingtons Armeen zu stoßen, ehe sie sich mit den Österreichern und Russen vereinigt haben.

Die Lücke zwischen den Heeren muß so schnell wie möglich geschlossen werden. Da von den Engländern dazu keine Initiative ausgeht, will der preußische Generalstab handeln. Am 14. Juni erhält Gneisenau, der Blücher im Stab vertritt, durch zugelaufene französische Deserteure die Meldung, daß Napoleon am übernächsten Tag angreifen werde. Eine sofortige Konzentration der Preußen im Tal des Ligny-Baches ist geboten.

Da Gneisenaus Verhältnis zu einigen Korpsführern nach wie vor nicht besonders gut ist, kleidet der besonnene Stabschef seinen Befehl an Bülow in eine ungewöhnliche Form: „Ich habe die Ehre, Euer Exellenz gehorsamst zu ersuchen, die Freundlichkeit zu haben und das IV. Armeekorps unter Ihrem Kommando am morgigen Tag, dem 15., zu konzentrieren... Euer Exellenz machen zweifellos besser Hannut zu Ihrem Hauptquartier.“

Bülow nimmt dieses Schreiben, das kaum noch als Befehl zu verstehen ist, nicht ernst, sondern beschließt, seinen Truppen erst einen Rasttag zu gönnen. So kann sein starkes, gutes IV. Korps nicht in die Schlacht von Ligny eingreifen, die – wie erwartet – am 16. Juni beginnt. Noch ein weiterer Umstand, der kaum etwas mit Pech oder Unglück zu tun hat, kommt hinzu: Wellington und Blücher haben einander hoch und heilig versprochen, im Fall eines Angriffs auf eine der beiden Armeen der anderen sofort zu Hilfe zu eilen.

Als Wellington dieses Versprechen gab, glaubte er allerdings, Napoleon werde sich zuerst auf *ihn* werfen, und er wollte sich Blüchers Hilfe versichern. Dieser hatte in tagelangen Gewaltmärschen seine Truppen unermüdlich nach Norden, von Paris fort, getrieben, um Wellington näher zu sein. Er steht, als Napoleon angreift, noch ein, zwei Tagesmärsche von den Engländern entfernt.

Am Ligny-Bach nimmt Blücher mit 82000 Mann die Schlacht an. Napoleon kann schon wieder mehr als 90000 Mann aufbieten, die er in großer Eile als Keil zwischen die Verbündeten treibt. Blücher schickt an Wellington die Nachricht vom Angriff auf die Preußen. Der englische Feldherr glaubt immer noch, Blücher sei einem Fehler seiner Aufklärung aufgesessen und Napoleon werde sich gegen ihn – Wellington – wenden. Bevor er Entscheidendes veranlaßt, begibt er sich am Abend des 15. Juni erst einmal auf den Ball der Herzogin von Richmond, um den weiteren Lauf der Ereignisse abzuwarten.

Blücher steht bei Ligny auf weiter Flur allein. Napoleons Geschütze stehen vorteilhaft und trommeln mit aller Macht auf die Preußen nieder, die sich tapfer wehren. „Halten Sie das Dorf noch eine halbe Stunde", feuert Gneisenau die Männer gegen acht Uhr morgens bei Ligny an, „die Ankunft der englischen Truppen steht jeden Augenblick bevor." Als sie am späten Vormittag noch nicht da sind, reitet Blücher selbst zu Wellington, die versprochene Hilfe zu erbitten. Er findet ihn noch in den alten Stellungen, und er erhält nichts als Versprechungen, sich beeilen zu wollen. Enttäuscht kehrt Blücher zu seinen Truppen zurück.

Blücher vertraut der eigenen Kraft. Er weiß nun, daß von den Engländern keine Hilfe kommt. Und wie stets in diesen Fällen, mobilisiert er eigene Reserven. „Da kam Blücher, den ich kurz zuvor, angegriffen von der großen Hitze und dem langen, unentschiedenen Kampfe, als Greis gesehen hatte, hochgerötet wie ein Jüngling, mit gezücktem Säbel, auf seinem prächtigen Schimmel in Bogensätzen angesprengt, mit einzuhauen und den Angriff durch seine Gegenwart noch mehr zu befeuern." So sieht ihn ein Augenzeuge.

Blücher in der Schlacht bei Ligny 1815. Gemälde von F. Stassen

Zweimal greifen die Franzosen die Dörfer Ligny, La Haye und St. Armand an, zweimal werden sie zurückgeschlagen. Dann nehmen die Franzosen die Ortschaften oder das, was von ihnen geblieben ist, in Besitz. Vor allem Ligny wird heiß umkämpft. Blücher fordert seinen Männern das Letzte ab. „Laßt diese Nation nicht wieder zum Herrn werden", ruft er ihnen zu, und immer wieder ertönt sein antreibendes: „Vorwärts!"

Gegen Abend dieses schweren Tages, an dem die Kämpfer selbst nicht wissen, ob sie die Sieger oder die Verlierer des Kampfes sind, gerät Blücher in Lebensgefahr. Er hat sich mit

Nostiz zu weit gegen eine französische Gruppe vorgewagt. Sein Pferd wird tödlich getroffen und fällt so schnell, daß es Blücher unter sich begräbt. Er kann das schwere Tier auch mit Hilfe des Adjutanten nicht von seinem Leib wälzen. Rechts und links eilen unterdessen feindliche und eigene Soldaten in der Dämmerung vorüber. Nostiz hat geistesgegenwärtig seinen Mantel über den Feldmarschall geworfen, um dessen Rangabzeichen zu bedecken, und wartet mit gezogenem Säbel, bis einen Moment Ruhe einkehrt. Dann befreit er Blücher mit Hilfe anderer Preußen aus seiner mißlichen Lage und bringt ihn in Sicherheit. Die Szene ist auf mehreren Gemälden der Ewigkeit übereignet. Blücher ist während und nach seiner Rettung nicht voll bei Bewußtsein. Er hat Prellungen und Quetschungen erlitten.

Augenzeugen haben die Schlacht bei Ligny als eine der blutigsten dieses an Blut reichen Kriegsjahres bezeichnet. Ein französischer Soldat hat in seinem Tagebuch vermerkt: „An manchen Stellen lagen die Toten zwei bis drei Mann hoch. Das Blut floß unter ihnen in Strömen weg. Auf der Hauptstraße war der Schlamm von Blut gerötet, und der Schlamm selbst bestand aus zermalmten Knochen und Fleisch... Gassen und Türen waren mit Gefallenen und Sterbenden verstopft, die von Trümmern und Funken überschüttet wurden..."

Jeder fünfte Preuße – sechzehntausend insgesamt – ist tot, jeder sechste flieht vor dem Tod, desertiert. Napoleon hält sich für den Sieger dieses 16. Juni, und er ist es auch. Aber noch einige solcher Siege wären sein Untergang. Seine Verluste sind fast ebenso groß, die Truppen nicht minder ruiniert als die Preußen.

Nostiz hat sich im Schutz der Nacht mit seinem bewußtlosen Feldherrn nach Norden durchgeschlagen. Bei Mellery, zehn Kilometer nördlich von Ligny, findet er ein abgelegenes Gehöft, wo er seinen Herrn auf ein Strohlager bettet und ihn versorgt. Schulter und Rippen schmerzen stark. Nostiz weiß, daß nun viel darauf ankommt, wie rasch die Preußen von Blüchers glimpflich verlaufenem Unfall erfahren, ehe sich Gerüchte und Spekulationen daran knüpfen. Doch wo stehen die eigenen, wo die feindlichen Truppen?

Clausewitz, der als Stabschef eines anderen Blücher-Korps an der Schlacht bei Ligny teilnimmt, schreibt über die Stunden danach: „Alle unsere Truppen waren zerstreut, wir konnten sie nur mit großer Mühe wiederfinden. Ich glaube, mein Haar wurde in dieser Nacht grau; ich stieg nur einmal aus dem Sattel, um meinen Bericht an den Feldmarschall zu schreiben."

Gneisenau hat die Armeeführung übernommen. Er hat inzwischen begriffen, daß Blücher unverwüstlich ist, und weigert sich, an dessen Tod zu glauben und die Todesnachricht weiterzugeben. Er wird die Geschäfte führen, solange der Marschall als vermißt gilt. Im Verlauf der Nacht noch gelingt es Nostiz, die Verbindung zum Stab herzustellen und ihn von Blüchers Verwundung zu unterrichten. Die Freude bei den Offizieren, aber auch bei vielen einfachen Soldaten, den geliebten Blücher lebend zu wissen, verbreitet sich rasch bei den Preußen.

Gneisenau gibt Wellington die Schuld an der Niederlage und leitet daraus seine Schlüsse für das weitere Vor- oder Zurückgehen ab. Er läßt die englischen Verbände aus seinen Plänen heraus, weil er kein Vertrauen zu Wellington hat. Als Blücher so weit wiederhergestellt ist, daß er die Lage überschaut, hält er Kriegsrat ab und ändert Gneisenaus Pläne dahingehend ab, daß er die Richtung beibehält und damit auch die Vereinigung mit Wellingtons Armee anstrebt.

Napoleon hat am 17. Juni von Blücher abgelassen und sich gegen die englisch-holländische Armee im Norden gewendet. Blücher sieht sich – trotz der erlebten Enttäuschung – an sein Wort gegen den englischen Herzog gebunden. Er leistet selbstlose Schützenhilfe. Statt sich, wie Gneisenau vorge-

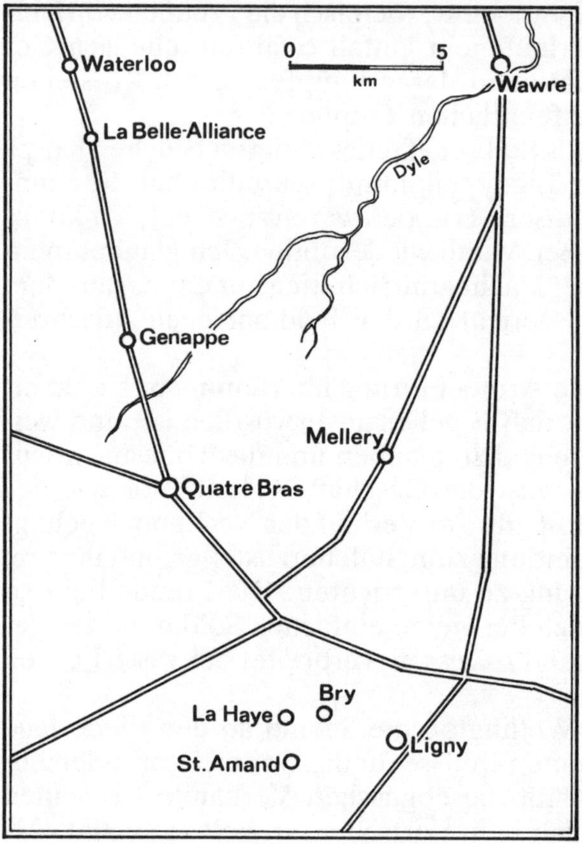

Ligny und Belle Alliance

schlagen hatte, in Richtung Lüttich auf die Nachschubbasen zurückzuziehen, ordnet Blücher den Marsch nach Norden an. Blücher läßt den englischen Verbindungsoffizier zu sich rufen und verkündet ihm seinen Entschluß, mit „seinem Bruder" Wellington gemeinsam in den nächsten Stunden Napoleon besiegen zu wollen. Immer noch angeschlagen und nicht schmerzfrei, will er sich lieber aufs Pferd binden lassen, als auf die gemeinsame Aktion unter seiner Leitung zu verzichten.

Er diktiert seinen Brief an den Verbindungsoffizier Müffling: „Ew. Hochwohlgeboren ersuche ich Namens meiner dem Herzog Wellington zu sagen, daß so krank ich auch bin, ich mich dennoch an die Spitze meiner Truppe stellen werde, um den rechten Flügel des Feindes sogleich anzugreifen, sobald Napoleon etwas gegen den Herzog unternimmt. Sollte der heutige Tag aber ohne einen feindlichen Angriff hingehen, so ist meine Meinung, das *wir* morgen vereint die französische Armee angreifen."

In der Frühe des 18. Juni regnet es noch in Strömen. Blücher begrüßt den Regen als „Alliierten von der Katzbach". Er versteht es, jedem unvorhergesehenen Ereignis eine positive Seite abzugewinnen, und sei es nur als gutes Omen. In großer Entfernung, in der Nähe des Ortes Waterloo, zwanzig Kilometer südlich von Brüssel, hört man Detonationen von Kanonenschüssen. Dort hat Napoleon den Angriff auf die Armee Wellingtons begonnen. Blücher treibt die Männer zu Eilmärschen über schlammige Straßen und Wege an. Er will die notwendige Entlastung auf der rechten Flanke bringen. „Ich habe es ja meinem Bruder Wellington versprochen", sagt er mehrfach zu den Soldaten. „Ihr wollt doch nicht, daß ich wortbrüchig werden soll."

Bündnistreue über alles. Sie spielt im militärischen Ehrenkodex des Leberecht von Blücher stets eine hervorragende Rolle. Was er als Feldherr bisher erreicht hat (und noch erreichen wird), verdankt er dem uneigennützigen Zusammenwirken mit seinen Verbündeten, und er zollt ihnen jederzeit den erforderlichen Respekt.

Die fünfzehn Kilometer, die Blüchers Heer noch von Wellington trennen, werden zu einer harten Bewährungsprobe für die Preußen. Die Wege sind tief aufgeweicht; ein Wald erschwert das Vorankommen von Pferd und Wagen. Alle wissen um die Bedeutung des Marsches. Nostiz vermerkt, daß viele Soldaten Blücher und sein Pferd berühren, als er an ihnen vorüberreitet. „Viel Glück heute, Vater Blücher!"

Die Briten können dem Druck Napoleons nicht mehr lange standhalten. Die französische Kavallerie reißt große Löcher in die Reihen der Verbündeten, die Munitionsvorräte gehen zur Neige, die Infanterie-Regimenter sind so dezimiert, daß ihre Auflösung bevorsteht. Wellington schickt ein ums andere Mal Aufklärer und Boten ab, um herauszufinden, wann die Preußen eintreffen können. „Ich wollte, es wäre Nacht oder die Preußen kommen", soll er in seiner Not ausgerufen haben.

Die durchnäßten, erschöpften Blücher-Soldaten quälen sich mit ihren Kanonen die letzten Hügel vor dem Schlachtfeld hinauf. Als Wellington sie sieht, weiß er: „Die Schlacht ist gewonnen!"

Napoleon auf der anderen Seite der Barrikade hat mit seinem jungen Heer geschickt und tapfer agiert. Als ihm die Ankunft der Preußen gemeldet wird, ist ihm klar, daß die Alliierten gewonnen haben und er verloren hat. Napoleon hat es nicht für möglich gehalten, daß die Preußen eintreffen könnten, ehe er mit Wellington „fertig" wäre. So hat er es unterlassen, ihnen selbst den Weg zu verlegen. Der ihnen entgegengesandte Kommandeur eines Infanterie-Korps hat sich über die Marschrichtung der Preußen täuschen lassen und kann die Vereinigung mit den Briten nicht verhindern. Nach dem Zusammenschluß der beiden Heere bläst Napoleon zu einem verzweifelten Angriff mit fast vierhundert Kanonen und zehntausend Reitern.

Blücher hält mit all seinen Kräften auf einen markanten Punkt im Gelände zu, den er für das Zentrum der Auseinandersetzung ansieht: ein weithin sichtbares Gehöft des kleinen Ortes La Belle Alliance (das schöne Bündnis). Blücher „riecht" förmlich, daß dort die Würfel fallen werden. Er dirigiert alle Leute dorthin und weigert sich, auch nur einen „Pferdeschwanz" woanders hinzuschicken, selbst auf die Gefahr hin, daß an seinen eigenen Flanken ein Einbruch nicht vermieden werden kann.

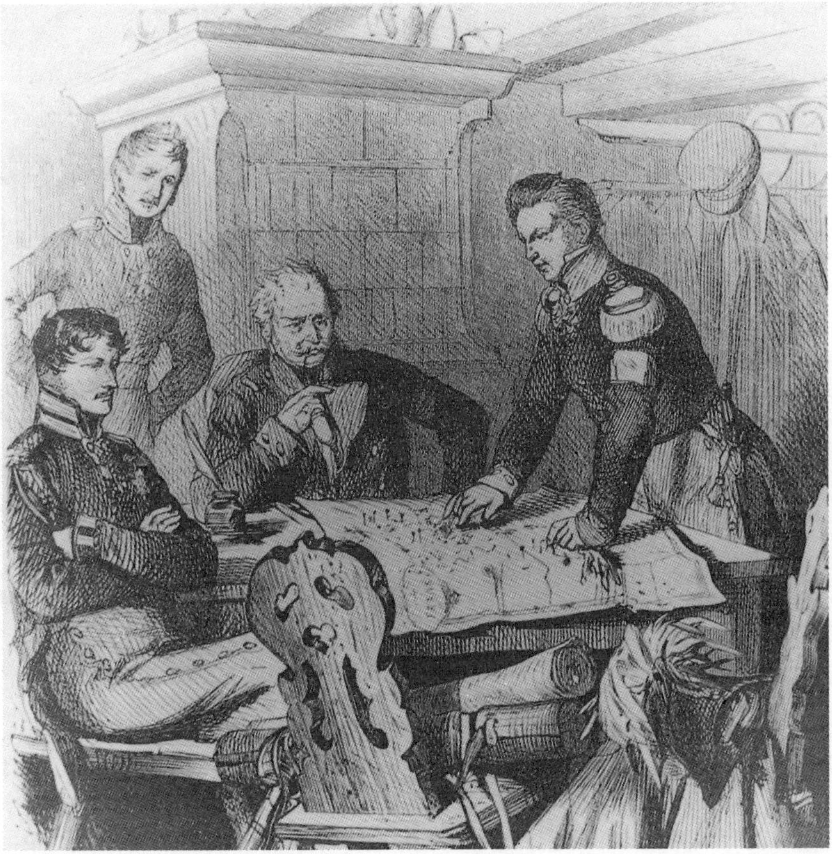

Blücher und sein Generalstab

Auch Napoleon setzt seine letzte Trumpfkarte aufs Spiel: Seine berühmten Garden, die bisher das Geschehen aus sicherer Entfernung betrachten konnten, gehen ins Feld. Das war bisher noch immer jener Moment, der die Gegner zittern, wanken und laufen machte und den Garden den Beinamen „die Unsterblichen“ eingetragen hat.

Die Preußen kommen! Stich von W. Campe

Es ist die letzte Inszenierung des Kriegstheater-Künstlers Napoleon, für den der Kampf selbst in dieser Situation noch ein großes Kunstwerk ist. Und er spielt sein Stück tapfer bis zum glücklichen oder bitteren Ende. „Einhundertfünfzig Musiker marschierten an der Spitze der Garde“, schreibt ein französischer Augenzeuge, „sie spielten im Vorgehen den Triumphmarsch des Carousel. Bald war der Weg von Garden bedeckt, die zugweise hinter dem Kaiser dreinmarschierten. Kugeln und Kartätschen übersäten den Weg mit Toten und Verwundeten.“ Der Schreckensruf „La Garde recule!“ (Die Garde weicht!) verbreitet sich unter den Lebenden. Napoleons Garde geht mit Pauken und Trompeten unter. Nur er selbst entkommt Tod und Gefangenschaft.

Auf der Gegenseite stimmen die siegreichen Briten das

hymnische „God save the King!“ (Gott schütze den König!) an, und auch die Preußen wenden sich an denselben Schutzpatron mit ihrem Dankchoral: „Großer Gott, wir loben dich!“

Das Zeremoniell des Kriegstheaters sieht nun vor, daß sich die Protagonisten zu einem Schlußakt zusammenfinden und die Hand zum Dankesgruß reichen. Am Gasthof von La Belle Alliance, wo eine Nacht zuvor Napoleon Quartier bezogen hatte, reiten gegen einundzwanzig Uhr Blücher und Wellington aufeinander zu und umarmen sich.

„Mein lieber Kamerad“, redet Blücher den Engländer an und schlägt unter dem Jubel der anwesenden Preußen und Briten vor, die Schlacht zum Zeichen der Waffentreue nach La Belle Alliance zu benennen. Wellington zeigt sich versöhnlich, schweigt aber zu Blüchers Vorschlag. Den Grund erfahren die Preußen erst später, als Herzog Wellington sogar den Ort und den Zeitpunkt des Treffens, ungeachtet der zahllosen Augenzeugen, bestreitet. Er verlegt es auf den Ort Genappe, zehn Kilometer südlich von Belle Alliance.

Wellington sieht seine eigenen Verdienste um das Ergebnis der Schlacht geschmälert und möchte sie für alle Zeiten untrennbar mit seinem eigenen Namen verknüpfen. La Belle Alliance klingt französisch und widersteht der britischen Zunge. Weit besser scheint dem Herzog der Name Waterloo nach einem Ort geeignet, wo er – zufällig – in der Nacht vor der Schlacht sein Hauptquartier hatte. So ist Wellingtons Ruhmsucht daran schuld, daß in bürgerlichen und anderen Geschichtsbüchern die letzte Schlacht gegen Napoleon nach einem Dorf benannt wird, an dem gar nicht gekämpft worden ist.

Der arglose Blücher ist um das gerechte Urteil der Geschichte nicht besorgt. Er kennt den Wert der eigenen Leistung, überschätzt ihn vielleicht nur im ersten Aufwallen der Gefühle unmittelbar nach dem Sieg, wofür die Zeilen an die

Frau ein Indiz sein könnten: „Schlachtfeld von La Belle Alliance. Was ich versprochen, habe ich gehalten. Den 16ten wurde ich gezwungen, der Gewalt zu weichen, den 18ten habe ich in Verbindung meines Freundes Wellington Napoleon das Garaus zu machen. Wo er hingekommen, weiss kein Mensch; seine Armee ist völlig en deroute [in Auflösung], seine Artillerie ist in unsren Händen. Seine Orden, die er selbst getragen, sind mich soeben gebracht, sie sind in einen seiner Wagen genommen."

Der Generaladjutant des Königs, Knesebeck, erhält am nächsten Morgen den Kurzbericht: „Mein Freund! Die schönste Schlacht ist geschlagen; der herrlichste Sieg ist erfochten. Das Detail wird erfolgen. Ich denke, die Bonarpartesche Geschichte ist nun wohl so ziehmlich wieder zu Ende. La Belle Alliance, den 19ten früh. Ich kann nicht mehr schreiben, denn ich zittre an allen Gliedern. Die Anstrengung war zu groß. Blücher."

Blücher bietet Wellington an, die Verfolgung Napoleons allein zu übernehmen. Während sich die Waffenbrüder ausruhen und ihre Ausrüstungen ergänzen, hetzt Blücher mit den Preußen hinter Napoleon her, „solange sich noch ein Mann und ein Pferd auf den Beinen halten konnte". Er bringt die Sache lieber selbst zu Ende, aus Erfahrung klug geworden.

Müffling appelliert an Wellingtons Gewissen, auf Ruhetage zu verzichten und die Preußen bei der Verfolgung zu unterstützen, doch dieser erwidert: „Ich sage Ihnen, es geht nicht. Wenn Sie die englische Armee genauer in ihrer Zusammensetzung und ihren Gewohnheiten kennten, so würden Sie das mit mir sagen. Ich kann mich nicht von meinen Zelten und meiner Verpflegung trennen. Meine Leute müssen im Lager zusammengehalten und gut verpflegt werden, damit die Zucht und Disziplin erhalten wird."

Welche Bedenklichkeiten und Umstände auf der einen, welche Bereitschaft zum Risiko auf der anderen Seite! Blü-

Treffen zwischen Blücher und Wellington bei Belle Alliance

cher hätte gewichtigere Gründe, auf seine Nachschub-Kolonnen zu warten und seinen Kämpfern eine Pause zu gewähren. Er riskiert beim Weitermarsch, die ohnehin nicht mehr straffe Ordnung und Disziplin weiter lockern zu müssen, damit die Verpflegung seiner Truppen gesichert bleibt.

Die Preußen schlagen eine breite Schneise der Verheerung durch das Feindesland, hinterlassen deutliche Spuren der Plünderung, Zerstörung und wohl auch unsinniger Vernichtung. Die vornehmen Engländer, die in sicherem Abstand mit ihren Proviant- und Biwakwagen folgen, sind entsetzt über das Ausmaß der angerichteten Schäden. Parkinson führt noch 1970 – neben anderen, objektiven Gründen – an, dies sei dem „reinen Blutdurst, der durch die Wildheit der Schlacht erzeugt wurde", geschuldet.

Dieses Urteil trifft auf die ausgepowerten Preußen gewiß nicht zu. Doch erscheint es denkbar, daß selbst der umsichtige Blücher durch den anhaltenden Widerstand, den kleine französische Streifkorps aus dem Hinterhalt leisten, zunehmend in Wut gerät. Er hat erwartet, daß sich das französische Volk spätestens nach der Niederlage bei Belle Alliance von Napoleon abwendet und den Kampf beendet. Nun erlebt er Anschläge und Überfälle; Heckenschützen schießen ihm zwei Pferde unter dem Leib weg, haben es auf sein Leben abgesehen.

Napoleon ist nach Paris geeilt, um dort Geld für neue Heere aufzutreiben. „Wenn die Pariser ihn nicht umbringen, dann bringe ich die Pariser um", droht Blücher. Was er nicht sogleich erfährt, ist, daß der Kaiser auf starken Widerstand im eigenen Lande stößt, daß nur noch Teile der Armee und der Nationalgarde zu ihm halten.

Am 22. Juni, drei Tage nach Belle Alliance, tritt Napoleon unter dem Druck der provisorischen Regierung zum zweitenmal zurück. Ein Versuch, seinen Sohn als Napoleon II. an seiner Stelle zu inthronisieren, scheitert am Widerstand der beiden Kammern des Nationalkonvents.

Zu dieser Zeit hofft Blücher, noch etwa sechzig Kilometer von Paris entfernt, daß Napoleon ihm oder Wellington ausgeliefert werde. Er sieht sich vor die Notwendigkeit gestellt, ihn dann erschießen zu müssen: „Ich werde wohl nicht klüger handeln können als ihm totschiesen zu lassen."

Als er hört, daß Wellington dazu einen anderen Standpunkt hat, weist er Müffling an, dafür Sorge zu tragen, daß Napoleon „*uns* [den Preußen] ausgeliefert werde, um ihn vom Leben zum Tode zu bringen. So will es die ewige Gerechtigkeit."

Doch dazu kommt es nicht.

Was geschehen wäre, wenn man Napoleon gefangen und Blücher übergeben hätte, gehört ins Reich der Spekulationen. Gegenüber Freunden äußert Blücher, daß er dem großen Gegner in diesem Fall seinen Respekt nicht versagt haben würde. Von Gneisenau geht ein starker Druck auf Blücher aus, versöhnlichen Gefühlen nicht nachzugeben und Vergeltung zu üben. Insgeheim inszeniert der Stabschef bereits das Exekutionsschauspiel, bestimmt Ort und Datum. Doch man henkt keinen Dieb, man habe ihn denn. Der zweimal Entthronte und endgültig Besiegte flieht vor dem Volkszorn an die Biskaya.

In Paris ist Davout zurückgeblieben, um die Verteidigung der Stadt vorzubereiten. Er sucht um einen Waffenstillstand nach. Blücher durchschaut das Manöver als Versuch, Zeit zu gewinnen, und rüstet zum Angriff. Nach erbitterter Gegenwehr kapituliert die französische Hauptstadt am 3. Juli.

Am selben Tag fällt Napoleon den Briten in die Hände und wird in Gewahrsam genommen. Blücher macht jenen Mann im Kreise seiner Vertrauten zum bevollmächtigten Unterhändler für die Kapitulation, der 1806 die preußische Kapitulation zu Ratkau abgeschlossen hatte: Karl Freiherrn von Müffling – eine harmlose, aber wirksame Genugtuung für den Feldmarschall.

Am letzten Tag des Krieges zieht Blücher ein knappes Resümee: „Ich habe gestern und heute wieder gegen 3000 Mann verloren. Ich hoffe zu Gott, es sollen die letzten in diesem Krieg sein. Ich habe das Morden zum Überdruß satt." Der Brief ist für Amalia daheim bestimmt. Ganz unten stehen die Worte: „Paris ist mein!"

Dieselben Worte richtet er an Knesebeck und setzt hinzu: „Mein Tagewerk ist vollendet."

Und noch einmal, einen Tag später, an die Frau: „Gott sei gedankt! Das Blutvergießen wird aufhören."

Blücher bestraft Paris und die Pariser hart, aber gerecht: Er gönnt ihnen diesmal nicht das Schauspiel eines feierlichen Einzugs, will diejenigen nicht jubeln und winken sehen, die kurz zuvor noch Napoleon hochleben ließen. Sie haben ein Jahr zuvor den Bourbonen-König willkommen geheißen, dann dem von Elba zurückgekehrten Napoleon zugejubelt. Nun huldigen sie den fremden Soldaten. Ein wetterwendisches Volk, findet Blücher. Er hat nur die Oberfläche der Stimmungen im Volk erlebt; das Differenzieren ist ja ohnehin seine Stärke nicht. Er mahnt die Truppen, „sämtliche Franzosen mit Ernst und Kälte" zu behandeln, kündigt Strafen für den Fall von Disziplinverstößen an.

Wichtiger als kleinliche Rache an den Menschen ist ihm, Frankreich einen hohen Tribut für die vielen Opfer abzufordern. Er setzt die Höhe dieser Kriegssteuer für Paris auf 100 Millionen Franken fest, verlangt Ausrüstung und Bekleidung für 110000 Mann und den Sold für zwei Monate, den er seinen Soldaten schuldig bleiben mußte, da die preußische Kriegskasse leer bis auf den Grund ist. Auch fordert Blücher die Rückgabe aller in fremden Ländern geraubten Kunstschätze einschließlich der Victoria vom Brandenburger Tor.

Capitaine Wilhelm von Scharnhorst erhält den Befehl, die Seine-Brücke sprengen zu lassen, die zur Erinnerung an die leidige Schlacht von Jena und Auerstedt „Pont de Jena" genannt wird. Je mehr Kräfte gegen diese symbolträchtige Sprengung mobil werden, desto hartnäckiger besteht Blücher darauf, sie zu vollziehen. „Die Brücke wird gesprengt", läßt er wissen, als der französische Regierungschef Talleyrand dagegen Einspruch erhebt, „und ich wünschte, Herr Talleyrand setzte sich vorher darauf."

Selbst Leute in seiner Umgebung, Zieten, Goltz und Bülow, erheben Einwände. Mit dem Eintreffen der Monarchen geht Blüchers Herrschaft über Paris zu Ende, und damit bleibt der Gegenstand seiner Rache unversehrt.

Napoleon geht in sein neues Exil auf der Insel Helena, ohne daß ihn Blücher auch nur zu Gesicht bekommt. Er muß sich damit zufriedengeben, daß er die Briten durch Müffling ermahnen läßt, diesmal besser auf ihren Schützling aufzupassen.

Man könnte annehmen, Blücher sei mit dieser Lösung des Falles Napoleon ganz zufrieden. Vielleicht ist er froh, über das Schicksal des großen Gegenspielers nicht selbst entscheiden zu müssen.

Blücher und Napoleon – dies wäre eine gesonderte Betrachtung wert. Während Napoleon Marschall Blücher gelegentlich eine „canaille" genannt hat oder ihm den Beinamen „der besoffene Husar" verleiht, hat ihm der Preuße nie seinen Respekt versagt. Der eine wird zum exponierten Vertreter der Großbourgeoisie, der andere gelangt selbst durch die Nähe zu bürgerlich-liberalen Reformern nicht über feudalabsolutistisches Denken hinaus.

Und dennoch: Der so vielfach benachteiligte Blücher ist in der Lage, den von den eigenen Ideen und Idealen abgerückten, zum Größenwahn neigenden Kaiser der Franzosen zu schlagen. Er besitzt die schärfere Waffe: das moralische und historische Recht auf Freiheit und Unabhängigkeit.

Die verhinderte Brückensprengung, die Wiedereinsetzung Ludwigs XVIII. als König, das prahlerische, prunksüchtige Gehabe der inzwischen eingetroffenen Monarchen und Diplomaten sind für Blücher deutliche Hinweise darauf, daß alles läuft wie beim letztenmal.

Die Soldatenpflicht bindet ihn an den Ort, solange noch kein Frieden geschlossen ist. Diesmal fällt es Blücher besonders schwer, die Zeit bis zur Rückkehr nach Deutschland zu überbrücken. Die Verhandlungen ziehen sich in die Länge, der Sommer geht darüber hin. Blücher wäre nicht Blücher, wenn er dabei ruhig bliebe. Er schreibt Briefe an den König und seine Bevollmächtigten, besteht auf der „gerechten und wohlverdienten Züchtigung der französischen Nation" durch die Erhebung einer Kriegssteuer und die Begleichung der preußischen Ausgaben. Der Feldmarschall hat sein Quartier vorsichtshalber außerhalb der Hauptstadt, in St-Cloud, genommen, um sich zu dem Diplomatentreiben auf Distanz zu halten.

Die Bourbonen rechnen mit Napoleons Generalen ab. Sie inszenieren Kriegsgerichte oder Schauprozesse, laden die Generale der Verbündeten als Zeugen dazu. Blücher und auch Wellington beteiligen sich nicht an diesem Spektakel. Sie verurteilen die Todesurteile gegen die Marschälle Murat und Ney. Sie haben auf dem Schlachtfeld zu Gericht gesessen, ihre Urteile bei Belle Alliance gefällt. Als er von Hardenbergs Ankunft erfährt, macht sich Blücher mit Gneisenau auf, ihn zu sprechen, trifft aber statt dessen auf Wilhelm von Humboldt, dem er scharfe Vorhaltungen wegen der diplomatischen Händel macht. Varnhagen von Ense, der das Gespräch anhört, bemerkt, Blücher habe „über Könige und Fürsten, wie der Zufall sie ihm vorführte, ein lästerliches Gericht“ gehalten. Blücher ist der Auffassung, er habe den Krieg nicht geführt, um den Franzosen wieder den intriganten, schwachen Ludwig zuzuführen, den – seiner Meinung nach – die Franzosen ohnehin wieder verjagten, sobald die Alliierten das Land verlassen hätten.

Blücher erhält moralische Rückendeckung durch den Freiherrn vom und zum Stein, der ihm am 5. Juli nach Paris schreibt, es sei nun notwendig, „das elende, geschwätzige Volk [der Franzosen] für seinen Verrath und seinen Dünkel zu strafen“. Es bezahle „denen Siegern Kriegssteuern und räume ihnen Elsass und einen Teil der niederländischen Festungen ein“.

Blücher, Stein, Gneisenau, Humboldt und andere deutsche Patrioten können sich in der alliierten Kommission, die alle politischen und militärischen Angelegenheiten beraten soll, nicht durchsetzen. Aus Ärger darüber zieht sich Blücher noch weiter zurück, nimmt Quartier in Rambouillet. „Der Aufenthalt der großen Herrn in Paris ist ganz dem in Wien gleich“, schreibt er am 25. Juli verärgert. „Um nun dieses Unwesen nicht mit anzusehen, habe ich Paris verlassen.“

Er bittet den König, ihm den Abschied und die Rückkehr nach Hause zu gewähren.

Friedrich Wilhelm III. sendet ihm schon am nächsten Tag eine abschlägige Antwort: „Ich habe aus Ihrem gestrigen Schreiben Ihren Wunsch, des Armee-Commandos entbunden zu sein, ersehen. Ich kann jedoch in die Gewährung desselben nicht eingehen. Wenn, wie Ich Ihnen zu glauben gern geneigt bin, der Gang der politischen Verhandlungen Ihren persönlichen Ansichten nicht genugsam entspricht, so darf Ich eben von der Ergebenheit und Vaterlandsliebe, welche Ihr Leben ruhmvoll bezeichnen, erwarten, daß Sie Mir und dem Staat auch da Ihre Dienste erhalten werden, wo das alleinige Verfolgen Meines Staats-Interesses Schwierigkeiten in dem vielfach combinirten Interesse der übrigen Staaten findet. Die Unterdrückung jedes bloss persönlichen Gefühls darf Ich unter solchen Umständen von dem treuen und erprobten Feldherrn als ein Opfer fordern, das er dem Wohle des Ganzen willig bringen soll, und Ich weiß, daß Ich dasselbe von Ihnen sicherlich nicht vergebens begehre.“

Was heißt das? Zunächst und vor allem, daß Blücher an seinen Eid gebunden bleibt und die Verantwortung für die preußische Armee behält. Der König will wohl darüber hinaus seinen General wissen lassen, daß er nicht so kann, wie er gern möchte, und ihm die Hände durch die Alliierten gebunden sind.

Blücher harrt zwar aus, aber unzufrieden mit sich und den anderen. Nicht einmal die Stunden am Spieltisch können seine Laune aufbessern. Er hofft, daß „das Spiel nun bald ausgespielt“ ist.

Ein Besucher aus England sieht Blücher im Salon sitzen und beschreibt ihn so: „Seht Euch den alten, verwitterten Mann mit den grauen Augenbrauen und dem Schnurrbart an, der aus der Brusttasche seines Fracks eine Handvoll Goldstücke auf den Spieltisch wirft. Er scheint den Betrag nicht zu kennen oder sich nicht darum zu kümmern, denn der Bankhalter selbst ist verpflichtet, die Einsätze für ihn zu zählen – das ist Blücher, der immer in dem Salon zugegen ist. Er hat ungeheuer verloren, aber er spielt mit der gleichen strengen Ausdauer, mit der er seine kühne Kavallerie durch eine von feindlicher Artillerie zerrissene Schlacht führt. Er steht mit einem Mut, der nie ins Wanken gerät, zu der immer mehr schwindenden Chance."

Mag der Bericht auch theatralisch übertrieben sein, er kennzeichnet Blüchers psychische Verfassung wohl treffend. Er selbst gesteht, daß er nicht einmal mehr aus Vergnügen, auch nicht um des Gewinns wegen, sondern aus Langeweile spiele: „Da ich nun einmal genug habe, so weiß ich nicht, warum ich spielen soll." Als er später einmal über seine Verhältnisse spielt und der König ihm mit einem größeren Geldbetrag aushilft, nicht ohne ihn zu ermahnen, wird Blücher deutlich. „*Sie* haben all die Jahre mit meinen Knochen gespielt, so habe ich jetzt wohl ein Recht, mit Ihrem Geld zu spielen", entgegnet er auf die Vorhaltungen. Und er spielt weiter.

Nur Gneisenaus Bitte, auszuharren, „weil, so lange Euer Durchlaucht noch vorhanden sind, wenigstens einige Diplomaten für Ihre Stimme Achtung haben müssen", kann ihn zum Bleiben bewegen. So ist er vorhanden, aber mit den Gedanken längst nicht mehr in Paris. Trotz seines angegriffenen Gesundheitszustandes und seiner eingeschränkten Bewegungsmöglichkeiten bemerkt Blücher, daß er von den alliierten Monarchen als „Franzosenhasser" hingestellt wird, der den Gang der Verhandlungen eher aufhalte als befördere. Bis ins letzte durchschaut der alte Feldmarschall diese Versuche, ihn zu isolieren, weicht aber nicht von seiner Meinung ab.

So teilt er dem Staatskanzler Hardenberg mit: „Mein Verfahren [der harten Politik gegen Frankreich] zu rechtfertigen,

Der alte Blücher. Steindruck von H. G. Krug

ist jetzt nicht die Zeit. Ich werde aber mein Betragen dem Könige, der Armee, der ganzen Nation und dem deutschen Vaterlande zur Entscheidung öffentlich vorlegen. Hier kann und mag ich nicht länger bleiben. Man glaubt, daß ich nicht mitzusprechen habe, und ich glaube, daß es für mich Pflicht ist, mitzusprechen; denn kein Anderer als ich wird die Armee vertreten. So ist meine Überzeugung ganz von der jetzt herrschenden politischen verschieden."

Blüchers Ankündigung (oder: Drohung?), sich öffentlich zu den gegensätzlichen Standpunkten erklären zu wollen, wird dem König ein Grund mehr gewesen sein, den alten, grimmigen Wolf nicht aus seiner Reichweite zu entlassen. Hier, im engen Gehege des politischen und diplomatischen Korps, ist der Schaden gering, den er mit seinem Schreien und Wüten anrichtet. Um den alten Helden nicht ganz zu verstimmen, gibt der König die geforderte Belohnung für die Armee heraus und läßt Blücher die lange Leine. „Um mich aber nicht mit allen auswärtigen und unsern eigenen Ministern zu brouillieren [überwerfen], gehe ich ganz aus Paris weg und nehme mein Standquartier in Caen."

Der Ort liegt an der Kanalküste, hundertzwanzig Kilometer von Paris entfernt – in *westlicher* Richtung. Der Weg nach Hause ist weit und muß auf Umwegen zurückgelegt werden. „Der Krieg ist aus und ich sehne mich nach Hause."

Als in Paris neue Gerüchte über Blüchers offene Opposition gegen den preußischen Monarchen auftauchen, reagiert Blücher mit einem Brief an Gneisenau, der ihn bei den Friedensverhandlungen vertritt: „Daß man mich des Ungehorsams beschuldigt, glaube ich wohl. Aber diese Verläumdung rührt wohl von unsern sauberen herren her, die es nicht begreiffen können, das ich es mir nicht beikomen lasse, ihrer meinung ent gegen zu sein. Indessen rathe ich den menschen, mich in Ruhe zu lassen, sonst stelle ich sie an den Pranger. Ich entferne mich so weit wie möglich von Paris, um jede Brouillerie zu vermeiden, und da wir hir nichts vorteilhaftes mehr bewürken könen, so wünsche ich unsern sofortigen Abmarsch."

Je näher der Frieden rückt, desto entschlossener bleibt Blücher bei seinem Wunsch nach Demobilisierung. Er inspiziert seine Truppen und bereitet alles für den Rückmarsch vor, „und wenn ich nur erst zurück bin, soll mich Keiner im Waffenrock mehr sehen".

Als der König im Begriff ist, das Füllhorn seiner Orden und Geldgeschenke über die Stabsoffiziere auszuschütten, wendet sich Blücher nochmals an ihn mit einem eigenhändigen Schreiben und trägt die Bitte vor, „daß wihr höhere officir mit unsern geringen waffen brüder gleich gestellt werden". Sie haben nebeneinander gekämpft und Seite an Seite gesiegt: die Generale und die höheren Stabsoffiziere mit den niederen Truppenoffizieren. „Dise gleichheit wird daß zuTraulige band unter uns noch mehr befestigen, und wihr stabsofficir werden uns glücklich und hochbelohnt achten." Blücher ist bis zuletzt auf das Wohl seiner Soldaten und ihrer Angehörigen bedacht.

Der Kampf um die Neuordnung in Europa, der mit der Sicherung der Ergebnisse der Französischen Revolution begonnen hatte, findet mit dem Sieg über Napoleon einen Höhepunkt und ein vorläufiges Ende. Die Revolution von 1789 hat alle Gedanken beflügelt und die Grenzen menschlicher Träume weiter gesteckt. In ihrem Geist sind Persönlichkeiten herangewachsen und groß geworden, die die Geschicke der Völker maßgeblich beeinflußt haben.

Gneisenau, der selbst zu diesem Kreis gehört, hat im Hinblick auf Napoleon diesen Zusammenhang zwischen dem Wirken des einzelnen und seiner Verwurzelung in der Zeit gesehen: „Die Revolution hat alle Kräfte geweckt und jeder Kraft einen ihr angemessenen Wirkungskreis gegeben. Dadurch kamen an die Spitzen der Armeen Helden, an die ersten Stellen der Verwaltungen Staatsmänner und endlich an die Spitze eines großen Volkes der größte Mensch aus seiner Mitte."

Der Krieg wird zum Entscheidungskampf um die nationale Unabhängigkeit und Freiheit der Völker *und* zu einem Schmelztiegel der sozialen und politischen Umwälzung. Unter großen Opfern haben die Völkerheere Napoleon endgültig von der politischen Bühne getrieben. An seinen Untergang knüpfen die progressiven Kräfte in vielen Ländern die Hoffnung auf eine dauerhafte Friedensordnung in Europa und nach Einrichtung bürgerlich-liberaler Herrschaftsformen.

Für die deutschen Patrioten verbindet sich mit diesen allgemeinen Erwartungen der sehnliche Wunsch nach einem geeinten Vaterland ohne Grenzen, Zollschranken, Reise- und Handelsbeschränkungen. Weder der eine noch der andere Wunsch geht nach dem zweiten Pariser Frieden in Erfüllung.

Am 10. Juni 1815 wird zwar in Wien der DEUTSCHE BUND gegründet, dem einundvierzig deutsche Staaten angehören. Doch nicht das einige Deutschland ist Ziel der unterzeichneten Bundesakte, sondern die Beibehaltung der Zersplitterung. Die Signatarstaaten bestehen auf ihrer staatlichen und militärischen Souveränität, handeln eine Vielzahl von Sonderrechten und -regelungen aus, hinter denen das gemeinsame Ganze in unklaren Umrissen verschwindet.

Mit der fast gleichzeitig geschlossenen HEILIGEN ALLIANZ, der nahezu alle europäischen Staaten beitreten, beginnt auch der Zusammenschluß der Reaktion gegen revolutionäre Umwälzungen in Europa.

Der zweite Frieden von Paris ist am 20. November 1815 perfekt. Er beschränkt Frankreich auf die Grenzen von 1790; alle Gebiete links des Rheins, am Oberrhein und an der Saar gehen wieder an Deutschland. Das Land erhält auf fünf Jahre eine alliierte Besatzung und wird zur Zahlung einer Kriegsentschädigung in Höhe von 700 Millionen Franken verpflichtet.

Nun ist für Blücher die Arbeit wirklich getan. Er verabschiedet die ersten Korps nach Deutschland und reist dann selbst zurück, den linken Arm in der Schlinge, die letzte Wunde, die ihm Paris zugefügt hat.

Blücher, der sich eigentlich geschworen hatte, die französische Hauptstadt nicht wieder zu betreten, wird kurz vor der Rückreise doch dorthin beordert, um mit Staatskanzler Hardenberg Einzelheiten der Truppen-Rückführung zu beraten. Zum Abschied von den preußischen Waffenbrüdern haben die Engländer in der Vorstadt ein Pferderennen angesetzt. Aus Übermut (oder aus Freude über die bevorstehende Heimkehr) nimmt der fast dreiundsiebzigjährige Feldmarschall daran teil. In gestrecktem Galopp gerät das Pferd in ein Abspannseil, das die Pariser vom Parcours trennen soll. Pferd und Reiter stürzen aus vollem Lauf, Blücher zieht sich eine Schulterverrenkung zu. Zur alten Schulterverletzung des Sturzes bei Ligny treten neue heftige Schmerzen. So kommt Blücher buchstäblich in der letzten Stunde seines Paris-Aufenthaltes doch noch zu Fall, spötteln seine Neider. Das ungeliebte Paris hat ihm ein Bein gestellt.

Über die Stationen Ligny, wo ihm die lebensbedrohliche Situation vom Abend des 16. Juni noch einmal vor Augen steht, und Wiesbaden, dort wird sein dreiundsiebzigster Geburtstag mit Freunden und Generals-Kollegen begangen, reist er nach Frankfurt. Auch hier muß er eine Serie von Feiern und Empfängen über sich ergehen lassen.

In Deutschland bessern sich sein Gesundheitszustand und seine Stimmung rasch. Er hält geistreiche, muntere Reden, bleibt aber bei seiner Kritik an der alliierten Politik gegen Frankreich. Als ein Redner den Namen Belle Alliance immer wieder mit „Schönbund“ übersetzt, unterbricht ihn Blücher: „Hol Euch der Teufel mit Eurem ‚Schönbund‘! Putzt Eure Zungen deutsch, so viel Ihr wollt, alles Welsche kriegt Ihr doch nicht herunter. Belle Alliance heißt das Stück, das wir dort aufgeführt haben, und heißt so, wenn's auch nicht mehr wahr ist und die Alliance nicht Stich hält."

Soviel die Gesundheit auch gelitten haben mag, so präzis arbeitet der Verstand. Blücher bleibt auch in dem Hochgefühl des Sieges, auf dem Gipfel des Ruhms unbestechlich, kritisch und unbequem.

15. Kapitel

Ich bin am Abend meines Lebens und fürchte die Nacht nicht

Die letzten Lebensjahre 1816–1819

So mancher sieht Blücher noch im Waffenrock. Entgegen dem seiner Frau gegebenen Versprechen streift er ihn über, wenn er zu Empfängen, Ehrungen, Paraden und anderen Zeremonien geht.

Leberecht von Blücher ist nach seinem Sieg über Napoleon einer der am häufigsten und am höchsten dekorierten deutschen Militärs. Hinter seinem Namen stehen herausragende Titel und exotische Ordensbezeichnungen. Er ist Träger des Schwarzen Adlerordens, des Großkreuzes des Eisernen Kreuzes mit besonderem (eigens für ihn verfertigtem) Stern, des Bath-Ordens erster Klasse, des Elefantenordens (!), des Großkreuzes vom Guelfen-Orden, des kurhessischen Löwensterns, des Maria-Theresien-Ordens, des russischen Andreas-Kreuzes, Besitzer des russischen Ehrendegens für Tapferkeit, ist Ritter des schwedischen Seraphim-Ordens, des spanischen St.-Karls-Ordens, des Hausordens vom Weißen Falken... Die höchste Auszeichnung für ihn aber ist, wie er bei einem festlichen Essen in Breslau erklärt, die Liebe und Verehrung seiner Landsleute. Sie wird ihm reichlich zuteil. Sie beweist sich auch im günstigen Fortschreiten der Denkmalsangelegenheit zu Rostock.

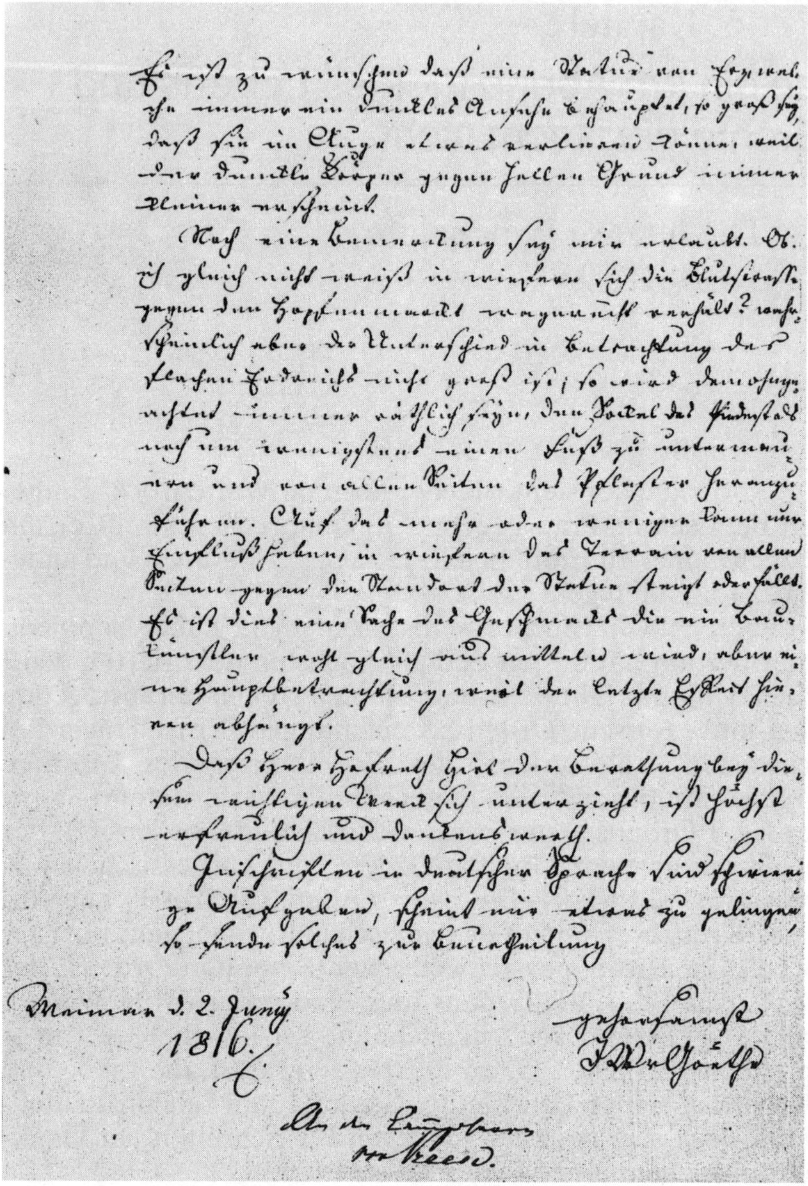

Seite eines Goethe-Briefes an den Rat der Stadt Rostock

Im Oktober 1815 hat der Geheimrat von Goethe in einem zwei Seiten langen Brief den Plan mit warmherzigen Worten unterstützt und den Vorschlag unterbreitet, Johann Gottfried Schadow, den Schöpfer der Quadriga mit der Siegesgöttin auf dem Brandenburger Tor, mit Entwurf und Ausführung zu beauftragen. Die Mecklenburger Herzöge zu Schwerin und zu Strelitz haben ihren Segen gegeben, und im Januar sowie im Februar 1816 arbeiten Goethe und Schadow in Weimar an dem Modell für das Denkmal. Der Rostocker Magistrat bekommt einen ausführlichen Zwischenbericht von Goethes Hand. Den Ratsherren wird zur Entscheidung gegeben, in welchem Material das Standbild ausgeführt werden soll.

Goethe hält sowohl eine Kupfer-Treibarbeit für möglich wie auch einen Erzguß oder eine aus Marmor gehauene Figur. Er erläutert Vorzüge und Nachteile der jeweiligen Materialien, plädiert selbst für einen Bronze-Guß und sagt seine Mitwirkung auch in der Zukunft zu, da ihm selbst die Gespräche mit Schadow „sehr nützlich und ermunternd" sind. Er bittet den Magistrat untertänigst, ihm einen Grundriß des Platzes zuzusenden, an welchem das Denkmal aufgestellt werden soll, und bittet zu berücksichtigen, daß die Skulptur unbedingt mit dem Rücken nach Norden stehen müsse, „wenn auch in Verbindung nach Osten und Westen, auf diese Weise erhält sie den Tag über ein Licht, welches ihre Theile abwechselnd hervorhebt".

In einem weiteren Brief sorgt sich Goethe darum, daß man den Helden nicht zu klein mache: „Wenn man auch in solchem Falle weder mit den umstehenden Gebäuden noch mit dem Gewölbe des Himmels wetteifern kann, so wird es doch wohlgethan seyn, dieser Statue, die aus ziehmlicher Ferne gesehen werden soll, eine der menschlichen Statur nicht gegönnte Größe zu verleihen." Goethe hält eine Blücher-Größe von acht bis neun Fuß, etwa zwei Meter siebzig, für angebracht. Dem detaillierten handschriftlichen Brief liegen

Kupferplatte
am Rostocker
Denkmal
von J. G. Schadow

Kostenanschläge Schadows bei, die dem Rostocker Magistrat wegen ihrer Höhe Kopfzerbrechen machen.

Da ein Vorschlag Goethes auf szenische Heldendarstellungen hinausläuft, die als Platten auf den Seitenflächen des hohen Sockels entstehen sollen, wird Blüchers treuer Adjutant, Graf Friedrich von Nostiz, als Fachberater eingeschaltet. Er wird gebeten, seine Erinnerungen an den 16. Juni 1815, die gefährliche Situation nach Blüchers Sturz bei Ligny, niederzuschreiben.

Nostiz erscheinen zwei Momente besonders gestaltungswürdig: „Erstens, wo der Fürst unter dem Pferde liegt, und die feindlichen Cüraßire, unsere Cavallerie verfolgend, bey ihm vorüberspringen, – der Augenblick der größten Gefahr; zweitens, wo unsre sich wieder gesammelte Cavallerie den Feind bey uns zurück gejagt bringt, ich einigen der preußischen Reiter in [die] Zügel falle und, um dem Fürsten Beistand zu leisten, absitzen lasse, – Augenblick der Rettung."

Goethe findet die Darlegung von Blüchers Adjutanten „recht lebhaft", will aber an seiner Stelle auf der Abbildung lieber eine allegorische Schutzgöttin sehen, wie sie bereits ein früherer Entwurf Schadows andeutet: „Daß er [Blücher] wundersam gerettet worden, schreibt man billig einem Schutzgeiste zu, der auf der frühen Zeichnung schirmend über ihm liegt, wodurch eine sehr lobenswerte Gruppe entsteht. Daß dieser Schutzgeist in der Wirklichkeit ein Herr von Nostiz gewesen, gehört der Geschichte an, die bildende Kunst wird sich aber damit nicht befassen." Herr von Nostiz ist aus der Kunst gestrichen.

Offenbar haben inzwischen einflußreiche Kreise des Militärs zu den Entwürfen andere Ansichten vertreten. Goethe beendet seine Bemerkungen zu Einzelaspekten der szenischen Darstellung mit dem polemischen Satz: „Zugegeben, daß man Liebhabern und Bestellern etwas zu Willen seyn kann, so darf es doch nicht so weit gehen, daß der Künstler in einem so wichtigen Falle sich einem gegründeten Tadel aussetzen dürfte." Goethe nimmt den Fall wichtig. Er ist als „bewährter Kenner des Altertums" angerufen worden, und er legt Wert auf die allegorische, symbolträchtige Verdichtung des Einzelfalls Blücher zu einem Fall von Weltgeschichte.

Auch die ihm zugesandten „Sprüchlein", die zu den Szenen auf die Seitentafeln gesetzt werden sollen, sagen dem Weimarer Dichter nicht zu. Er selbst wird ein paar Verse schmieden: „Bringe man die rechten Worte, die ich freylich nicht gleich zu finden weiß, auf die Tafeln, so bedarf es anderer Nebensprüchlein nicht. Und überhaupt, wie soll der Beschauer an die coloßale Statue hinauf nach Buchstaben blinzen?"

Goethe begründet seine Direktheit gegenüber den Stadtvätern damit, daß ihm jetzt so viele Dinge obliegen und er nur damit fertig werde, wenn er in jedem „Geschäft“ aufrichtig seine Meinung sage, „salomonische Wendungen zu suchen, verbietet mir die Kürze der Zeit und des Lebens“. Schließlich schreibt er ja gerade am FAUST und an anderen Dingen.

Mecklenburgs Landstände haben übrigens, als die Kosten ihre Möglichkeiten übersteigen, den rettenden Einfall. Sie erinnern sich an die Hamburger Zeitungsente, die einst den Stein ins Rollen brachte und in der von einer erfolgreichen Spendensammlung die Rede gewesen war. Die Stände rufen die Bevölkerung zur Zeichnung von freiwilligen Spendenbeträgen für das Blücher-Denkmal auf. Die Aktion wird ein großer Erfolg und bringt das gewünschte Ergebnis. Blüchers Popularität füllt die Kassen und deckt die Kosten.

Leberecht von Blücher wird über die Fortschritte in der Angelegenheit nur selten unterrichtet. Weder Rostocks Sorgen über leere Kassen noch Goethes Mühen, ihm zu einem „ewigen Dasein“ zu verhelfen, dringen an sein Ohr. Allein die Tatsache, daß sich der Vorgang über Jahre hinzieht, gibt ihm Zeugnis davon, daß in Kunstfragen nicht so schnell geschossen wird wie im Felde.

Nach dem Abflauen der Ehrungen und Aufmerksamkeiten bildet sich allmählich ein fester Lebensrhythmus heraus. Blücher verbringt die Wintermonate in der Residenzstadt Berlin, unterzieht sich im Sommer einer Kurreise und lebt ansonsten auf seinem Gut Krieblowitz bei Breslau. Besonders Karlsbad mit seinen Brunnen bessert den stark angegriffenen Gesundheitszustand; ein übriges tun die dortigen Spielsäle oder belebende Gespräche mit anderen Kurgästen, unter denen sich einmal Neithardt von Gneisenau, ein andermal gar der König befinden. Blücher ist immer noch ein gern gesehener Gast bei Gesellschaften aller Art, wo er charmant mit den Damen plaudert oder mit alten Kameraden alle gewonnenen und verlorenen Schlachten noch einmal durchficht.

Blücher in Teterow

Bei aller in der Öffentlichkeit gezeigten Munterkeit bleibt die alte Unzufriedenheit mit der Entwicklung der politischen Dinge. Nicht die ersehnte Friedens-Ordnung und ein starkes Vaterland sind das Ergebnis des Krieges, sondern Uneinigkeit und Parteienzwist.

Die Bundesakte des DEUTSCHEN BUNDES nennt Blücher rauh, aber deutlich einen „Furz von einem Ganzen", nicht einmal die Worte Vaterland oder deutsches Volk sollen darin auftauchen. Statt eines festen Nationalstaates ein Puzzlespiel von einundvierzig unabhängigen Staaten in einem losen Bund – das soll das einzige Ergebnis von jahrzehntelangen Opfern und Kämpfen sein? Keine gemeinsame Außenpolitik, kein Bundesgericht, keine einheitlichen Maße und Gewichte, kein gemeinsames Postwesen? Selbst das Bundesheer existiert nur auf dem Papier. Der DEUTSCHE BUND ist ein „Reichsgespenst" wie einst das HEILIGE RÖMISCHE REICH DEUTSCHER NATION.

Als sich das Volk im Frühling des Jahres 1813 gegen den fremden Feind erhob, die Landwehr bildete und die Gefahr einer allgemeinen Erhebung drohte, die auch den Adel nicht zu verschonen schien, hatte sich der preußische König notgedrungen an die Spitze der Bewegung gestellt und sie gegen Napoleon geführt. Weder die Reformer noch andere aufgeklärte Köpfe im Volk hatten sich damals Gedanken darüber gemacht, was werden sollte, wenn die Unabhängigkeit des Landes erreicht worden wäre. Nebulös schwebten ihnen allenfalls ein einiges Vaterland und eine – staatlich gemeinte – Neuordnung Europas vor. Was für ein Bild in diesen Rahmen hinein sollte, war weitgehend außer Betracht geblieben.

Aus dem Sieg der feudalen Koalitionsmächte über das bürgerliche Frankreich gehen die reaktionären Kräfte Europas gestärkt hervor. Sie drängen den Einfluß der Volksmassen auf die staatspolitischen Angelegenheiten im Verlauf des Befreiungskampfes immer mehr zurück.

Hatte sich dieser Druck „von unten" noch bei den Entscheidungen über Verlauf und Intensität des Frühjahrs-Feldzugs 1813 behaupten können, so war mit der Bildung der großen Koalition, vor allem der Aufnahme Österreichs in die antinapoleonische Front, ein unmerklicher Wandel eingetreten. Die Monarchen Europas, die sich ein halbes Jahr zuvor noch mit Aufrufen an das Volk gewendet hatten, nehmen das – politische und militärische – Heft schon im Herbst 1813 fester in die Hand. Mit dem endgültigen Sieg über Napoleon suchen sie das bürgerlich-liberale Denken auszutilgen. Die

HEILIGE ALLIANZ und der DEUTSCHE BUND vereinen dieses internationale Potential reaktionärer, restaurativer Kräfte.

Es beginnt die Zeit der „Demagogen"-Verfolgung. Nationale Gesinnungen werden verdächtigt, Patrioten eingesperrt. Die von Metternich gesteuerte Politik der Restauration macht auch vor den Siegern über Napoleon nicht halt. Gneisenau, Arndt, Stein, Clausewitz und andere werden beleidigenden Pressekampagnen und schikanösen Befragungen ausgesetzt. Ernst Moritz Arndt verliert als „Hochverräter" seine Bonner Professur; Stein wirft man Verschwörung und Verbindung zu Geheimbünden vor. Er zieht sich enttäuscht aus dem politischen Leben zurück, aber ihn kränkt die Behandlung: „Wäre mir Deutschland und der deutsche Staat gleichgültiger, könnte ich alles dies ruhig ansehen; so aber zerreißt es mir die Brust."

Blücher ist durch seine übergroße Popularität für die Reaktion unangreifbar. Doch haben die Feinde des Fortschritts auch kaum Anlaß, mit Blücher unzufrieden zu sein. Solange er engen persönlichen Kontakt zu Stein, Jahn, Arndt, Scharnhorst, Gruner und Gneisenau hielt, gelang es fast immer, Blücher vor Fehlurteilen und falschen Schritten zu bewahren. Im Alter allein, isoliert von den meisten Alt-Reformern Preußens, setzen sich auf dem Boden seiner adligen Herkunft und gutsherrlichen Lebensweise Irrtümer, Versehen und Fehler ab.

Während in Deutschland eine neue Generation von Patrioten, überwiegend aus der bürgerlichen Intelligenz, hervortritt, grenzt Fürst Blücher sein eigenes kleines Reich in Schlesien gegen alle Versuche der Erneuerung und Liberalisierung ab.

Eine schwere Hungersnot führt im Winter 1816/17 zum Ruin und zur Zwangsversteigerung vieler Bauernstellen. Auch Blücher profitiert davon und erweitert seinen Grundbesitz durch Zukauf. Er wird in diesem Jahr zu einem entschiedenen Verfechter für die Beibehaltung der Patrimonial-Gerichtsbarkeit, der Rechtsprechung des Gutsherrn über seine Landarbeiter. Wenn Blücher dabei auch deren maßvolle Ausübung beabsichtigt, so erweist er sich doch als Hemmschuh für die Aufhebung dieses überlebten Privilegs in Schlesien.

Blücher hegt die Illusion, es sei ihm als oberstem Richter über alle Gutsangelegenheiten möglich, aus Feinden gute Freunde und friedliche Nachbarn zu machen. „Das bewirken und schaffen die Patrimonialgerichte", erklärt er sehr bestimmt, „sie sind demnach etwas Löbliches und Gutes." Seine unnachgiebige Haltung in dieser Frage wird von der Befürchtung bestimmt, die Bauern könnten andernfalls zu „Raisonneurs" – zu Widerspruchsgeistern und Nörglern – werden.

Blücher ist auch nicht bereit, auf angestammte Adelsrechte zu verzichten und die im Mai 1816 erlassenen Regulierungs- und Ablösebestimmungen anzuerkennen, die das preußische Landwirtschafts-Ministerium zur Einschränkung weiteren Bauernlegens erlassen hat. Blücher hält nichts von staatlichen Zwangsmaßnahmen zur Einführung moderner Produktionsmethoden auf dem Lande. Statt dessen appelliert er an die Einsicht seiner Standesgenossen, freiwillig auf einige angestammte Privilegien zu verzichten und Opfer zu bringen: „Der wahrhaft ritterliche Adel wird jederzeit, vorzugsweise da, wo er seine Privatrechte reclamirt, sich auch freiwillig zu Opfern verstehen, welche eine veränderte Zeit oder der Drang gewaltsamer Ereignisse zum Wohl des Staates erheischen, dessen Mitbürger er ist; und er wird aufs Innigste die tiefe Ehrfurcht und Anhänglichkeit gegen den Monarchen mit dem Ernste und der Würde zu verbinden wissen, die seinem Vortrage geziemt."

Auf seine alten Tage kehrt Blücher zu Positionen zurück, die – solange er, weit von seinen Gütern entfernt, auf das Zusammenwirken mit bürgerlichen Kräften angewiesen war –

außerhalb seines Gesichtsfeldes blieben. Von hier aus ist es nur ein kleiner Schritt bis zur intuitiven Abneigung gegen Neuerungen und Veränderungen aller Art. Blücher ist dafür in dieser Phase der Stagnation und Restauration kein Einzelfall. Selbst Gneisenau, mit dem Blücher noch in engem schriftlichem Gedankenaustausch steht, erliegt zeitweilig ähnlichen Ansichten. Obwohl er unter dem Druck der Reaktion selbst aus Ämtern und Funktionen weichen muß, pflichtet er Blüchers Klagen über neue Reformen und die Bevorteilung der Juden „mit vollem Herzen zu" und äußert, es sei eine Krankheit, „ja Wut des Zeitalters, alles Alte umzuwerfen und eine neue Gesetzgebung einzuführen. Dadurch und durch die Zeitläufte wird der Adel zu Grunde gerichtet und an seine Stelle werden Juden und Lieferanten treten und künftighin unsere Pairs [Herren] des Reichs werden." Die Juden (oder die Lieferanten oder die Radfahrer) sind an allem schuld.

Blücher findet noch eine weitere Kategorie von Unruhestiftern auf: die Turner. Die vaterländische Turnbewegung unter der Führung von Friedrich Ludwig Jahn, vom König argwöhnisch beobachtet (und ab 1819 unter Polizeiaufsicht gestellt), ist nach wie vor ein Sammelbecken patriotisch gesinnter junger Leute. Der alte Blücher sieht in ihr einen Störenfried der öffentlichen Ruhe und Ordnung; einem Bekannten gibt er die Bitte mit auf den Weg: „Sagen Sie doch dem Metternich, ich bäte ihn inständigst, er möchte je eher je lieber dem infamen Turnwesen ein Ende machen."

Vergessen sind die Jahre der französischen Fremdherrschaft, in denen TUGENDBUND und VATERLÄNDISCHE JUGEND und DEUTSCHER BUND fortschrittsgläubige, ihrem Vaterland ergebene Menschen um sich scharten, zu denen auch der pommersche Gouverneur Leberecht von Blücher gehört hatte. Aus dem „alten Poppe" ist wieder der „alte Blücher" geworden. Die Ursache dafür ist wohl auch in der Tatsache zu suchen, daß Fürst Blücher mit dem

Frieden in Europa und der Bildung des – wenn auch unzureichenden – Staatenbundes das Ziel seiner Wünsche erreicht sieht. Er glaubt, dem Drängen des Militärs, nicht zuletzt der eigenen Standhaftigkeit, sei es zu danken, daß der König auf den rechten Weg gebracht und alles zu einem guten Ende geführt worden sei. Nicht selten sind Blüchers Reden, die er zu festlichen Anlässen hält, endlose Lobpreisungen des Königs, Friedrich Wilhelms III.

Am 26. August 1817 wird auf dem ehemaligen Schlachtfeld an der Katzbach ein Erinnerungs-Mal eingeweiht. Eine riesige Volksmenge ist zugegen; auch Yorck und Gneisenau sind anwesend. Blücher hält eine Festrede – wie Wigger betont – nach „seinem wohlüberlegten Concept".

Er spricht über den Krieg und den Sieg und die Folgen des Sieges und erklärt dann: „Der Monarch, der uns beherrscht, wird nicht von Ruhm- und Eroberungssucht getrieben. So wie er selbst die häuslichen Freuden schätzt, so ist sein Wunsch, daß seine Völker sie genießen und sich im dauernden Frieden erfreuen mögen. Wenn nicht in uns selbst die Ruhe unterbrochen wird, so ist nicht zu fürchten, daß wir durch unsere Nachbarn bekriegt werden. Die Erfahrung hat gelehrt, welche glückliche Bande uns vereinigen, daß unbegrenzte Liebe zum Vaterlande und treue Anhänglichkeit an Thron und Ehrfurcht uns beschirmen und gleichsam das Panier sind, unter dem wir jedem Sturm, der uns von außen droht, widerstehn und jede Fehde bestehen werden."

Für Leberecht Blücher hat sich, nachdem sein Lebenswerk vollendet ist, die Illusion vom ewigen Frieden eingestellt. Logischerweise müssen ihm der Kampf der Klassen oder sozialer Unfrieden als tiefe Eingriffe in diese Friedenszeit erscheinen. Statt sich zu streiten und zu bekämpfen, empfiehlt Blücher nun seinen Mitmenschen, die Segnungen des Sieges zu genießen. Das ist bei einem Mann, der nahezu sechzig Jahre seines Lebens im Kriege, dreiundzwanzig davon gegen „die" Franzosen, zugebracht hat, menschlich verständlich.

Wenn Blücher auf seinen Siegeszügen durch die deutschen Länder reist, sieht er in der Tat nur freundlich gestimmte, lachende, winkende, zufriedene Landeskinder. Doch Blücher ist kein Privatmann. Der König hat den Feldherrn nach dessen Ausscheiden aus der Armee 1817 zum Mitglied des neugebildeten Staatsrats gemacht, dem Minister, Prinzen, Beamte und hohe Offiziere angehören. Nun repräsentiert Blücher in neuem Gewande die Macht, die er mit dem Schwert geschaffen und verteidigt hat. Seine Popularität und Volksnähe machen die Sache nicht besser, sondern eher gefährlicher: Blücher ist, im Gegensatz zu den lebensfremden Beamten oder zu den bornierten Offizieren, ein Mann „zum Anfassen". Er verkörpert nach innen wie nach außen gute alte Sitte, bewährte preußische Tugend, das sichere Rezept erfolgreichen Lebens im Einklang mit der Obrigkeit unter Beibehaltung der originalen, kritischen Persönlichkeitsstruktur.

Blüchers und der deutschen Patrioten Wege trennen sich. Den Weg hinauf zur Wartburg bei Eisenach, wo die studentische Jugend 1817 die Völkerschlacht feiert und ein einheitliches, demokratisches Deutschland fordert, geht Blücher nicht mit; er ist ihm zu steil. Hier endet Blüchers Lernfähigkeit, sein Vermögen, sich an veränderte Bedingungen anzupassen. Jahrzehntelang ist er die Galionsfigur am leck geschlagenen Borussen-Schiff gewesen. Nun, da dieses zusammengeflickt neue Fahrt macht, bemerkt er nicht, daß es mit ihm in voller Kraft in die Richtung steuert, aus der er gekommen ist. So gesehen, hat sich Blücher nie geändert, ist er sich selbst treu geblieben vom Anfang bis zum Ende.

Im Sommer 1817 unterzieht sich Blücher in dem Ostseebad Doberan einer Kur. Auf dem Weg durch sein Vaterland Mecklenburg schlägt ihm noch einmal eine starke Woge der Sympathie entgegen.

Reuter hat in seinem plattdeutschen Gedicht VON DEN OLLEN BLÜCHER die Triumphfahrt durch mecklenburgische Kleinstädte beschrieben, bei denen das Volk zusammenströmt. Die Ratsherren in bunten Fracks, die Priester im Ornat, die Ehrenjungfern in weißen Kleidern, mit Blumenkränzen im Haar, die Schützengilde in blauen Uniformen erwarten den greisen Fürsten, um ihm zu huldigen. Sie sind überrascht, wenn Blücher ohne alle Begleitung erscheint. In Teterow, wo ebenfalls alles zu seinem Empfang bereit ist, hält man den weißhaarigen Alten in der offenen Kutsche nicht für den Vaterlandshelden. Man hindert ihn am Weiterfahren, weil er durch Rauchen auf der Straße gegen die Stadtordnung verstößt. Erst als er seine Pfeife abgeliefert hat und weitergefahren ist, klärt sich der Irrtum auf. Die blamierten Stadtväter reiten dem Fürsten nach und überbringen ihm, unter zahllosen Entschuldigungen, die Tabakspfeife.

Blücher hält Reden, in denen er sich in einem Atemzug als „echter Preuße" und als „Urmecklenburger" bezeichnet und in denen er zu Fürstentreue ebenso aufruft wie zu Loyalität gegenüber dem – preußischen – König: „Gott hat es mir, einem Mecklenburger, gelingen lassen, daß die Welt vom Sklavenjoche des Tyrannen befreit wurde. Das ist nun geschehen, und ich bin froh und frei in dem Lande, wo ich geboren bin, wo ich meine Knabenjahre verspielte, wo die Gebeine meiner Eltern ruhen... Mecklenburger, ich liebe euch, mein Herz gehört euch an, liebt mich wieder, bleibt treu eurem Gott und der Wahrheit, treu eurem Fürsten, so bleibt ihr euch selbst treu. Ich glaube mich nicht zu irren, wenn ich am Ende meiner Tage meinem Vaterlande und dem König – den ich meinen Freund nennen darf – seinen höchsten Flor prophezeie."

In Rostock besucht Blücher sein Geburtshaus und das Grab seiner Eltern. Der Magistrat macht ihn zum Ehrenbürger der Stadt und stellt ihm die Modelle des Denkmals vor. Doch die Freude, sich bei Lebzeiten noch in Erz gegossen zu sehen, wird Blücher nicht zuteil.

Als am 26. August 1819 das Schadowsche Mal in Rostock

enthüllt wird, liegt Blücher auf dem Sterbebett in Krieblowitz.

Auch Goethe fehlt bei der feierlichen Denkmals-Zeremonie, doch hat er der Stadt Rostock eine Chronik der Denkmals-Entstehung zum Druck gegeben; darin findet sich auch seine Beschreibung des Kunstwerks: „Auf dem Untersatz von neun Fuß Höhe kommt die aus Erz gegossene, gleichfalls neun Fuß hohe Statue des Helden zu stehen. Er ist abgebildet mit dem linken Fuß vorschreitend, die Hand am Säbel, die Rechte führt den Commandostab. Seine Kleidung kunstgemäß, doch erinnernd an eine in den neueren Zeiten nicht seltene Tracht. Der Rücken durch eine Löwenhaut bekleidet, wovon der Rachen auf der Brust das Heft bildet. Das entblößte Haupt läßt eine prächtige Stirn sehen, die höchst günstigen Züge des Gesichts sprechen einen bedeutenden Charakter aus, wie denn überhaupt die schlanke Gestalt des Kriegers dem Künstler sehr willkommen entgegen tritt."

Für die Rückseite des Sockels sind Johann Wolfgang von Goethe die passenden Verse eingefallen:

In Harren und Krieg
in Sturz und Sieg,
bewußt und groß,
so riß er uns
vom Feinde los.

Das Ganze ist nicht viel mehr als ein Sammelsurium von Versatz-Stücken des Zeitgeschmacks, versehen mit der Handschrift zweier großer Künstler. Goethe und Schadow haben mancherlei Zugeständnis an die Konvention machen müssen. Auf eine bestimmte Uniform konnte man sich mit den Militärs nicht verständigen; ein Pferd als „Unterbau" stand Blücher, da er kein Monarch ist, nicht zu. So geht der Feldmarschall, nur mit einem Löwenfell bekleidet, zu Fuß über den Blücher-Platz (heute: Universitäts-Platz). Das leichte Lächeln um den Mund, in zehn Fuß Höhe, mag darauf hindeuten, daß sich Blücher sein Teil dabei denkt.

Als seine Geburtsstadt die Enthüllung des Denkmals mit einem ganzen Blücher-Tag feierlich begeht, ist Leberecht von Blücher bereits ein sterbenskranker Mann. Er kennt seinen Zustand, redet offen über das bevorstehende Ende. Die abgegriffene Wendung „Er hat dem Tod oft ins Auge geschaut" gewinnt in Anwendung auf Blücher einen wirklichen Sinn. Kaum einer sonst hat Menschen auf so viele Weisen sterben gesehen. Und niemand, vielleicht nicht einmal der auf Gottes Beistand stets vertrauende Blücher selbst, hat wohl erwartet, daß er im Alter von fast siebenundsiebzig Jahren friedvoll im Bett entschlafen würde.

Kurz vor seinem Tod besucht ihn sein König am Sterbebett. Er weilt zu den Herbstmanövern in Schlesien. Friedrich Wilhelm will seinen ehemaligen Feldherrn aufrichten: „Die Vorsehung wird Sie uns gewiß noch einmal wieder schenken und recht lange gesund erhalten." So oft ist Blücher unter Toten auferstanden, daß der König vielleicht glaubt, was er sagt.

Doch Blücher antwortet bestimmt: „Ich habe mein Gutes genossen, habe zu leben gewußt und weiß auch zu sterben. Ich danke Euer Majestät für die mir in so hohem Grade gewordenen Wohltaten und das geschenkte Vertrauen und empfehle meine Frau Eurer Majestät Gnade."

Wigger, der die Szene beschreibt, schließt sie mit den Worten: „Mit Thränen in den Augen und einem herzlichen Händedruck verliess der König seinen Diener, der mit unwandelbarer Treue in den Zeiten der tiefsten Demütigung und der Siege ihm zur Seite gestanden hatte." Eine Episode, die so und nicht anders ins Geschichtsbuch kommt. Und wäre sie nicht wahr gewesen, so hätte sie erfunden werden müssen, um den I-Punkt aufs Heldenleben zu setzen.

Nach Blüchers Tod ist eine Schrift mit letzten Worten des Feldmarschalls Blücher aufgetaucht, die er – noch nach dem Besuch des Königs – diktiert haben soll. Sie ist knapp dreißig

Das Blücher-Denkmal in Rostock

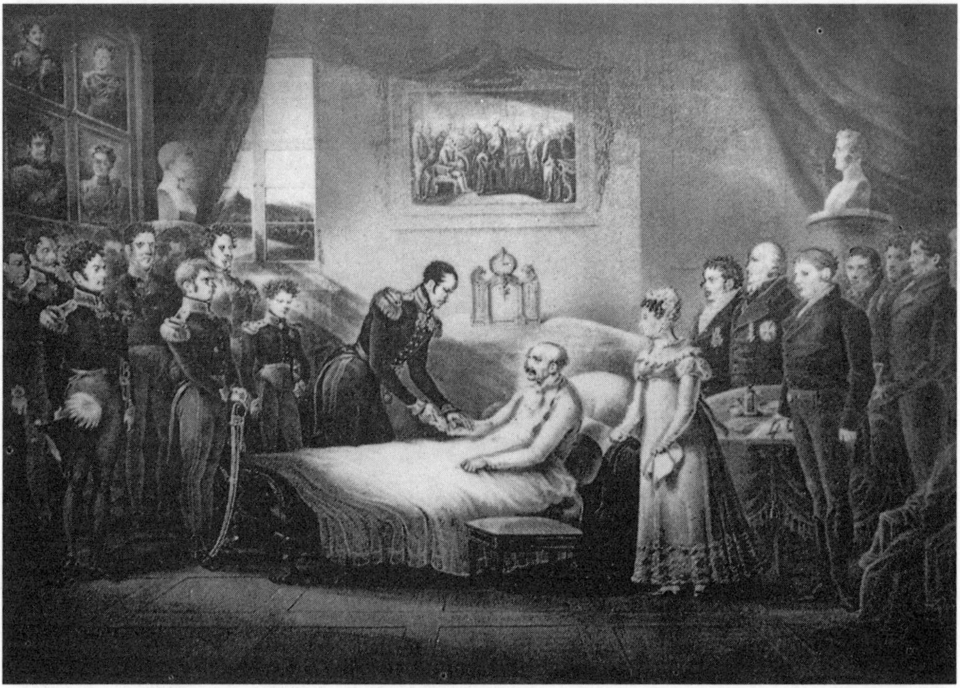

Der König am Sterbebett Blüchers

Druckseiten stark und atmet wohl unverwechselbaren Blücher-Geist. Inwieweit andere Menschen aus der Umgebung Blüchers – etwa Schwager Colomb, der Adjutant von Nostiz oder der schreibgewandte Dr. Bieske – ihren Anteil daran haben, ist nicht mehr feststellbar.

Durch das offene Fenster dringen Kanonendonner und Pulverdampf der Manöver in das Sterbezimmer. Man will das Fenster schließen, aber Blücher bittet, es geöffnet zu lassen. In seiner letzten Stunde will er seinen Kampfgefährten möglichst nahe sein.

„Lieber wäre ich freilich im Schlachtendonner mit Tausen-

Das Grabmal in Krieblowitz

den von Kameraden gestorben", sagt Blücher. „Und es muß in der anderen Welt sich besser ausnehmen, wenn ein Feldherr mit seiner Kolonne einrückt. Ich sollte noch erleben, wie der Friedenszweig, den wir Gärtner, deren Spaten das Schwert ist, pflanzten, lustig grünte und blühte. Nun – 76 Jahre sind da, ich kann mich nicht wundern, daß es endlich zum Abmarsch in die ruhige Kantonierung bläst. Nahet mir doch im letzten Lager, das ich nahm, noch manche Freude.

Meine braven Schlesier sind um mein Dorf versammelt, halten draußen ihr Herbstmanöver, während die Krankheit das Lebens-Herbstmanöver mit mir spielt. Von den Trompeten hör ich die letzte Retraite. O, wenn sich gegen den Feind, der nun auf mich anrückt, etwas ausrichten ließe, sie verteidigten mich wohl bis zum letzten Blutstropfen, aber gegen ihn muß die weiße Fahne aufstecken, was Odem hat... Nur wer brav und recht gelebt hat, kann Pardon drüben hoffen und gut Quartier obendrein. Ich habe meinen Beruf stets zu erfüllen gesucht, König und Vaterland sind mit Vater Blücher zufrieden gewesen, darum kann er auch so mutig ins offene Grab gehen, wie tausendmal in Kanonenschlünde, die Flammen und Tod spien."

Wer auch immer diese letzten Worte gesprochen oder verfaßt hat – sie sind schon für die Nachwelt bestimmt. Blücher vermag von sich bereits in der dritten Person zu reden und zu denken: Er, Blücher, hat seine Sache gut gemacht. Unter dem Salut von Kanonenschüssen entschläft Gebhard Lebrecht von Blücher am Abend des 12. September 1819, dem vorletzten Manövertag. „Le roi rouge", der „rote König", der „König der Husaren", der „Marschall Vorwärts", Vater Blücher stirbt standesgemäß. Er hat endlich seinen Frieden mit dieser Welt geschlossen.

Die letzte Manöver-Handlung der in Schlesien versammelten Heerscharen besteht in der Grablegung des toten Feldmarschalls an einem Ort, den er selbst bei Lebzeiten ausgewählt hat: ein Hügel zwischen Breslau und Krieblowitz – eine Wahlstatt, auf der man gute Aussicht hat, eine jede Schlacht zu gewinnen.

Anhang

Zeittafel

1742 16. Dezember: Geburt Leberecht von Blüchers in Rostock als neuntes Kind, Vater: Christian Friedrich von Blücher (1696–1761), Mutter: Dorothea Marie, geb. von Zülow (1702–1769).

1756 Aufenthalt bei der Familie von Krackewitz auf Rügen. Beginn des SIEBENJÄHRIGEN KRIEGES.

1757 Eintritt in das schwedische Husaren-Regiment Sparre.

1760 29. August: Gefangennahme am Kavelpaß bei Friedland. Übertritt in preußische Dienste.

1761 Teilnahme an Kämpfen in Böhmen und Sachsen.
27. August: Verletzung in der Schlacht bei Freiberg (Sachsen).

1763 16. Februar: Ende des SIEBENJÄHRIGEN KRIEGES mit dem Frieden von Hubertusburg, Sachsen.

1770 Beteiligung an der Besetzung Polens.

1771 Beförderung zum Rittmeister.

1773 Entlassung aus der Armee auf eigenen Wunsch.
21. Juni: Heirat der siebzehnjährigen Karoline von Mehling. Aus der ersten Ehe gehen sieben Kinder hervor, von denen drei, die Söhne Franz und Gebhard sowie die Tochter Friederike, am Leben bleiben.

1774 Übersiedlung auf eigene Güter in Stargard, Pommern. Tätigkeit als Landwirt. Zahlreiche erfolglose Gesuche um Wiedereinstellung bei der Armee.

1786 17. August: Tod Friedrichs II. von Preußen. Beginn der Regentschaft Friedrich Wilhelms II.

1787 23. März: Wiedereinstellung als Major. Weitere Beförderungen zum Oberstleutnant (1788) und zum Obersten (1790).

1790 17. Juni: Tod der Ehefrau Karoline im Alter von kaum 35 Jahren.

1792 Beginn des Invasions-Krieges gegen die französische Revolutionsarmee.

1793 Marsch der Blücher-Husaren über Berlin nach Holland. Einsatz in der RHEIN-KAMPAGNE.

1794 Ernennung zum Generalmajor.

1795 5. April: Frieden zu Basel. Stationierung in Emden.
19. Juli: Heirat der zweiundzwanzigjährigen Amalia von Colomb. Die zweite Ehe bleibt kinderlos. Übersiedlung nach Münster.

1796 Niederschrift des KAMPAGNE-JOURNALS.

1797 Publikation der militärpolitischen Skizzen in der von Scharnhorst herausgegebenen Zeitschrift OFFIZIERS-LESEBUCH.

1801 9. Februar: Frieden von Luneville mit Frankreich.
20. Mai: Beförderung zum Generalleutnant.

1803 Zusammenarbeit mit Freiherrn vom und zum Stein. Gouverneur von Münster.

1805 GEDANKEN ZUR FORMIERUNG EINER PREUSSISCHEN NATIONAL-ARMEE, Denkschrift an den König.

1806 13. September: Teilnahme am preußisch-französischen Krieg.
14. Oktober: Schlacht bei Jena und Auerstedt.
Oktober/November: Rückzug durch den Harz und durch Mecklenburg nach Lübeck.
7. November: Kapitulation zu Ratkau. Zwangsweiser Aufenthalt in Hamburg.

1807 22. April: Empfang bei Napoleon in Finkenstein, Pommern, und Auswechslung.
27. April: Empfang beim König von Preußen in Bartenstein, Pommern. Auszeichnung mit dem SCHWARZEN ADLERORDEN.
29. Mai: Landung mit einem Expeditionskorps in Stralsund, um gemeinsam mit Schweden und England gegen Napoleon zu agieren.
25. Juni: Frieden zu Tilsit zwischen Preußen, Rußland und Frankreich. Rückkehr nach Treptow an der Rega, Pommern. General-Gouverneur von Pommern und Neumark.

1808 Übersiedlung nach Stargard, Pommern. Anonyme Artikel in der militärischen Zeitschrift LICHTSTRAHLEN gegen Blücher.

1809 Mai: Zug der Freischar des Majors von Schill von Berlin elbeabwärts nach Stralsund. Tod Ferdinand von Schills.

1811 11. November: Abberufung Blüchers als General-Gouverneur.

1812 12. April: Übernahme des Gutes Kunzendorf, Schlesien. Überfall Napoleons auf Rußland.

30. Dezember: Abschluß der KONVENTION ZU TAUROGGEN.

1813 25. Januar: Übersiedlung des Königs nach Breslau.
8. März: Ernennung zum Oberkommandeur der Schlesischen Armee.
20. März: Aufruf des Königs AN MEIN VOLK.
2. Mai: Schlacht bei Lützen (Großgörschen). Verwundung Scharnhorsts.
20. Mai: Schlacht bei Bautzen.
4. Juni: Waffenstillstand mit Frankreich.
28. Juni: Tod Gerhard von Scharnhorsts.
26. August: Schlacht an der Katzbach.
17.–19. Oktober: Völkerschlacht bei Leipzig.
20. Oktober: Beförderung zum Feldmarschall.

1814 1. Januar: Übergang über den Rhein.
1. Februar: Schlacht bei La Rothière, Frankreich.
31. März: Kapitulation von Paris.
30. Mai: 1. Frieden von Paris mit Frankreich.
2. Juni: Ernennung zum Fürsten von Wahlstatt.
Juni/Juli: Reise nach England.
18. September: Beginn des WIENER KONGRESSES.
21. September: Übernahme des Gutes Krieblowitz, Schlesien.

1815 1. März: Rückkehr Napoleons aus dem Exil nach Frankreich.
15. April: Ernennung zum Oberbefehlshaber der Preußischen Armee.
16. Juni: Schlacht bei Ligny, Niederlande.
18. Juni: Sieg über Napoleon, gemeinsam mit Wellington, in der Schlacht bei La Belle Alliance (Waterloo).
22. Juni: Abdankung und Verbannung Napoleons nach St. Helena.
3. Juli: 2. Kapitulation von Paris.
20. November: 2. Frieden von Paris.
Abschied Blüchers von der Armee.

1817 Ernennung zum Mitglied des preußischen Staatsrats.

1819 26. August: Einweihung des von Schadow und Goethe geschaffenen ersten Denkmals in Rostock.
12. September: Tod in Krieblowitz, Schlesien.

Literaturverzeichnis

Das Literaturverzeichnis enthält eine Auswahl der verwendeten Literatur. Außerdem wurden Dokumente benutzt, die dankenswerterweise das Staatsarchiv Schwerin, das Stadtarchiv Rostock, das Staatsarchiv Potsdam, das Archiv des Militärhistorischen Instituts Potsdam und das Staatsarchiv Merseburg bereitstellten.

Achtzehnhundertsechs. Das preußische Offizierskorps und die Untersuchung der Kriegsereignisse, Berlin 1906

Archenholtz, Johann Wilhelm von: Geschichte des Siebenjährigen Krieges in Deutschland, Leipzig o. J.

Bieske, Carl Ludwig: Der Feldmarschall Fürst G. L. Blücher von Wahlstatt. Eine Biographische Skizze, Berlin 1862

Blasendorff, Carl: Gebhard Leberecht von Blücher, Berlin 1887

Bleck, Otto: Marschall Blücher. Ein Lebensbild, Berlin (1939)

Blücher, der Held des Volksheeres. Schriften von und über Blücher, Berlin 1953

Blücher, Gebhard Leberecht von: Briefe. Vervollständigte Sammlung des Generals E. v. Colomb, Stuttgart 1913

Blücher, Gebhard Leberecht von: Kampagne-Journal der Jahre 1793 und 1794, hrsg. v. Emil Knorr, Hamburg 1866

Blücher, Ulrich von: Taschenbuch des Geschlechts von Blücher, Doberan 1893

Bock, Helmut: Schill. Rebellenzug 1809, Berlin 1981

Clausewitz, Carl von: Ausgewählte militärische Schriften, Berlin 1980

Colberg im Jahre 1807 belagert und verteidigt. Nach authentischen Berichten von mehreren Augenzeugen, Berlin 1808

Colomb, Ernst von: Beiträge zur Geschichte der preußischen Kavallerie seit 1808, Berlin 1880

Conring, Friedrich von: Blücher. Biographischer Roman, Leipzig 1936

Cramer, Kurt: Sein Heer. Wie es in den Kriegen Friedrichs zuging. Eine Sammlung von Selbsterlebnissen, Leipzig 1925

Cronin, Vincent: Napoleon, London 1971

Dahms, Rudolf: Blücher. Der Marschall Vorwärts, Berlin 1935

Droysen, Johann Gustav: Yorck von Wartenburg, Berlin 1908

Engels, Friedrich: Ausgewählte militärische Schriften, Berlin 1958

Fiesel, Ludolf: Das Leben des Generalfeldmarschalls Gebhard Leberecht von Blücher, Bremen 1969

Foerster, D. Friedrich: Der Feldmarschall Fürst Blücher von Wahlstatt und seine Umgebung, Leipzig 1821

Förster, Friedrich: Geschichte der Befreiungskriege 1813–1815, Berlin 1890

Freytag, Gustav: Gesammelte Werke. 21. Band, Bilder aus der deutschen Vergangenheit, Leipzig 1898

Friedrich II. von Preußen: Schriften und Briefe, Leipzig 1985

Gneisenau, Neithardt von: Ausgewählte militärische Schriften, Berlin 1984

Goerlitz, Walter: Fürst Blücher von Wahlstatt, Rostock 1940

Goltz, Colmar: Von Roßbach bis Jena und Auerstedt. Ein Beitrag zur Geschichte des preußischen Heeres, Berlin 1906

Gossel, A.: Blücher und seine Zeit. Ein Lebensbild auf historischem Grunde, Eisleben 1862

Granier, H.: Schlesische Kriegstagebücher aus der Franzosenzeit 1806 bis 1815, Breslau 1904

Groehler, Olaf: Die Kriege Friedrichs II., Berlin 1966

Heinz, Alfred: Der alte Teufelskerl. Blüchers verwegenes Leben, Leipzig 1942

Helmert, Heinz, und Usczeck, Hansjürgen: Europäische Befreiungskriege 1808–1815, Berlin 1976

Herold, Johannes: Gebhard Leberecht von Blücher, München und Berlin 1921

Hesekiel, George: Blücher in Lübeck, Leipzig 1847

Hoecker, Oskar: Der Marschall Vorwärts und sein getreuer Piepenmeister, Berlin und Leipzig 1883

Janke, Theodor: Preußen 1807 und jetzt. Oder: Was ist in Preußen seit dem Jahre 1807 ausgeführt, um den gesellschaftlichen Zustand zu verbessern und zu erheben, Berlin 1831

Kampf um Freiheit. Dokumente zur Zeit der nationalen Erhebung 1789 bis 1815. Hrsg. v. Friedrich Donath und Walter Markow, Berlin 1954

Kauer, Edmund Theodor: Blücher, Yorck, Gneisenau, Berlin o. J.

Keller, Fr. E.: Fürst Blücher von Wahlstatt. Der Held der deutschen Freiheitskriege, Glogau 1862

Kircheisen, Rudolf: Napoleons Untergang. 1812–1815. 4 Bände, Stuttgart 1911

Klöden, Karl-Friedrich: Von Berlin nach Berlin. Erinnerungen 1786–1824, Berlin 1976

Koeppen, Fedor von: Blücher. Ein Lebensbild für die deutsche Jugend, Glogau 1889

Kohl, Horst: Blüchers Zug von Auerstedt bis Ratkau und Lübecks Schrekkenstage, Leipzig 1913

Liebe, Georg: Der Soldat in der deutschen Vergangenheit, Leipzig 1899

Mehring, Franz: Zur Kriegsgeschichte und Militärfrage. Gesammelte Schriften, Bd. 8, Berlin 1967

Meichner, Fritz: Der Befreier. Ein Blücher-Roman, Rostock 1956

Miethke, Helmut: Marschall Vorwärts. Historisch-biographische Erzählung über Gebhard Leberecht von Blücher, Berlin 1956

Mittenzwei, Ingrid: Friedrich II. von Preußen, Berlin 1979

Müffling, F. C. F.: Aus meinem Leben, Berlin 1851

Nachrichten und Betrachtungen über die Taten und Schicksale der Reiterei in den Feldzügen Friedrichs II. und in neuerer Zeit (1740–1813), Berlin 1861

Neumann, Emanuel: Blücher, Scharnhorst, Gneisenau. Drei Heerführer aus großer Zeit, Leipzig 1934

Nostiz, August von: Tagebuch des Generals der Kavallerie von Nostiz, Berlin 1884/85

Ohorn, Anton: Marschall Vorwärts. Ein deutsches Lebensbild für die reifere Jugend, Stuttgart o. J.

Parkinson, Roger: Blücher, München 1979

Parquin, Denis Charles: Unter Napoleons Fahnen. Feldzugs-Erinnerung eines alten Soldaten des Kaiserreiches 1803–1814, Berlin 1910

Pertz, G. H.: Das Leben des Feldmarschalls Grafen Neithardt von Gneisenau, Berlin 1864

Platen, Wilhelm von: Der Husar im Felde, Breslau 1761

Preußen. Legende und Wirklichkeit. Sammlung von Aufsätzen, Berlin 1985

Rauschenick: Marschall Vorwärts oder Leben, Charakter und Taten des Fürsten Blücher von Wahlstatt, Barmen o. J.

Rumpf, J. D. Fr.: Gebhard Leberecht von Blüchers Heldentaten, Berlin 1814

Scharnhorst, Gerhard David von: Ausgewählte militärische Schriften, Berlin 1986

Scherr, Johannes: Blücher. Seine Zeit und sein Leben. 3 Bände, Leipzig 1887

Schöning, Curt Wolfgang von: Geschichte des Blücherschen Husarenregiments, Berlin 1843

Schott, Theodor: Blücher. Ein Charakterbild, Heidelberg 1880

Schreckenbach, Paul: Der Zusammenbruch Preußens im Jahre 1806, Jena 1906

Steffens, Heinrich: Was ich erlebte. Erinnerungen aus den Jahren 1806 und 1813, Leipzig o. J.

Streisand, Joachim: Deutschland 1789–1815, Berlin 1973

Sulicki, K.: Der Siebenjährige Krieg in Pommern und den benachbarten Marken, Berlin 1867

Unger, Wilhelm von: Blücher. 2 Bände, Berlin 1908

Unger, Wilhelm von: Meister der Reitkunst, Bielefeld und Leipzig 1926

Varnhagen von Ense, K. A.: Leben des Fürsten Blücher von Wahlstatt, Berlin 1826

Vetter, Klaus, und Vogler, Günter: Preußen. Von den Anfängen bis zur Reichsgründung, Berlin 1970

Villers, Charles de: Die Schlacht bei Lübeck 1806. Faksimile-Druck, Lübeck 1981

Vitense, Otto: Mecklenburg und die Mecklenburger in der großen Zeit der deutschen Befreiungskriege, Neubrandenburg 1913

Wallenroth, Louis von: Leben und Thaten des Königlich-Preußischen General-Feldmarschalls Fürst Blücher von Wahlstatt, Stettin 1831

Wigger, Friedrich: Feldmarschall Blücher von Wahlstatt, Schwerin 1878

Personenregister

Bildnachweis

Fotos und Reproduktionen von Hans Wotin (30),
Hans-Ulrich Horn (8),
Harald Kirschner (5),
Archiv d. Vf. (9).
Landkarten von Karl-Heinz Döring.

Der Abdruck von Faksimili der Blücher- und Goethe-Briefe mit freundlicher Genehmigung des Staatsarchivs Schwerin.

Inhalt